广视角·全方位·多品种

权威·前沿·原创

皮书系列为
"十二五"国家重点图书出版规划项目

黑龙江产业蓝皮书

BLUE BOOK OF
HEILONGJIANG INDUSTRY

黑龙江产业发展报告
（2013）

ANNUAL REPORT ON DEVELOPMENT OF HEILONGJIANG INDUSTRY
(2013)

经济危机中的产业发展

主　编／于　渤
副主编／李　东　武永祥

社会科学文献出版社
SOCIAL SCIENCES ACADEMIC PRESS (CHINA)

图书在版编目（CIP）数据

黑龙江产业发展报告：经济危机中的产业发展. 2013/
于渤主编. —北京：社会科学文献出版社，2013.10
（黑龙江产业蓝皮书）
ISBN 978 - 7 - 5097 - 5120 - 6

Ⅰ.①黑…　Ⅱ.①于…　Ⅲ.①产业发展 - 研究报告 -
黑龙江省 - 2013　Ⅳ.①F127.35

中国版本图书馆 CIP 数据核字（2013）第 229251 号

黑龙江产业蓝皮书

黑龙江产业发展报告（2013）
——经济危机中的产业发展

主　　编／于　渤
副 主 编／李　东　武永祥

出 版 人／谢寿光
出 版 者／社会科学文献出版社
地　　址／北京市西城区北三环中路甲 29 号院 3 号楼华龙大厦
邮政编码／100029

责任部门／皮书出版中心（010）59367127　　责任编辑／周映希　王　芳
电子信箱／pishubu@ ssap. cn　　　　　　　责任校对／岳爱华
项目统筹／邓泳红　　　　　　　　　　　　责任印制／岳　阳
经　　销／社会科学文献出版社市场营销中心（010）59367081　59367089
读者服务／读者服务中心（010）59367028

印　　装／北京季蜂印刷有限公司
开　　本／787mm × 1092mm　1/16　　　　印　　张／26.25
版　　次／2013 年 10 月第 1 版　　　　　　字　　数／425 千字
印　　次／2013 年 10 月第 1 次印刷
书　　号／ISBN 978 - 7 - 5097 - 5120 - 6
定　　价／79.00 元

摘　要

2008 年的世界经济危机对世界各主要经济体的冲击所造成的影响是深远的。到目前为止，世界经济仍没有走出这次危机的阴影。2012 年，中国经济的发展依然面临严峻挑战，保增长、调结构、发展模式转型升级成为政策和研究机构关注的热点。

2012 年黑龙江省的 GDP 虽然保持了高于全国平均水平的增长速度，某些主要经济指标增长速度也优于全国平均值，但从总体看，其产业发展长期存在的产业结构调整缓慢、创新能力不强、转型升级滞后等根本性问题依然没有解决，尤其是其所处的环境可能更为艰难。这种情况导致无论是传统的四大支柱产业还是六大新兴战略产业的发展都面临严峻的挑战。

报告选取电子信息、通信、高技术、化工、医药制造、制造、物流、农业、食品、旅游、房地产、能源、外贸等十三个产业进行了较深入的分析。

报告认为，某些行业已经走出了经济危机的困境，步入了健康发展的轨道，如电子行业等；某些行业潜力巨大，正处于快速发展中，如通信、高技术行业等；某些行业仍然面临调整升级的挑战，如医药制造业等。报告根据大量一手资料和数据，客观分析了各行业在经济危机中所面对的挑战与问题，提出了解决问题、应对危机的对策建议。

Abstract

The global economic crisis happened in 2008 has had tremendous impacts on the world major economies which have not yet recovered until now. In 2012, China's economy is still facing severe challenges. Striving to grow, adjusting structures, transforming and upgrading development patterns have become hot issues for policy making and research organizations.

The 2012 GDP and some major economic indicators of Heilongjiang Province have maintained higher increase rates than the national averages. However, long existing problems in industrial development have not yet been solved, such as slow adjustment of industrial structure, inadequate competitive innovation capabilities, lagging transformation and upgrade, etc. This situation has made both the four pillar industries and the six new strategic industries face more severe challenges.

This report provides a thorough analysis of 13 industries in Heilongjiang province, including electronic information, communication, high-tech, chemical, pharmaceutical manufacturing, manufacturing, agriculture, food, tourism, real estate, energy and foreign trade.

This report suggests that some industries, such as electronic information, have already got out of the predicament of the economic crisis and is on the right track of development. Some industries have great potentials and are developing rapidly, such as the communication and high-tech industries. Some industries are still faced with challenges of adjustment and upgrade, such as the pharmaceutical industry. This report has analyzed the challenges and problems of the industries during the economic crisis according to extensive first-hand information and data. Proposals are put forward to solve the problems and deal with the crisis.

目 录

B I 总报告

B II 产业报告

皮书数据库阅读**使用指南**

CONTENTS

B I General Report

B II Industry Report

总 报 告

General Report

B.1

2012 年黑龙江产业发展评价与发展策略

于 渤*

摘 要：

　　2012 年黑龙江省的 GDP 仍然保持着高于全国平均值的增长速度，其他主要经济指标的增长速度也优于全国平均值，但其产业发展所处的环境可能更为艰难。无论是传统的四大支柱产业还是六大新兴战略产业的发展都面临严峻的挑战，而其长期存在的产业结构调整缓慢、创新能力不强等问题再次凸显。本文针对黑龙江产业发展的问题，以及国际经济发展的趋势，提出了黑龙江省 2013 年还应持续不断地紧紧抓住产业结构调整和提升创新能力两个方面，以促进其产业发展。

关键词：

　　黑龙江省　产业发展　产业结构　区域创新能力

---

* 于渤，哈尔滨工业大学管理学院教授，博士生导师。

一 黑龙江省产业发展状况

2012 年中国经济发展面临严峻挑战，保持 GDP 增长再次成为政策和研究机构关注的热点，最终 GDP 增长以 7.8% 收官，是自 2000 年以来首次低于 8%。黑龙江省则继续大力推进"八大经济区"和"十大工程"建设，以产业项目建设为牵动，把"稳中求进"作为总的基调，预计 2012 年全年 GDP 达到 13692 亿元，预计增长 10% 以上，比全国平均值高出 2.2 个百分点，连续 11 年保持了两位数的增长速度。

2012 年黑龙江三次产业结构及增长率如图 1 所示。从三次产业结构看，第一产业占 15.4%，第二产业占 47.2%，第三产业占 37.4%。与 2011 年相比，第一产业和第三产业分别提高了 1.8 个和 1.6 个百分点，第二产业比重虽然有所下降，但仍然是黑龙江最大的产业。与全国三次产业结构相比，黑龙江的第一产业和第二产业分别高 5.3 个和 1.9 个百分点，而第三产业则低了 7.2 个百分点。

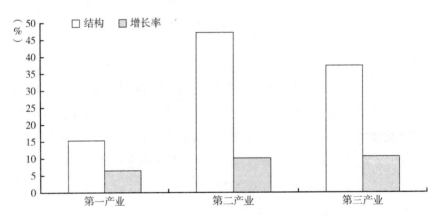

图 1　2012 年黑龙江三次产业结构及增长率

黑龙江省 2012 年主要指标增长率与全国平均水平对比如图 2 所示，从图中数据可以看出，黑龙江除进出口一项指标低于全国平均水平外，其余指标均高于全国平均水平。其中，城镇居民人均可支配收入增长 13.1%，农民人均纯收入增长 13.3%，比全国平均水平的 9.6% 和 10.7%，分别高出 3.5 个和 2.6 个百分点，也分别比 GDP 的增长速度高出 3.1 个和 3.3 个百分点；与

2011 年相比，城镇居民人均可支配收入增长速度提高了 0.6 个百分点；农民人均纯收入则降低 1.9 个百分点；固定资产投资和社会消费品零售总额也分别高出全国平均水平 2.4 个和 1.8 个百分点。

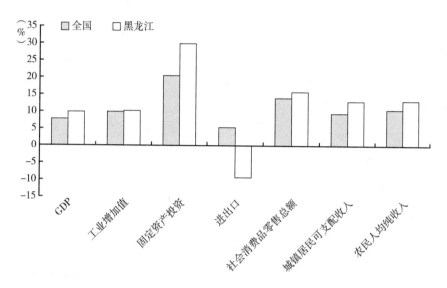

图 2 2012 年黑龙江经济发展各项指标与全国平均水平对比

2012 年黑龙江第三产业呈现出较好的发展势头，10.7% 的增长率是三个产业中最高的，比全国第三产业平均增长速度也高出 2.6 个百分点。黑龙江第三产业结构与全国平均水平对比如图 3 所示，从第三产业构成上看，黑龙江在交通运输、批发零售、住宿餐饮和其他服务业高于全国平均水平，而金融和房地产业低于全国平均水平，特别是金融业占第三产业的比重比全国平均值低了近 4 个百分点。

2012 年黑龙江省粮食产量创历史新高，达到 1250 亿斤，相较于 2011 年增长了 12.2%，继 2011 年粮食产量跃居全国第一之后，再次实现总产量、商品量、省外调出量均居全国第一。粮食产量占全国粮食总产量的比重达到 9.77%，高于 2011 年的 9.75%（见图 4）。

目前各省区公布的 2012 年 GDP 增长率的数据如图 5 所示，从图中可以看出，除甘肃省外，其他各省区 2012 年增长速度均低于 2011 年。黑龙江省 GDP 的排位在全国 31 个省区中是第 17 位，增长速度则在 20 位以后，与 2011 年的 GDP 排在 16 位和 GDP 增长率排在 13 位相比，有明显的下降。由此可见，

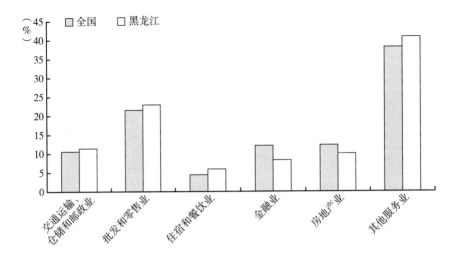

图3 2012年黑龙江第三产业结构与全国平均水平对比

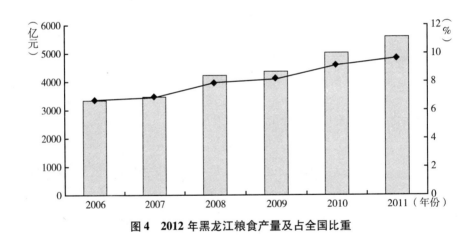

图4 2012年黑龙江粮食产量及占全国比重

2012年黑龙江发展所遇到的困境和挑战更为严峻。

各省区在2012年GDP和GDP增长率情况如图6所示，可见沿海和相对发展水平高的省区的GDP增长速度一般较低，如广东、上海等，而中西部省区的增长率相对较高，尤其是GDP与黑龙江规模相近的省份，如安徽、内蒙古、陕西、广西、江西等省区的GDP增长速度均明显高于黑龙江。因此，黑龙江增长速度虽然高于全国平均水平，但排位并没有前移，这也反映出各省区发展所面临的竞争态势日益激烈。

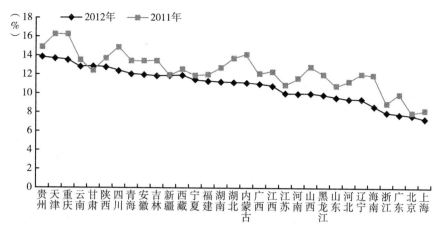

图5　2011年、2012年各省区GDP增长率对比

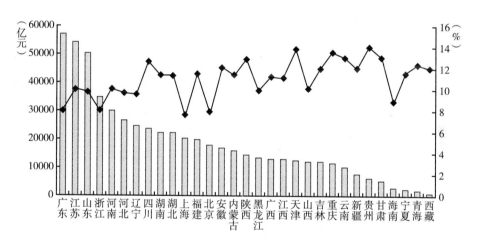

图6　2012年各省区GDP和GDP增长率

二　黑龙江工业发展情况

2012年黑龙江规模以上工业增加增长10.5%，略高于全国10%的增长率。全国各省区2012年1～11月工业增长率如图7所示，从图7中可见，黑龙江工业在全国各省区的排位基本与GDP的排位相当，在20位之后。

2012年黑龙江轻工业增长14%，重工业增长10%，分别高于全国10.1%和

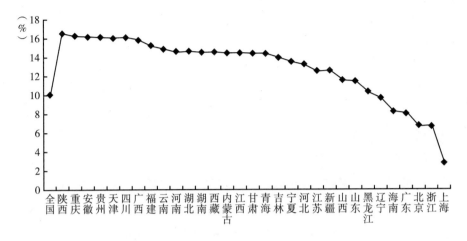

图7　2012年全国各省区规模以上工业增长率

9.9%的增长速度。黑龙江工业结构中，重工业比重达到79.8%，轻工业仅为20.2%，大中型企业增加值占工业增加值的77.8%，国有及国有控股企业占到67.8%。可见，黑龙江以重工业、大中型企业、国有企业为主的格局并未改变。

2012年黑龙江省四大支柱产业的能源、化工、装备和食品的发展情况如图8所示，四大支柱产业的增加值占全省工业增加值的比重达到86.32%，其中能源工业更是高达57.7%，食品工业占11.4%，石化工业占10.4%，装备制造工业仅占6.8%。与2010年相比，能源工业增长了近27个百分点，石化

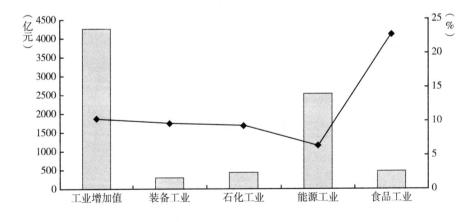

图8　2012年黑龙江四大支柱产业增加值及增长率

工业减少了 7.5 个百分点，装备工业减少 9.2 个百分点，食品工业也减少了 8.2 个百分点。四大支柱产业工业增加值的增长率分别是，能源工业 6.6%、石化工业 9.3%、装备工业 9.6%、食品工业 22.2%，除食品工业高于工业平均增长率外，其余均低于工业平均增长率。能源工业增长率仅为工业平均增长率的 63%，而其所占比重却在上升，说明比重的上升并非能源工业发展得迅速，而是其他产业发展得差强人意。

黑龙江近年来大力打造的六大战略性新兴产业在 2012 年全年创造工业增加值仅为 455.7 亿元，占工业增加值的 9.6%，增长速度为 15.1%，其中新一代信息技术出现了负增长（见图 9），可见战略性新兴产业对黑龙江工业结构还不能起到大的改变作用。

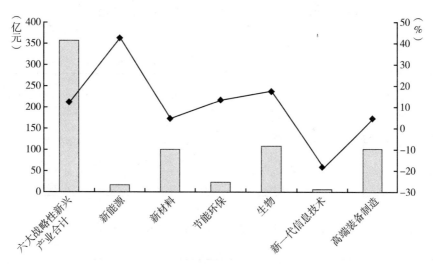

图 9　2012 年黑龙江六大战略新兴产业增加值及增长率

黑龙江工业效益指标也不尽如人意，2012 年 1～10 月的工业经济效益指标如表 1 所示。可以看出，利润、税金、利税总额均呈现出下降趋势，亏损企业亏损额增长了 54.8%，亏损企业数增长了 20.5%。

与全国同期平均指标对比如图 10 所示，黑龙江在主营业务收入利润率和成本率两项相对指标优于全国，而在绝对量的两项增长指标明显低于全国，尤其是利润总额增长率。

2012 年黑龙江省主要工业产品产量占全国的比重如表 2 所示。

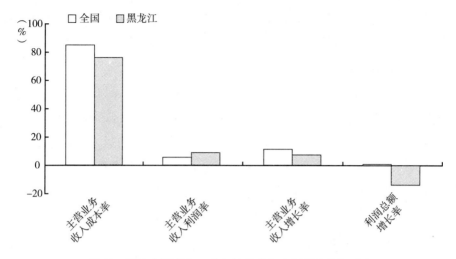

图10　2012年黑龙江工业经济效益与全国平均指标对比

表1　2012年1~10月黑龙江工业经济效益指标

工业经济效益	1~10月	增长（%）	工业经济效益	1~10月	增长（%）
主营业务收入（亿元）	9613.6	7.4	亏损企业数（个）	753	20.5
主营业务成本（亿元）	7384.0	11.2	经济效益综合指数（点）	360.9	-19.2
利税总额（亿元）	1955.8	-7.8	资产负债率（%）	58.0	0.6
利润总额（亿元）	887.9	-14.4	流动资产周转率（次）	2.2	-0.1
税金总额（亿元）	1067.9	-1.5	成本费用利润率（%）	10.9	-3.3
亏损企业亏损额（亿元）	162.5	54.8	全员劳动生产率（元/人）	363790.2	1.6
应收账款（亿元）	1140.2	17.8	产品销售率（%）	96.9	-2.4

表2　2012年黑龙江主要工业产品产量占全国比重及增长率

单位：%

产品	占全国比重	增长率	产品	占全国比重	增长率
原油	19.33	持平	发电量	1.71	2.5
大米	13.96	47.4	合成氨	1.56	8.4
成品糖	8.36	30.6	生铁	1.03	14.9
乳制品	7.29	-3.8	化肥	0.96	6
工业锅炉	6.34	108.1	钢材	0.64	2.5
乙烯	4.52	9.2	金属切削机床	0.57	-38.4
啤酒	4.27	-6	机制纸及纸板	0.54	5.9
原油加工量	3.58	-1.6	汽车	0.51	-46.1
天然气	3.13	8.5	化学纤维	0.28	-19.5
原煤	2.38	1.7	化学药品原药	0.14	-6.5
焦炭	2.16	-4.1			

从表 2 中可以看出，原油比例最高占全国总产量的 19.33%，比重依次为大米占 13.96%，成品糖占 8.36%，乳制品占 7.29%，工业锅炉占 6.34%，乙烯占 4.52%，啤酒占 4.27%，原油加工量占 3.58%，天然气占 3.13%。与 2010 年相比，上述产品的排位和比重变化不大，而汽车所占比重却从 1.37%，下降到 0.51%。这一方面反映出，黑龙江省的能源、化工、装备制造和食品行业与全国其他省区相比，具有一定的比较优势，因而产品占有重要地位；另一方面，也反映出与前面工业分析时体现出的同一问题，即结构调整未显示出积极有效的结果。

而从产品产量的增长率看，表 2 中的 21 种产品是黑龙江在全国具有一定比较优势的产品，其产业也是黑龙江具有一定竞争实力的产业。但其中有 8 种产品产量是负增长，如果将原油计算在内，就有 9 种产品常量是负增长，而且，这 9 种产品包括了黑龙江四大支柱产业。

三 地级市区域发展状况

2012 年黑龙江 13 个地级市区及绥芬河和抚远的 GDP 占全省比重及 GDP 增长速度如图 11 所示。哈尔滨和大庆两个城市的 GDP 占到全省的 59.7%，与 2010 年相比两年上升了近 5 个百分点，而其他 13 个市区仅占 41.3%。在 13 个地级市中有 8 个市的 GDP 占全省的比重不到 5%。这说明，一方面，哈尔滨和大庆作为

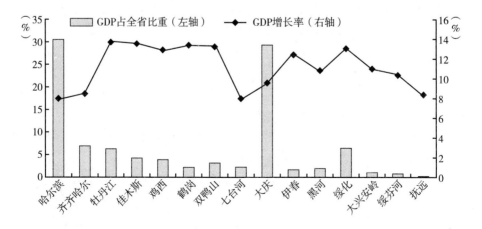

图 11　2012 年黑龙江 13 个地级市区及绥芬河和抚远的 GDP 占全省比重及 GDP 增长率

黑龙江经济增长极的集聚作用日益增强；另一方面也说明其他城市发展乏力，短期内难以形成新的增长支撑作用。但哈尔滨、大庆这两个城市的 GDP 增长速度却排在全省 10 名以后，又说明了增长极对全省的拉动作用不强。

2012 年全国地级市 GDP 前 100 位中，黑龙江省仅有哈尔滨、大庆进入，哈尔滨排在 25 位，大庆排在 32 位，齐齐哈尔、绥化进入前 200 名。与 2011 年相比，牡丹江市 2012 年被挤出了前 200 名。而在前 100 城市中，江苏有 12 个，山东有 15 个，广东 11 个，其中，江苏省与黑龙江省一样拥有 13 个地级市。由此可见，黑龙江省城市规模相对较小，其竞争力有限。即使把哈尔滨和大庆两个城市 GDP 相加，其 GDP 规模也只能位列全国的第八位。

四　2013 年黑龙江省产业发展展望及策略

面对 2013 年，黑龙江省政府王宪魁省长在黑龙江省第十二届人民代表大会第一次会议所做的《政府工作报告》中指出："我们要继续坚持'稳中求进'的总基调，始终把稳增长放在更加突出的位置，抓住'进'这个重点，扎实推进'八大经济区'和'十大工程'建设，全力构建以'十大重点产业'为主体的现代产业体系，促进经济持续健康发展，保持社会和谐稳定。"

"稳中求进"十分形象地描述出黑龙江目前发展面临的挑战、问题和必须完成的任务之间所达到的均衡。要实现上述目标，2013 年应关注如下两方面的工作。

1. 要进一步推进产业结构调优化

2012 年国际国内市场需求萎缩、经济下行的形势，再一次把黑龙江产业结构存在的问题凸现出来。30 多年以来，黑龙江省以能源、制造、石化、食品为支柱产业的格局几乎没有变，但近年来已经发生一些积极的变化，能源产业所占比重有所下降，而在 2012 年能源产业增加值占到工业的半壁江山。

黑龙江的大庆石油产量在 1976 年就实现 5000 万吨，实现 27 年稳产高产，占全国石油产量一半以上。近年来产量却在持续下降，2012 年已经下降到占全国石油产量的 19% 左右，其油气产量已被长庆油田以 4500 万吨超过，占据多年的我国第一大油气田的宝座也被长庆油田夺走。特别是近几年，大庆油田进入"双特高"阶段，综合含水超过 90%，可采储量采出程度超过 80%，在为稳产 4000 万吨而努力奋斗。

黑龙江煤炭经济低位运行，2012 年煤炭产量为 8683.4 万吨，销量 7973 万吨，分别比 2011 年增长了 1.7% 和下降 9.6%。2012 年底；全省煤炭库存 551 万吨，同比增加 72 万吨；全省煤炭综合平均价格 650~655 元/吨，同比下降 33% 左右。2012 年 1~11 月，黑龙江省规模以上煤炭开采及洗选业企业完成销售收入 584.7 亿元，同比下降 3.7%；实现利税 70.1 亿元，同比下降 81.1%。2012 年中国煤炭行业呈现出产量增速下滑，煤价下跌，煤炭市场景气指数持续处于负值。

实事求是地讲，黑龙江整个能源产业都已进入产业的中后期，一方面竞争力不强，不能带来丰厚回报；另一方面在产业关联等方面也缺乏带动作用。可是黑龙江在 2012 年的工业结构中，能源工业占到多年来少见的 57.7%；1980 年黑龙江能源工业比重也仅为 33.5%，2010 年是 31.9%。这个指标似乎显示黑龙江又回到了依赖资源、依赖"原字号"的低端粗放的发展方式上。这是我们所不愿意看到的，也是不可持续的。

黑龙江如何在保证经济稳定增长的进程中，尽快建立起结构优化、技术先进、清洁安全、附加值高、吸纳就业能力强的现代产业体系，已成为黑龙江省经济社会发展必须解决的问题。特别值得关注的是，近年来黑龙江在推进产业园区建设中取得了一系列的成绩，各地级市纷纷建立园区，大力招商引资。这时作为政府在产业政策引导上更要有清醒的认识、科学的设计和规划，在充分发挥市场配置资源的基础性作用的同时，将资源优化配置到高新技术产业上来，推动黑龙江产业结构优化和升级。

2. 进一步强化区域创新能力的提升

胡锦涛同志的十八大政治报告在谈到如何保证我国经济健康发展的五个措施时，明确提出了实施创新驱动发展战略，而且将其放在加快转变经济发展方式部署的突出位置，并全面准确地对其地位、作用方式、实现路径和对策措施进行了论述。区域创新与我国目前发展所处的阶段是相适应的，也是突破目前困扰我国经济发展瓶颈的必然选择，必将对中国经济社会发展产生深远的影响，对黑龙江省尤为重要。

衡量一个区域创新水平的高低可以用两类指标进行描述，一是创新的投

入，二是创新的产出。创新投入包括区域对创新投入的资金、物力和人力，国际上通常用 R&D 占 GDP 比例和 R&D 人员当量（人年）两个指标来衡量，黑龙江省这两项指标分别列全国 31 个省市自治区的第 16 和 14 位，与黑龙江省 GDP 排在第 17 位的位置相当。创新产出则用技术市场成交额、专利数和高新技术企业收入等指标描述，技术市场成交额和授权专利数黑龙江分别排在全国的第 13 位和 15 位，优于 GDP 的排位，但是从开发区高新技术企业收入的排位看，哈尔滨仅排在全国的第 30 位，按照开发区所在相应的省份排名黑龙江则在第 19 位。由此可见，在区域创新指标中，属于对区域经济最为直接的贡献指标，高新技术企业的产出相对较低。

开发区是区域创新的集聚地，开发区的发展如何也反映出一个地区创新能力的高低；开发区目的在于形成一个城市新的区域发展的增长极，聚集优势资源，以高效率的发展带动区域经济社会发展。国家级经济技术开发区 GDP 占所在城市 GDP 的比例中，哈尔滨的不足 15%，在东北四个城市中排位最低，可见开发区作为城市经济增长极的拉动作用不足。

提高一个区域的创新能力应从如下三个方面进行：

第一，建设好开发的平台。2011 年以来，黑龙江省把产业项目建设作为发展经济的重要突破口，提出了开展产业项目攻坚战和推进"十大重点产业"的目标，作为项目建设及产业发育的有效平台和载体，开发园区建设得到强力推进。在已有国家级经济技术开发区和高技术产业开发区的基础上，又集中省内资源建设了一批黑龙江省省级重点产业园区，并取得了良好的效果。建立开发区目的就是尽快形成产业聚集，通过创新，形成较强的国际竞争力，这也是判断开发区是否成功的标志。所以开发区的发展不仅体现在投资、建设、项目、其产品的市场占有率等方面，重要的是还体现在创新能力方面。如何加快创新能力，应该同样是各级政府和园区关注的一个重要问题。

在开发区发展中，政府的重要职责是要建设好平台，即为开发区中企业的经济活动构建一个包括软硬件条件、基础服务在内的，有助于企业创新和发展的平台。一般园区发展要经历如下几个阶段：要素集聚、产业主导、创新突破、财富凝聚。要尽快促进黑龙江的各级园区进入创新突破和财富凝聚阶段，政府需要在平台能力培养和管理制度创新上多做工作，促进园区内企业技术创新、产业升级。

第二，构造区域创新体系，提高企业创新能力。提高黑龙江省区域创新能力，要加快构建黑龙江省的创新体系，提高企业创新能力特别是自主创新能力。企业的创新能力，决定一个省区经济的发展前景。黑龙江的制造业一直是支柱产业，在一些产品上具备很强的制造能力，但企业创新能力不强，如果能加上"设计"和"创造"，黑龙江省的经济和产业格局就会发生根本性变化。

第三，要关注培育企业家的创新精神。我们做过一个针对制造业的调查，企业家的创新精神在9种影响企业创新要素中排第三位，同样在针对地产行业的调查中企业家创新精神排第一位。如何建立一个良好的环境，有利于产生大量的富有创新精神的企业家，从而产生一批富有活力的企业，应该是提升黑龙江创新能力的一个重要途径。

参考文献

黑龙江省政府：《2013 年黑龙江省国民经济和社会发展统计公报》。
黑龙江省政府：《2012 年黑龙江省国民经济和社会发展统计公报》。
国家统计局：《中华人民共和国 2013 年国民经济和社会发展统计公报》。
国家统计局：《中华人民共和国 2012 年国民经济和社会发展统计公报》。
国家统计局：《中国统计年鉴 2012》，中国统计出版社，2012。
国家统计局：《中国统计年鉴 2011》，中国统计出版社，2011。
国家统计局：《中国统计年鉴 2010》，中国统计出版社，2010。
国家统计局：《中国统计年鉴 2009》，中国统计出版社，2009。
国家统计局：《中国统计年鉴 2008》，中国统计出版社，2008。

Appraisal of Heilongjiang Industrial Development in 2012 and Strategies

Yu Bo

Abstract： Heilongjiang Province maintained a greater GDP increase than the

national average in 2012 with other economic indicators increasing faster than the national average as well. However, the province may be faced with a tougher environment for its industrial development. Both the traditional four pillar industries and the six newly developed strategic industries are faced with formidable challenges. Long existing problems such as laggardly adjustment of industrial structures and weak innovation ability have once again become prominent. In view of these problems and international economic development trend, it is proposed that Heilongjiang Province should continue reinforcing industrial structure adjustment and strengthening innovation ability in 2013.

Key Words: Heilongjiang Province; Industrial Development; Industrial Structure; Regional Innovation Ability

产业报告

Industry Report

B.2

2012 年黑龙江电子信息产业发展报告

刘鲁宁 叶 强*

摘 要：

自 2008 年全球经济危机爆发以来，黑龙江省电子信息产业发展速度一度放缓。然而，2012 年黑龙江电子信息产业发展势头迅猛，这说明其已基本摆脱了经济危机的负面影响。截止到 2012 年 11 月，2012 年黑龙江省电子信息产业 500 万元以上项目完成固定资产投资 39 亿元，投资完成情况增速位居 2012 年度全国第二。但是，黑龙江省电子信息产业从电子信息产品制造业和软件业两个方面来看，与发达省份及地区相比差距仍然比较显著。本报告首先对 2012 年黑龙江省电子信息产业发展情况进行了简单介绍，并对各省市及各副省级城市数据进行基于 Euclidean 距离的聚类分析，进而对黑龙江省及哈尔滨市的电子信息产业发展情况与全国其他省市进行详细比

---

* 刘鲁宁，博士，哈尔滨工业大学管理学院管理科学与工程系，讲师，主要研究方向为企业信息化和电子政务；叶强，博士，哈尔滨工业大学管理学院副院长，教授，主要研究方向为管理信息系统、电子商务、商务智能与金融工程。

较，还对云计算这一黑龙江省电子信息产业重点发展领域进行了深入剖析，最后对黑龙江省电子信息产业的未来发展提出了一系列措施建议。

关键词：

电子信息产品制造业　软件行业　云计算

一　经济危机中黑龙江省电子信息产业发展情况概述

（一）经济危机对黑龙江省电子信息产业发展的影响

通过对 2008～2012 年黑龙江省电子信息产业固定资产投资完成情况进行分析，可以看出 2008～2011 年，黑龙江省电子信息产业的发展受经济危机影响较大，甚至在 2011 年出现短暂回落情况。而在 2012 年，黑龙江省电子信息产业有了突飞猛进的发展。

表 1　2008～2012 年黑龙江省电子信息产业固定资产投资完成情况

单位：亿元

	2008 年	2009 年	2010 年	2011 年 1～11 月	2012 年 1～11 月
累计完成投资	9.4	17.5	24.7	17.3	39.0
新增固定资产	8.5	9.1	14.1	4.1	20.2

资料来源：国家统计局和工业和信息化部运行监测协调局系统运行处。

2012 年黑龙江省电子信息产业基本保证了持续稳定发展。2012 年 1～11 月，黑龙江电子信息产业 500 万元以上项目完成固定资产投资 39 亿元，而 2011 年同期的此数据为 17.3 亿元，截至 2012 年 11 月同比增长率为 125.9%。全国总体增速为 6.9%，黑龙江省电子信息产业固定资产投资完成情况增速仅次于甘肃省，位居全国第二。

2008～2009 年，我国电子信息产业的发展在很大程度上受到了全球经济危机的影响，其生产总额和出口总额有较大幅度的萎缩，固定资产投资的增速也明显地减缓了。在此之后，我国政府为了让电子信息产业继续快速发展之

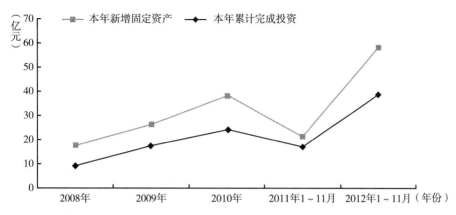

图 1 2008～2012 年黑龙江省电子信息产业固定资产投资完成情况

资料来源：国家统计局和工业和信息化部运行监测协调局系统运行处。

路，适时出台了相关政策和规划来扩大内需与促进产业调整和振兴，这使得一部分新兴领域和新开工项目、投产项目得到快速增长，同时也是接下来几年电子信息产业产能增长和产业结构升级的重要保障。目前，从黑龙江省 2012 年的电子信息产业相关数据来看，基本上已经摆脱了自 2008 年全球经济危机爆发以来电子信息产业发展速度放缓的态势。

（二）经济危机中全国电子信息产业总体发展情况概述

从表 2 和图 2 来看，2008 年和 2009 年，我国电子信息产业发展受到世界范围内的经济危机影响较大，电子信息产业固定资产投资完成情况基本保持不变。而 2010 年和 2011 年是我国电子信息产业摆脱经济危机影响、实现快速发展的阶段，电子信息产业固定资产投资大幅提升。2012 年则是发展过程中相对稳定的一年，说明我国电子信息产业并未受 2012 年全球范围内新一轮经济危机的明显影响。

表 2 2008～2012 年全国电子信息产业固定资产投资完成情况

单位：万元

	2008 年	2009 年	2010 年	2011 年 1～11 月	2012 年 1～11 月
本年累计完成投资	3527.8	4146.6	5993.0	8183.0	8696.0
本年新增固定资产	1942.6	2621.1	3345.8	4106.3	4547.8

资料来源：国家统计局和工业和信息化部运行监测协调局系统运行处。

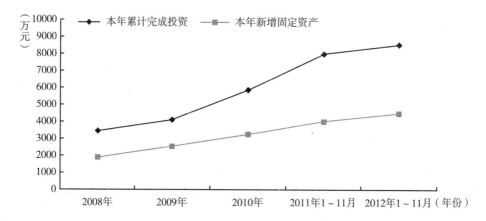

图2 2008～2012年全国电子信息产业固定资产投资完成情况

资料来源：国家统计局和工业和信息化部运行监测协调局系统运行处。

综观2012年，随着逐步发挥效益的"稳增长"政策措施，我国电子信息产业发展形势逐渐企稳。最为明显的表现是逐步好转的行业效益和小幅上升的生产。尤其是在进入2012年下半年以后，世界各国的经济危机得到一定缓解。其中，美国的经济活动继续温和，失业率较近年同期有所下降，国民的家庭日常支出持续增加，经济增速快于预期；欧元区在面对债务问题方面办法增多并取得较好进展，欧债危机进入相对平稳阶段。

二 黑龙江省电子信息产业发展现状分析

按照工业和信息化部的定义，电子信息产业应该包含电子信息产品制造业和软件业两个方面。下文从这两方面并基于国家工业和信息化部公布的2012年1～11月电子信息产业相关数据，对黑龙江省电子信息产业发展现状，尤其是和其他省份、地区的对比情况进行详细分析。

（一）电子信息产品制造业

从表3可以看出，我国各省份电子信息产业固定资产投资情况分布极不均衡。而黑龙江省的排名是第23位，在全国处于中下游水平，距离各省份电子信息产业固定资产投资平均值280.52亿元，还有着非常明显的差距。

表3　2012 年 1～11 月我国电子信息产业固定资产投资分省份完成情况

单位：亿元

	500 万元以上项目					
	本年累计完成投资			本年新增固定资产		
	本年累计	上年同期	增减（%）	本年累计	上年同期	增减（%）
北京市	70.4	219.0	−67.9	50.7	23.1	119.5
天津市	243.6	270.7	−10.0	58.1	61.0	−4.8
河北省	259.6	267.8	−3.1	135.1	135.8	−0.5
山西省	62.5	103.0	−39.3	17.2	25.6	−32.8
内蒙古自治区	74.8	123.0	−39.2	43.7	25.7	70.0
辽宁省	267.3	233.5	14.5	166.9	133.7	24.8
吉林省	94.3	68.0	38.7	54.0	50.4	7.1
黑龙江省	39.0	17.3	125.4	20.2	4.1	392.7
上海市	167.3	218.8	−23.5	96.6	133.3	−27.5
江苏省	1995.8	1914.9	4.2	1213.3	1084.3	11.9
浙江省	344.1	417.6	−17.6	162.1	166.6	−2.7
安徽省	572.7	484.5	18.2	193.6	247.8	−21.9
福建省	237.5	217.3	9.3	107.4	107.0	0.4
江西省	493.9	422.6	16.9	340.7	196.3	73.6
山东省	629.4	537.5	17.1	314.3	246.0	27.8
河南省	633.6	488.5	29.7	305.8	209.5	46.0
湖北省	403.3	267.1	51.0	177.4	165.2	7.4
湖南省	377.9	188.9	100.1	185.2	59.0	213.9
广东省	644.1	719.6	−10.5	457.1	431.3	6.0
广西壮族自治区	105.6	113.3	−6.8	73.2	76.5	−4.3
海南省	23.46	50.56	−53.6	7.3	20.5	−64.4
重庆市	232.5	157.6	47.5	80.5	28.3	184.5
四川省	373.6	424.6	−12.0	182.2	386.8	−52.9
贵州省	34.5	20.7	66.8	3.5	2.9	20.7
云南省	14.6	13.6	7.5	11.1	3.7	200
西藏自治区	0.5	—		0.5	—	—
陕西省	212.8	167.9	26.7	74.2	76.7	−3.3
甘肃省	32.9	14.3	130.1	11.8	3.5	237.1
青海省	17.0	9.1	86.8	2.2	1.6	37.5
宁夏回族自治区	7.6	5.2	46.2	1.62	0.3	440
新疆维吾尔自治区	30.1	26.9	11.9	0.5	0.3	66.7
合　计	8696.0	8183.0	6.3	4548.0	4106.8	10.7

资料来源：国家统计局。

（二）软件业

1. 黑龙江省软件业发展现状分析及与其他省份对比分析

表4 和表5 是根据2012 年1～11 月的数据，对全国各省份的软件产业从企业个数、软件业务收入、软件产品收入、信息系统集成服务收入、信息技术咨询服务收入、数据处理和运营服务收入、嵌入式系统软件收入、IC 设计收入等8 个主要经济指标完成情况进行数据汇总。

表4　2012 年1～11 月各省份软件产业主要经济指标完成情况（一）

单位：万元

	企业个数	软件业务收入		软件产品收入		信息系统集成服务收入	
		本期累计	同比增减（%）	本期累计	同比增减（%）	本期累计	同比增减（%）
北京市	2752	33105324	21.2	12629780	17.7	8243719	18.2
天津市	436	4623425	34	1065122	37.6	437251	38.7
河北省	251	973854	11.2	235812	-7.9	693191	15.7
山西省	112	207857	32.4	107072	39.7	60672	10.4
内蒙古自治区	59	171764	18.1	66925	11.2	89135	29.2
辽宁省	2379	17088432	28.7	6930055	33.5	3253105	32.7
吉林省	803	2210000	21.4	495000	20.7	566000	8.8
黑龙江省	130	666124	31.2	245577	31.9	173225	27.4
上海市	1800	17310000	22.5	6190000	21.6	3680000	23.5
江苏省	3770	38500229	35	9302284	27.3	5320849	10.2
浙江省	1456	9350842	32.9	2728869	17.4	1629565	21
安徽省	136	552068	18.5	246094	9	220585	29.6
福建省	1333	9211802	29.8	2828269	30.1	2900215	31.2
江西省	99	403760	28.6	101490	26.3	182307	20.9
山东省	1908	16202032	32.7	4566595	24.8	3185490	32.2
河南省	235	1168901	18.7	452216	17.3	495703	17.5
湖北省	747	2397819	36.6	1154386	36.1	698262	32.7
湖南省	553	2167949	8.8	1170692	4.9	498628	19.2
广东省	4001	39831885	24	14638307	25	6228293	21.9
广西壮族自治区	431	919602	11.5	314950	10.3	229183	12.7
海南省	37	94313	81.2	23652	54.6	51830	98.2
重庆市	433	4631013	33.2	727491	30.8	1132056	43.9

续表

	企业个数	软件业务收入		软件产品收入		信息系统集成服务收入	
		本期累计	同比增减(%)	本期累计	同比增减(%)	本期累计	同比增减(%)
四川省	846	11406995	26	4104880	20.6	1891179	21.3
贵州省	181	557814	20.2	234975	15.4	302447	60.5
云南省	100	379043	6.9	44555	-8.8	285338	5.8
陕西省	960	4622000	35.8	1317000	36.9	1356000	37.7
甘肃省	76	154595	2.3	43550	-16.9	83378	4.5
宁夏回族自治区	68	55032	21.9	18813	31.7	24471	3.9
新疆维吾尔自治区	110	311054	45.4	42216	19.9	217796	55.4
合 计	26202	219275528	27.3	72026627	23.8	44129873	22.7

资料来源：国家统计局。

表5　2012 年 1~11 月各省份软件产业主要经济指标完成情况（二）

单位：万元

	信息技术咨询服务收入		数据处理和运营服务收入		嵌入式系统软件收入		IC 设计收入	
	本期累计	同比增减(%)	本期累计	同比增减(%)	本期累计	同比增减(%)	本期累计	同比增减(%)
北京市	3039497	20.7	8217205	32.9	752607	7.2	222515	16.3
天津市	561238	37.1	286125	37.5	1461135	29	812554	32.9
河北省	10050	69.1	6394	229.9	26853	143.6	1554	-25
山西省	21191	66.2	8160	152.5	10551	14.5	211	20.2
内蒙古自治区	12139	-20.1	3565	244.4	—		—	
辽宁省	2246981	32.3	2719034	31.1	1754277	3	184980	12
吉林省	417000	26.4	248000	148	484000	5.2	—	
黑龙江省	91326	30.6	155996	34.9	—		—	
上海市	2100000	22.4	3030000	22.7	792000	44	1518000	15
江苏省	2471888	0.3	4914081	34.4	14520339	59.4	1970788	71.8
浙江省	351920	26.5	3388563	70.2	1077982	15.1	173943	8.8
安徽省	22909	-40.7	42702	203.8	19778	15.5	—	
福建省	983230	38	1182610	26.3	979596	23	337882	26.5
江西省	57058	21	19718	108.5	18218	13.1	24970	146.7
山东省	3303830	26.1	1905613	69.6	3037616	36	202889	23.4
河南省	112353	20.1	43219	34.7	44632	28.4	20778	23.3
湖北省	110716	52.3	203215	46.6	219710	36.4	11529	31.6
湖南省	97558	22.4	184276	2.8	216795	8.8	—	

续表

	信息技术咨询服务收入		数据处理和运营服务收入		嵌入式系统软件收入		IC 设计收入	
	本期累计	同比增减（%）	本期累计	同比增减（%）	本期累计	同比增减（%）	本期累计	同比增减（%）
广东省	3456914	27.6	7190563	31.8	7865307	15.6	452503	33
广西壮族自治区	143657	12.7	117458	21.3	113416	2.8	938	-4.6
海南省	6251	77.7	7957	48.7	1876	—	2747	57.9
重庆市	936266	35.7	942153	27.9	875379	26.2	17668	24
四川省	1159622	31.6	2803661	12.4	829667	253.2	617986	28.8
贵州省	11289	-83.5	2353	41.7	6482	273.8	268	101.5
云南省	10028	32.5	35719	45.1	2876	3	527	-51.8
陕西省	1095000	33.2	193000	35.9	455000	35.4	206000	31.2
甘肃省	8983	-6.8	17722	109.4	6	-96.2	956	60.9
宁夏回族自治区	4405	12.2	4003	49.2	3340	388.3	—	—
新疆维吾尔自治区	97558	-5.5	11094	289.7	6741	1442.5	202	-35.2
合 计	22876305	23.4	37884160	34.3	35576178	35.5	6782387	34.0

资料来源：国家统计局。

通过基于欧氏距离（Euclidean 距离）的系统聚类法（Hierarchical cluster），对2012年1～11月各省份（剔除掉数据丢失省份，共有23个省份参加聚类）软件产业8个主要经济指标完成情况进行聚类分析，结果如图3所示。

黑龙江省的软件行业发展情况与海南省、甘肃省、陕西省、江西省、新疆、云南省、贵州省、河北省、河南省等9个省份并列，处于发展全面落后的一组。与发展现状最好的江苏省、广东省、北京市一组相比，从8个指标当中的任何一个指标看差距都非常悬殊。

2. 哈尔滨市软件业发展现状分析及与其他副省级城市对比分析

表6和表7是根据2012年1～9月的数据，对全国15个副省级城市的软件产业从企业个数、软件业务收入、软件产品收入、信息系统集成服务收入、信息技术咨询服务收入、数据处理和运营服务收入、嵌入式系统软件收入、IC设计收入等8个主要经济指标完成情况进行数据汇总。

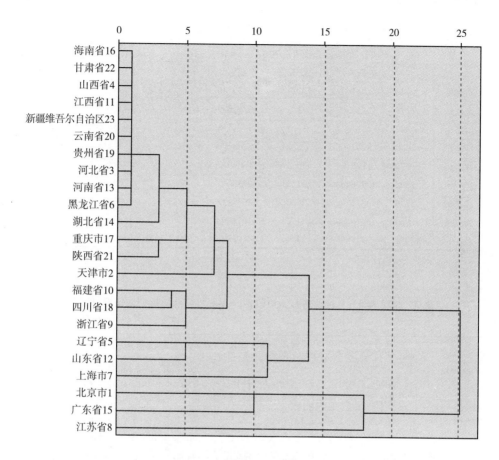

图3 2012 年全国各省份软件产业主要经济指标聚类分析结果

表6 2012 年 1～9 月副省级城市软件产业主要经济指标完成情况 （一）

单位：万元

	企业个数	软件业务收入		软件产品收入		信息系统集成服务收入	
		本期累计	同比增减(%)	本期累计	同比增减(%)	本期累计	同比增减(%)
大连市	916	6669468	28.7	2692679	31.2	995415	33.5
宁波市	578	1351667	30.0	151580	37.2	228345	22.1
厦门市	669	3201038	34.7	860914	23.6	654320	28.1
青岛市	281	4000543	57.6	221161	25.4	611637	57.0
深圳市	2142	21144763	17.5	9202596	26.5	3570246	13.5
沈阳市	1028	6718818	25.6	2619752	30.8	1607876	30.9
长春市	350	961545	28.5	355644	31.1	229726	27.6

续表

单位名称	企业个数	软件业务收入		软件产品收入		信息系统集成服务收入	
		本期累计	同比增减（%）	本期累计	同比增减（%）	本期累计	同比增减（%）
哈尔滨	172	357867	22.9	110776	18.8	93473	17.8
南京市	1143	15156500	43.8	5211600	42.9	3439100	21.1
杭州市	800	4817377	17.5	1821718	15.6	1081506	14.0
济南市	1230	8273605	25.2	3248199	22.5	1787023	30.1
武汉市	570	1708194	26.3	806512	27.6	544332	25.3
广州市	1392	10376604	37.2	2789543	38.2	1783265	39.1
成都市	720	8872008	27.0	3337127	22.3	1602403	17.2
西安市	960	3815000	31.7	1074000	34.7	1132000	30.7
合 计	12951	97424996	28.9	34503801	29.1	19360668	24.3

资料来源：国家统计局。

表7　2012年1~9月副省级城市软件产业主要经济指标完成情况（二）

单位：万元

单位名称	信息技术咨询服务收入		数据处理和运营服务收入		嵌入式系统软件收入		IC设计收入	
	本期累计	同比增减（%）	本期累计	同比增减（%）	本期累计	同比增减（%）	本期累计	同比增减（%）
大连市	1081219	31.4	1316296	33.1	562046	1.8	21813	16.6
宁波市	54035	43.3	210335	49.2	656748	25.2	50624	29.3
厦门市	725444	65.5	346009	68	494542	12.5	119809	40.9
青岛市	612464	98.2	759259	80.7	1651408	45.1	144614	38.8
深圳市	392966	25.1	2442602	15.7	5414692	7.4	121659	6.2
沈阳市	682900	30.1	857059	29.1	826988	1.4	124243	10.5
长春市	20010	6.9	71898	21.6	283360	29.6	906	28.6
哈尔滨	63082	14.8	30475	10.3	56303	72.8	3758	13.2
南京市	1536700	19.5	1696800	127.1	3075400	63.9	196900	33.4
杭州市	205905	19.2	1496851	26.9	135017	-2.9	76380	-7.6
济南市	1971598	16.9	829991	68.2	433665	11.5	3129	-77.6
武汉市	65638	10.3	109263	31.2	173834	27.4	8615	25.1
广州市	2003305	37.7	3385694	36.2	246635	34.1	168162	24.1
成都市	876435	59.2	2615809	34.1	107881	-0.2	332353	18.2
西安市	898000	31.3	154000	26.2	385000	30.4	172000	30.2
合 计	11189702	33.0	16322340	39.8	14503519	22.0	1544965	20.9

资料来源：国家统计局。

通过基于欧氏距离的系统聚类法，对 2012 年 1～9 月各副省级城市软件产业 8 个主要经济指标完成情况进行聚类分析，结果如图 4 所示。

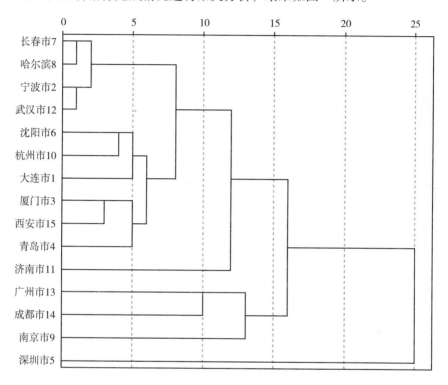

图 4 2012 年全国副省级城市软件产业主要经济指标聚类分析结果

哈尔滨市的软件行业发展情况与长春、宁波、武汉等 3 个城市并列，同样处于发展全面落后的一组。与发展现状最好的深圳市以及发展现状次之的南京市、成都市、广州市一组相比，从 8 个指标当中的任何一个指标看差距都非常悬殊。

三　黑龙江省电子信息产业未来重点发展领域分析

回顾 2012 年黑龙江省电子信息产业发展现状可以发现，虽然在 2012 年电子信息产业发展速度迅猛，增速位于全国各省份前列，但是与南方及东部沿海发达省份还有着较大的差距。

2013 年黑龙江省电子信息产业发展应聚焦于谋划产业重点领域，与产业发展方向相一致的重点企业将会得到政府的大力扶持。黑龙江省将以发展软件和服务外包产业为工作重点，加强对产业新兴重点发展领域的发现和规划能力，以互联网络数据中心产业（IDC）、云计算、物联网、电子商务等电子信息产业核心领域为试点，逐步对黑龙江省电子信息产业中有培养潜力的产业领域进行明确。在确定大力扶持的产业领域内，对符合我国电子信息产业发展方向的一系列重点骨干企业加大支持力度和培养力度，进一步推进产业集聚，形成行业子群，达到规模发展的目的。

具体来说，本报告以未来黑龙江省电子信息产业重点发展行业之一，也是在 2012 年得到省政府大力支持的典型行业——云计算行业为例，进行深入分析。

（一）黑龙江省发展云计算产业的优势

1. 适宜的气候条件和优越的地理位置

黑龙江省地处亚欧大陆东部中高纬度地区，属非地震带，地处平原，区域广阔；从未发生地震、洪水、泥石流、台风等自然灾害。全年平均气温 3.5℃，较低的温度非常适宜云计算中心通过自然空气冷却、散热降低温度，大大减少空调使用时间，全年平均只需 50% 的时间通过电制冷，节省大量电力，不但降低成本，而且利于节能减排。同时对于俄罗斯、韩国、日本和周边其他国家有显著的辐射作用。

2. 丰富的水资源和充足的电力资源

仅就黑龙江省省会哈尔滨市而言，全市拥有总量超过 149.29 亿立方米的地下水资源，同时年平均降水量大约 367.63 亿立方米，为云计算数据中心提供循环冷却水制冷，进一步提高节能效率。黑龙江省拥有并网运行电厂 222 座，总装机容量 1886.1 万千瓦，电力供应相当充足。

3. 雄厚的科技实力和优秀的科技人才

黑龙江省哈尔滨市拥有全国重点和普通高等院校 49 所，国家及省级重点实验室和企业技术中心 16 个，博士后工作站 7 个，每年计算机等相关专业大学毕业生超过 2 万人，城市科技综合实力排名全国第九位。哈尔滨全市现有国有独立研究机构 130 个，累计建成 6 个国家级企业技术中心和 16 个省级企业技术中心，并已取得了大量研究成果，如哈尔滨工业大学的数据挖掘、分布式计算、海量数据存储与索引等多个领域已达到国际先进水平；中国电子科技集团 49 所是全国唯一的电子传感器研究所，拥有的 280 多项科研成果都已达到国际先进水平。

4. 充足的带宽资源和广阔的扩展空间

目前哈尔滨城市骨干网出口带宽为 500GB，并且可以随时根据市场需求扩展至 1TB，以满足云计算产业的发展对带宽的要求。另外，将使哈尔滨成为欧亚通信网络的重要枢纽的第三条中俄国际跨境陆地光缆电缆和连接欧亚大陆的北冰洋海底光纤电缆（北极网）已开工建设。

5. 众多的知名企业和明显的先发优势

黑龙江省哈尔滨市的"中国云谷"已成为首批中国云计算基地（中心）联盟 19 家成员单位之一。"中国云谷"江南基地园区即哈南国际数据城，规划建设总面积 16 平方公里，目前已建成面积 50 万平方米，规划建设包括云计算数据中心基地、应用创新研发基地、企业孵化基地和产业发展基地在内的四个产业基地。"中国云谷"江北基地园区即松北科技创新城，总规划面积 2.5 平方公里，计划重点构建一套五位一体的云计算配套服务平台，主要由公共技术测试平台、人才培训平台、云孵化平台、投融资平台、技术交流平台组成。目前哈尔滨全市已经开始实施云计算相关项目的总投资已超过 300 亿元人民币，云计算产业已初步形成了快速增长的趋势。

（二）黑龙江省云计算产业发展重点和主要任务

结合黑龙江省的产业基础和有利条件，选择云计算产业链中以下几个主要方面，发挥优势，突出重点，逐步建立具有黑龙江特色的云计算产业系统。

云计算 IDC 运营管理服务。建立云计算 IDC 机房，搭建 IAAS 平台（即基础设施服务运营平台）、PAAS 平台（即平台级服务运营平台）和 SAAS 平台（即软件级服务运营平台）。

云计算集成服务。提供云计算的技术架构以及测试、部署等方面的整体云计算解决方案并实施建设。

开发云计算平台级软件产品和应用级软件产品。例如电子政务、电子商务、金融等方面的应用软件，地理信息服务、城市公共管理等方面的平台软件和应用软件系统都可以进行开发。

形成基础软件产品。跟踪研究国内外云计算的软件开发动态，争取在云计算操作系统、云存储管理软件、云安全等方面实现技术突破，形成云计算相关的基础软件产品。

引进硬件设备厂商。将更多的云服务器、云存储和网络设备生产厂商以及手机、计算机、数字机顶盒等通信终端设备生产企业引进黑龙江省；引导电子信息制造业研发生产云计算的相关产品。

具体来说，主要建设和发展要点包括以下几点。

1. 合理规划产业布局和功能定位

将哈尔滨市的"中国云谷"江北基地和江南平房基地作为云计算发展的主要集聚区，提倡高校建立各种云计算专业园区，如科技园、软件园、信息产业园等来加快云计算技术的研究和开发，并且鼓励科技成果产品化、产业化，形成哈尔滨市云计算产业带动全省高科技互动，择优发展，促使整个行业进行良性竞争，令云计算产业格局形成协调发展。

"中国云谷"江北基地：重点建设云计算技术研发和 SaaS（软件即服务），将软件研发、科学计算、云计算系统集成服务等方面的研发机构、企业以及云计算呼叫中心、IDC 数据中心等运营企业作为重要对象进行积极引进。计划到2015年力争达到280亿元的云计算产业收入，至少建设完成2.5平方公里园区。

"中国云谷"江南平房基地：重点建设 IaaS（基础设施即服务）和 PaaS（平台即服务），将海量数据存储和大数据处理作为发展重点，积极将金融、数字媒体、动漫、通信等引进云计算数据中心。计划到2015年力争将云计算产业收入达到500亿元，同时建设完成6平方公里园区。

2. 加强和改善基础设施的建设

通信网络建设：对电信运营商进行支持和协调，缩短产业园区的网络通信延迟、扩展通信带宽、提高通信质量，并逐渐降低通信费用。持续实施光纤进楼工程并将入户带宽提高到100Mbps，从而加快建设城区宽带网络。发展建设无线城市，在市区内重点区域实现 Wi-Fi（无线宽带局域网）的全面覆盖，在全省范围内争取实现 TD – LTE 等无线网络的全面覆盖，实现用户拥有 40 Mbps 的高速上网带宽，充分满足云计算终端应用对于带宽的要求。拓展有线电视的光纤网络在云计算领域的应用范围，倡导市场化运作模式。

电力建设：在哈南工业新城和科技创新城，为了实现云计算产业园区的双回路供电，并且满足云计算 IDC 机房的 7×24 小时不间断供电的需要，计划增设 22 万伏一级变电站和 6.6 万伏二级变电站。

供水：在云计算产业园区合理建设循环冷却水保障体系，为云计算数据中心提供充足的冷却水，进一步提高节能效率。

3. 实施云计算应用示范工程

可率先选择易于快速启动、快速推广的领域来作为云计算技术应用项目，通过云应用来激活整个云计算产业链，通过实际应用效果和经济效益带动云计算产业的快速发展（见图 5）。

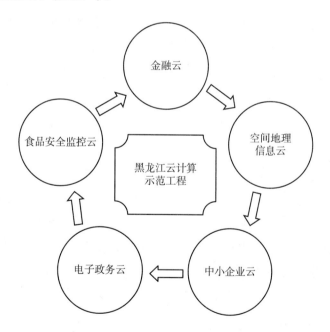

图 5　黑龙江云计算产业示范工程

电子政务云：利用市场化的方式，统一规划、集中部署，形成电子政务云。对于已面向社会提供公共服务的信息系统，可逐步将其向云计算平台进行

集中迁移；对于财政投资新建的电子政务系统，需采取直接购买云计算服务的方式进行建立；对于数据中心容灾备份、应急管理、智能城市交通、社会保障系统、城市公共安全管理、城市综合管理等应用可逐步在电子政务云上进行部署，并对所有系统实行集约化管理和运维。

空间地理信息云：基于云计算服务模式，对于包括城乡建设管理和公共安全管理、自然资源管理和生态环境保护等一批地理信息应用进行逐步开发，并部署在一套统一的云地理信息共享平台上。将空间地理信息技术的优势充分发挥，改善云地理信息共享平台技术架构，提高信息加工和处理的水平，并鼓励积极承揽国内外地理信息云服务业务，争取在国内外空间地理信息云服务市场竞争中占据优势地位。

中小企业云：将具有优势实力的软件企业和大型电子商务企业作为重点引进对象并依托他们建立中小企业公共云服务平台，此中小企业公共云服务平台以生产、管理和经营为核心，中小企业不但可以以低廉的成本通过这个平台快速建立企业管理应用系统，包括财务、客户关系、供应链等，还可以在中小企业公共云服务平台上开展各种产品研发业务，例如产品设计、模拟仿真实验、应用分析、产品测试等，还可以通过开展各种电子商务活动来改善中小企业的发展环境。

食品安全监控云：根据国家对于食品安全溯源的建设要求，将农产品、畜牧产品作为重点监控领域，建立食品安全监控云，重点监控从食品原料的种养殖开始到食品产成品的加工和运输以及销售流通等各个关键环节，对这些环节中所涉的各种信息全部进行采集并且存储起来，方便消费者对食品的来源及其他相关信息进行检索，从根本上提高全国各地消费者对黑龙江省食品安全的信任程度。同时，这种食品溯源服务，还可以扩大黑龙江省食品的出口率，加大黑龙江省食品在国内外市场的占有率。

金融云：建成国际级金融数据存储和灾备中心，对于黑龙江省云计算数据中心承揽国内外海量金融数据的存储、运维、分析查询、容灾备份和管理等业务起到积极的推进作用，争取发展金融服务外包领域。建立以黑龙江省在全国具备领先优势的产业、企业和产品为核心的特色专业云，并逐步辐射和覆盖全国。

4. 积极促进信息产业的转型升级

重点支持现有企业,以关键环节的产业链为核心,逐步实现转型升级,从而改善和优化全省信息产业的结构。

电信运营商:支持本地的三大运营商(包括中国移动、中国联通和中国电信)积极建立电信云,并鼓励三大运营商积极开展云计算数据中心的各种运营服务。

软件公司:积极鼓励及配合海康、海天科技、邮政 ETS 等软件企业以云操作系统、虚拟化、云管理平台、分布式数据存储、分布式计算、云计算终端设备、云安全等技术为核心,开发一些合适的云计算平台软件和应用软件的要求并时刻跟踪研究如 Apache、谷歌、红帽之类的云计算相关的开源社区。

系统集成公司:支持如哈工大软件工程公司、新中新电子、亿阳信通之类的本地系统集成公司研发云计算整体解决方案及云计算数据中心建设方案,扩大云计算集成项目和工程。

电子信息制造业企业:支持本地的拥有电子元器件、汽车电子、电力电子技术的电子信息制造企业,如中电科 49 所、龙电电气、航天科技等积极研发出低功耗集成电路、云数据中心机房电源控制设备、车载云终端设备等新产品。

5. 加大招商引资力度

在已掌握的超过 50 家国内外云计算企业和企业数据库的基础上,及时跟踪行业的发展趋势,发挥"中国云谷"江南基地和江北基地在土地、政策、资金等方面的优势,继续招商引资来加以充实和完善。向整体云计算产业链运营公司、云计算硬件设备生产制造企业、云计算数据中心厂商、云平台运营服务厂商和云应用软件企业按照企业规模和实力进行定向招商。抓住跨国公司在日本和韩国的数据中心转移的机遇,将处于云计算领域领军地位的跨国公司的区域总部、研发中心、服务中心以及其他国际知名企业引进,并入驻,同时积极承接其数据处理业务。大力争取国家各部委、企业集团,在黑龙江成立云计算数据中心及灾备中心。

6. 进一步完善信息安全保障体系

实行信息安全等级保护制度,加强云计算公共服务平台等信息安全重点单位的安全责任的落实工作，将进一步完善信息安全保障体系作为目标。加快实行与云计算相关的信息安全基础性工作，包括云安全评测系统、预防和应急响应系统及电子认证系统等。尽快制定数据信息安全、数据安全及隐私保护等方面的法律法规。在云计算模式下，制定和实施信息安全标准和规范，建立安全认证体系，按照标准对公共云计算服务提供商进行等级评价和认定，积极促进云计算产业的健康发展。

7. 鼓励并推行云计算技术模式、运营模式和服务模式的创新

云计算技术模式：支持企业与高校实验室、研究所有多种合作的形式共同建立关于分布式数据存储、海量数据管理、虚拟资源管理、分布式编程模式等研究领域的重点实验室和工程技术研究中心等。从而加深了国际国内的技术合作紧密度，加快了创新速度并且形成自主知识产权的云计算产品。

云计算运营模式：倡导企业创造虚拟化的基础环境，在此条件下将软硬件和网络资源进行整合，将股权和责任进行合理分配，形成一个高效的云服务运营能力途径。

云计算服务模式：云计算典型的服务模式包括基础设施服务（IaaS）、平台服务（PaaS）、软件服务（SaaS）等，在鼓励企业建立以上三种服务模式的同时，转变用户的消费方式和建立新的消费理念，使云计算在社会各领域得到更广泛的应用。

（三）关于黑龙江省发展云计算产业的保障措施的建议

1. 加大组织领导的力度

成立一个组长由省政府分管领导担任，成员由省发改委、省工信委、省财政局、省城乡规划局、省国土资源局、省工商局、省税务局、省商务局、省投资促进局、省教育局、省卫生局、省交通运输局、省电业局、省电信局等部门以及哈经济技术开发区、高新技术开发区管委会主要负责同志担任的黑龙江省推进云计算产业发展工作领导小组。由省工信委、省发改委等部门组成领导小组办公室，其中省工信委带头负责具体工作。适时组建云计算专家组和全省云计算产业联盟。

2. 制定政策并出台扶持措施

集成国家和省、市针对软件、服务外包、电子信息等行业在土地、资金、税收、投融资、招商、人才、知识产权、研发等方面的优惠政策，出台一系列向云计算企业倾斜的相关措施。积极配合中央和地方政府相关部门为云计算企业提供包括使用优惠的水电价格、改善网络通信质量、降低通信费用，甚至由政府出台政策给予云计算企业适当的创业研发补贴。

3. 将资金扶持的力度加大

将省云计算产业制定成专项资金在云计算的相关领域给予重点扶持，比如云计算示范工程、云计算标准制定、云计算平台及应用软件开发、融资上市、贷款贴息、人才培训、市场拓展等方面。可以将全省新型工业化、服务业发展、应用技术研究与开发、软件和服务外包等专项资金确定相应比例，向云计算企业、云计算项目倾斜，专门用于支持云计算产业发展。

4. 加快云计算的应用推广速度

在加大媒体对于云计算的宣传力度、提高公众对云计算运营模式和服务模式的认知度的同时，尽量多地组织一些云计算服务产品、应用产品推广会和供需推介会，更新广大消费者的消费理念。鼓励政府各部门积极使用云服务平台，并在云平台上建立更多的可面向社会的公众服务类应用系统，并将云计算产品和较好的应用服务模式纳入采购范围，扶持本省的云服务企业和云服务市场。

5. 大力培养和引进云计算高端人才

树立一个完善的高端人才引进政策和机制，将云计算领域的领军人才、掌握云计算前沿技术的专业人才和云计算创业人才作为引进人才的重点对象，针对引进高端人才和进行云计算领域技术培训的企业进行相应补贴和奖励。

四 经济危机中黑龙江省电子信息产业发展的措施建议

（一）大力构建技术创新平台，推进协同创新

1. 技术创新政策需要不断完善

黑龙江省政府已经将"勇于创新、敢于冒险，追求成功、宽容失败，崇

尚竞争、开放包容"的文化创新内容进行了大力推进，坚持不断地改善利于创新的环境，同时不断提高自主创新的政策体系，依次建立起了知识产权保护、人才激励、促进企业研发、科技成果转化、公共平台建设、资源共享、产学研结合等针对不同创新阶段而制定的、具有一定针对性的政策体系。

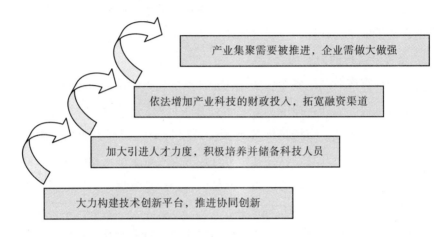

产业集聚需要被推进，企业需做大做强

依法增加产业科技的财政投入，拓宽融资渠道

加大引进人才力度，积极培养并储备科技人员

大力构建技术创新平台，推进协同创新

图6　经济危机中黑龙江省电子信息产业行动路线

2. 对企业工程技术中心加强建设

着重支持重点企业在行业应用、汽车电子、互联网等优势领域建立工程技术研究中心，为企业信息技术升级提供强有力的支持。与此同时，发展优惠的税收政策（例如减免税收），比如为鼓励企业增加研究和开发的投资，提高企业的自主创新能力，可以允许企业利用研究开发经费来代替纳税费用。鼓励及推动可以与省内高校合作的有实力的电子信息企业积极建立以省部共建、中外合资等形式成立的研发中心。同时应对技术中心承接重大项目方面放宽政策。

3. 加强产业核心技术的研发，实施重大科技项目

要高度重视行业中具有核心竞争力的中心技术和科技项目，对能形成知识产权的项目要大力支持，可积极申请国家级项目资金，特别是针对省内优势领域的研究项目。为了更好地发挥产学研结合的潜力，可以对部分重大科技专项进行招标，面向企业、高校和研究院所，由他们自主完成或者联合完成。同时，重大科技项目应对有实力的工程技术中心、国家级实验室和信息企业进行优先考虑，重点放在信息化与工业化融合示范、现代新型智能家电、新型元器件、软件应用及通信、电子材料、电子信息技术应用、光电绿色节能等方面。

4. 将"产学研"合作机制进行完善

缺乏自主创新的能力是我国一个极大弱点，从而使得多数的电子信息产业都是从外国引进技术进行研发的。黑龙江省的信息技术发展缓慢，虽然黑龙江不断扩大产业生产能力，但是对电子信息行业的可持续发展仍是一筹莫展。这就需要通过不断地完善创新机制，通过加强黑龙江电子信息产业和国家信息产业部、高校中对于电子信息产业具有一定研究能力的实验室、研究所等之间的交流合作，分享技术、共享人才。严格按照"产业需求" - "大学研究转化" - "研究成果"这一过程，依托自身的发展方向和战略目标，研发出既具有自主创新能力，又符合市场需求，并且存在未来发展潜力的新技术、研究成果以及研发产品。一方面，通过建立有效的科研生产联合体和创新激励机制，促进高校和研究院参股电子信息企业，充分调动科研人才和机构的创造性和积极性。另一方面，黑龙江电子信息产业的研发技术和研究成果也将随着高校研究院和实验室的自主研发能力和创新能力的逐步提高而彻底脱离模仿阶段，进而实现黑龙江电子信息产业创新发展的目的。

（二）加大引进人才力度，积极培养并储备科技人员

电子信息产业发展的基础和可靠保障毋庸置疑是人力资源的培养和开发，提高电子信息产业国际竞争力也要靠人力资源的培养和开发。一般情况下，我们可以通过人才的培养机制、教育情况和劳动力素质来衡量电子信息产业的发展程度。只有不断地提高电子信息产业的人才培养机制、高质量的教育体系和劳动力素质，才能使黑龙江电子信息产业在未来发挥出其应有的推动力。要想为黑龙江电子信息产业不断输入新鲜的具有活力的血液，就必须建立一套完善的高素质人才供给机制。首先要大力支持黑龙江电子信息产业的发展，同时加大力度培养电子信息产业人才，可计划启用一套吸引、培养、储备人才的完整体系，在完善科技人才激励政策的同时，迅速建立起一支支撑黑龙江电子信息产业发展的人才后备军。可以主要实施以下几个方面。

第一，大力引进优秀人才。重点是需要尽快建立一套积极主动的人才引进机制，深度挖掘人才，拓宽人才引进的范围，改善人才发展的环境。可以通过

一些福利方式为人才创造适合其发展的条件，比如为优秀人才分配住房、解决优秀人才家人的就业问题、为优秀人才建立奖金制度等，吸引人才进入黑龙江电子信息产业；有针对性地引入电子信息项目所需要的人才。

第二，培养、发展优秀人才。对电子信息企业的技术骨干和优秀人才进行进一步的培养，可以将其输送到高校的实验室、研究院等电子信息培养机构，不但可以提高现有人才的技术创新能力，还可以使现有人才的技术得到升级；有针对性地组织企业内部对于电子信息产业中的瓶颈问题进行专项课题攻关，同时为保证相关课题的成果具有技术可靠性和完整性，可通过企业内外部相结合的方式对相关人才进行选拔，在课题结束后建立起一个可以成为企业未来课题研究的中坚力量的企业相关人才后备库；同时为使企业内的劳动者充分发挥在生产中的科学性和生产推动力，随着电子信息产业技术知识的更新，还要对他们进行定期培训，使他们尽快掌握行业的动态和电子信息产业的发展趋势。

第三，储备人才。企业必须具有一系列激励机制，只有具有一套高效健全的人才使用体系，一套完善的人才评价、晋升机制的企业才能留住人才。为使人才在整个技术创新过程中发挥出应有的作用，并在生产过程中被充分地调动起主观能动性，可将电子信息企业人才的个人利益与企业技术创新的利益相挂钩，并使人才得到应有的回报；为充分挖掘出人才在企业发展过程的潜能并充分调动其在生产和科研中的积极性，可以让人才技术入股；此外，省政府和电子信息企业还要针对创新人才通过用事业聚才、感情留才的方式支持其实现自我价值。

（三）针对产业科技的财政投入要依法增加，融资渠道也要相应拓宽

1. 对电子信息产业要加大财政支持力度

电子信息产业可以为黑龙江的发展带来新的增长活力，作为新兴的技术产业，其发展必然需要大量的资金支持，加大资金的支持力度可以通过政府和市场两方面进行着手：第一，针对优势企业及重点产业园区运用专项资金进行扶

持。除了技术及人才以外，资金也是黑龙江省内电子信息产业方面的优势和企业发展的重要推动力量之一，需要黑龙江省政府对电子信息产业方面的优势企业、电子信息产业方面的研究重点产业园区和重大电子信息产业项目，依法给予多方面的支持，例如优惠的财政政策、对企业进行免税、为企业注入资本金、对企业贷款提供担保等，扩大优势企业的竞争优势和产业特色；发起设立产业发展资金，引导电子信息产业的资金投放方向也是黑龙江省政府对于黑龙江省电子信息产业可以采取的一种扶持方式；黑龙江省政府要通过一些手段，例如财政方面，以发展电子信息产业方面的支柱企业为核心，扶持具有电子信息产业方面优势的企业，建设信息产业基地，并将基地进行区域集群，使黑龙江电子信息产业优势企业得到更快更好的发展。第二，要加大对于电子信息产业的研究和开发方面的投入力度。黑龙江省财政应该对产业科技三项费用的资金投入逐步增加，此三项费用包括新产品新成果的试制费用、产品的中间试验费用和重大科研项目的补助费用，同时也要增加信息企业技术改造资金方面的投入，其中财政收入的增幅应低于对电子信息产业研究开发投入的增幅。另外，企业技术研发及科技成果推广应在产业科技三项费用的资金投入结构中占据优势。

2. 拓宽融资渠道的同时扩大融资规模

将各类资金聚集，利用市场的力量、以融资的方式投到电子信息产业中是发展黑龙江电子信息产业所必需的方式。第一，电子信息企业亟待完善，尤其以中小企业的信息担保体系为主。由于黑龙江省在金融生态环境方面具有一定的劣势性，同时中小电子信息产业领域具有较大的投资风险，导致大量的银行信贷资金并不愿意介入其中。但在高风险的同时也伴随着高报酬率恰恰适合作为具有强劲发展力的电子信息产业，因此黑龙江省政府发展电子信息产业的一项重要基础建设任务便是如何有效地建立起中小电子信息企业的信用担保体系，对于中小企业在电子信息方面进行风险担保和风险补偿，同时政府也应投入一定的资金对中小企业进行支持而达到解决中小电子信息企业的融资信用问题的目的。第二，应该尽快为投资资金的引入提供一系列优惠政策和一个良好的平台。可以有效地吸引大量的资金是电子信息企业的巨大发展潜力，但是地方政府政策优惠措施、企业的回报率、资金进入与退出机制等方面也影响着省外资金对于黑龙江省电子信息产业的投入，因此对于外来资金，为其提供良好的政策环境，可以采取一些合理的方式，比如优惠对电子信息企业的税收、通过财政支出的方式给予中小企业投资贴息等方式，来吸引更好的人才和更多的资金进入电子信息产业。第三，为电子信息产业设立基金。越来越多的投资者更加青睐产业基金，黑龙江电子信息产业作为新型的融资方式，目前也正处于快速发展时期，也可以通过募集产业基金的方式来支持电子信息产业的发展。需要建立起一个以黑龙江省政府作为产业基金的发起人的具有政府背景的投资公司，基金托管人和基金管理方要进行合理的选择，资金的投入也要进行有效的组织，从而使黑龙江电子信息产业的资金使用效率得到合理的提高。第四，在支持电子信息产业方面，非银行金融机构发挥的作用也是值得关注的，将银行、信托投资公司、保险公司、证券公司对黑龙江电子信息产业在发展过程中资金支持的作用充分运用好。

（四）产业集聚需要被推进

1. 要想促进电子信息产业的集聚，省政府需要发挥其引导和推动的作用

传统的制定企业发展战略的方式正随着经济全球化和工业信息化的不断发展，而向制定产业集群战略方式快速转变，以达到提高市场竞争力的目的。尤为特别的演进过程来自区域经济的发展模式，为区域经济的发展提供新的发展模型，可以通过产业集群的协同效应，来有效地提高区域内相关企业具有参与国际级竞争的能力。黑龙江省政府利用区域经济发展战略的大趋势，针对电子信息产业充分发挥其推动引导力，建设和完善了高新技术园及其配套设施，使黑龙江电子信息产业步入了产业集群的可持续发展道路。

第一，高新技术园区作为在新型工业化的进程中的重要载体，特别是对于中小企业的发展而言，起着非同小可的作用。因此，黑龙江省政府不但要将推进高新园区、大力发展高新园区配套设施协调作为扶持重点，还要对电子信息产业的集群战略发展做出重点指导，可以依托只要具备对产业起到示范性效应的企业和重大项目都可以被引进入高新园区，达到防止企业在产业集群过程中出现的竞争过度的目的。

第二，设计一定的策略和政策来吸引优秀的风险投资资金入园投资，如在不断完善风险投资机制的同时，还应不断加大园区内相关企业的生活基础设施和通信设备的投资力度，在积极建设优质的基础设施的同时，出台相关配套的政策等。

第三，为了引进更多优秀企业参与进产业集群以及为人才提供良好的环境，并为推动电子信息产业有序健康地发展以及为产业集群的发展提供最优规模，针对新出现的电子信息产业集群，省政府应不断完善相关产业战略并出台相关的人才引进政策。

第四，省政府应该在建设完善的电子信息产业集群领域之上，把具有电子信息产业优势的企业作为支持集群的政策重点，保持这些企业的持续增长态势并推动他们做得更具优势，同时还可以带动集群内其他企业的发展；还需要进一步完善一些方面的相关基础服务体系，例如金融体系、法律法务、信息技术、人才培养等方面，并且围绕这些服务体系，将信息咨询服务、金融投资支持、职业培训服务、中介服务等提供给集群内的中小企业，这样才能逐步降低目前较小规模的电子信息企业的发展压力。

2. 有益于产业集群的区域文化氛围需要被积极地营造出来

产业集群的形成和发展必须要拥有良好的区域文化，黑龙江电子信息产业集群的发展可以通过以下方式将良好的文化氛围营造出来：一方面，政府的外部推动力应该被充分发挥出来，通过良好的产业文化氛围建立起电子信息企业之间的有效联系，不但可以使企业之间的相互信任感得到促进，更可以加强企业之间的合作关系，还可以加强各自企业的学习能力并且扩大他们的发展空间。可以通过建立各类机构，比如电子信息产业教育培训机构、电子信息行业协会、电子信息专家协会等，利用企业集群的成功经验，不但能够促进企业家精神的培养，还可尽量扩散实用技术的使用。另一方面，只有拥有了良好的创新文化氛围，省内的电子信息企业才能顺利地走上技术创新的可持续发展道路。培养员工的创新能力和培养团队的协作精神，可以通过创新的管理方法、创新的模式和创新的技术水平来进行，此方法还可以充分发挥员工的创新能力、适当地激发员工的创新活力。黑龙江省电子信息产业只有适应环境、发挥优势，才能走出一条自主创新的发展之路。

参考文献

周子学：《2011～2012 年电子信息产业经济运行分析与展望》，电子工业出版社，2011。

张新颖：《黑龙江年鉴 2011》，黑龙江年鉴社，2011。

黑龙江省统计局、国家统计局黑龙江调查总队：《黑龙江统计年鉴 2012》，中国统计出版社，2012。

吴松飞：《电子信息产业发展方向分析：基于生态环境效应的视角》，《生态经济》2010 年第 10 期。

孙慧玲、吴秉勤：《我国电子信息产业产业结构分析与评价》，《情报科学》2004 年第 2 期。

Development Report of Heilongjiang Province Electronic Information Industry in 2012

Liu Luning   Ye Qiang

Abstract： Since the global economic crisis in 2008, the development of electronic information industry in Heilongjiang has slowed down. However, the electronic information industry in Heilongjiang Province made rapid development in 2012. This situation implies that the electronic information industry in Heilongjiang has basically got rid of the negative impact of the economic crisis. Up to November 2012, all of the projects beyond 5 million yuan in the electronic information industry completed investment of 3.9 billion yuan in fixed assets. The growth in investment ranked second in the country in 2012. However, for electronic information product manufacturing and software industry of Heilongjiang, there is still a significant gap compared with the more developed provinces and regions. This report firstly conducted a brief overview of the electronic information industry development in Heilongjiang in 2012. Through the clustering analysis based on Euclidean distance, the report analyzed the development of the electronic information industry in Heilongjiang and its position in the country. Furthermore, the report made an in-depth analysis on one of the key development areas of electronic information industry in Heilongjiang—cloud computing. Finally, the report provided some suggestions for the future development of the electronic information industry in Heilongjiang.

Key Words : Electronic Information Product Manufacturing; Software Industry; Cloud Computing

B.3

2012 年黑龙江通信产业发展报告

闫相斌　薛增裕*

摘　要：

黑龙江省通信产业起步较晚，用户规模和产业收入等指标在全国都处于中等偏下水平，但是行业增长速度较快，发展潜力大。本报告回顾了黑龙江省通信产业的用户及业务发展现状，分析了黑龙江省通信产业发展特点以及经济效益和投资情况，明确了通信产业发展对于黑龙江省经济与社会发展的意义，阐述了黑龙江省通信产业发展面临的机遇和挑战，并提出了促进通信产业发展的具体措施。

关键词：

黑龙江　通信产业　用户收入

通信产业是为黑龙江省国民经济和社会发展提供基础设施、为经济建设和现代化服务的重要产业之一。随着信息社会的到来和全球经济一体化进程的加快，黑龙江省通信市场规模急剧扩大，黑龙江省国民经济和社会发展第十二个五年规划中明确提出要建设"数字龙江"，都为通信产业的发展创造了十分有利的条件，同时也面临着严峻的挑战。因此，立足黑龙江省省情并把握通信行业发展行情和趋势，分析黑龙江省通信产业发展现状，以及通信产业发展面临的机遇和挑战，并提出相应的产业发展措施，对加速黑龙江省通信产业发展和国民经济发展提供优质通信服务具有重要意义。

---

* 闫相斌，哈尔滨工业大学管理学院教授，博士；薛增裕，哈尔滨工业大学管理学院研究生。

一 黑龙江省通信产业发展现状

（一）黑龙江省通信产业用户发展现状

1. 固定电话用户发展现状

2011 年，黑龙江省固定电话用户总数为 793.5 万户，比 2010 年减少 3.8 万户，在全国 31 省中排第 15 位。其中联通用户为 657.9 万户，占固定电话用户总数的 82.9%；铁通用户为 91.8 万户，占 11.6%；电信用户为 43.7 万户，占 5.5%。固定电话普及率为 20.64 部/百人。其中，城市电话用户总数为 608 万户，比 2010 年减少 3.5 万户；农村电话用户总数为 185.4 万户，比 2010 年减少 0.3 万户。和 2007 年相比，到 2011 年底黑龙江省固定电话用户数量降低了 28.7%，截止到 2012 年 11 月，黑龙江省固定电话用户总数为 787.5 万户，其中，城市电话用户为 602.3 万户；农村电话用户为 185.2 万户，固定电话普及率为 20.5 部/百人。近年来，随着移动通信业网络规模扩大，消费者选择余地增加，固定电话用户数量下滑与手机普及率的提高密切相关。同时，多年未见调整的固定电话月租费的存在、服务不到位等情况，也是固定电话用户尤其是家庭固定电话用户数量减少的重要原因。

2. 移动电话用户发展情况

2011 年，黑龙江省移动电话用户比 2010 年减少 4 万户，为 2566 万户。其中中国移动用户为 1520 万户，占总用户的 59.2%；中国联通用户 879 万户，占总用户的 34.3%；中国电信用户 166 万户，占总用户的 6.5%。同 2007 年相比，黑龙江省移动电话用户数量增加了 77.1%，移动电话普及率为 66.73 部/百人，在全国 31 省中排第 19 位。移动电话用户中，3G 用户总数为 282 万户，比 2010 年增加 18.4 万户，占移动电话用户总数的 11%，在全国 31 省中排第 20 位。截止到 2012 年 11 月，移动互联网用户总数为 1753.9 万户，其中手机上网用户总数为 1727.1 万户，无线上网卡用户总数为 26.8 万户。

移动通信在通信业中扮演重要角色，目前全国网络覆盖区已经达到百分之九十多，由于移动电话覆盖面广，许多偏远地区的民众也都开始使用手机。同时手机资费越来越低，低收入阶层也能负担起手机终端和通信的费用，因此移动电话的普及率持续增加。人们使用手机不再仅限于打电话、短信、手机铃音、手机

导航、手机钱包、手机游戏、手机证券等各种应用异彩纷呈，使得移动电话的使用用户不断增加。另外，3G资费套餐已经逐渐为用户接受，也促使其用户快速增长。

3. 互联网用户发展情况

2011年，黑龙江省互联网用户同比增加35万户，为1929万户。（固定）互联网拨号用户为11.7万户，比2010年减少0.08万户；（固定）互联网宽带接入用户为386.7万户，比2010年增加了1.84万户，在全国31省中排第17位。其中XDSL用户为307.4万户，占比79.5%；LAN用户为78万户，占比20.2%；WLAN用户为1.2万户，占比0.3%。同2010年相比，移动互联网用户为1530万户，增加33.6万户。其中无线上网卡用户为17.5万户，减少0.2万户；手机上网用户为1512.6万户，增加33.9万户。随着手机上网越来越普及，移动互联网用户数量已远远高于固定互联网用户，更多的家庭接入了互联网宽带业务。截止到2012年11月，（固定）互联网拨号用户为17.9万户，（固定）互联网宽带接入用户为442.7万户。其中，城市宽带接入用户为392.7万户，农村宽带接入用户为50万户。

由图1可知，2007～2011年，移动电话以及互联网用户逐年增加，固定电话数量逐年减少，并且固定电话用户总量已经远远小于移动电话用户总量。

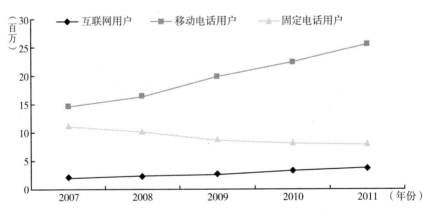

图1 黑龙江省通信产业2007～2011年用户发展情况

（二）通信业务使用情况

1. 固定电话业务

2011年，固定本地电话通话量为7.1亿次，同比减少2.1亿次，同比下降 22.5%。固定长途电话通话时长 1.01 亿分钟，其中，国内长途电话通话时长为 1 亿分钟，占比 99.01%；国际电话去话通话时长 69.8 万分钟，占比 0.7%；港澳台电话去话通话时长 5 万分钟，占比 0.05%。

2012 年的 11 月份，固定本地电话通话量为 6.6 亿次，固定长途电话通话时长 8436.2 万分钟，其中，国内长途电话通话时长为 8398.3 万分钟，占比 99.6%；国际电话去话通话时长 35 万分钟，占比 0.41%；港澳台电话去话通话时长 2.9 万分钟，占比 0.03%。

2. 移动电话业务

2011 年，黑龙江省移动通话时长为 119.1 亿分钟，其中，移动通话去话时长为 57.6 亿分钟，占比 48.4%；移动通话来话时长为 61.6 亿分钟，占比 51.7%。

2012 年的 11 月份，黑龙江省移动电话通话时长为 123.8 亿分钟，其中，移动电话通话去话时长为 59.8 亿分钟，占比 48.3%；移动电话通话来话时长为 64 亿分钟，占比 51.7%。

3. 短信业务

2011 年，黑龙江省移动短信业务量 15.4 亿条，同比减少 0.48 亿条，同比下降 3%。其中移动彩信业务量 0.19 亿条，同比增加 0.01 亿条，同比上升 3.1%。2012 年的 11 月份，黑龙江省移动短信业务量 11.7 亿条。其中移动彩信业务量 0.2 亿条。图 2 为黑龙江省 2007 ~ 2011 年通信业务使用情况。

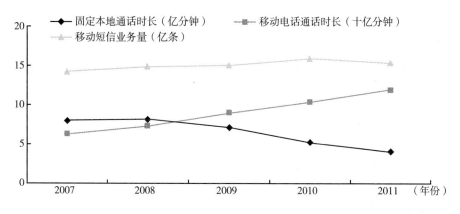

图 2　黑龙江省通信产业 2007 ~ 2011 年业务使用情况

二 黑龙江省通信产业发展特点

（一）主要指标居全国排名情况

如表1所示，2011年黑龙江省的通信业务收入位居全国第18位、固定电话用户数位居全国第15位、移动电话用户数位居全国第19位、3G电话用户数位居全国第20位、互联网宽带接入用户数位居全国第17位。

表1　黑龙江省2011年通信产业主要指标位居全国排名情况

	通信业务收入排名	固定电话用户数排名	移动电话用户数排名	3G电话用户数排名	互联网宽带接入用户数排名
北　京	8	14	17	12	11
天　津	26	27	27	25	26
河　北	9	8	6	7	5
辽　宁	11	7	9	9	8
上　海	7	13	14	14	13
江　苏	2	2	3	2	2
浙　江	3	3	4	4	4
福　建	10	11	11	13	9
山　东	4	4	2	3	3
广　东	1	1	1	1	1
海　南	28	28	28	28	28
山　西	20	17	18	16	15
吉　林	25	20	23	23	21
黑龙江	18	15	19	20	17
安　徽	14	9	12	11	14
江　西	19	18	20	19	20
河　南	6	6	5	6	6
湖　北	12	10	8	8	10
湖　南	13	12	10	10	12
内蒙古	22	26	21	21	23
广　西	17	19	16	17	16
重　庆	21	21	24	22	19
四　川	5	5	7	5	7

续表

	通信业务 收入排名	固定电话 用户数排名	移动电话 用户数排名	3G 电话 用户数排名	互联网宽带 接入用户数排名
贵　州	23	24	22	24	25
云　南	15	22	15	18	22
西　藏	31	31	31	31	31
陕　西	16	16	13	15	18
甘　肃	27	25	26	27	27
青　海	30	30	30	30	30
宁　夏	29	29	29	29	29
新　疆	24	23	25	26	24

资料来源：黑龙江省通信管理局，《2011 年 12 月黑龙江电信行业运行情况统计报告》。

从表 1 可以看出，黑龙江省通信产业各业务指标基本处于全国中下游水平，说明黑龙江省通信产业整体发展水平不高；固定电话排名较新兴业务如3G、互联网宽带等要靠前，说明对于新型业务推广不足；综合来看，黑龙江省通信产业在未来的发展中，要全面提高各业务发展水平。

（二）黑龙江省通信产业地级市发展

2011 年，分地市固定电话用户数、（固定）互联网宽带接入用户数、移动电话用户数、3G 电话用户数、通信业务收入额、通信业务总额情况如表 2 所示。

表 2　2011 年黑龙江省通信产业各地市业务发展情况

单位：户，万元

地市	固定电话 用户数	（固定）互联网宽 带接入用户数	移动电话 用户数	3G 电话 用户数	通信业务 收入额	通信业 务总额
哈尔滨市	2560106	1327988	8122875	1054146	862684	945132
齐齐哈尔市	926212	425372	2743426	274116	230192	285620
牡丹江市	699343	344528	1906671	200083	168007	212168
佳木斯市	575319	277684	1829360	191823	151176	192736
大庆市	444281	253683	2466437	291271	205621	255416
绥化市	916436	325368	2751463	224541	190075	234938
鸡西市	391344	175297	1247552	116827	103313	115365
鹤岗市	188515	109512	944501	84033	66391	98481

续表

地市	固定电话用户数	(固定)互联网宽带接入用户数	移动电话用户数	3G电话用户数	通信业务收入额	通信业务总额
双鸭山市	261041	152802	1030324	96308	82388	120528
七台河市	169320	100549	604112	67143	56359	77143
伊春市	334422	142206	705200	77850	62342	80295
黑河市	333195	162061	1003293	107756	90410	102723
大兴安岭地区	135054	69720	304307	34176	31310	48038
合 计	7934588	3866770	25659522	2820072	2307002	2768580

资料来源：黑龙江省通信管理局，《2011年12月黑龙江通信行业运行情况统计报告》。

将黑龙江省13个地市通信业务发展情况分别按照用户数以及营业收入进行聚类分析，所获的结果一致，聚类结果如下：

A类：哈尔滨市，各项业务总用户数为13065115户。

B类：齐齐哈尔、大庆市、绥化市，各项业务总用户数为12042606户。

C类：牡丹江、佳木斯市，各项业务总用户数为6024811户。

D类：鸡西、鹤岗、双鸭山、七台河、伊春、黑河、大兴安岭地区，各项业务总用户数为9148420户。

综上所述，黑龙江省通信产业区域发展不平衡，南部地区用户数明显高于北部地区，尤其是省会城市哈尔滨通信用户数就占黑龙江省总用户数的32.4%；其他较大城市，如齐齐哈尔、大庆等城市也都在用户数排名中靠前；而鸡西、黑河等城市用户数较少，说明通信行业的用户数在一定程度上是与城市发展规模相关的。

三 通信业经济效益和固定资产投资情况

（一）通信业务总量和通信业务收入情况

2011年，黑龙江省通信业务收入230.7亿元，同比增长9%；通信业务总量276.9亿元，同比增长16.9%。利润总额为21.2亿元，净利润12.9亿元。图3为2011年1~12月各月通信业务收入、通信业务总量比较情况。从图3可以看出2011年每个月的通信业务收入和通信业务总量变化不大。

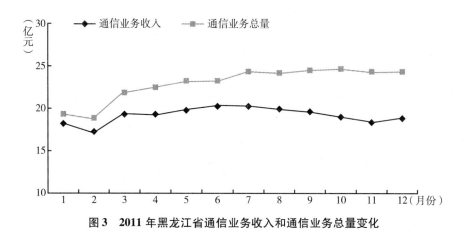

图3　2011 年黑龙江省通信业务收入和通信业务总量变化

（二）通信业务收入结构情况

2011 年，通信业务收入 230.7 亿元。其中，移动通信业务收入 174.4 亿元，占比 75.6%；固定通信业务收入 56.3 亿元，占比 24.4%。2011 年通信业务收入结构情况如图 4 所示。从图 4 可以看出，通信业务收入中移动通信业务收入占 3/4 左右，固定电话业务收入占大约 1/4，而随着经济的发展，固定电话业务收入的比例仍在逐渐减少。

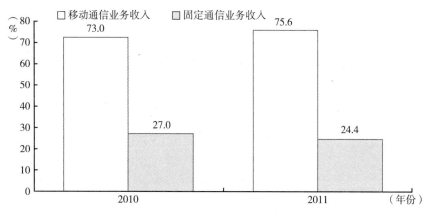

图4　2010 年及 2011 年黑龙江省通信业务收入构成

（三）增值通信业务收入结构情况

2011 年，增值通信业务收入 47.3 亿元。其中，移动增值业务收入 42.8

亿元，占比90.5%；固定增值业务收入4.5亿元，占比9.5%。图5为2010年及2011年增值通信业务收入结构情况。

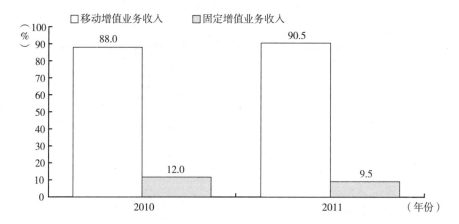

图5　2010年及2011年黑龙江省增值通信业务收入构成

（四）固定资产投资情况

2011年，黑龙江省通信产业通信资产累计完成投资83.2亿元，同比增加了6.4亿元。其中，3G投资16.2亿元，占通信资产累计完成投资的19.5%。

四　通信产业对黑龙江省经济与社会发展的主要贡献

（一）提升经济增长速度

2011年黑龙江省实现地区生产总值（GDP）达12503.83亿元，按可比价格计算比2011年同期增长12.2%；通信业务收入为231亿元，同比增长8.96%。表3为2007~2011年黑龙江省GDP和通信业务收入情况。

由表3可知，黑龙江省通信产业发展相对落后。2007~2011年间，黑龙江省通信业务收入增幅在GDP之下徘徊，2009年通信业务收入的增长不足GDP增长的一半，但比全国通信业务收入增长率高，可能是因为黑龙江省受金融危机的影响小，所以下降得比较少。2011年通信收入增长回升到8.96%，与同期 GDP 增长 12.2% 仍有一定的差距，并且落后全国平均水平。

黑龙江省通信产业还有很大的发展空间，三家运营商都转向全业务运营。在 3G 发展的带动下，移动通信业务发展得很快，用户规模增长迅速。信息网络基础设施的不断演进升级，为通信产业的快速增长提供了坚实基础；通信业也在加快向综合信息服务业转型，为产业快速发展拓展了空间。

表 3　2007～2011 年黑龙江省 GDP 和通信业务收入情况

单位：亿元，%

年份	GDP 值	GDP 增长比率	通信业务收入额	通信收入增长比率	全国通信业务收入额	全国通信业务收入增长比率
2007	7077.2	12.1	175	8.02	7280	10.9
2008	8310	11.8	192	9.71	8139.9	7
2009	8288	11.1	202	5.21	8424.3	3.9
2010	10235	12.6	212	4.95	8988	6.4
2011	12503.8	12.2	231	8.96	9880	10.0

（二）促进解决民生问题

2011 年黑龙江省通信业务增长迅速，通信和信息技术的应用对国民经济和社会发展起到了显著的促进作用，年均上缴税费总额 17.5 亿元，年均向社会让利提供服务 383.3 亿元。增值通信企业的发展和基础通信设施建设为社会提供了一大批就业机会，有力地带动了相关服务业的发展。

黑龙江省通信产业积极推动通信资费市场化机制形成，不断强化服务质量管理，通过取消营业区间通话费、推行移动长话"一费制"、规范资费套餐等措施，推动资费水平的下降。2005～2010 年间，黑龙江省通信资费综合水平下降了 41%，2011 年又下降了 6.8%，对稳定黑龙江省物价总水平产生了积极影响。通信资费综合价格水平持续降低，对经济社会发展的支撑能力明显增强。

用户规模不断壮大，经济效益明显提高，影响力逐步凸显，服务水平持续提升，综合竞争力明显增强，对黑龙江的贡献越来越大，尤其是在助力经济信息化、推动智慧建设和建设农村信息化方面，发挥了巨大作用。

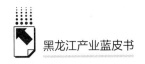

随着工业和农业的发展与通信业的深度融合，通信产业对国民经济发展的基础性、支柱性和先导性作用日益显著。在国家政策支持下，由通信企业投资建设了以大庆油田监控、农垦智能农业大棚监控系统、景区远程特色旅游等为代表的物联网应用项目，促进了社会信息化水平的进一步提高，对推进黑龙江省"八大经济区"、"十大工程"建设进程和创建"平安和谐社会"做出了重要贡献。

通信业将更加注重保障和改善民生，通过应用低成本、高效率、广覆盖、快传播的通信技术，积极推动教育、医疗、社保、文化等资源共享和均等化发展，真正做到普惠民生。

（三）完善通信建设与投资

截至2011年底，黑龙江省局用交换机容量为728.3万门，同比减少62.4万门，同比下降7.9%；移动电话交换机容量达到4874万户，同比增加81.4万户，同比上升1.7%。在基础传输网络建设方面，长途光缆线路总长度达到4万公里，同比减少68公里，本地中继光缆线路总长度为21.9万公里，同比增加2.9万公里，接入网光缆线路长度达到8.7万公里，同比增加1.1万公里。在基础数据网络建设方面，互联网宽带接入端口达638.4万个，同比增加140.3万个接入端口，其中XDSL端口为321.8万个，同比减少7.9万个接入端口；LAN端口96.7万个，同比增加了11.4万个接入端口。移动电话基站数38540个，同比增加7763个，其中3G基站数11785个，同比增加3686个，占移动电话总基站数的30.6%，比上年同期上升19.2%。总体来讲，黑龙江省通信能力得到进一步提升。

"十二五"期间，将累计完成固定资产投资约380亿元，其中用于农村通信基础设施建设投资预计将达到100亿元，预计投资150亿元用于城市地区实施光纤到楼、光纤到户，在农村地区实施光纤到村，提高宽带接入率；预计投资90亿元进行移动网络建设，加快3G网络建设步伐，适时开展LTE试点。

黑龙江省通信产业结合黑龙江省的实际情况，进行了超级基站的建设和改造，购置更新包括大型应急通信车、小型卫星应急通信车、各种型号光缆、便携式发电油机、便携式微波设备等50余项应急物资，完成了各项抢险救灾保通信、配合军方以及相关交通战备系统搞好战备通信演练和保证重要通信等任务。黑龙江省逐步建立健全了组织机构、修订完善了应急预案、配备了各种应急物资，同时加强了应急保障队伍技术人员对现网通信技术新知识、新业务的技术储备工作，积累了通信保障工作的重要经验，更好地适应通信保障平时应急、战时应战的客观需求，为振兴地方经济、推动社会发展作出了积极贡献。

五　黑龙江省通信产业发展环境及发展途径

（一）黑龙江省通信产业发展存在的问题

黑龙江通信产业虽然取得了显著的成绩，但在产业发展中仍然面临一些问题，主要体现在以下几个方面：

一是通信产业发展总体水平相对落后。黑龙江省城乡通信发展不平衡，农村通信特别是信息服务接入能力和信息化进程还很缓慢，产业支撑社会信息化应用的能力还有待进一步增强。

二是增值通信业务发展较其他发达省份相比还有差距。黑龙江省增值通信业务收入在通信业务收入中所占比例还很低，其原因一方面是与地方经济发展相对落后有关，另一方面就是通信企业还没有开发出有效的业务收入增长点，转变通信产业经济增长方式任重道远。

三是国防动员和战备应急通信能力还需进一步提升。战备应急通信设备储备能力以及应急设施只是基本满足森林防火、防汛以及在各种重特大自然灾害条件下对应急通信的需求，必须切实加强国防动员和战备应急通信的机制体制建设，加强应急力量的整合，以切实保障抗灾减灾任务的顺利完成。

四是网络与信息安全管理还有待于进一步加强。由于单关口、单路由以及单电源等原因，导致通信事故频繁发生。

五是产业监管机制需要进一步完善。监管队伍力量、监管技术手段以及管理能力需要进一步健全。

（二）黑龙江省通信行业发展形势及环境

通信业在国民经济发展中的战略性、基础性和先导性作用，决定了黑龙江

省通信产业必须以立足于推动黑龙江省经济发展目标的实现为己任，将自身发展与黑龙江省经济发展统一起来，在推动黑龙江省经济发展的同时，通信业也获得健康和可持续发展。

1. 建设"数字龙江"，要求通信业加强基础网络建设

根据黑龙江省国民经济和社会发展规划中提出建设"数字龙江"的要求，决定了通信产业要进一步加强通信基础网络建设，全面提升黑龙江省通信服务能力，要发展信息与服务外包产业，加强生产性产业信息技术服务平台建设，加强农业综合信息服务体系建设，推进物流信息化，推进"诚信龙江"建设。为教育信息化等领域建设提供技术和服务保障，推进宽带、融合、泛在、智能、安全的信息基础设施建设，促进工业化与信息化深度融合，实现国民经济各领域的信息化。因此，应加快推进第三代移动通信网络建设步伐，加强与城市整体规划的衔接，采取积极措施推进城市楼宇宽带标准化，加快推进农村以及偏远地区宽带网络建设，全面提高宽带接入普及率，逐步形成能够惠及黑龙江省居民的信息网络就成为通信产业未来的发展方向。

2. 工业、农业信息化，要求通信业加快业务创新

党的十八大报告中明确把"信息化水平大幅提升"纳入全面建成小康社会的目标之一。一方面，信息技术应用已渗透到国民经济的主要领域和各个产业，已经成为黑龙江省经济增长、转变发展方式、产业升级以及推进黑龙江省经济结构调整的必由之路；另一方面，随着时代的发展和信息社会进程的不断深入，通信需求已经不是单一的语音通信，而是追求多元化、融合化的信息应用服务，越来越呈现出网络化、多媒体化、个性化的发展趋势。这就要求通信企业要建立统一的、开放的、互动的网络平台，满足人们日益增长的网络化、多媒体化、个性化的通信需求。

加快发展现代化信息产业，用信息化带动和促进工业化，改造老工业基地的传统产业，支持推动高新技术产业走新型工业化发展道路。通信产业作为信息技术应用的先导性产业，有必要在技术和业务应用上加强创新，进一步推广和使用新技术以及新业务，以适应经济社会发展进步的要求。

3. 城乡和区域协调发展，要求通信实现更高质量的普遍服务

新农村建设、城乡统筹发展将为农村市场的发展提供新机遇。同时，技术的不断进步和人们通信需求的不断升级，都要求通信业加快网络升级改造、加快业务创新和应用服务模式的创新。把关注重点从大规模发展用户转到为现有用户提供更高质量和水平的通信服务上来，在网络建设、业务发展、客户服务等方面不断提高以满足人民群众的通信需求。

4. 生态文明建设，要求通信业更加关注环境保护

保护环境，建设生态文明是党的十七大提出的重大战略任务，也是实现经济社会可持续发展的重大举措。坚持绿色发展是建设资源节约型、环境友好型社会的重要体现。通信业是国民经济中低能耗、低污染的绿色产业，但对电能的总体消耗规模较大，通信业需要采取措施，进一步降低能耗，体现社会责任感。同时，企业重复建设现象仍比较突出，既浪费了大量的土地资源，破坏了环境和自然景观，又增加了企业建设投资和社会发展的成本。加强通信产业节能减排技术改造，倡导绿色 IDC①，重点做好网络建设、运行维护、客户服务等各环节的节能减排工作。指导企业加强废弃物循环利用和报废回收，实现全生命周期管理。加强信息化产业和服务应用推广，促进全社会信息化水平提升，节约社会资源、能源，保护环境。力争到 2015 年使黑龙江省成为全国推进生态文明建设的先行区。

5. 落实"创业富民创新强省"战略，要求通信业为社会经济建设服务

"创业富民创新强省"是黑龙江深入贯彻落实科学发展观的重大举措，其实质是为了争创新优势、推进新发展、实现新跨越。落实这一重大战略，要求坚持把转变经济发展方式作为这一战略的主攻方向，促进经济快速优质发展。黑龙江省经济社会发展成绩显著，发展的协调性和均衡性明显增强，利用信息技术渗透性强、融合性好、倍增性高等优势，深化"数字龙江"建设；大力推进信息化与工业化融合，正是黑龙江省深入贯彻落实"创业富民创新强省"总战略的必然选择。

黑龙江省要积极发展互联网增值业务，推进"三网"融合，推进电子商务和电子政务，建设"数字龙江"，提升经济社会发展信息化水平，发挥通信服务在经济发展中的润滑剂作用。实现好、维护好、发展好人民群众的根本利

---

① IDC（Internet Data Center）：互联网数据中心。

益是"创业富民创新强省"的出发点和落脚点。这就要求黑龙江省通信产业要牢固树立"监管为民、发展为民"理念，坚持把服务社会、服务大众作为工作的出发点和立足点，把群众是否满意作为衡量标准，增强社会责任意识，做好各项服务工作，努力营造和谐的通信服务环境。

6. 通信业需加强网络与信息安全及应急通信保障体系建设

随着信息化持续发展，国民经济和社会发展对信息通信基础设施的依赖性日益增强，网络与信息安全已成为关系国家政治安全、经济安全、文化安全、社会稳定和军事安全的关键领域。由于云计算、物联网等新技术的出现，信息化问题将会引发国家安全事件的可能性越来越大，需要从体制、机制、政策、经费等多个环节入手，统筹安排、综合治理，不断强化网络和信息安全保障能力。

黑龙江省通信业要加强网络和信息安全基础设施建设，进一步完善网络和信息安全保障体系，加强基础信息网络和重要信息系统的安全部署、运维、防护、可控等工作。一方面，要加强网络和信息安全体制机制和标准化建设；加强网络安全设施的建设和网络安全的管理，开展互联网可管可控的研究和管理；加强网络与信息安全管理平台的建设，提高对网络与信息安全事件的发现和处置能力；加强信息安全应急能力和技术手段的建设，完善防范网上有害信息传播的管理制度和技术措施，增强对公共危机事件中通信保障的快速反应能力。另一方面，黑龙江省重大灾害与公共事件发生时，巨大的通信需求与公共网络实际应急通信能力之间仍然存在一定的差距；针对自然灾害多发，以及社会治安和突发事件处置过程中对通信保障要求的特点，加强应急能力建设，进一步完善应急通信保障体系成为当务之急。

（三）黑龙江省通信产业发展途径

1. 加快网络宽带化进程，推进通信基础设施共建共享

黑龙江省通信业将加速推进信息网络宽带化进程，构建宽带移动、融合、泛在、安全可靠的下一代信息通信基础设施。进一步提升黑龙江省信息通信基础设施核心竞争力，保持网络的先进性、统一性和完整性，发挥通信基础设施在调整经济结构、构建现代产业体系中的先导性和基础性作用，按照国家相关部委文件的要求："积极采取多种模式，以需求为导向，以光纤尽量靠近用户为原则，加快光纤宽带接入网络部署；提升骨干网传输和交换能力，提高骨干网互联互通水平，改善网络服务质量，保障网络与信息安全；推进新一代移动通信和下一代互联网的网络 IP 化、宽带化，以及向家庭、政企、个人延伸；加快城市空间信息基础设施建设，为新型城市化建设、新农村建设做好通信保障工作；加快 IPv6① 应用部署，有序推进宽带无线城市建设。"

继续推进通信基础设施共建共享，提高通信基础设施的利用率。优化现有网络结构，挖掘网络潜力，适应信息网络技术发展的需要引进新技术，保障新一代移动通信、下一代互联网、地面数字电视等系统同步建设。积极贯彻落实工业和信息化部关于共建共享的有关要求，推进共建共享的技术和管理创新，优化共建共享的工作机制和流程、拓展共建共享的范围，采取多种建设、管理、合作形式，研究第三方建设、运营商共建及共享等模式，切实做到相互开放共享可用资源，坚决杜绝同地点新建铁塔、同路由新建杆路现象，避免和防止重复建设，提高通信基础设施利用率。引导建设共建共享实施的示范区和示范工程，探索经验，发挥示范区的示范作用。

2. 大力发展 3G 网络建设，开发新的业务应用模式

2010 年 3 月 17 日，工业和信息化部、国家发展改革委员会、财政部、科技部、国土资源部、住房和城乡建设部、环境保护部、国家税务总局联合印发了《关于推进光纤宽带网络建设的意见》和《关于推进第三代移动通信网络建设的意见》两份产业发展规划指导文件，在国家产业政策层面上突出了国家对信息产业发展的大力支持。该意见对 3G 网络发展提出了战略性的要求："电信企业要切实落实 3G 发展规划，按照国家、工业和信息化部的有关规定和技术规范，加大加深 3G 网络覆盖，积极开展网络优化，改善网络性能，确保网络与信息安全。统筹协调 3G 与 2G 以及未来网络演进的关系，充分利用2G 已有网络资源，发挥已有投资效益，逐步引入增强型技术，在网络建设中考虑与未来演进的结合，保障网络的平滑升级。通过通信基础设施共建共享加快网络建设，节约建设成本，减少重复建设。"

---

① IPv6（Internet Protocol Version 6）：目前 IP 协议的版本号是 4（简称为 IPv4），它的下一个版本就是 IPv6。

因此，应积极跟踪了解、统筹协调运营商3G网络投资建设，协调解决3G发展中的困难和问题，动员社会各界支持3G移动基站设备安装、网络基础建设，为黑龙江省3G网络建设创造良好的条件。

以市场为导向，联合产业链相关企业，发挥各自网络和技术优势，开发适合3G网络及移动互联网的特色业务，不断丰富3G业务种类，加快3G应用的创新，探索3G应用的商业模式。形成差异经营、合作共赢的良性发展局面，以应用带动网络建设升级。引导和鼓励3G移动通信技术在电子政务、应急管理、无线城市、农村信息化、电子商务及其他领域的应用，为3G移动通信业务开展创造便利条件。围绕3G移动通信网络建设和发展，抓紧开拓和完善3G相关产品产业链，促进3G软件开发和应用，推动技术改造资金向3G产业倾斜，加快黑龙江省3G相关产品和产业的发展。

3. 加强业务和应用创新，推进物联网产业发展

加强对传感网、物联网产业的规划引导，积极培育扶持物联网企业发展，突破关键技术。支持以企业为主体的产业链建设，发挥运营企业和应用部门在产业中的引领作用，社会制造企业在技术创新和产品研发中的领头作用，以及研究机构和高等院校在技术创新中的源头作用，相互支撑、有机结合。通过组建联盟等方式，促进产业链的上下游共同发展，打造完整的产业链；通过技术创新、规模扩张和并购重组，做大做强龙头和骨干企业，并加快规划和培育具有专、精、特、新的民营企业，形成具有创新能力和完整配套能力的产业集群。

建立物联网标准产品及标准应用模板体系，创新营销模式。依托专属码号、专属网元建设的资源优势，以物联网管理平台建设为抓手，从3G网络与物联网相结合的终端关键技术突破降低产业发展成本。采用基地与标准产品提升团队相结合的发展模式，加快物联网相关领域的应用拓展，推进物联网技术在城市管理、智能抄表等领域的应用，大力支持应用示范效用。推进省内城市间的信息化合作，加强区域政务信息资源共享，推动通信业与政府、其他产业的业务应用，促进社会资源的有效分配，推动物联网产业发展，建设"数字龙江"，创造和谐社会。

4. 培育壮大新兴服务业态，大力发展电子商务和云计算服务

积极响应国家以及工业和信息化部号召，大力发展云计算服务新兴业态，加快云计算技术在金融、在线支付、电子商务领域的应用，加快传统通信向多媒体化、融合化、集成化的下一代信息服务转变。推进电子商务应用，大力发展第三方电子商务和移动电子商务服务。加大中小企业电子商务应用引导与培训，普及中小企业电子商务应用，推动传统产业结构优化升级。紧密结合产业及省内特点，创新交易模式，深度开发和充分利用信息资源，发展面向产业、企业及消费者的第三方交易及相关增值服务。鼓励通过第三方电子商务平台整合经济贸易、旅游会展、医疗保健及金融保险等服务资源，提高服务水平，推动电子商务平台由安全认证、在线支付、物流配送，逐步向信息流、资金流和物流的融合模式发展。抓住 3G 和"无线城市"的发展机遇，探索移动互联网新应用，拓展电子商务服务新模式，加速移动电子商务、移动多媒体、手机搜索、手机支付等新业务的试用。

深化云计算技术现场试验、扩大云计算技术在常规工程的应用，重点利用云计算技术优化业务平台的资源部署方式，实现业务平台资源整合，提高资源利用率和业务部署效率。以试验 IDC 云计算方案、资源管理方案等为主，积极制定 IDC 服务规划和运维服务保障流程。适时引入虚拟桌面技术，针对产业内部的实际应用需求，选取成熟的建设方案，率先在通信产业实现桌面虚拟化，提高维护效率，促进节能减排。

5. 全面推进"两化"深度融合，完善融合环境

全面推进信息化和工业化深度融合，特别是推进信息化与"八大经济区、十大工程"关联区域、关联项目的融合。推进区域信息化水平提高，完成省级信息化实验室的申报审批工作，并以专项方式重点扶持产业化项目和基础设施建设项目。

加强信息技术在工业企业各个业务环节中的应用。围绕工业产品研发设计生产过程、经营管理、市场营销等业务环节，全面推进信息技术的应用，加大信息技术在业务环节的融合渗透，提高企业产品质量和附加值，提升自动化、智能化和管理现代化的水平。提高资源效率融合，通过新一代信息技术进一步改造传统产业，以感应、视频、即时通信等物联网方式，搭建环境生态监控平台，开发信息程度高的智能化节能设备、废物处理系统等，最大程度地提高资源的利用率，缓解传统工业对资源环境的压力。为促进经济走上绿色、低碳、循环发展之路，要继续加快新一代互联网的建设，大力发展电子商务，更新贸易方式，解决黑龙江省企业在业务上信息不灵、渠道不畅等问题；大力发展第三方支付平台，通过网络支付、手机支付等手段，促进金融、贸易、消费等产业升级；大力发展基于网络的新型物流供应链，完善工业服务的供应业态，从而优化资源配置，提高工业化效率。

6. 推进三网融合发展，加快技术业务标准化

认真落实国家及工业和信息化部有关推进三网融合的政策要求，成立相关的领导小组和工作小组，指导试点地区积极开展广电和通信业务双向进入。对试点城市进行网络建设统筹规划，有序推进通信网、广电网和互联网的升级改造，加快通信宽带网络基础建设，提升社会信息化的基础能力，积极推进网络统筹规划和共建共享。

为了适应三网融合的快速发展，应不断加强基础设施建设，积极推进黑龙江省各区域间协调发展，为三网融合发展创造良好基础。加大对信息产业中小企业的扶持力度，推动拥有相关技术研发能力的高校等科研单位的科研成果转化。

7. 提升农村信息通信水平，缩小数字鸿沟

进一步深化信息通信普遍服务，推进实施信息通信服务均等化。要继续深化普及服务机制和内涵，不断提高农村通信的基础设施水平，加大光纤宽带网对广大农村及偏远地区的覆盖力度，采用"以线带面"的建设方式，在提升交通干线覆盖率的同时，带动周边农村信息覆盖，在保证行政村全部覆盖的基础上，适时向自然村延伸。

发展农村信息服务应用产品，加强和完善"农信通"等综合信息服务平台，加强信息技术对"三农"发展的支撑和服务；要整合各类涉农信息资源，加快发展面向"三农"的信息通信服务应用，构建面向"三农"的综合信息服务平台；加强农村低成本通信技术的研究和推广，推出涉农优惠资费标准，提供质优价廉的信息应用及终端产品。同时制定向广大农民倾斜的优惠资费政策，推出涉农优惠资费标准，进一步降低区间通话费，确保广大农民用得好、用得起。

8. 统筹信息网络布局，优化传输网络资源部署

整合本地传输网资源，合理扩大传输网规模，针对新兴业务进行建设。应满足各业务网对网络的需求，能够应对业务网新的发展变化，及时引进新技术，完善网络结构，进一步提升网络的容量、灵活性和安全性，构建一个大容量、安全、节能、灵活、动态、智能的传输网络。

合理优化、完善网络结构，使网络稳步演进、平滑升级。网络宜向网状网方向发展，发挥双平面网络结构的优势，对接入节点实现跨环保护，以利于更好地实现大业务量的处理和传输能力，并在向智能光网络演进等方面积累优势。建立完善的网络安全指标体系，应用于网络建设的各个过程，作为考核现有网络安全性的指标，同时也能起到验证新技术并促进技术发展的作用。加快基础资源建设，积极拓展传输网资源，对于市政规划路段的管道加大资金投入，利用政府道路修建、整改契机，在合理利用的基础上尽量建设自由管道，逐步拓展管道资源。使网络结构更趋于合理和完善，带宽更充足，可扩展性更强，资源利用率更高，能够满足新技术和新业务带来的需求，网络更智能、更安全。

9. 提高应急通信保障能力，加强应急通信保障体系建设

提升应急保障能力，建设由政府主导、企业支撑的多业务融合、模式多样、快速响应与联动的统一应急通信系统。协商各网络之间开放标准、接口，促进应急通信网的有效互联互通，解决专网之间及专网与公众网之间的互联互通问题，统一制定应急通信标准，在政策上突出应急通信体系的重要性，保障应急通信体系占用最优的频率资源。

完善各级应急预案保障体系，定期进行应急演练。在应急事件保障中，需要在充分利用运营商网络资源及各专网资源的基础上，协调其他已有的各项资源，针对应急事件的不同特点，选择相应的应急通信技术手段；部署以应急通信车为主体，与卫星、微波传输相结合，高速率、高带宽、支持高速移动的机动应急指挥网络，作为应急通信专网的有效补充；完善应急协调机制，使得不同主体、不同技术手段通信网络有效沟通，提升应急处置和指挥调度能力；加强应急通信保障队伍建设，提升应急通信保障工作人员素质，加强队伍的培训，增强队伍的专业水平和思想意识，夯实应急通信保障基础。进一步完善应急预案库，并定期或不定期地进行演练，提高实际的抗风险能力，丰富应急预案的内容。

参考文献

黑龙江统计局、国家统计局黑龙江调查总队：《黑龙江统计年鉴2011》，中国统计出版社，2011。

黑龙江统计局、国家统计局黑龙江调查总队：《黑龙江统计年鉴2010》，中国统计出版社，2010。

黑龙江统计局、国家统计局黑龙江调查总队：《黑龙江统计年鉴2009》，中国统计出版社，2009。

黑龙江统计局、国家统计局黑龙江调查总队：《黑龙江统计年鉴2008》，中国统计出版社，2008。

黑龙江省通信管理局：《2011年黑龙江省电信行业运行情况》，《通信管理与技术》2012年2月第1期。

黑龙江省通信管理局：《2011年10月黑龙江省电信行业运行情况》，《通信管理与技术》2011年12月第6期。

黑龙江省通信管理局：《2011年8月黑龙江省电信行业运行情况》，《通信管理与技术》2011年10月第5期。

黑龙江省通信管理局：《2011年上半年黑龙江省电信行业运行情况》，《通信管理与技术》2011年8月第4期。

赵春玲：《黑龙江省通信管理局多措并举力促电信行业服务提升》，《通信管理与技术》2012年4月第2期。

张中辉：《我国电信产业评价及规制策略研究》，北京邮电大学博士论文，2010。

李承恕：《对移动通信产业发展的战略思考》，《中国无线电管理》2001年第1期。

孙雅静：《黑龙江移动电话产品扩散模型研究》，哈尔滨工业大学硕士论文，2011。

《黑龙江省国民经济和社会发展第十二个五年规划纲要》，2011年1月27日《黑龙江日报》。

姚隽、王晓红：《黑龙江省三网融合发展现状及对策建议》，《科技与管理》2012年1月第1期。

王磊：《X电力通信网络有限公司战略诊断报告》，华南理工大学硕士论文，2011。

Development Report of Heilongjiang Province Communication Industry in 2012

Yan Xiangbin   Xue Zengyu

Abstract：Communication industry in Heilongjiang started relatively late，the user size and industry income are still at or below the medium level in the country. However, the industry is developing fast with enormous potential. This report reviews the current situation of the user and business development of this industry, analyzes the characteristics of development, economic benefits and investment situation of this industry, elaborates the significance of its development on the province's economy and society. Opportunities and challenges for communication industry in Heilongjiang are pointed out and specific measures to promote development of this industry are put forward.

Key Words : Heilongjiang Province ; Communication Industry ; User Income

B.4

黑龙江省高技术产业发展报告

胡珑瑛　张　雪*

摘　要：

　　黑龙江省是我国的老工业基地之一，科技力量比较雄厚，具有发展高技术产业的有利条件。近年来在各级政府的重视和推动下，黑龙江省高技术产业稳步发展，已经成为推动整个国民经济持续发展的新兴动力和新的增长点，同时也面临着许多新的问题和挑战。本文首先从高技术产业的发展状况、创新能力、经营效益、出口情况等方面，对黑龙江省高技术产业发展的总体发展现状和发展趋势进行了分析，然后对黑龙江省和我国中部九个省区的高技术产业的产业规模、出口情况和创新能力发展进行了比较分析和评价，在上述分析评价的基础上得出了黑龙江省高技术产业存在发展速度较慢、附加值低、国际竞争力弱以及开发区经济发展较为缓慢等问题。最后，针对上述问题并结合黑龙江省高技术产业发展的特点提出了相应政策建议。

关键词：

　　黑龙江　高技术产业　国际竞争力

　　2008 年爆发的国际金融危机对世界经济产生了深远的影响。为应对危机，世界各国纷纷实施产业救助计划，同时大力培育战略性新兴产业，努力抢占新的经济繁荣期制高点。有迹象表明，国际金融危机正在引发世界经济政治格局的重大变化，催生新的先进生产力的出现，世界经济增长模式面临调整。如何把握世界产业结构变动的新动向、新趋势，研究提出有针对性的对策措施，对于我国走新型工业化道路、全面建设小康社会具有重要意义。高技术产业是知识和技术密

---

* 胡珑瑛，哈尔滨工业大学管理学院教授，博士生导师；张雪，哈尔滨工业大学管理学院博士。

集度高、资源消耗低、环境污染小、经济效益好的先导性战略产业，高技术产业发展对产业结构调整和经济增长方式转变发挥着重要作用，已成为当今世界综合国力竞争的制高点。大力发展高技术产业是提升区域经济实力的关键举措，也是促进经济转型升级和发展方式转变的根本出路。近年来，特别是20世纪90年代开始，在省委、省政府的重视下，黑龙江省高技术产业快速发展，产业规模不断扩大，黑龙江省高技术产业不断发展壮大，日益成为全省经济的重要支柱。

一 黑龙江省高技术产业发展状况

1. 高技术产业的总体状况

（1）高技术产业发展情况

2011年底，黑龙江省拥有高技术企业138家，从业人员74220万人，总产值395.3亿元，主营业务收入472.7亿元，利润47亿元，利税68.1亿元，出口额13亿元。其中，企业数占全国总数的0.64%，在全国排名21位；从业人员占全国总数的0.65%，在全国排名22位；总产值占全国总数的0.45%，在全国排名21位；主营业务收入占全国总数的0.54%，在全国排名21位；利润占全国总数的0.90%，在全国排名20位；利税占全国总数的0.87%，在全国排名21位；出口交货值占全国总数的0.03%，在全国排名22位，具体情况如表1所示。从表1可以看出，黑龙江省高技术产业总体规模较小，在全国处于下游水平。

表1 2011年黑龙江省高技术产业发展情况

	2011年	占全国比重（%）	全国排名
企业数（个）	138	0.64	21
从业人员年平均人数（人）	74220	0.65	22
当年总产值（亿元）	395.3	0.45	21
主营业务收入（亿元）	472.7	0.54	21
利润（亿元）	47	0.90	20
利税（亿元）	68.1	0.87	21
出口交货值（亿元）	13	0.03	22

资料来源：国家统计局，《中国高技术产业统计年鉴2012》，中国统计出版社，2012。

2002～2011 年黑龙江省高技术产业占全国比重的趋势如图 1 所示。从图 1 中可以看出，2002～2011 年间，黑龙江省高技术产业总产值与全国高技术产业总产值的比值呈下降趋势，2006 年以后基本保持在 0.5%，说明黑龙江省高技术产业在全国所占比例一直不高，且与其他地区相比增长缓慢。

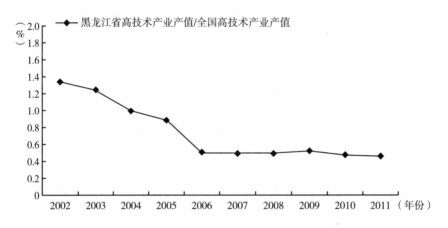

图 1　2002～2011 年黑龙江省高技术产业产值占比情况

资料来源：国家统计局，《中国高技术产业统计年鉴 2012》，中国统计出版社，2012。

2011 年黑龙江省高技术产业产值 395.28 亿元，比 2010 年增长了 12.42 个百分点；主营业务收入 472.96 亿元，比 2010 年增长了 18.41 个百分点；利润 47.10 亿元，比 2010 年减少了 1.45 个百分点；主利税 68.05 亿元，比 2010 年减少了 3.33 个百分点。从 2011 年黑龙江省高技术产业的经济状况可以看出，产值和主营业务收入较之前有较大幅度的增加，但利润和利税有小幅度下降，说明黑龙江需进一步提升产业的技术水平，增加附加值，提高产品的利润率。

2002～2011 年黑龙江省高技术产业经济状况趋势如图 2 所示。从图 2 中可以看出，2002～2011 年，黑龙江省高技术产业发展整体呈上升趋势，但上升幅度不大，说明产业发展速度比较缓慢。

2011 年黑龙江省高技术产业产值占黑龙江省工业总产值的 3.43%，从图 3 中可以看出，2002～2006 年高技术产业产值与工业总产值的比率呈下降趋势，2006～2011 年比率基本保持不变，表明黑龙江省高技术产业发展稳定。

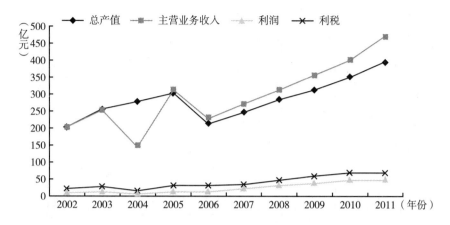

图2 2002～2011年黑龙江省高技术产业经济状况

资料来源：国家统计局，《中国高技术产业统计年鉴2012》，中国统计出版社，2012。

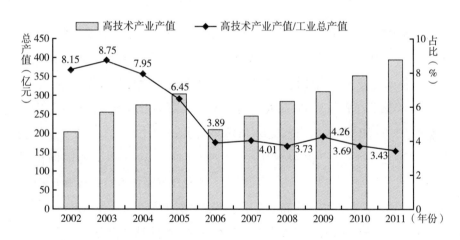

图3 2002～2011年黑龙江省高技术产业产值与工业总产值

资料来源：国家统计局，《中国高技术产业统计年鉴2012》，中国统计出版社，2012。

  2011年黑龙江省高技术产业与工业发展情况的比较如图4所示。从图4中可以看出，高技术产业在黑龙江省工业中所占比重很小。高技术产业产值占工业总产值的3.43%，主营业务收入占4.13%，利润占3.25%，利税占2.47%，出口占1.14%。其中，出口所占比重最小。

  （2）高技术产业创新能力

  技术创新能力是企业面向市场需求，进行研究开发或引进外部先进技术，

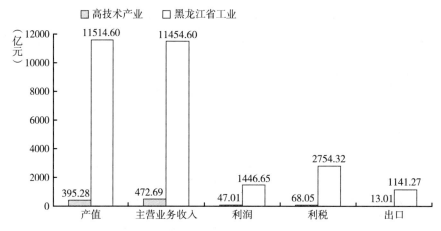

图4 2011年黑龙江省高技术产业与工业发展状况

资料来源：国家统计局，《中国高技术产业统计年鉴2012》，中国统计出版社，2012。

把科技成果转化为商品，并开拓市场取得商业利益的能力。技术创新是一个科技成果转化为现实生产力，形成商品的动态过程，是一种综合的、系统的能力，它包括研究开发、商业化生产、市场营销和经营管理等方面。

2011年黑龙江省从事R&D人数达到5559人，同比增长12.89%，全国同比增长6.93%；R&D经费内部支出161890万元，同比增长1.89%，全国同比增长27.90%；新产品产值485421万元，同比增长39.63%，全国同比增长16.75%，具体情况如表2所示。可以看出，黑龙江省高技术产业从事R&D人数和新产品产值增长非常快，远高于全国水平，虽然黑龙江省高技术产业占全省工业产值不高，但较高的增长率表明黑龙江省高技术产业具有很强的发展势头。

表2 2011年黑龙江省高技术产业创新能力汇总

	2011年	同比增长（%）	全国同比增长（%）
R&D人员全时当量（人年）	5559	12.89	6.93
R&D经费内部支出（万元）	161890	1.89	27.90
新产品产值（万元）	485421	39.63	16.75

资料来源：国家统计局，《中国高技术产业统计年鉴2012》，中国统计出版社，2012。

总体看，黑龙江省高技术企业技术创新水平逐步提高，2011年，高技术企业R&D经费内部支出占企业当年主营业务收入的比重为3.42%，高于全国的平均水平（2011 年全国高技术企业 R&D 经费内部支出占企业当年主营业务收入的比重为 1.41%），如图 5 所示。但距离世界发达国家如美国、日本、德国、法国、英国、加拿大、意大利等国家对高技术产业 R&D 投入强度还有差距，上述国家分别达到了 22.5%、21.7%、23.2%、27.1%、21.2%、27.0% 和 13.0%（2000 年）。如果企业研发能力弱，导致产品更新换代跟不上市场步伐，竞争能力就差，缺乏活力。

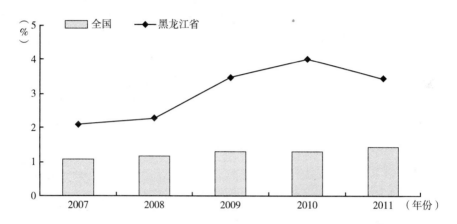

图 5 2007～2011 年 R&D 经费内部支出占企业当年主营业务收入的比重

资料来源：国家统计局，《中国高技术产业统计年鉴 2012》，中国统计出版社，2012。

（3）高技术产业经营效益

高技术产业的经济效益主要表现为高技术产业的产出效益。本文选取全员劳动生产率和产值利税率两个指标对高技术产业的产出效益进行评估，其中全员劳动生产率是从产出效率方面进行评价，产值利税率是从赢利能力方面进行评价。

全员劳动生产率是从产业的技术水平、管理者的经营管理水平以及劳动者的技术熟练程度三个方面，对高技术产业的经营效益和发展水平进行综合反映。其计算公式如下：

$$全员劳动生产率 = 产业增加值／从业人员数$$

2011 年黑龙江省高技术产业全员劳动生产率为 1.88 万元，比上年降低 8.84%。2008～2011 年连续四年出现下降，表明黑龙江省高技术产业的产出

效率有待提高。

产值利税率是反映企业经济效益和经济情况的重要指标，其计算公式如下：

$$产值利税率 = 利润 + 税收$$

2011 年黑龙江省高技术产业产值利税率为 0.0017%，比 2010 年降低
14.02%，2008～2010 年三年呈上升趋势，表明黑龙江省高技术产业的赢利能
力尚可。2007～2011 年黑龙江省上述两个指标的具体情况如图 6 所示。

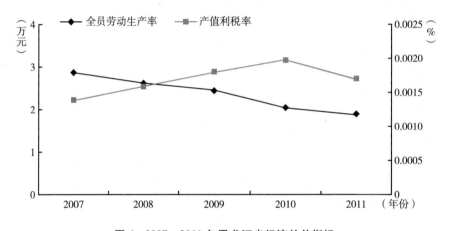

图6 2007～2011 年黑龙江省经济效益指标

资料来源：国家统计局，《中国高技术产业统计年鉴 2012》，中国统计出版社，2012。

（4）高技术产业出口情况

出口方面，2011 年黑龙江省高技术产业出口额为 13.01 亿元，同比减少
了 9.73%。从图 7 中可以看出，2007～2011 年高技术产业出口值总体呈下降
趋势，只在 2009 年有显著提高，说明黑龙江省仍需提高高技术产品的品质，
增加其国际竞争力。

2011 年，黑龙江省医药制造业出口交货值为 9.6 亿元，占黑龙江省高技
术产业出口交货值的 73.68%；航空航天器制造业出口交货值为 1.8 亿元，占
黑龙江省的 13.61%；电子及通信设备制造业出口交货值为 0.9 亿元，占黑龙
江省的 6.59%；电子计算机及办公设备制造业出口交货值为 0.6 亿元，占黑
龙江省的 4.63%；医疗设备及仪器仪表制造业出口交货值为 0.2 亿元，占黑
龙江省的 1.49%（见图 8）。

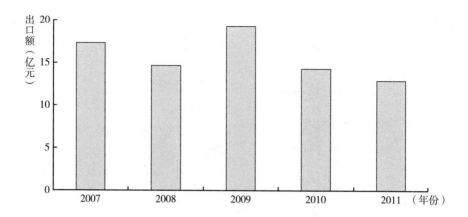

图7　2007～2011年黑龙江省高技术产业出口情况

资料来源：国家统计局，《中国高技术产业统计年鉴2012》，中国统计出版社，2012。

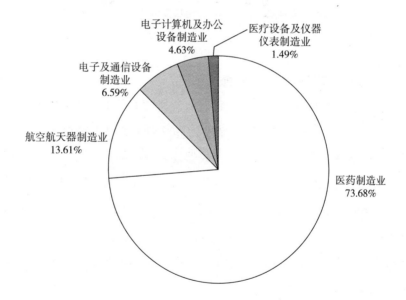

图8　2011年黑龙江省五类行业出口额占全省高技术产业出口额比重

资料来源：国家统计局，《中国高技术产业统计年鉴2012》，中国统计出版社，2012。

2011年黑龙江省高技术产业出口交货值仅占全国高技术产业出口交货值40600.33亿元的0.032%。从五大行业看，医药制造业、航空航天器制造业、电子及通信设备制造业、电子计算机及办公设备制造业和医疗设备及仪器仪表

制造业出口分别占全国相应产业出口的 0.930%、0.644%、0.004%、0.004% 和 0.017%（见图 9）。

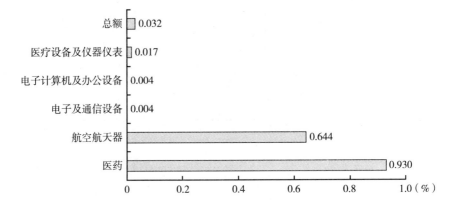

图 9　2011 年黑龙江省五大行业出口交货值占全国相应的交货值比重

资料来源：国家统计局，《中国高技术产业统计年鉴 2012》，中国统计出版社，2012。

2. 主要领域高技术产业分析

根据国家科技部以及相关统计资料，高技术产业主要包括五个子行业，分别为医药制造业、航空航天器制造业、电子计算机及办公设备制造业、电子及通信设备制造业，以及医疗设备及仪器仪表制造业。

2011 年，黑龙江省医药制造业产值为 271.3 亿元，占黑龙江省高技术产业的 68.64%；航空航天器制造业产值为 81.2 亿元，占黑龙江省的 20.54%；电子及通信设备制造为 13.0 亿元，占黑龙江省的 3.28%；电子计算机及办公设备制造业产值为 9.0 亿元，占黑龙江省的 2.28%；医疗设备及仪器仪表制造业产值为 20.8 亿元，占黑龙江省的 5.26%（如图 10 所示）。

（1）医药制造业

2011 年黑龙江省医药制造业产值 271.32 亿元，同比增加 18.12%；主营业务收入 346.50 亿元，同比增加 22.87%；利润 42.11 亿元，同比增加 1.47%；利税 60.39 亿元，同比减少 0.51%。黑龙江省医药制造业主要经济指标如表 3 所示。

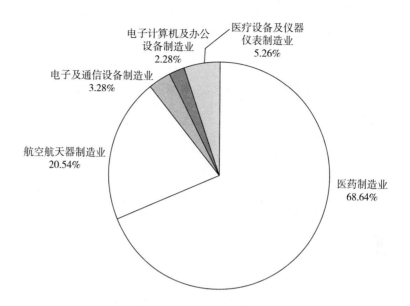

图10　2011年黑龙江五类行业产值占全省高技术产业产值比重

资料来源：国家统计局，《中国高技术产业统计年鉴2012》，中国统计出版社，2012。

表3　黑龙江省医药制造业主要经济指标

单位：亿元，%

	2011 年	2010 年	同比增加（%）
产值	271.32	229.70	18.12
主营业务收入	346.50	282.00	22.87
利润	42.11	41.50	1.47
利税	60.39	60.70	-0.51

资料来源：国家统计局，《中国高技术产业统计年鉴2012》，中国统计出版社，2012。

2009~2011 年，黑龙江省医药制造业主要指标在高技术产业中所占份额的变化如图11 所示。

从 2009~2011 年的指标看，医药制造业的各项指标在黑龙江省高技术产业中占有较大份额，说明医药制造业产业集中度较高，已成为黑龙江省高技术产业的支柱产业。

2005~2011 年7 年间，黑龙江省医药制造业产值增长了187.42%，年平均增长26.77%（见图12）。而同比全国医药制造业产值增长了460.99%，年平

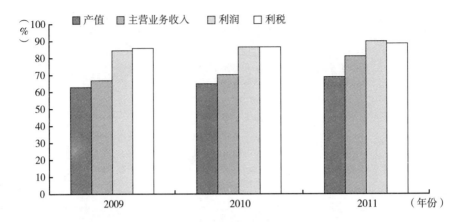

图 11 2009~2011 年黑龙江省医药制造业主要指标在高技术产业中所占份额的变化

资料来源：国家统计局，《中国高技术产业统计年鉴 2012》，中国统计出版社，2012。

均增长 65.86%。黑龙江省医药制造业的增长速度落后于全国医药制造业的增长速度 39.08 个百分点。

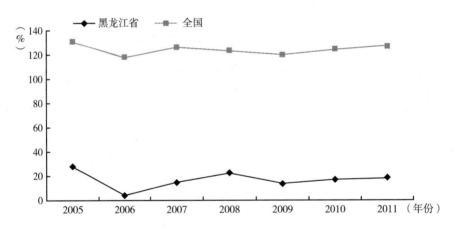

图 12 2005~2011 年医药制造业产值增长率

资料来源：国家统计局，《中国高技术产业统计年鉴 2012》，中国统计出版社，2012。

（2）航空航天制造业

近年来，黑龙江省航空航天制造业发展迅速，其产业主要集中在哈尔滨。哈尔滨作为中国航空航天制造业的基地之一，是国内著名航空航天制造业企业的集聚地。哈尔滨不仅聚集着东安动力、哈飞以及东轻等知名企业，而且科研院所林立。焊接研究所、628 风洞研究所、玻璃钢研究所不仅为哈尔滨航空航天制造业的发展提供了生产所需的原材料以及先进的生产技术，而且为其输送了大量的技术人才。哈尔滨航空工业（集团）有限公司拥有中国大多数机型以及零部件的生产能力，并且在直升飞机以及支线客机方面形成了自身的优势及特色。如今，哈尔滨航空工业（集团）有限公司已具备国际竞争优势，其产品实现了出口创汇。哈飞在国际化的道路上也表现不俗，哈飞与世界四大航空巨头之一的巴西航空工业公司共同组建哈尔滨安博威飞机工业有限公司，成为中国首家拥有现代化生产方式的高技术飞机生产企业。技术水平的发展和企业创新意识的加强，使得哈尔滨航空航天制造业的自主创新能力得到提升，实现了由制造向创造的转变。

2011 年黑龙江省航空航天制造业产值 81.18 亿元，同比增加 3.55%；主营业务收入 84.70 亿元，同比增加 10.43%；利润 1.12 亿元，同比减少 25.33%；利税 1.81 亿元，同比减少 37.50%。黑龙江省航空航天制造业主要经济指标如表 4 所示。

表 4　黑龙江省航空航天制造业主要经济指标

单位：亿元，%

	2011	2010	同比增加（%）
产值	81.18	78.40	3.55
主营业务收入	84.70	76.70	10.43
利润	1.12	1.50	-25.33
利税	1.81	2.90	-37.50

资料来源：国家统计局，《中国高技术产业统计年鉴 2012》，中国统计出版社，2012。

2009～2011 年，黑龙江省航空航天制造业主要指标在高技术产业中所占份额的变化如图 13 所示。

从 2009～2011 年的指标看，航空航天制造业的工业增加值和利税总额两项指标在全省高技术产业中均居第二位，产业集中度较高，是黑龙江省高技术产业的重要组成部分。2005～2011 年 7 年间，黑龙江省航空航天制造业产值增长了 130.63%，年平均增长 18.66%（见图 14）。而同比全国航空航天制造

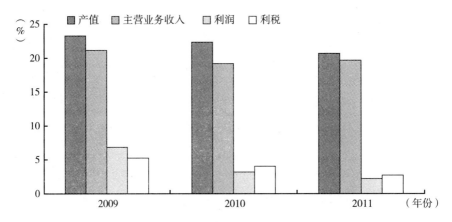

**图13　2009～2011年黑龙江省航空航天制造业主要指标
在高技术产业中所占份额的变化**

资料来源：国家统计局，《中国高技术产业统计年鉴2012》，中国统计出版社，2012。

业产值增长了381.37%，年平均增长54.48%。黑龙江省航空航天制造业的增长速度落后于全国航空航天制造业的增长速度35.82个百分点。

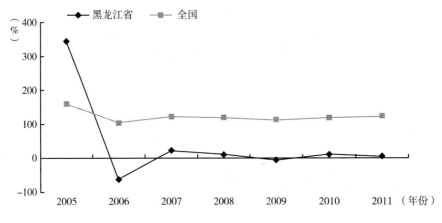

图14　2005～2011年航空航天制造业产值增长率

资料来源：国家统计局，《中国高技术产业统计年鉴2012》，中国统计出版社，2012。

（3）电子及通信设备制造业

随着信息服务业的快速发展，电子及通信设备制造业成为传统产业以及产品结构调整中的中坚力量。黑龙江省电子及通信设备制造业已经逐步形成了涉及经济、文化、技术、人才、物资、房地产、劳务等相关信息服务的综合服务体系，尤其在机械电子、铁路电子以及电力电子等领域具有较强的优势。黑龙江省电子及通信设备制造业提供的较为完善的信息服务，有力地促进了相关产业的快速发展。如今，电子及通信设备制造业在黑龙江省已经形成了专业技术优势，其产业发展已经具有一定的规模，并拥有一批在国内外均具有竞争力的骨干企业。

2011 年黑龙江省电子及通信设备制造业产值 12.97 亿元，同比减少 0.23%；主营业务收入 12.12 亿元，同比减少 6.05%；利润 1.41 亿元，同比减少 29.50%；利税 2.06 亿元，同比减少 23.70%。黑龙江省电子及通信设备制造业主要经济指标如表 5 所示。

表5　黑龙江省电子及通信设备制造业主要经济指标

单位：亿元，%

	2011 年	2010 年	同比增加（%）
产值	12.97	13.00	-0.23
主营业务收入	12.12	12.90	-6.05
利润	1.41	2.00	-29.50
利税	2.06	2.70	-23.70

资料来源：国家统计局，《中国高技术产业统计年鉴2012》，中国统计出版社，2012。

2009～2011 年，黑龙江省电子及通信设备制造业主要指标在高技术产业中所占份额的变化如图 15 所示。

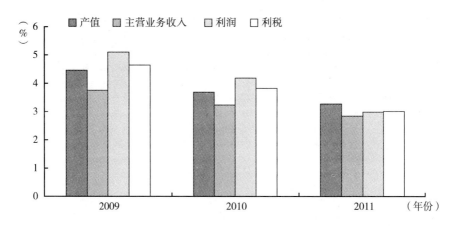

图15　电子及通信设备制造业主要指标在高技术产业中所占份额的变化

资料来源：国家统计局，《中国高技术产业统计年鉴2012》，中国统计出版社，2012。

2005～2011 年这 7 年间，黑龙江省电子及通信设备制造业产值增长了 70.67%，年平均增长 10.10%，如图 16 所示。而同比全国电子及通信设备制造业产值增长了 310.99%（年平均增长 44.43%）。黑龙江省电子及通信设备制造业的增长速度落后于全国电子及通信设备制造业的增长速度 34.33 个百分点，可见黑龙江省的电子及通讯设备制造业在生产规模和增长速度上，都远小于全国水平，存在较大的发展空间。

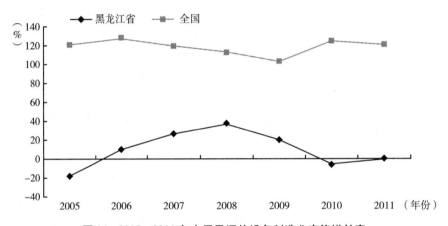

图 16　2005～2011 年电子及通信设备制造业产值增长率

资料来源：国家统计局，《中国高技术产业统计年鉴 2012》，中国统计出版社，2012。

（4）电子计算机及办公设备制造业

2011 年黑龙江省电子计算机及办公设备制造业产值 9.03 亿元，同比增加 8.80%；主营业务收入 9.04 亿元，同比增加 22.16%；利润 0.97 亿元，同比增加 38.57%；利税 1.39 亿元，同比增加 39.00%。黑龙江省电子计算机及办公设备制造业主要经济指标如表 6 所示。

表 6　黑龙江省电子计算机及办公设备制造业主要经济指标

单位：亿元，%

	2011 年	2010 年	同比增加（%）
产值	9.03	8.30	8.80
主营业务收入	9.04	7.40	22.16
利润	0.97	0.70	38.57
利税	1.39	1.00	39.00

资料来源：国家统计局，《中国高技术产业统计年鉴 2012》，中国统计出版社，2012。

2009～2011 年，黑龙江省电子计算机及办公设备制造业主要指标在高技术产业中所占份额的变化如图 17 所示。

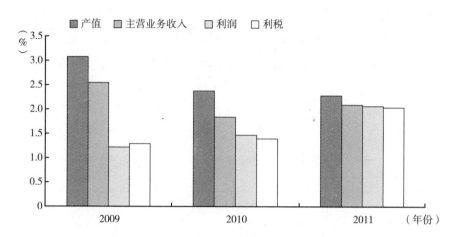

图 17　2009～2011 年黑龙江省电子计算机及办公设备制造业
主要指标在高技术产业中所占份额的变化

资料来源：国家统计局，《中国高技术产业统计年鉴2012》，中国统计出版社，2012。

2005～2011 年 7 年间，黑龙江省电子计算机及办公设备制造业产值减少了 6.91%，年平均减少 0.99%（见图 18）。而同比全国电子计算机及办公设备制造业产值增长了 243.17%，年平均增长 34.74%。黑龙江省电子计算机及办公设备制造业的增长速度落后于全国电子计算机及办公设备制造业的增

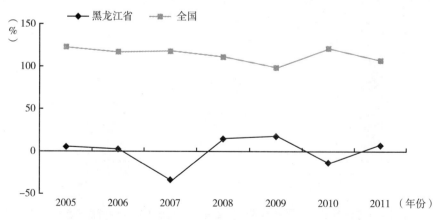

图 18　2005～2011 年电子计算机及办公设备制造业产值增长率

资料来源：国家统计局，《中国高技术产业统计年鉴2012》，中国统计出版社，2012。

长速度 35.73 个百分点，可见黑龙江省的电子计算机及办公设备制造业的生产规模远小于全国水平，并存在削弱的倾向。

（5）医疗设备及仪器仪表制造业

2011 年黑龙江省医疗设备及仪器仪表制造业产值 20.78 亿元，同比减少 6.40%；主营业务收入 20.33 亿元，同比增加 0.15%；利润 1.40 亿元，同比减少 26.32%；利税 2.39 亿元，同比减少 22.90%。黑龙江省医疗设备及仪器仪表制造业主要经济指标如表 7 所示。

表 7　黑龙江省医疗设备及仪器仪表制造业主要经济指标

单位：亿元，%

	2011	2010	同比增加（%）
产值	20.78	22.20	-6.40
主营业务收入	20.33	20.30	0.15
利润	1.40	1.90	-26.32
利税	2.39	3.10	-22.90

资料来源：国家统计局，《中国高技术产业统计年鉴 2012》，中国统计出版社，2012。

2009～2011 年，黑龙江省医疗设备及仪器仪表制造业主要指标在高技术产业中所占份额的变化如图 19 所示。

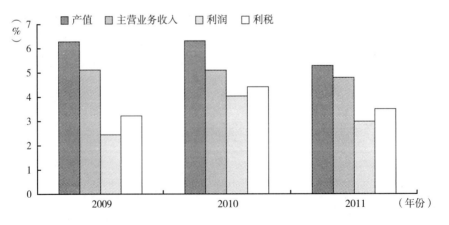

图 19　医疗设备及仪器仪表制造业主要指标在高技术产业中所占份额的变化

资料来源：国家统计局，《中国高技术产业统计年鉴 2012》，中国统计出版社，2012。

2005～2011 年 7 年间，黑龙江省医疗设备及仪器仪表制造业产值增长了147.38%，年平均增长 21.05%（见图 20）。而同比全国医疗设备及仪器仪表制造业产值增长了 518.62%，年平均增长 74.09%。黑龙江省医疗设备及仪器仪表制造业的增长速度落后于全国医疗设备及仪器仪表制造业的增长速度53.03 个百分点，可见黑龙江省的医疗设备及仪器仪表制造业在增长速度上低于全国水平。

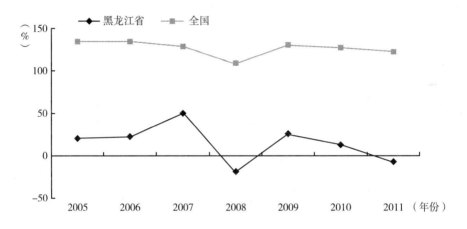

图 20　2005～2011 年医疗设备及仪器仪表制造业产值增长率

资料来源：国家统计局，《中国高技术产业统计年鉴 2012》，中国统计出版社，2012。

综上所述，2005～2011 年，五类高技术产业各具特点，医疗设备及仪器仪表制造业的工业总产值增长速度最快，在黑龙江省高技术产业中占有重要地位；医药制造业以其工业增加值和利税总额两项指标均超过其他 3 类高技术产业相应指标之和，而成为黑龙江省高技术产业的支柱产业；航空航天制造业具有较高附加值，近年来继续稳步发展，成为黑龙江省高技术产业的第二大产业；电子及通讯设备制造业作为黑龙江省新兴的高技术产业还不具有明显的规模优势，同时，计算机及办公设备制造业在规模上有减少的倾向。

3. 国家高新技术产业开发区

国家级高新技术产业开发区是指经国务院或省级人民政府批准建立，旨在促进高新技术及其产业的形成和发展的特定区域（在国际上称为科技工业园区）。它通过实施高新技术产业的优惠政策和各项改革措施，推进科技产业化进程，形成我国发展高新技术产业的主要基地。十多年来，国家高新区以创新为动力，以改革促发展，已经成为我国高新技术产业化成果丰硕、高新技术企业集中、民营科技企业活跃、创新创业氛围浓厚、金融资源关注并进入的区域，在我国社会主义现代化建设中起到了良好的示范、引领和带动作用。

黑龙江省主要建有哈尔滨、大庆和齐齐哈尔三个高新技术产业开发区，自建立以来，高新技术产业保持快速增长，初步形成机电一体化、新材料与新能源、电子信息、生物医药、现代农业等产业群体。2011 年，三个地区的高新技术产业开发区总产值 2623.70 亿元，其中哈尔滨高新技术产业开发区产值 1325.6 亿元，占比 50.52%；大庆高新技术产业开发区产值 1243.4 亿元，占比 47.39%；齐齐哈尔高新技术产业开发区产值 54.7 亿元，占比 2.08%，具体情况如图 21 所示。

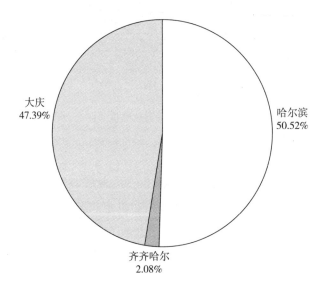

图 21 黑龙江 2011 年高新技术产业开发区产值情况

资料来源：国家统计局，《中国高技术产业统计年鉴 2012》，中国统计出版社，2012。

（1）哈尔滨高新技术产业开发区

哈尔滨高新技术产业开发区于 1988 年经黑龙江省委、省政府批准辟建，1991 年 3 月经国务院批准首批晋升为国家级高新区。2001 年 12 月，哈高新区

和哈经开区管理机构合并。2009 年 11 月，哈高新区和哈经开区管理机构
分设。

哈尔滨高新区形成了以电子信息、光机电一体化、生物及医药等企业为主
体的高新技术产业群。2011 年企业总数 264 家，同比增长 4.76%；从业人员
130251 人，同比增长 12.92%；全年完成工业总产值 1325.6 亿元，同比增长
23.20%；工业增加值 302.7 亿元，同比增长 33.70%；利税 169.9 亿元，同比
增长 22.94%；总收入 1497.4 亿元，同比增加 24.77%；利税 169.9 亿元，同
比增长 22.94%。

2005～2011 年，哈尔滨高新区工业总产值总体呈上升趋势，增速在 2009
年有所下降后呈上升态势（见图 22），哈尔滨高新区整体运行情况比较平稳，
呈现健康、可持续的发展状态。

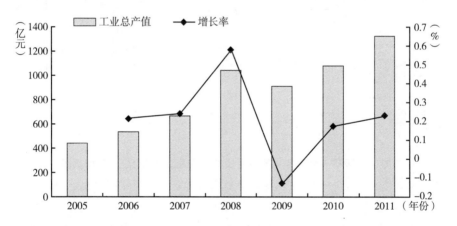

图 22　2005～2011 年哈尔滨高新技术开发区工业总产值及其增长率

资料来源：国家统计局，《中国高技术产业统计年鉴 2012》，中国统计出版社，2012。

（2）大庆高新技术产业开发区

大庆高新技术产业开发区于 1992 年 4 月动工建设，同年 11 月被国务院批
准为国家级高新区。1995 年以后，根据大庆产业发展的实际，分别辟建了
"宏伟"、"兴化"和"林源"三个园区，形成了"一区三园"的建设发展格
局，目前区域总面积 208.54 平方公里，辖区居住人口 12.5 万人。

大庆国家级高新技术产业开发区形成了石油及天然气化工、新材料、电子

信息、机械制造、农牧产品精深加工、现代医药等 6 个主导产业。2011 年企业总数 450 家，同比增长 7.14%；从业人员 104443 人，同比增长 6.67%；全年完成工业总产值 1243.4 亿元，同比增长 30.84%；工业增加值 375 亿元，同比增长 33.70%；利税 169.9 亿元，同比增长 43.68%%；总收入 1319 亿元，同比增加 32.12%；利税 162.7 亿元，同比增长 50.37%。

2005～2011 年，大庆高新区工业总产值总体呈上升趋势，增长率比较稳定，在 2009 年有所下滑后又回到稳定水平（见图 23）说明大庆高新区整体发展状况良好，基本能够保证稳定的增长发展。

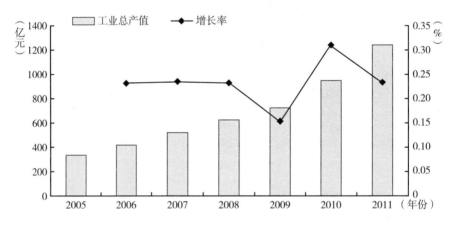

图 23　2005～2011 年大庆高新技术开发区工业总产值及其增长率

资料来源：国家统计局，《中国高技术产业统计年鉴 2012》，中国统计出版社，2012。

（3）齐齐哈尔高新技术产业开发区

齐齐哈尔高新区坐落于齐齐哈尔中心城区的南部，其核心建设区为 3.31 平方公里。齐齐哈尔高新区的辐射带动新城区的规划面积为 45.93 平方公里，哈大齐工业走廊重点园区规划面积 36.17 平方公里，启动区 6.27 平方公里。1992 年，齐齐哈尔高新区建区。2005 年，通过审核，成为省级经济开发区。2010 年，成为国家高新开发区。如今，齐齐哈尔高新区已经成为哈大齐工业走廊的主要节点、火炬计划的中心机械装备特色产业基地、国家新型工业化产业示范基地。高新区主要包含绿色食品产业和装备制造产业两大支柱产业。其中，绿色食品产业主要有北大荒薯业集团、广发集团以及永裕肉禽公司，装备制造业主要包括景宏机械制造公司、精铸良铸造公司以及景宏机械制造公司。此外，齐齐哈尔高新技术开发区培育新能源汽车产业园项目，引进上海联孚集团对新能源汽车项目投资21亿元，预计5年建成10平方公里的产业园区。

2011年，齐齐哈尔高新技术产业开发区企业数88家，与上年持平；从业人员11553人，同比增加12.62%；实现总产值54.7亿元，同比增加23.48%；利税总额6.4亿元，同比增加12.28%。

2005～2011年，齐齐哈尔高新区工业总产值总体呈上升趋势，增长率比较稳定，在2008年有明显增长后又回到稳定水平（见图24）说明齐齐哈尔高新区整体发展状况良好，基本能够保证稳定的增长发展。

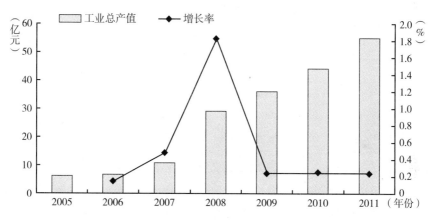

图24 2005～2011年齐齐哈尔高新技术开发区工业总产值及其增长率

资料来源：国家统计局，《中国高技术产业统计年鉴2012》，中国统计出版社，2012。

二 与中部省（区）的比较

1. 产业规模

黑龙江省高技术产业与中部省（区）的比较，从绝对规模看，在中部地区（包括山西、内蒙古、吉林、黑龙江、安徽、江西、河南、湖北、湖南），2011年，黑龙江省高技术产业企业数以138家排在第7位，在中部地区高技术产业3745家企业数中占3.68%；从业人员以74220人排在第8位，在中部地区高技术产业 1579795 人从业人员中占 4.70%；产值以 395.3 亿元排在第 7 位，在中部地区高技术产业 9990.7 亿元总产值中占 3.96%；主营业务收入以 472.7 亿元排在第 7 位，在中部地区高技术产业 9551.4 亿元主营业务收入中占 4.95%；利润以 47.0 亿元排在第 7 位，在中部地区高技术产业 818.7 亿元利润中占 5.74%；利税以 68.1 亿元排在第 7 位，在中部地区高技术产业 1172.1 亿元总产值中占 5.81%，具体情况如表 8 所示。

表 8　2011 年中部地区与黑龙江省高技术产业经济发展情况

	企业数 （家）	从业人员数 （人）	产值 （亿元）	主营业务收入 （亿元）	利润 （亿元）	利税 （亿元）
黑龙江	138	74220	395.3	472.7	47.0	68.1
排名	7	8	7	7	7	7
中部	3745	1579795	9990.7	9551.4	818.7	1172.1
占比（%）	3.68	4.70	3.96	4.95	5.74	5.81

资料来源：国家统计局，《中国高技术产业统计年鉴 2012》，中国统计出版社，2012。

从相对规模（高技术产业产值占工业产值）考量，黑龙江省以 4.54% 在中部地区排在第 5 位，如图 25 所示，处于中等水平。从高技术产值增长率来看，2002～2011 年黑龙江省高技术产业产值平均增长率为 21.68%，排在最后一位，比上一位落后 45.16 个百分点，相对于发展态势最好的河南省落后 125.49 个百分点（见表 9）。可以看出，近年来中部地区高技术产业发展最快的河南、湖北两省可能把黑龙江甩得更远。

表 9　中部地区各省高技术产业产值情况

单位：亿元，%

	2002 年产值	2011 年产值	年平均增长	排名
河　南	160.62	2127.4	147.17	1
湖　南	135.44	1544.9	126.74	2
安　徽	107.85	1118.6	115.24	3
江　西	155.7	1418.6	101.24	4
吉　林	129.78	1020.6	87.38	5
内蒙古	52.73	326.2	68.73	6

续表

	2002 年产值	2011 年产值	年平均增长(%)	排名
山　西	52.39	318.1	67.46	7
湖　北	286.09	1721	66.84	8
黑龙江	202.62	395.3	21.68	9

资料来源：国家统计局，《中国高技术产业统计年鉴2012》，中国统计出版社，2012。

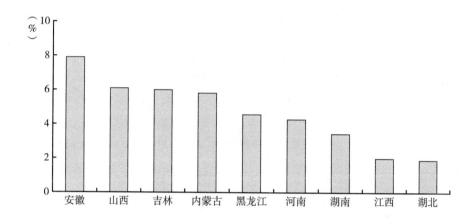

图25　2011 年中部各省市相对规模

资料来源：国家统计局，《中国高技术产业统计年鉴2012》，中国统计出版社，2012。

2. 出口情况

2011 年黑龙江省高技术产业出口额 13 亿元，占中部地区总出口额 1364.9 亿元的 0.95%，位列第 7 位。从图 26 中可以看出，2007~2011 年黑龙江省高技术产业出口额基本保持不变，仅在 2009 年有小幅度增长，且占中部地区的比率呈下降趋势。从表 10 中可以看出，黑龙江省 2007~2011 年均出口额增长率为 18.8%，位列中部地区最后一位，与上一位的内蒙古相差 7.99 个百分点，与第一位的河南省相差 308 个百分点。

3. 创新能力

2011 年黑龙江省高技术产业 R&D 从业人员 5559 人，在中部地区的 49952 人中位列第 4 位，从表 11 可以看出，黑龙江省的从业人员 R&D 人员密度为 7.49%，在中部地区位于第一位。这主要得益于黑龙江省近几年持续地加大政

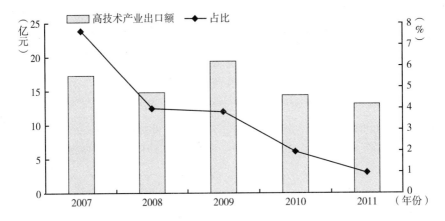

图 26　2007～2011 年黑龙江省高技术产业出口情况

资料来源：国家统计局，《中国高技术产业统计年鉴 2012》，中国统计出版社，2012。

表 10　中部地区高技术产业出口情况

单位：亿元，%

	2007 年出口额	2011 年出口额	年平均增长率(%)	排序
河　南	33.4	436.6	326.79	1
安　徽	37.1	119.5	80.51	2
江　西	70.2	213.4	75.99	3
湖　南	36.4	104.1	71.49	4
湖　北	139.9	382.7	68.38	5
山　西	29.5	78.5	66.56	6
吉　林	9.9	10.6	26.86	7
内蒙古	6.1	6.5	26.79	8
黑龙江	17.3	13.0	18.80	9

资料来源：国家统计局，《中国高技术产业统计年鉴 2012》，中国统计出版社，2012。

表 11　2011 年中部各省高技术产业从业人员中 R&D 人员密度

单位：人，%

	R&D 人员	从业人员	占比(%)	排序
黑龙江	5558.743	5558.743	7.49	1
湖　北	14595.68	14595.68	6.59	2
安　徽	6192.362	6192.362	4.13	3
江　西	6924.391	6924.391	2.89	4
吉　林	2827.615	2827.615	2.22	5

续表

	R&D 人员	从业人员	占比(%)	排序
湖　南	4422.257	4422.257	2.07	6
河　南	7886.258	7886.258	1.97	7
山　西	1384.948	1384.948	1.14	8
内蒙古	159.3	159.3	0.51	9

资料来源：国家统计局，《中国高技术产业统计年鉴2012》，中国统计出版社，2012。

府对科技特别是企业科技的投入。从长远看，企业技术密集度的持续性提高，还需要靠企业自身加大科技投入。

从图27中可以看出，2007～2011年黑龙江省专利申请数呈上升趋势，增长率有所回升，但在中部地区中的占比不高，呈逐年下降趋势。

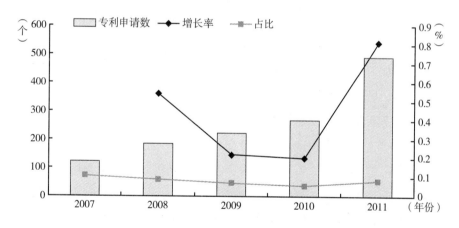

图 27　2007～2011 年黑龙江省专利申请情况

资料来源：国家统计局，《中国高技术产业统计年鉴2012》，中国统计出版社，2012。

三　黑龙江省高技术产业存在的问题

1. 高技术产业在全国处于下游水平，且发展缓慢

2011年黑龙江省高技术产业总体规模较小，各项指标在全国占比均不到1%，各项排名在20名之后。从全国高技术产业发展情况来看，黑龙江省处于下游水平。和中部地区相比，2002～2011年黑龙江省高技术产业产值平均增

长率为 21.68%，位列最后一位，比上一位落后 45.16 个百分点，比发展态势最好的河南省落后 125.49 个百分点。

2002～2011 年，黑龙江省高技术产业发展整体呈上升趋势，但上升幅度不大。并且 2002～2006 年高技术产业产值与工业总产值的比率呈下降趋势，2006～2011 年比率基本保持不变。以上数据说明，黑龙江省高技术产业的发展速度比较缓慢。

2. 附加值低，影响经济效益的发挥

一般而言，高新技术产业应具有高技术密集度、高附加值等特征，但黑龙江省高新技术产业的这些特征目前还不明显，影响经济效益发挥。

一方面，从黑龙江省高技术产业产值占工业总产值的比重来看，2002～2011 年的比值整体呈下降趋势，2011 年仅为 3.43%。从增加值率的角度看，高新技术产业与非高新技术产业相比并不占太多的优势。

另一方面，2011 年黑龙江省高技术产业从经营状况来看，虽然产值有较大幅度的增加，但是利润和利税有小幅度下降，说明黑龙江需进一步提升产业的技术水平，增加附加值，提高产品的利润率。

3. 产业国际竞争力薄弱

2011 年黑龙江省高技术产业出口交货值为 13 亿元，同比减少了 9.73%，并呈逐年下降趋势。2011 年黑龙江省高技术产业出口额仅占全国高技术产业出口交货值的 0.32‰，五大类高新技术行业的出口额在全国所占份额均不到 1%。与中部地区相比，黑龙江省高技术产业出口额占中部地区总出口额 1364.9 亿元的 0.95%，位列第 7 位，与上一位的内蒙古相差 7.99 个百分点，与第一位的河南省相差 308 个百分点。上述数据说明，黑龙江省仍需提高高技术产品的品质，增加其国际竞争力。

4. 高技术产业领域分布明显集聚，高新技术产业开发区发展速度相对缓慢

黑龙江省的五大高技术产业中，医药制造业占 68.64%，而医疗设备及仪器仪表制造业仅占黑龙江省的 5.26%，产业发展明显集聚。

黑龙江省有三个国家级高新技术产业开发区，即哈尔滨高新区、大庆高新区和齐齐哈尔高新区，这三个高新区取得的成绩应当予以肯定，但是也存在不容忽视的问题。例如，高新区经济发展过多地依靠数量扩张，增长质量不高；产业结构尚需调整和优化，主导特色产业不够突出；企业之间的竞争多于协作，产业集群优势未能够充分有效发挥。与东北地区其他省、市的横向对比情况看，黑龙江省国家级高新技术产业开发区的经济发展和创业环境排名却位次居后。

5. 高技术产业创新能力有待加强

黑龙江省一些高技术产业发展所需的核心技术、关键零部件和工艺装备严重依赖进口，缺乏必要的技术开发和配套能力支持，影响了相关产业的发展。部分高技术产品的生产以组装为主，使产业分工和利益分配处于不利地位，高技术产业应有的产业链条长、带动作用大的效果不能充分发挥。

2011 年，高技术企业 R&D 经费内部支出占企业当年主营业务收入的比重为 3.42%，高于全国的平均水平。但距离世界发达国家如美国、日本、德国、法国、英国、加拿大、意大利等国家，对高新技术产业 R&D 投入强度还有差距。如果企业研发能力弱，导致产品更新换代跟不上市场步伐，竞争能力就差，缺乏活力。

四 推动黑龙江省高技术产业发展的政策建议

1. 加强规划指导，促进高技术产业发展

主要通过政府的宏观领导，为高技术产业的发展引领方向。通过政府良好的规划指导，以及有力的政策扶持，能够从根本上改善高技术产业发展的宏观环境。此外，政府的规划指导有利于形成良好的政策环境以及金融环境，一方面促进本地的高技术产业进一步发展，另一方面有利于吸引外部的高技术产业来黑龙江省进行投资。

黑龙江省政府在推进本省的高技术产业的发展过程中制定了相应的政策法规，但由于执行力度不够，一些有利于高技术产业发展的政策执行不到位。对此，黑龙江省政府应该进一步加强政策的宣传力度，深化相应政策的解释。在实行政策时有效地协调各部门，并对政策的实施进行跟踪和评估，确保政策的顺利进行。

此外，黑龙江省政府可以构建公共创新平台用以协助高技术产业的发展。

一方面，通过平台可以建立起政府、科研机构和企业之间的纽带，方便政府根据市场制定政策，便于企业依托科研机构的科研能力，实现产学研的结合，为高技术产业的发展提供软、硬件的支持。另一方面，通过平台可以便于信息的发布，借鉴国内外高技术产业发展的经验，为本省制定政策提供参考。

2. 加大扶持力度，形成几个具有竞争力的高技术产业群

黑龙江省应根据自身特点，突出重点产业，强化科技创新，提升产业核心竞争力，引导金融机构加大对战略性新兴产业的信贷支持，大力采用高新技术和先进适用技术改造提升传统产业。

黑龙江省应根据自己的比较优势来制定发展战略。本文认为，黑龙江省也与全国一样具有人力资源比较优势，而且几十年的工业龙头地位使黑龙江已经在资源、装备、技术人员、产业工人、交通设施等方面获得了在全国的比较优势，因此应充分利用这一优势大力发展高技术环境下的装备制造业。

3. 调整财税制度，加大自主创新的投入和政策支持

黑龙江省在财政支持方面，应加大对高技术产业的扶持力度。通过税收及财政奖励等方面鼓励企业的自主创新，使企业具有核心竞争力。加强基础设施的建设，为企业的自主创新提供硬件支持。同时，加强区域间的合作体系，一方面，利用技术外溢效应加强本省高技术产业的创新水平；另一方面，通过区域间的合作扩大高技术产业的辐射能力，构建区域间互补的发展格局。

4. 重视培养和使用高级人才

创新是一个系统工程，当前的很多创新成果，往往不是一个人的力量可以完成的，而是需要一个团队的共同努力。增强企业自主创新能力，关键在于是否拥有一支优秀的技术创新团队。应进一步优化企业技术创新团队的发展环境，出台针对创新团队建设的政策。由于企业高层次研发人员的缺乏，促进高层次创新人才引进工作，并建立人才培训体系。此外，应明确黑龙江省高技术产业的重点发展领域，有针对性地对人才进行培养。

5. 完善高技术企业融资体系

高新技术产业最显著的特点之一是"高投入、高风险"，由于银行放贷多偏向于大中型企业，黑龙江省的中小企业很难从银行获得大额信贷。因此，对于高技术产业应对其拓宽融资渠道，对于高技术产业上市所需资金进行优先支持，并鼓励对高技术项目的风险投资。银行以及风险投资机构应根据高技术产业发展的周期以及所处的发展阶段，为其制定配套的投融资体系，以促进高技术产业的发展壮大。

6. 推进区域技术创新体系建设，提高自主创新能力

区域创新体系的建设，有助于引导企业加大研究开发经费的投入，有助于企业吸引创新要素，有助于培育大型的高技术企业。黑龙江省应进一步落实对高技术产业的鼓励政策，促进企业加大对自主创新的投入。对有实力的高技术企业，因鼓励其建立自己的研发机构，根据市场需求及自身需要及时、有效地开发新产品，研发新技术，利用新工艺。此外，应加强产学研相结合，建立创新战略联盟，使更多的科技成果有效转化为市场需求。

参考文献

国家统计局等：《中国高技术产业统计年鉴 2012》，中国统计出版社，2012。

国家统计局等：《中国高技术产业统计年鉴 2011》，中国统计出版社，2011。

国家统计局等：《中国高技术产业统计年鉴 2003》，中国统计出版社，2003。

黑龙江统计局、国家统计局黑龙江调查总队：《黑龙江省统计年鉴 2012》，中国统计出版社，2012。

闫大柱、冯英娟、徐春秋、都业辉：《黑龙江省高技术产业对经济发展的带动效应分析》，《工业技术经济》2009 年第 10 期。

苏娜：《高技术产业与区域经济协调发展研究》，天津大学，2010。

李柏洲、李海超：《黑龙江身高技术产业综合素质研究》，《科学学科与科学技术管理》2005 年第 2 期。

高长元、王要武：《黑龙江省传统高技术化及高技术产业化状况比较分析》，《工业技术经济》2007 年第 26（8）期。

林毅夫、刘培林：《振兴东北要遵循比较优势战略的原则》，《南方周末》2003 年第 8（28）期。

王成、王世波、王铁：《齐齐哈尔高新技术产业开发区发展战略与对策》，《理论观察》2012 年第 4 期。

闫大柱、冯英娟、徐春秋等：《黑龙江省高技术产业对经济发展的带动作用》，《工业技术经济》2009 年第 28（10）期。

奚明华、陈远征、刘颖：《黑龙江省高技术产业发展状况分析》，《中国科技论坛》2008 年第 11 期。

李建峰、孙丽丽：《黑龙江省高技术产业现状分析及对策建议》，《北方经贸》2010 年第 1 期。

Development Report of Heilongjiang Province High-tech Industry

Hu Longying   Zhang Xue

Abstract: Heilongjiang, as one of China's oldest industrial bases, has strong scientific and technological forces and favorable conditions to develop high-tech industry. With government support in recent years, the high-tech industry in Heilongjiang has developed stably and has become an emerging power and a new growth point in promoting sustainable development of the national economy as a whole. However, it is also faced with many new problems and challenges. Firstly, we analyze the overall development of the high-tech industry and its development trends in Heilongjiang in terms of the development of the high-tech industry, its innovation capacity, operating efficiency and exports. Secondly, we analyze and evaluate the industrial scale, exports and innovation capacity between high-tech industry in Heilongjiang and that of nine provinces in central China. Consequently, we conclude that problems exist in the province's high-tech industry, such as slow development, low added-value, weak international competitiveness and slow development of high-tech industrial development zones. Finally, corresponding suggestions are proposed against the questions mentioned above according to the characteristics of high-tech industry development of Heilongjiang.

Key Words: Heilongjiang; High-tech Industry; International Competitiveness

B.5
黑龙江省化工行业发展中的
困境、机遇和挑战

陶 萍 胡洁琼*

摘 要：

化工行业作为国民经济的支柱产业，它与国民经济和社会发展有着极为密切的关系。本文分析了黑龙江省化工行业自 2008 年以来的发展状况及存在的问题，剖析了金融危机给化工行业带来的困境及其面临的机遇和挑战，提出了化工行业未来发展模式。

关键词：

黑龙江 化工行业 经济危机

2012 年，世界金融危机仍未度过，而欧债危机风险又在加剧。世界各国，尤其是以新兴经济体为代表的国家，由于受国内需求不足、出口受阻等影响，面临着经济滞胀、经济下滑的风险。化工行业面临巨大的困境和挑战，石化市场需求增速明显放缓。2012 年 1 ~ 8 月份，受制于我国投资减速和出口放缓，化工行业规模以上增加值累计增长 11.6%；化学成品及相关产品进口金额 1178 亿美元，同比下降 0.8%，与 2011 年相比同期大幅回落 24%；化学原料与化学制品制造业累计固定资产投资达到 7153 亿元，同比增长 33.9%。粗放的能源开采造成了严重的环境污染和生态破坏，在生产和使用能源的同时也造成了一定程度的污染。节能和提高能效是最重要的减排措施，发展可再生能源是重要途径。低碳消费和低碳能源技术将不可避免地成为全球性的发展方向。

---

* 陶萍，管理学博士，哈尔滨工业大学管理学院会计系，系副主任，副教授，主要研究方向：资本运营、公司治理、绩效评价等；胡洁琼，哈尔滨工业大学管理学院研究生。

一　黑龙江省化工行业发展现状分析

化工产业与国民经济和社会发展关系极为密切，化工产业实现利润约占全国规模以上工业的35%，研发新材料，尤其是优异性能和特定功能的新材料，正在使化工产业的创新步伐加速。至2050年，化工材料品种预计将增加到100多万个；12项新兴产业总的市场营业额预计将达到1万亿元，新材料预计约占40%，化工产品在其中占有很大比例。

1. 黑龙江省四条化工产业链发展战略

黑龙江省是国家重要的石油化工生产基地之一，化工行业是黑龙江省的重要支柱产业。黑龙江省以石化产业带为依托提案了90个深加工项目，同时项目所在地政府也在积极地促进配套基础设施的建立，深入贯彻提案精神，整体推进哈大齐牡石化产业带的建设。石化工业将借鉴国际经营理念和方法，更好地应用规模经济效应，引进和开发更多高新技术，对原产品精细化加工，快速地继续发展。

黑龙江省为加快新型工业化进程，打造四条化工产业链，将石油化工列为优先发展的支柱产业，将大庆石化和"气化"产业作为黑龙江省未来经济发展的重点。2007年上半年，中石油、中煤能源、中铝的一批重大项目已进入前期工作。大庆120万吨乙烯扩建已获国家核准，大唐哈尔滨第一热电和鸡西煤矸石热电、国电佳木斯热电已获批开展前期工作，东部煤电化基地的双鸭山、鸡西的大型煤炭和甲醇项目、佳木斯海绵钛等项目在积极推进。大庆石化产业链条初具规模（见图1）。

2. 2008～2011年黑龙江省化工行业发展情况

目前，黑龙江省石化工业产品门类齐全、配套设施陆续建立、生产初具规模、工业体系逐步形成。黑龙江省石化工业以大庆为中心，向哈大齐工业走廊辐射，以绥化生物化工和东部煤化工为延伸，形成了各区域分工合作、协调发展的石化经济新格局。石化工业作为黑龙江省四大支柱产业之一，正在以高增长率逐步迈向成熟。

"十一五"期间，在《国家石化产业调整和振兴规划》的指导下，黑龙

图1 大庆石化产业链条

江省对石化工业的发展方向进行了战略调整。新战略具体表现为，要以大项目为依托，以基础石化产品带动石化产业链的发展，以煤化工和生物化工产品拓展石化产业领域，继续优化全省石化产业结构。以2009年为例，全省规模以上石油化工企业99家，占总石化企业数量的30.7%；实现主营业务收入953.1亿元，占石化企业总主营业务收入的78.36%；实现利税226.1亿元，占石化企业总利税的90.4%。除去基础产业石油化工外，东部煤化工、绥化生物化工、牡丹江生物化工、哈尔滨化工新材料、大庆化工新材料等领域也取得了一定的成绩，煤化工、精细化工、生物化工、化工新材料、化肥、橡胶等相关企业也取得了长足的进步。2011年，黑龙江省石化工业在产品结构升级、发展方式转型的过程中也实现了行业经济平稳较快增长。行业整体效益增幅明显、经济指标趋向良好，行业投资稳中有升，进出口达到峰值；市场活跃、重点产品得到强力保障；经济内部环境继续改善，规模经济效应十分明显。

从2008～2011年的指标分析来看：石化工业的工业总产值分别为1277.9亿元、1275.3亿元、1478.1亿元、2002.0亿元（见图2）。黑龙江省石化工业

占全省工业总产值的比重分别为 16.76%、17.47%、15.50%、17.39%（见图
3）。2012 年 1~10 月份，石化行业实现工业总产值 1664.6 亿元，同比增长
28.3%。

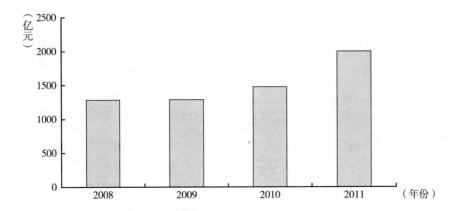

图2　2008~2011 年黑龙江省石化工业的工业总产值

资料来源：相关年份《黑龙江统计年鉴》。

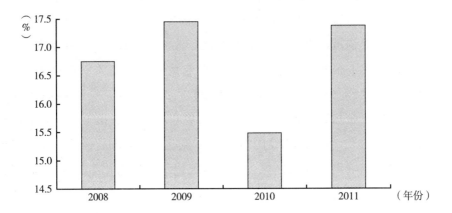

图3　2008~2011 年黑龙江省石化工行业占全省工业总产值比重

资料来源：相关年份《黑龙江统计年鉴》。

2008~2011 年，全国化工行业实现总产值分别为 3.55 万亿元、3.93
万亿元、5.23 万亿元、6.62 万亿元，同比增长分别为 24.1%、9.7%、
32.6%、33.9%。至 2011 年，全国化学工业规模以上企业共 24129 家，

累计实现总产值 6.62 万亿元，占全行业总产值的 58.64%；固定资产投资 9601.26 亿元，占全行业固定资产投资的 67.13%，高于行业平均增幅 4.7%；进出口总额 3239.96 亿美元，占全行业进出口总额的 53.4%。与全国石化行业产值相比，黑龙江省石化行业产值增长趋势明显滞后（见图 4）。

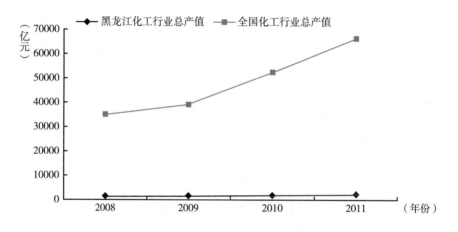

图 4 2008～2011 年化工行业产值

资料来源：相关年份《黑龙江统计年鉴》。

黑龙江省石化行业抓住石化市场走俏、主要产品价格上涨的有利时机，积极调整产业、产品结构，促进产量增长、提高经济效益。2009 年，黑龙江省石化行业已经具备了较高的生产和加工能力，其中炼油年产量 2055 万吨、润滑油年产量 45 万吨、石蜡年产量 21 万吨、乙烯年产量 60 万吨、原油加工量 1552.9 万吨、合成氨年产量 86.1 万吨、化肥年产量 62.4 万吨、轮胎外胎年产量 345.1 万条，均呈现出较快的增长率。2011 年，黑龙江省石化行业取得了新的业绩，原油加工量 1707.6 万吨、汽油产量为 481.7 万吨、合成氨产量 78.6 万吨、乙烯产量 61.6 万吨、轮胎外胎产量 441 万条、塑料制品产量达到 54.8 万吨、农用化肥 67.6 万吨。与 2008 年相比，2011 年全行业主要化工产品的产量除合成氨有小幅降低外，其他均有大幅增长。2008～2011 年石化工业主要产品产量增长情况如表 1 所示。

表1　2008～2011年主要化工产品增长情况表

主要化工产品	2008年产量	2011年产量	增长额	增长率(%)	年均增长率(%)
原油加工量(万吨)	1467.3	1707.6	240.3	16.38	3.86
汽油(万吨)	385.9	481.7	95.8	24.83	5.70
合成氨(万吨)	80.5	78.6	-1.9	-2.36	-0.60
乙烯(万吨)	58.2	61.6	3.4	5.84	1.43
轮胎外胎(万条)	378.3	441	62.7	16.57	3.91
塑料制品(万吨)	13.9	54.8	40.9	294.24	40.91
农用化肥(万吨)	55.8	67.6	11.8	21.15	4.91

资料来源:《黑龙江统计年鉴2012》。

　　黑龙江省十分重视石化行业固定资产投入,"十一五"期间,全省石化工业固定资产投入达662亿元,年均增长率超过20%,共完成了30多个重点项目,包括大庆石化公司120万吨柴油加氢精制、大庆石化公司100万吨一重催MIP改造、大庆炼化公司5.2万吨聚丙烯酰胺、哈尔滨鑫达高科有限公司10万吨/年PP改性塑料、桦林佳通公司年产460万套子午胎等。

　　知识产权方面,"十一五"期间,大庆炼化公司实现了聚丙烯酰胺装置国产化,工艺水平达到国际领先。大庆石化茂金属线性低密度聚乙烯和干气密封实现双国产化,终结了只能依赖进口国外技术的历史阶段,实现了两个技术的自给自足。哈尔滨天顺化工公司开发的高性能碳纤维生产技术达到同类产品国际水平。哈尔滨工业大学开发的PBO特种纤维生产技术打破了国际技术垄断。

二　化工行业在经济危机中遇到的问题

　　据中国石化协会近期发布的经济运行情况显示,受市场需求总体颓势和国际市场需求疲弱的影响,化工行业在快速发展中产品结构性过剩、产业集中度总体偏低、环保压力不断加大等问题凸显,如何参与国际市场竞争是行业发展的必然选择。

1. 增速持续放缓

　　由于欧美经济低迷,国外需求市场极度萎缩,石化下游的一些产业,如服装、纺织、玩具等产品出口显著回落,致使化工原料产品需求快速降低,化工行业经济发展增速持续放缓。2012 年上半年化工行业出口的交货值增长仅为 1.6%，与同期相比下降了 25%。国内经济快速下滑，化工产品的市场需求明显放缓，价格持续走低，生产经营成本逐渐上升。一些化工行业，如进口天然气、炼油等出现巨大的政策性亏损。

2. 产能急剧扩张

行业增长过快，行业集约化程度低，低效产能过剩严重，恶性竞争加剧。为刺激内需以抵御世界性的经济危机，2008 年国家启动了 4 万亿元的投资计划及十大产业振兴计划。与此同时，撬动了地方政府十几万亿元的配套投资，大幅度增加化工行业投资，新建项目陆续投产，使得产能急剧扩张，造成了产能过剩，引发激烈的竞争。由于房地产行业限购政策，房地产交易量急剧萎缩，新开工面积增长速度下降，严重影响了与建材行业高度相关的化工行业。因此，需求的下降进一步导致了化工产品价格的下降和化工行业之间的激烈竞争。

化工行业企业整体上过于分散，无法实现规模经济；化工园区发展程度低，制约了行业竞争力，也增加了生产安全隐患。

3. 化工行业创新能力不足

产业竞争力的关键在于核心技术及控制力。石化行业技术装备已经在质量和数量上都取得了较快增长，但科技整体创新能力与发达国家还存在不小的差距。其涉及的 20 多个行业居于强势的不多，对新技术和新产品应用开发重视不够，科研投入严重不足。以 2008 年为例，全行业科研投入仅占销售收入的 1%，而同年发达国家数据则为 3% ~ 5%。发明专利太少，且知识产权保护欠缺，科技支撑体系不完善；未形成以企业为主体的技术创新体系，缺乏创新平台和长效机制，自主创新能力弱，支撑体系不完善；行业基础研究和共性技术十分欠缺，工艺技术与装备技术匹配度低，技术集成和工程成套设备还停留在模仿国外同类技术的阶段，科研成果转化率不到 30%，成套工业化技术远远不能满足需求。

4. 资源环境压力大

石油和化学工业的快速发展也不可避免地造成了资源环境的巨大压力。2009 年，我国化学原料及化学制品制造业的化学需氧量排放量达 60.21 万吨、氨氮 13.16 万吨、二氧化硫 130.15 万吨、氮氧化物 41.98 万吨、烟尘 78.81

万吨。2010年,我国各类化工产品对外依存度也居高不下,石油对外依存度为54.8%,天然胶超过70%,硫资源高达60%,钾肥也在40%以上。石化工业污染物排放量远远高出其他工业子行业,主要污染物,如COD、氨氮化合物、二氧化硫等的排放量,均排在工业各子行业前列。政府已经意识到问题的严重性,正在积极构建低碳社会,并承诺到2020年,单位GDP二氧化碳排放降低40%~45%,石化行业节能减排工作任重道远。

5. 产品结构欠合理

目前我国石化行业产品主要集中于低端产业链,产品结构需要调整。另外,产业布局也存在问题,多个地区出现厂址远离原料市场和产品市场的不合理现象,原料和产品调运费时费力,运输成本的提升导致销售成本提升,压缩利润空间并造成了局部地区运力紧张。虽然石化行业经济增长的结构不断优化,但其经济增长仍然建立在高消耗、高成本基础上,而高附加值、精细化的产品比重仍偏低,落后产能占有相当的比例,高耗能的基础原材料产品的平均能耗比国际先进水平要高15%~20%。2010年下半年,为了大力推动节能减排、对"两高一资"产品限制出口,政府开始对出口退税进行了大范围的调整,取消了部分商品的出口退税,包括初级化工产品在内约有406个税号。这种限制性政策措施虽然起到了一定的作用但效果远未到位。自2010年6月份起,一些初级化工产品,主要是萤石、农药、天然硫酸钡等具有高污染和资源性的化工产品,其出口呈现反复攀升趋势而未见显著减少。这虽然会为化工行业短期效益带来一定的积极影响,但对其实现长远目标和发展战略极为不利。因此,必须进一步加快石化行业结构调整的步伐。

6. 中小型化工企业举步维艰

中小企业在"十一五"期间屡次遭受打击,传统化工产品的产能出现过剩情况,小型化工企业由于其规模较小、技术明显落后、耗能偏高,因此其抵抗冲击能力不足。政府对产能出现严重过剩的化工行业,如氮肥、电石等进行结构调整,小企业自然成为被淘汰的对象。尤其在2008年金融危机的严重冲击下,化工行业中小企业的形势更为严峻。在新兴化工产业发展进程中,科技型化工企业将是不可忽视的技术创新生力军,其中,中小化工企业占了很大比重,因此,中小型化工企业将在新兴行业沃土中得到迅速发展。

三 化工行业因金融危机带来的困境

1. 金融危机后世界经济走向

金融危机爆发后，国内外市场都出现重度萎缩，需求大幅下降，过度投资和产能过剩现象严重，产品价格跳水，多个企业零利润。世界化工行业盈利能力严重下降，下游产业如建材、电子、轻纺受到重挫，化工产品出口也受到巨大冲击。

世界经济恢复将是一个复杂的过程。国际货币基金组织预计2011～2014年世界经济年平均增长率在4.4%左右。世界宏观经济变化密切影响着化工产品市场，通常在宏观经济波动半年至一年内化工产品市场会做出反应并表现出来。目前原油价格上涨、下游产业需求恢复，世界大部分化工产品价格已经回调，国际贸易额也结束了低潮期。世界宏观经济能对石化行业起到决定性作用的原因在于：世界主要经济体都出现经济回暖现象，尤其新兴工业化国家经济涨幅回升至正常水平，对基础生产、生活原料等石化产品的需求也将复苏，从而拉动产业发展。但值得注意的是世界经济复苏将是一个相当缓慢的过程，金融危机影响尚未完全过去，世界经济形势还不明朗，宏观经济对化工产品的需求增长空间有限，世界化工产品市场总体仍然供大于求。

2. 化工行业发展前景不容乐观

世界经济经过2008年全球金融危机之后，从2009年底开始，世界各地需求有回升态势，化工行业出现快速增长势头，但2011年再次受阻，对化工行业产生严重的负面影响，生产停滞不前。至2012年，世界主要经济体的化工市场出现了严重分化，随着经济发展缓慢复苏，及美国政府实施相关政策扶持，美国化工市场逐渐在恢复；由于欧债危机影响，欧元区化工市场出现了负增长；由于国内资源短缺，日本生产企业逐渐丧失了竞争优势；而中东地区的基础化学品工业则凭借其丰厚的资源优势正在崛起。

（1）发展环境连续恶化

2008年金融危机爆发后，全球实体经济严重受损。我国也告别了经济稳定增长阶段而转为下降趋势，2009年我国GDP增速仅为9%，是2003年以来

五年内首次低于两位数，尤其第四季度 GDP 增长仅为 6.8%，反映出我国国民经济已经处于短期下行阶段。

宏观经济受到影响并在短期内态势不可逆转，经济调整期间精细化工行业受到下游行业产品价格影响，销售成本波动，对销售利润产生不利影响，企业效益堪忧。包括石油、矿石、电力等在内的精细化工上游行业产品价格也出现变动，与下游行业共同作用，影响着精细化工行业发展。例如，2008 年 PPI 价格上涨，精细化工企业原料成本上升，行业利润实现陷入困境，甚至有企业出现亏损。同时，大型及超大型精细化工装备高度依靠进口，高技术高附加值化工产品无法实现国产化，农药等精细化学产品技术含量偏低，部分生产技术、流程与产品严重污染环境。

（2）行业发展速度逐步放缓

2008 年精细化工行业总体虽然仍呈现增长态势，但规模增速较低，资产增速、利润增长率和负债增长率全面滑坡。精细化工各子行业中，除专用精细化学品产量回温外，其他子行业形势并不乐观。日化产品产量增速下降最为陡峭，同比减少 7%；农业发展增速平缓，与 2007 年相比明显降低；染料、涂料等总产量勉强维持上年水平。同时，化工行业在建项目固定投资缩水，行业投资趋于冷静。国际、国内市场需求疲乏，直接导致精细化工减产，产销量一路走低，价格也出现冲高回落探底现象，企业主营业务收入和利润增速降低。精细化工行业进入发展规模与发展方向调整过渡期，行业发展放缓。

（3）进出口增速出现下降

2008 年，全球精细化学品产值 4200 亿美元，年增长率接近 5%。在全球产业形势的带动下，我国精细化学品进口量也随之增加，进口额攀升至204.21 亿美元，较上年增长 209%；出口额达到 211.71 亿美元，较上年增长34.68%。宏观经济环境的巨大变化导致进出口增速均出现下跌。2009 年出口企业更加重视对外贸易扩张，但采取的竞争方式都是粗放型的降价优惠等办法，致使低价竞争、效益显著下降。

2008 年上半年 PPI 价格上扬，导致精细化工行业主营业务成本和期间费用上升，行业产品成本随之上升。2008 年下半年又出现经济寒潮，企业利润空间受到挤压。电力、运输和其他能源价格波动也促使企业成本费用大幅增加，部分企业化学原料成本与产成品价格倒挂，亏损严重，精细化工行业的盈利能力明显下降，营运能力和偿债能力亦有所下降，在2009年上半年将处于行业低谷。精细化工行业效益受损严重，各指标也反映出极大的效益风险。

（4）子行业发展速度全面减缓

精细化工行业是农药制造、涂料燃料、专用化学品和日用化学品的总和，其中，日用化学品所占比重最大，在精细化工行业中处于支柱地位。2008年以来日用化学品产量首次下滑，日用化学品行业不景气态势日益凸显。与此同时，精细化工全行业发展降速，行业效益持续走低。

3. 国民经济发展形势对行业的影响

石化行业在国民经济中扮演着重要角色，是支撑国民经济的基础产业，也是我国工业领域中产值最高、成长最快的产业。2008年8月份以前，我国化学工业供需两旺，生产与消费关系和谐，石化行业在下游行业带动下保持着较高的增长势头。但进入9月份后，下游市场突然萎靡，需求萎缩，化工产品出口无法保持以往增幅，以基础化学品生产企业为代表的化工企业都遭受了巨大的利润压缩。直到2009年，下游消费市场回暖，国家也出台和实施了一系列产业援助政策，石化行业增长率也终于在下半年回升。2009年，石化行业工业总产值达66268亿元，年增长率0.3%，虽然涨幅很低，但显示出经济回暖态势，部分产品需求市场恢复，产品产量回归，出口降幅受到控制。

我国政府对金融危机过后的修复重建计划中，大多数的投资项目于2010年进入了大规模建设阶段，这对相关领域产品市场是非常有利的机会。我国正处于工业化、城镇化进程中，原材料供给和基础能源供给需求量不断增加。同时，我国人口众多，内需潜力还可继续开发，消费结构与消费水平也是经济增长的巨大原动力。作为经济增长的三大动力，净出口、投资和消费在2009年的贡献度以投资最高（为6%）经济增长依然主要依靠投资拉动。扩张的财政政策和宽松的货币政策鼓励了社会固定资产投资，但也加大了流动性风险，并埋伏了通货膨胀隐患。全球经济回暖基础还很脆弱、态势可能反复，石油等原材料价格持续波动，美元依旧疲软，贸易保护和贸易摩擦的矛盾也在加剧，这些都影响着我国经济发展。

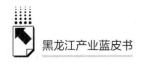

四　化工行业面临的机遇和挑战

黑龙江省重点发展石油化工产业，意在打造支柱产业，利用本土资源优势，加快工业化进程，完善工业产业链，促进化工行业的快速、可持续发展。现已发现 132 种矿产资源，已查明 81 种资源储量的矿产资源。黑龙江石油、天然气、煤炭等矿产资源丰富，土地和粮食资源也十分优渥，为充分发挥资源优势，黑龙江省大力发展石油化工、天然气化工、煤化工的同时也积极发展生物化工，融合哈大齐、四煤城及佳木斯、牡丹江，科学打造石化产业基地。"十一五"期间，全省规模以上石化工业增加值年均增长了 15%。在产业资源优势下，黑龙江省石化行业将迎来发展新局面，大庆石化、中煤龙化、中粮等产业链中的核心企业在产业技术上和生产规模及项目扶持上具有更大的优势。

1. 化工行业面临的机遇

（1）石化产业链引发的机遇

黑龙江省意图将大庆石化打造为龙头产业，以大庆石化公司 120 万吨乙烯扩建并线等大项目为发展契机，最终使大庆跻身世界著名石化产业基地。黑龙江省石化产业原料丰富、适合开采，产业链较为完整，行业风险较小。此外，随着石化行业景气度上升和石化产品价格上涨，都将会引发黑龙江地区石化行业发展的新机遇。

（2）天然气产业链引发的机遇

大庆油田未来持续产业包括天然气、轻烃和化学助剂，黑龙江省正在积极地发挥自身资源优势、市场优势，并通过投资和研发努力获取规模优势和技术优势，力求形成具有竞争力的化工产业，加快天然气在燃料和产品等领域的应用。

（3）煤化工产业链引发的机遇

黑龙江煤炭资源丰富，鸡西、七台河、双鸭山和鹤岗都是煤炭储量丰富的理想原料开采地，积极利用矿产资源，大力发展煤化工产业，是黑龙江省发展蓝图中的重要一项。四个煤城位置相对集中，能够大幅节约开采成本，产品具有价格优势，煤化工产业结构与配套设施逐步完善，产业链前景被区域内行业看好。目前，七台河 10 万吨煤化工甲醇项目已经启动，双鸭山、鹤岗 30 万吨合成氨、52 万吨尿素项目也在积极筹划中。

（4）生物化产业链引发的发展机遇

目前，黑龙江省部分企业已经具备燃料酒精、食用酒精、玉米油的生产能力，并在极高利润预期的推动下积极研发生物质能源、研制纤维素酒精产品、扩建生产线使食用酒精年产量达到 15 万吨，行业前景十分可观。

2. 化工行业面临的挑战

世界范围的化工行业发展面临巨大挑战，油气资源严重短缺、供需极不平衡、生产成本持续提高，产业一体化需求加剧。

（1）国际贸易壁垒限制我国化工产品出口

为平衡国内供需关系，随着产能增加，我国将目光投注在出口贸易上。目前世界还未完全走出经济危机的阴影，经济总体还处于衰退阶段，恢复的过程缓慢而曲折，不能为我国扩大外需提供理想环境。除去宏观经济形势的不利因素，部分国家奉行贸易保护政策，保护本土产业、维持本国就业，在正常关税手段外还往往通过技术性贸易壁垒、反倾销、环保与安全新标准等非关税贸易保护措施限制我国产品出口，化工产品出口难度陡增。

（2）化工产品供大于求加剧市场竞争

自从我国加入 WTO，我国化工产业也成为世界市场的一部分，产品面临着全球同类产品的竞争。世界化工产业已经在过去的几十年内得到快速发展，产能持续走高，部分产品已经供大于求。因此，落后产能必须淘汰，将相关原料、设备、环境等资源让位于高效产能，提高有限资源的利用效率、重视产品品质、控制产品产量。预计未来五年内，全球化工产品供大于求情况依然普遍存在，竞争淘汰是化工产业发展的必然选择。国外普遍看好我国市场前景，因此我国也成为国外过剩产能理想消化地。而我国化工行业竞争力距国际水平还存在不小差距，很难抵御进口产品的冲击。

（3）世界经济格局重新调整

预计到 2030 年，世界人口将再增长 14 亿，GDP 翻番，非经济合作与发展组织国家经济总量将高于经济合作与发展组织国家。全球人口爆炸和物质基础的提升需要更高的能源生产和消费支撑。预计未来将有近 10 亿人完全从事工

业化工作，非经济合作与发展组织国家将贡献全球能源消费的85%。传统发展模式由于资源利用率低、污染环境严重等问题将不再适合主流经济主体的发展，迫切需要新资源开发，重组发展结构，创建新型生产生活方式。我国在未来二十年面临着世界经济格局变化带来的挑战，但若好好把握，也能化挑战为机遇。能源需求稳定攀升，如何提高能源利用效率、发展低碳环保技术是相关领域的讨论重点。

（4）世界能源消费格局重新布置

目前世界能源结构仍以石油、煤炭、天然气为主，以核电、水电为辅。2010年全球共消费12Gt油当量，其中石油消费占比33.6%，煤炭消费占比29.6%，天然气消费占比23.8%，而洁净能源，如核能、风能、太阳能等逐渐被人们重视，也在能源消费中贡献了一定比重。预计到2030年，石油消耗在能源消费比例中将下降5个百分点，煤炭消耗所占比例将下降2个百分点，天然气所占比例将提高3个百分点，非化石能源将提高4个百分点，新能源将逐步进入新的世界能源消费格局中。

（5）能源供给面临困境

过去几十年内，发达国家对世界能源消费拥有绝对话语权，发达国家凭借自身优势霸占优质能源市场。就目前形势，亚洲在世界能源消费中已超越欧洲和北美地区，成为能源需求量最大以及增长速度最快的地区，其中我国市场贡献了重要力量。中东石油原料产地石化产业发展是市场资源含量的决定性因素之一，但在地域与政治等因素的影响下，使得世界石油供需格局很难达到平衡。同时，发展中国家对优质化石能源大量使用增加了市场资源供给平衡的风险，会导致国际能源价格大幅上扬，此时廉价能源时代即将终结。另外，20世纪后半期，中东地区战火不断，非对称冲击持续扩张，伊拉克、阿富汗、利比亚接连陷入战争，石油输出受到巨大干扰，能源供应链并不稳定。

（6）石油替代产业快速发展

2008年7月，国际油价攀升至147美元，并一直维持在高价位。全球范围内化石资源总量有限，已开采资源又存在价格因素的限制，各国纷纷开始重视替代能源产业的发展，目前已取得一定进展。美国首先开发液燃气技术，对传统天然气市场和乙烯生产产生较大冲击，对原油价格产生了小幅影响。拥有丰富液燃气资源的多个国家，包括阿根廷、墨西哥、澳大利亚、加拿大、阿尔及利亚、巴西等，纷纷准备大规模开发。相较于国际，国内煤化工产业发展势头也十分迅猛，煤制烯烃示范装置试运行中，煤制乙二醇示范装置已建成，煤制天然气产业也迅速跟上发展步伐，新型煤化工产业预测十分可观，也将对其下游市场施加巨大影响。除了煤化工产业之外，生物燃料和生物化工也成为国内能源产业重要发展方向，生物柴油、燃料乙醇也已完成从技术到应用的转化，该发展方向的主要研发项目，比如生物喷气燃料、生物油藻技术、纤维素制乙醇技术、生物丁醇技术等也取得了阶段性成果。

五　未来化工行业发展模式

1. "十二五"化工行业发展趋势

（1）行业发展指南

为实现行业转变发展方式、建设石化强国的总体要求，《发展指南》提出了六大战略目标，主要内容为行业保持平稳增长、自主创新能力增强、产业结构优化、节能环保技术强化、质量品牌竞争力提升、本质安全水平提高。"十二五"期间，行业年均增速预期为10%以上，行业总产值将在2015年突破16万亿元，预计二氧化碳、氮氧化物、氨氮和二氧化硫排放量较"十一五"末分别下降15%、10%、12%、8%，化工废固有效处置率达到100%、综合利用率达到75%。

（2）化工行业规划目标

石化行业"十二五"科技发展六大目标为：①自主创新能力增强，突破30~50项制约行业发展的关键技术、共性技术，自行研制8~10套大型成套石化装备，行业整体技术达到世界先进水平；②开发一批高性能、高附加值、环保的新技术和新产品，逐步提高产业化率，精细化工率再增加5%；③突破资源限制，重点攻克油气勘探、油气开发、新型煤化工、生物化工等行业关键技术、共性技术；④战略性新兴产业技术取得突破，重点在化工新材料、生物化工和节能环保等领域开发一批新技术和新产品；⑤开发和推广低碳技术，节能减排工作继续深化，能耗和主要污染物排放量均在"十一五"末的基础上再下降10%；⑥增建创新体系，依托化工企业在重点领域快速建成一批市场主导与产学研紧密结合的高端技术创新战略联盟，具体表现为建设5～8个国家工程（技术）研究中心、8～10个国家工程实验室、10～20个国家级企业技术中心。

（3）产业提升和转型的关键时期

"十二五"期间我国经济将由工业化中期向工业化后期过渡，我国化工行业包括原材料工业在内得到迅速发展，多种产品产能已达到世界首位。其中原材料工业的内部结构将相应转变，即传统产业比重有所下降，同时保持高端和新型产业的较快发展。"十二五"将是我国化学工业及整个原材料工业调整转变的关键时期。

（4）"十二五"继续做大

"十二五"期间我国发展化工行业的目标是继续做大，并通过兼并重组等方式消除产能过剩行业，以达到以大治剩的效果。

氮肥行业目标是明显提高产业集中度，降低企业数量至250家以下，合并构建20家大型氮肥企业集团，集中80%以上的产能比重，提高整体核心竞争力。

农药行业发展策略是建立若干具备国际竞争力的大型企业，其目标是建成销售额在50亿元以上的生产企业5家；销售额在20亿元以上的生产企业20个；力争农药生产企业前20位原药产量之和占总产量一半以上，并且建成生产企业集中的农药生产专业园区3～5个；最后，为在国际竞争中占得先机，建立销售额超过100亿元的大型企业集团。

纯碱行业须以工信部发布的《纯碱行业准入条件》为实行条例，特别注意新增产能的控制，并且通过兼并重组和良心竞争的方法逐渐消除部分产能，以达到"十二五"期间纯碱行业的总产能保持在3000万吨左右。

电石行业需要重点调控，推进企业结构调整，提高产业集中度。其发展方向应为大型化、密闭化、集约化，鼓励企业与上下游企业互相参股，相互兼并重组以形成产能在50万吨以上的大型集团，使得当前不足6万吨/年的企业平均规模上升至20万吨/年。

2. 加速化工行业发展思路

根据《石化产业调整和振兴规划》，至2015年，我国将初步实现由石化工业大国转变成石化工业强国的目标，要求石油和化工产业的结构更加合理，发展方式更加科学，综合实力更加强大。未来重点发展的产业主要是新能源和新材料，还包括生物化工、新型煤化工和精细化工等，它们将成为化工行业发展的新经济增长点。"十二五"期间将加强节能环保投资力度，而石化工业则是节能环保投资的重点领域。到2015年，关键新材料的自给率预计将达到70%以上；新材料产业规模预计将提升到2万亿元总产值，年均增长率预计超过25%。积极调整能源消费结构，以煤为主，大力发展非化石能源，非化石能源消耗量预计将增至4.7亿吨标煤，在能源消耗比例中约占11.5%；到2020年所占比例将达到15%。新型煤化工将是产业技术发展的一个重要方向。加强新型煤化工的有序发展，将会改变我国乃至世界化工行业格局。

（1）发展高端化工业务

化工行业高端化是提高竞争力的首选途径，发展高端化工业务将是未来化工行业的发展趋势，要求化工行业通过技术创新以实现技术含量高、附加值高的目标。国内石化企业业务面广泛，主要有基础化学品、精细化工品、化工特殊化学品和有机化工品，还包括合成橡胶、合成树脂及合成纤维等几大类。经济发展需要大量化工产品的支持，为满足社会对化工产品的旺盛需求，企业需合理规划，促成产品结构升级，实现产品高端化。化工领域目前较为热门的技术难点有：三大合成材料技术，芳烃、乙烯、甲醇等基础化学品技术，高端产品技术，尤其是单活性中心、茂金属以及非茂金属产品技术，特种纤维、特种橡胶以及高附加值产品技术等。同时，对于储备单体化工、生物化工、煤化工和精细化工技术须进行积极开发。

至2015年，具有规模工业企业的研发经费支出预计将占主营业务收入比例的3%左右，其中，一批骨干企业的研发经费支出预计将达到5%以上；化工企业为提高自身竞争力，需要研发核心技术和关键技术并拥有自主知识产权。化学工业重点开发高效、低毒及环境友好农药制备技术，基础化工节能技术，高性能绿色、环保及功能涂料制备技术，环保型高档染料和有机颜料制备技术等。

（2）发挥一体化优势

当前世界化工产业的主要趋势是提高产业集中度，提高配套装置规模，借此实现规模经济。以2008年为例，世界范围内炼油量居于前25位的公司产能合计占产业总量的60.1%，前10位的公司总产能合计为6019万吨/年，占产业总量的47.5%。目前世界上以石油为原料制备乙烯的最大产能已达到110万吨/年，以乙烷为原料制备乙烯的最大产能达到135万吨/年。石化装置规模增大和炼化一体化催生了一批著名的石化基地，比如韩国蔚山、美国墨西哥湾、丽川、新加坡裕廊岛、日本东京湾和比利时安特卫普等。

一体化是指大型化的石化基地，其最大的特点是能量平衡。发挥一体化优势，统筹多种资源的有效利用。以硫酸制造为例，硫磺制酸的利润空间很低，但硫酸生产过程中产生的蒸汽却可以加以利用，产生附加收益。炼化企业在规划布局中应按照产品结构进行布置，做到优势互补，实现炼油化工一体化，提高资源利用效率。

（3）调整产能结构

充分利用良好市场形势提供的时机，针对目前我国化工行业存在的产能结构进行调整。化工行业的成品生产成本将受到未来油价持续上涨和电价大幅调高的不利影响，从而使其在国际竞争中失去优势，同时化工行业产能结构进入调整周期，便会进一步加重产能过剩问题，为转变发展方式带来更大的阻力，以及我国目前日益突出的环境污染问题，将成为化工行业未来发展中可预测到的更大难题。因此，当前面临的重要任务既是抓紧研究对策和促进化工行业产能调整。主要体现在以下几个方面：其一，调整投资和信贷政策，加快发展高新技术化工企业，对一批具有世界领先水平的精细化工企业需重点扶持；其二，调整税收政策，征收环境税，通过税收杠杆的方法调整产能结构；其三，调整外贸政策，对于精细化工产品出口贸易实施退税优惠政策，对于低级化工产品出口加以限制，使得粗放型出口转向集约型出口；第四，通过补贴、税收抵扣等方法重点发展化工行业的技术革新和技术引进，力争将行业技术水平提升至新高度，实现产业优化。

（4）扶持中小企业发展

2010年8月，国务院出台6项措施以扶持中小企业；2009年9月22日，国务院颁布了《国务院关于进一步促进中小企业发展的若干意见》；2010 年 4 月 28 日，国务院针对完善小企业的支持政策进行了明确的规定。国家出台这些政策的目的是为了解决中小企业融资方面的困难，加速推进中小企业信息化，对中小企业加大财税扶持力度，支持中小化工企业开拓国际市场，并加强对中小企业的权益保护等。中小型化工企业发展前提应确立为技术创新战略，技术创新应符合企业目标和总体战略的要求，及时抓住国内市场需求和国外技术发展所带来的机遇，对技术发展和市场竞争形势进行正确判断，分析企业技术能力和支撑条件，对企业进行准确的定位；结合当前的国家政策与国内外经济形势、企业状况等做好可行性分析；并且应以资金筹措和人才选拔为关键保证。

（5）开拓国际市场

开拓国际市场，提升国际竞争力。随着经济全球化的发展趋势，其"生产跨国化、贸易自由化、区域集团化"已成为主要发展特征，跨国经营成为当前快速发展的必然趋势。目前跨国公司的产值在世界化工总产值中约占有 70% 的份额。同时，拥有雄厚的资金、先进的技术、强大的品牌和市场高占有率的跨国公司为进一步提高自身优势，将发展区域转向原料集中地或市场成长地。开拓国际市场的主要策略有：①发挥资金和技术优势，重点将生产基础产品的基地转向新兴市场发展地区，对于本国生产装置进行关闭；②技术垄断的优势，具体体现在建立独资的大型装置用于生产用油技术优势的产品；③实现生产技术的转让，表现在收缩国际市场上具有技术竞争力的产品份额，以实现由原先的卖产品现象到转让生产技术的转变。化工企业要加大科技创新和研发的力度，需要以国际标准或者国际知名企业的生产运营模式为标准，及时采用高新技术和清洁生产工艺，提高自身产品的质量，提高环保要求，增强产品的更新能力，提高国际竞争能力。

（6）发展循环经济、低碳模式

循环经济、低碳经济引领化工行业发展，是在充分利用资源、社会、经济和环境协调发展的前提下形成的一种全新经济增长方式，是推动经济发展方式转变和结构调整的根本路径，而石化产业是发展低碳经济的主力军。在我国政府向国际社会做出的承诺下，全力要求到 2020 年单位 GDP 温室气体排放量相

比 2005 年下降 40%～45%，故需要石油和化工行业在保持快速发展的同时，必须达到每年工业增加值能耗减少 4.07%、氨氮排放量下降 15%、需氧量下降 8% 以及二氧化硫排放量下降 5% 的要求。然而要完成以上目标，必须发展循环经济、低碳经济。

实现低碳经济的有效途径包括技术创新、资源洁净化和发展再生能源。技术创新是指从工艺、机制等方面贯彻节能减排的思想，资源洁净化主要是指煤的洁净化利用，发展再生能源主要是指发展太阳能、风能、潮汐能等可再生洁净能源。同时，考虑到我国特殊国情，调整产业结构、调整经济增长方式是我国低碳经济的未来走向。我国具有发展中国家的共性，经济方面，我国依赖国外资本投资；技术方面，我国跟踪模仿国外工艺。但国外的绝对优势在金融危机的爆发下全线解体，因此低碳经济社会中的国际合作可行性极高。我国应积极与国外沟通，承担一定国际分工责任，并以此为契机发展本土石化工业。

3. 化工行业实施循环经济的路径

针对化工行业高消耗和高污染的特点，发展循环经济尤为重要。其核心思想为在减量化、再使用和循环利用原则指导下进行物质循环。企业作为化工生产和行业发展的主体，是实施循环经济主要动力，只有在企业发展循环经济和实施清洁生产的前提下，循环经济政策才能得到落实。同时，政府在制定产业政策或行业规制方面具有不可替代的作用。故化工行业在实施循环经济中须采用以企业为核心，政府为之服务与引导的路径。

（1）化工企业发展循环经济

减量化、再使用和再利用作为发展循环经济的核心理念，落实该政策是化工企业发展循环经济的首要前提。然而以企业为基础，其物质循环分为三个层面，即：①化工企业生成过程中自身的物质循环以及其他消耗品在企业生产中的循环，如下游工艺产生的废物作为原料返回上游工序得以循环处理；②化工企业之间的循环，如下游企业产生的废物作为原料返回上游企业得以循环处理，或者各工业生产过程中产生的废物、余能送往其他工业得以相互利用；③社会与化工企业的物质循环。然而，化工产品作为其他工业产生的原材料，投入到其他生产活动中的未来状态难以得到考察，同时难以有效地回收利用。故化工产品不宜或者不能进入物质大循环之内，或许有些循环在技术上可行，可在经济上并不合算。因此，化工企业如何实施循环经济应在小循环与中循环层面上进行分析。

（2）政府统筹规划

化工行业作为发展循环经济的重点产业，政府应制定发展化工行业循环经济的激励政策，并应认真思考和研究化工行业在发展循环经济过程中所涉及的重大问题，如产业结构、产业政策、技术支撑体系、产业化示范和推广、标准规范以及科学评价体系等，从而制定相应的合理政策。按照国家产业政策和宏观调控的相应要求，对产业结构需加大力度调整，并遏制对化工行业的盲目投资、低水平的重复建设，以及化工园区的盲目招商引资。化工行业要全面实施循环经济，须突出重点，综合治理，扎实推进化工业循环经济。制定发展循环经济的目标和任务，抓好结构调整，实现集约化和规模化生产。同时，需建立完善的循环经济评价指标体系，用于定量评价考核循环经济运行效果，评估循环经济的整体推进绩效。从循环经济核心理念出发，建立化工行业完善的循环经济绩效评价指标体系，对引进、实施以及控制循环经济新模式将具有重大意义。

4. 精细化工行业：低碳经济的必然选择

世界经济进入 21 世纪之后，发展速度有所减慢，同时产品需求量有所减少，针对这种世界经济的改变，未来中国精细化工行业应从结构调整和技术进步的角度重新定位发展方向，集约化经营将成为未来中国精细化工的主要发展方向。

精细化工是生产精细化学品工业的通称，是化工行业中最具活力的生产领域之一，是生产新材料的重要部分。精细化工具有品种多、用途广、附加值高、产业关联度大等优点，并且直接影响了国民经济诸多行业以及高新技术产业等领域的发展。因此，精细化工已成为世界各国为提升化学工业产业能级、调整化学工业结构和扩大经济效益的首要发展项目。精细化率是指精细化工产值占化工行业总产值的比例，现在已采用精细化率的高低来判定一个国家或地区化工科技水平高低和化学工业发达程度。美国、西欧和日本等化学工业发达国家和地区的化工产品精细化率已达到 60% ～ 70%。提升高端精细化工产品的供应能力，发展精细化工行业已成为化工行业结构调整和产业升级的重要

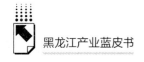

手段。

产业集群化、节能化、工艺清洁化、产品多样化、高性能化、专用化是当今世界精细化工发展的显著特点。各国为扩大市场份额以及提高经济效益,对化工行业进行新一轮的兼并、联合、重组将不可避免。我国精细化工产业的发展已进入关键时期,其转变思路以及强化技术创新将成为我国精细化工产业振兴的必经道路。相对于传统的精细化工行业,新兴的精细化学品已受到广泛的关注。虽然新领域精细化工会在一定程度上受到全球经济危机的影响,但在我国由数量型向质量型转变的消费结构和经济增长模式的前提下,新兴精细化学品会得到更大的提升空间。对于具有发展前途的新兴精细化工基地,可通过购并那些停产装置和组建大型产业集团的方法来提升产业竞争能力。

结　论

化工行业是黑龙江省的重要支柱产业,2008～2011年的经济危机为其发展带来了困境,也令其遇到了机遇和挑战。加快化工行业的发展成为重要的研究课题。大力推进发展方式转变和产业、产品结构调整,以发展循环经济和低碳经济为契机,实现产业升级,使化工行业得以飞速发展。

参考文献

白颐:《"十二五"石油和化学工业发展需关注的问题及发展建议》,《化学工业》2009年第11期。

蔡目荣:《2008年化工行业发展趋势研究》,《西部金融》2008年第5期。

柴沁虎、蔡恩明、王孝峰、孙伟善:《石油和化工行业——发展低碳经济的主力军》,《中国石油和化工经济分析》2009年第12期。

陈瑞峰、王喆:《世界金融危机后石油化工行业的发展环境》,《化学工业》2010年第6期。

陈祎森:《价格涨势趋缓石化结构调整将进入关键期》,2011年2月15日《中国工业报》。

陈其珏:《前5月石化炼油业亏损超166亿》,2012年8月8日《上海证券报》。

戴世洪、陈醒：《世界石油和化工行业呈现新格局》，《国际融资》2012 年第 1 期。

戴厚良：《我国石油化工行业发展面临的机遇、挑战及其技术进步战略》，2012 年 9 月 12 日《石油炼制与化工》。

2011 政府工作报告 - 百度文库，http：//wenku. baidu. com/view/f9b40f6daf1ffc4ffe47ac97. html，2012 年 11 月 26 日。

2011 华图公务员考试申论范文精华 - 百度文库，http：//wenku. baidu. com/view/eab2838b680203d8ce2f2452. html，2012 年 9 月 13 日。

纺织中小企业重大利好——解读《国务院关于进一步促进中小企业发展的若干意见》，中国服装网 http：//www. efu. com. cn/data/2009/2009 - 11 - 02/284342. shtml，2010 年 5 月 7 日。

飞龙投资：《2009 年精细化工行业分析》，《化工管理》2009 年第 7 期。

林荣：《化工出口企业开拓国际市场的对策分析》，《现代商业》2011 年第 32 期。

黑龙江省统计局、国家统计局黑龙江调查总队：《黑龙江统计年鉴 2009》，中国统计出版社，2009。

黑龙江省统计局、国家统计局黑龙江调查总队：《黑龙江统计年鉴 2010》，中国统计出版社，2010。

黑龙江省统计局、国家统计局黑龙江调查总队：《黑龙江统计年鉴 2011》，中国统计出版社，2011。

黑龙江省统计局、国家统计局黑龙江调查总队：《黑龙江统计年鉴 2012》，中国统计出版社，2012。

贾渊培：《石化行业有望企稳回升》，《中国能源报》2012 年 8 月 13 日。

今年前 5 月炼油业亏损超 166 亿自去年 8 月以来一直亏损，中国矿业网 http：//www. chinamining. com. cn/news/listnews. asp？siteid = 355891&classid = 154，2012 年 9 月 16 日。

李志坚：《"十二五"我国化工行业发展形势与氮肥企业多元化发展》，《化肥工业》2011 年 2 月第 38 卷第 1 期。

刘浩：《经济企稳形势下石化行业发展的对策》，《决策探索（下半月）》2013 年 4 月 28 日。

马守贵：《石化行业经济缓中见稳》，2012 年 8 月 6 日《中国化工报》。

马守贵：《十二五：扶持中小企业劲不能松》，《化工管理》2011 年 5 月 1 日。

任长旭：《黑龙江省化工产业的发展现状和对策研究》，《黑龙江科技信息》2010 年第 27 期。

舒朝霞、高春雨：《2011 年世界和中国石化工业综述及 2012 年展望》，《国际石油经济》2012 年 5 月 25 日。

侍毅岭：《化工产业可持续发展初探》，《当代经理人》2006 年 2 月 28 日。

《上半年化工行业运行分析及预测》，《财经界》2011 年 9 月 1 日。

吴昊、周焯华、张宗益：《技术创新投资的期权博弈分析》，《科技管理研究》2005 年 6 月 25 日。

熊鸿斌、李远东：《浅析化工行业发展循环经济的路径》，《2012 年 1 ~ 8 月我国化工行业运行分析报告》，2008。

徐森：《化工行业发展前景不容乐观》，2012 年 1 月 10 日《中国贸易报》。

薛士源：《企业经营者管理知识更新问答（七）》，《企业活力》1998 年 3 月 9 日。

中国石油和化学工业联合会：《2011 年中国石油和化工行业经济运行分析》，《国际石油经济》2012 年第 1 ~ 2 期。

中国石油和化工工业联合会信息与市场部：《中国石油和化工行业年度报告》，《中国石油和化工经济分析》2011 年第 2 期。

张佑民：《我国医药化工行业发展循环经济存在问题及对策》，《项目管理》2009 年第 30 卷第 5 期。

张金阳：《“十二五”化工企业谁更有活力》，http://blog. sina. com. cn/s/blog_5265268701017109. html，2012 年 9 月 29 日。

赵亮：《我国化工产品出口的国际竞争力分析》，《商场现代化》2010 年 8 月（上旬刊）。

祝昉：《调整转型是行业发展大趋势——我国石化行业经济运行 2010 年回顾与 2011 年市场预测》，《化工管理》2011 年第 3 期。

Predicament, Opportunities and Challenges of Chemical Industry Development in Heilongjiang Province

Tao Ping   Hu Jieqiong

Abstract： The chemical industry as a pillar industry of the national economy has a very close relationship with national economic and social development. This paper analyzes the development status and existing problems of the chemical industry in Heilongjiang Province since 2008. It analyzes the predicament brought to by the financial crisis and its opportunities and challenges which the chemical industry facing. And then it put out the future development mode of the chemical industry.

Key Words： Heilongjiang; Chemical Industry; Economic Crisis

B.6
黑龙江省医药制造业发展报告（2012～2013）

史剑新[*]

摘　要：

医药制造业是黑龙江省六大支柱产业之一，本文主要依据国家统计局、黑龙江省统计局、黑龙江省食品药品监督管理局以及医药行业相关刊物提供的基础信息，立足于当前世界经济危机整体发展局势，通过对黑龙江省医药制造业的产业组织合理化分析、经济效益分析、产业运营分析，总结出经济危机对黑龙江省医药制造业的影响，并对未来医药行业发展的整体环境及发展趋势进行探讨和研究，最后在分析、预测的基础上，针对目前经济形势下存在的问题提出合理的应对策略。

关键词：

黑龙江省　经济危机　医药制造业

世界医药产业的发展历史悠久，自古以来就是关系到国计民生的技术型产业。立足我国国情、人口基数大、密集程度高、医药产业的发展与全民健康指数息息相关，2012年党的十八大召开，强调加大力度改善民生，使得中国医药产业的战略地位又上升到一个新的高度。

2011年世界金融风暴仍在肆虐，全球经济复苏步伐明显放缓，在国际经济增长乏力、欧债危机矛盾深化的情况下，我国经济呈现平稳回落的态势，国民经济逐渐从政策刺激型增长向内生自主型增长的方向转变。在此背景下，社会人口老龄化以及农村人口城镇化等客观因素保证了医药需求的确定性增长，城乡居民支付能力的提升以及自我保健意识的增强等主观因素强化了医药消费

---

* 史剑新，哈尔滨工业大学管理学院副教授，博士。

的能力和意愿，医药制造业呈现平稳快速的增长态势。然而，面对国际市场的日益萎缩和人民币升值等经济因素带来的压力，中国医药产业的发展也面临着重重困难，未来若干年内，产业发展的挑战将十分严峻。

医药产业作为黑龙江省的创新型支柱产业，是东北老工业基地传统产业结构重心向科技创新方向转移的重点项目之一，由于医药产业所处环境关系民生以及东北地区药物原材料的丰富储备，所以总体发展态势平稳，受经济环境衰退所带来的冲击和影响较小。根据黑龙江省统计局的数据显示，2007～2011年，黑龙江省医药工业总产值年均递增 17.48 个百分点。其间，由于经济危机的影响，2009 年涨幅较小，总产值为 195.95 亿元，同比增长 13.38%，2011年涨幅较大，由 2010 年的 229.68 亿元，增加到总产值 271.32 亿元，同比增长 18.13%，实现利税 60.39 亿元，进一步强化了医药制造业在黑龙江省经济建设中的重要地位。

一　经济危机对医药制造业的冲击和影响

（一）经济危机对世界医药制造业的冲击

1. 社会群体收入降低，非刚性消费层面受到冲击

经济危机爆发以来，世界经济环境持续低迷，失业率不断上升，社会群体收入降低，购买力下降，导致市场供求关系严重失衡。医药产品销量以刚性需求为主，但对于一些保健类医药产品和高端类医药产品等非刚性需求对象则遭受经济大环境的严重制约，需求量大幅减少，制造该类产品的医药企业利润明显降低。

2. 医药制造产业链环境恶化，贸易层面受到冲击

当今世界经济的主流已是贸易全球化，进出口自由化，产业链多元化。对于医药行业，由于经济危机的爆发，医药成品市场供过于求，企业业绩下滑，导致医药原材料的需求降低，进而直接影响了世界医药行业的进出口贸易额。

3. 医药产品市场竞争加剧，市场规则受到冲击

美国专利药过期和新一轮预算开支紧缩，日本面临两年一度的药品降价，

医药产品各级市场资本日益萎缩，"适者生存"的立足理念将导致并加剧众多企业相互竞争，打乱原本平衡的市场机制，进而将出现更多的吞并、垄断等非良性竞争手段，对于医药产品市场影响深刻。

4. 行业前景趋于未知，新兴投资受到冲击

当前，随着全球经济不确定性、不稳定性的增加，未来两年全球经济将继续减速，甚至有可能再度衰退。在全球经济低迷的背景下，很多企业都准备将现金用于不时之需，加上对于行业前景的悲观或怀疑，不会轻易选择投资。医药行业也是如此，投资变得谨慎，加之一些中小企业倒闭退出，市场资本不增反减，医药行业市场在内外双重因素的影响下将日益严峻。

（二）经济危机对中国医药制造业的冲击

1. 医药制造业增长速率放缓

经济危机爆发之前，我国医药产业一直呈现良好的发展态势，2008年医药制造业工业总产值7874.98亿元，同比增长23.78%，但由于经济危机的影响，2009年总产值增长较慢，为9443.30亿元，同比增长仅19.92%。此后，面对世界经济形势的变化，我国政府根据本国国情，立即采取相应宏观调控政策，大力加快医疗改革步伐，在新医改政策的巨大拉动下，2010年和2011年，我国医药制造业工业总产值增速分别为24.33%和33.07%，继续呈现出快速增长的发展趋势。

2. 制药企业融资困难

经济危机使得很多企业突然失去了廉价的贷款和畅通的融资渠道。由于药物的研发是一个周期长、投入大、风险高的过程，因此融资的困难将对医药企业尤其是对风险投资依赖程度较高的生物技术企业产生巨大冲击。

3. 企业并购及裁员现象加剧

2009年，海外资本已经开始加速对中国医药产业的投资布局，大量的国际跨国制药公司也加快了对中国市场的渗透。同时，国内许多大型制药企业趁机进行并购，收购中小型企业。此外，很多企业为了应对金融危机，选择了裁员和减少培训来进一步降低成本。

（三）经济危机对黑龙江省医药制造业的影响

经济危机对于黑龙江省医药行业的影响总体不大，除了前文提及的对中国医药行业的三点普遍冲击外，相比其他省份较为特殊的是，黑龙江医药企业种类繁多，有省委支持的利用基因工程、细胞工程、遗传工程、酶工程等四大工程技术进行药品研发的高科技制药企业，也有利用东北优越地理环境及丰富的野生药材资源进行药物生产的传统中医药企业，例如葵花药业五味子、大庆板蓝根、仁皇药业刺五加、黑宝药业熊胆粉、大兴安岭鹿产品等名牌企业及产品。但总的来说企业规模参差不齐，随着经济危机浪潮的波及，企业发展两极分化趋势明显，相对于基础较好、规模较大的企业集团，中小企业的经济运行状况欠佳，例如2008年，在原材料价格不断上涨的形势下全省约有40家医药中小企业出现亏损。

综上所述，经济危机使中国医药经济整体增长率有下滑趋势，但影响不大。凭借着国际制药巨头的研发服务转移、新医改带来的国内医药市场的变革、国家在生物医药领域的大力投入等有利因素，我国医药产业仍具有广阔的发展前景。

二 经济危机中后期黑龙江省医药制造业的发展现状

（一） 产业组织合理化分析

1. 工业总产值

黑龙江省医药制造业2007年共有企业105家、工业总产值为142.56亿元；2008年共有企业118家，工业总产值同比增长21.23%；2009年，工业总产值为195.95亿元，同比增长13.38%，由于经济危机的影响，增长速度比上年同期回落了7.85个百分点；2010年全省医药制造业共有企业122家，工业总产值快速增长为229.68亿元，增长速度为17.21%，比上年同期提高3.83个百分点；2007~2011年工业总产值的平均增长速度为17.48%，而2011年医药工业总产值达271.32亿元，增长速度为18.13%，已经超过近五年的平均增长速度（见表1）。

表1　2007~2011年黑龙江省医药制造业企业数量及工业总产值

项目 \ 年份	2007	2008	2009	2010	2011
企业单位（家）	105	118	118	122	95
工业总产值（亿元）	142.56	172.82	195.95	229.68	271.32
比上年增长（%）	—	21.23	13.38	17.21	18.13

资料来源：相关年份《黑龙江省统计年鉴》。

　　2007年全省医药制造业亏损企业为23家，亏损额为15.96亿元；2008年亏损企业增至27家，但亏损额降为0.82亿元；2009年亏损企业降至22家，亏损额为1.30亿元；2010年亏损企业27家，亏损额为1.02亿元；2011年亏损企业数量降至14家，亏损额也下降至0.36亿元。

　　就增长速度而言，由图1可以看出，黑龙江省医药制造业工业总产值的历年增长速度一直低于全国增长速度，2009年在全球性经济危机的影响下全省乃至全国增长速度均出现了较大幅度的下降，2009年以后增长速度逐渐回升，继续保持平稳增长。2008~2011年黑龙江省医药制造业工业总产值占全国医药制造业工业总产值的份额依次为2.19%、2.07%、1.96%、1.73%，呈逐年下降的趋势。

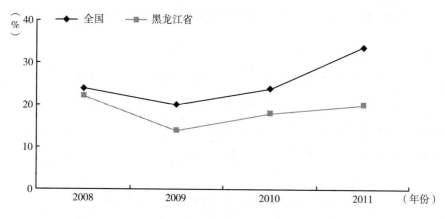

图1　2008~2011年医药制造业工业总产值增长速度对比

资料来源：相关年份《中国统计年鉴》《黑龙江省统计年鉴》。

　　从企业规模来看，2007年大中型医药制造业企业的工业总产值为107.40亿元，达到全省医药制造业的75.34%；至2011年，大中型医药制造业企业的工业总产值达到195.85亿元，占全省医药制造业工业产值总额的72.18%；

平均增长速度为 20.59%。

从企业类型来看，国有及国有控股医药制造业企业完成工业总产值在全省医药制造业的工业总产值中占有较大比例，2007 年为 95.03 亿元，占全省医药制造业总产值的 66.66%，至 2011 年平均增长速度为 6.92%；其次为三资企业，2007 ~ 2011 年平均增长速度为 4.60%，到 2011 年占全省医药制造业工业总产值的 39.27%（见图 2）。

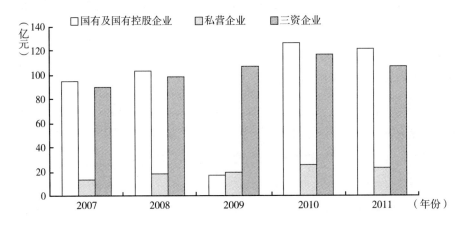

图 2　2007 ~ 2011 年黑龙江省不同类型医药制造业企业工业总产值对比

2. 资产和负债

2007 ~ 2011 年间，黑龙江省医药制造业资产总额呈逐年上升趋势，从表 2 中可以看出，2009 年增长速度较 2008 年有所减缓，但 2010 年又以 18.41% 的速度增长，达到 320.14 亿元，其原因显然在于 2008 年世界经济危机的影响，使得医药产业资产总额在这一年出现较大波动。

表 2　2007 ~ 2011 年黑龙江省医药制造业资产与负债总计

项目 \ 年份	2007	2008	2009	2010	2011
资产合计（亿元）	212.79	251.17	270.36	320.14	340.60
比上年增长（%）	—	18.04	7.64	18.41	6.39
负债合计（亿元）	113.22	124.12	128.60	156.46	154.66
比上年增长（%）	—	9.63	3.61	21.66	- 1.15
资产负债率（%）	53.21	49.42	47.57	48.87	45.41

资料来源：相关年份《黑龙江省统计年鉴》。

2007～2010 年全省医药制造业负债总额与资产保持同步变化，2007 年为 113.22 亿元，2008～2010 年分别同比增长 9.63%、3.61%、21.66%，平均增长速度为 11.64%，但 2011 年负债总额略有下降，相比于 2010 年减少了 1.80 亿元（见表2）。

从图3 可以看出，2007 年以来全省医药制造业资产负债率呈逐年下滑态势，仅 2010 年出现小幅上涨，自 2008 年开始连续 4 年一直处于 50% 以下的水平，长期偿债能力和负债经营能力良好。但相比于全国医药制造业资产负债率水平，则一直略高于全国，2011 年黑龙江省医药制造业资产负债率为 45.41%，相比全国资产负债率的 43.20% 高出 2.21 个百分点。

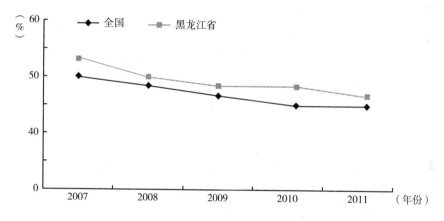

图3　2007～2011 年医药制造业资产负债率对比

从企业规模来看，如表3 所示，2007～2011 年间黑龙江省大中型医药制造业企业的资产负债率也呈现出逐年下降趋势，且一直低于全省医药制造业资产负债率，这进一步说明，大中型企业具有较强的长期偿债能力。

表3　2007～2011 年黑龙江省大中型医药制造业企业的资产负债率

单位：%

项目　　年份	2007	2008	2009	2010	2011
黑龙江省医药制造企业	53.2	49.4	47.6	48.9	45.4
大中型医药制造企业	52.4	48.4	47.2	46.9	45.6

资料来源：相关年份《黑龙江省统计年鉴》。

（二）经济效益分析

1. 工业销售产值

黑龙江省医药制造业 2007 年的工业销售产值为 132.77 亿元；2008 年为 163.45 亿元，同比增长 23.11%；到 2011 年，全省医药产业工业销售产值为 264.11 亿元，五年间平均增长率为 49.54%。

从企业规模来看，2007 年黑龙江省大中型医药制造业企业的工业销售产值为 100.30 亿元，达到全省医药制造业的 75.54%；2008 年全省大中型医药制造业企业的工业销售产值增长至 126.77 亿元，同比增长 26.39%；2009 年大中型医药制造企业的工业销售产值为 142.97 亿元，同比增长 12.78%，增长速度比上年同期降低了 13.6 个百分点；至 2011 年，大中型医药制造企业的工业销售产值达到 193.12 亿元，占全省医药制造业销售产值总额的 73.12%。2007～2011 年间，平均增长速度为 18.16%。

从企业类型来看，2007 年黑龙江省国有及国有控股医药制造企业工业销售产值为 88.99 亿元，达到全省医药制造业的 67.03%；2008 年全省国有及国有控股医药制造企业工业销售产值增长至 101.07 亿元，同比增长 13.57%；2009 年经济危机对国有及国有控股企业的冲击较大，全省国有及国有控股医药制造工业销售产值仅为 16.08 亿元，同比下降 84.10%。面对这种严峻形势，黑龙江省政府积极采取扶持政策，加快推进新医改进程，仅用一年时间就将全省国有及国有控股医药制造工业销售产值恢复到正常增长水平。2010 年为 118.54 亿元，2011 年达到 126.67 亿元，同比增长 6.86%。

2. 主营业务收入

黑龙江省医药制造业 2007 年主营业务收入为 172.83 亿元，2008 年主营业务收入为 204.16 亿元，同比增长 18.13%；2009 年主营业务收入为 240.20 亿元，同比增长 17.65%，增长速度比上年同期降低 0.48 个百分点；2010 年全省主营业务收入为 281.97 亿元，同比增长 17.39%，增速比上年同期降低 0.26 个百分点；2011 年主营业务收入总额达到 346.50 亿元，同比增长 22.89%，增长速度与上年同期相比，提高了 5.5 个百分点；2007～2011 年间平均增长速率为 19.02%，可见，纵然在经济危机的影响下，2009 年和 2010

年两年黑龙江省医药制造业的主营业务收入增速相比2007年和2008年两年小幅减缓，但其收入总额在近五年间一直保持逐年上升的趋势，且到2011年，增长速度又创新高，再次证明了相比于其他行业，医药产业在动荡的金融格局中所体现出的稳定性和防御性。

从企业规模来看，2007年全省大中型医药制造业企业主营业务收入为141.90亿元，2008年为168.91亿元，达到全省医药制造业的82.73%；2009年全省大中型医药制造企业主营业务收入增长至194.46亿元，同比增长15.13%；2010年大中型医药制造企业主营业务收入为219.85亿元，同比增长13.06%，增长速度比上年同期下降了2.07个百分点；至2011年，大中型企业的主营业务收入达到274.70亿元，同比增长24.95%，相比于上年同期增长速度提高了11.89个百分点。2007～2011年间，平均增长速度为18.05%。

从企业类型来看，2007年全省国有及国有控股医药制造企业主营业务收入为130.18亿元，2008年为142.13亿元，同比增长9.18%，占全省医药制造业的69.62%；2009年全省国有及国有控股医药制造企业主营业务收入大幅减少至16.44亿元，降幅达88.43%，占全省医药制造业总额的份额也降低至6.85%；2010年全省国有及国有控股医药制造企业主营业务收入迅速增长至189.57亿元，至2011年，国有及国有控股主营业务收入为207.57亿元，同比增长9.50%，恢复正常增长速度。

3. 利润总额

黑龙江省医药制造业2007年利润总额为1.60亿元，占全国医药制造业利润总额的0.28%；2008年迅速增长至26.77亿元，占全国利润总额的3.38%；2009年全省利润总额为32.55亿元，占全国利润总额的3.44%；至2010年、2011年，全省医药制造业利润总额依次达到41.50亿元和42.11亿元，占全国医药制造业利润总额的份额分别为3.26%和2.68%。从表4可以看出，除2007年全省医药制造业利润总额较低外，其后各年均保持稳步上涨趋势。

从企业规模来看，大中型医药制造业企业2007年利润总额为13.01亿元；2008年为21.16亿元，同比增长62.64%；2009年达到25.54亿元，同比增长20.70%，占全省医药制造业企业利润总额的78.46%；2010年大中型医药制造企业利润总额增长到31.01亿元，同比增长21.42%，相比上年同期增长速

度提高了 0.72 个百分点；至 2011 年，大中型医药制造业企业的利润总额达到
33.28 亿元，同比增长 7.32%，占全省利润总额的 79.03%。

表4　2007~2011 年黑龙江省医药制造业利润总额

项目　　年份	2007	2008	2009	2010	2011
利润总额（亿元）	1.60	26.77	32.55	41.50	42.11
比上年增长（%）	—	1573.1	21.59	27.50	1.47

资料来源：相关年份《黑龙江省统计年鉴》。

从企业类型来看，黑龙江省医药制造业国有及国有控股企业 2007 年利润
总额为 10.72 亿元、2008 年为 16.39 亿元，同比增长 52.89%，占全省医药制
造业企业利润总额的 61.22%；2009 年在经济危机的作用下，受上游生产成本
上涨和下游终端价格下降双重挤压，国有及国有控股企业利润总额一度锐减至
2.64 亿元，仅占全省利润总额的 8.10%；2010 年在我国政府的大力扶持下，
国有及国有控股企业利润总额迅速回升，增长至 23.11 亿元，占全省利润总额
的份额增加到 55.68%；2011 年利润总额为 18.74 亿元，与上年同期相比，下
降了 18.91%（见图4）。

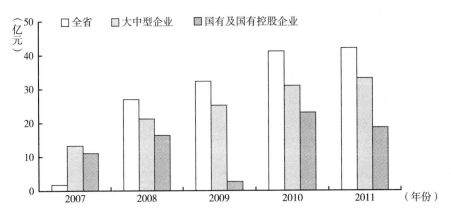

图4　2007~2011 年黑龙江省医药制造业利润总额对比

私营企业 2008 年利润总额为 2.73 亿元；2009 年利润总额为 2.42 亿元，
相比 2008 年减少了 0.31 亿元，同比下降 11.36%；2010 年私营企业利润总额

增长至 3.61 亿元，同比增长 49.17%；但 2011 年利润总额又出现较大幅度下滑，降为 1.25 亿元，同比下降 65.37%。由此可见，私营企业利润总额在近几年中出现了较大幅度的波动，对经济危机的抗风险能力较差。

三资企业 2008 年利润总额为 16.03 亿元；2009 年利润总额为 16.72 亿元，同比增长 4.30%；2010 年利润总额增长至 20.29 亿元，同比增长 21.35%，增幅较大；但 2011 年利润回落至 15.48 亿元，同比下降了 23.71%。

4. 利税总额

黑龙江省医药制造业 2007 年利税总额，受本年度利润总额下降影响，出现了较大幅度的下降，仅为 1.23 亿元；2008 年迅速回升至 40.54 亿元，占全国利税总额的 3.26%；2009 年全省医药制造业利税总额为 49.01 亿元，同比增长 20.89%；2010 年利税总额增长至 60.70 亿元，同比增长 23.85%，相比上年同期提高了 2.96 个百分点；2011 年全省利税总额出现了小幅度的下滑，为 60.39 亿元，比上年同期减少了 0.31 亿元（见表 5）。

表 5　2007～2011 年黑龙江省医药制造业利税总额

项　目 年　份	2007	2008	2009	2010	2011
利总税额（亿元）	1.23	40.54	49.01	60.70	60.39
比上年增长（%）	—	3195	20.89	23.85	-0.51

资料来源：相关年份《黑龙江省统计年鉴》。

从企业规模来看，大中型医药制造业企业 2007 年利税总额为 22.74 亿元；2008 年利税总额为 32.29 亿元，同比增长 42.00%，占全省利税总额的 82.12%；2009 年利税总额为 39.18 亿元，同比增长 21.34%，占全省利税总额的 79.94%；2010 年大中型医药制造企业的利税总额增长至 45.99 亿元，与上年同期相比增长了 17.38%；至 2011 年利税总额达到 48.15 亿元，同比增长 4.70%，占全省医药制造业企业利税总额的 79.73%。从以上数据可以看出，2007～2011 年间全省大中型医药制造业企业的利税总额总体保持增长态势，但增长幅度逐年下降且占全省利税总额的份额有小幅下降趋势。

从企业类型来看，国有及国有控股企业 2007 年实现利税总额 18.70 亿元；

2008 年利税总额为 25.50 亿元，同比增长 36.36%，占全省医药制造业利税总额的 62.90%；2009 年国有及国有控股企业利税总额出现大幅度下降，仅为3.78 亿元，同比下降 85.18%；面对经济危机下的严峻形势，全省各企业积极调整营销策略，努力开拓市场，重点企业赢利能力不断增强，经过一年的调整，2010 年国有及国有控股企业利税总额回升至 36.11 亿元，较上年增长855.29%；但 2011 年又出现小幅回落，利税总额下滑至 30.35 亿元，同比下降 15.95%，占全省医药制造业企业利税总额的 50.26%（见图 5）。

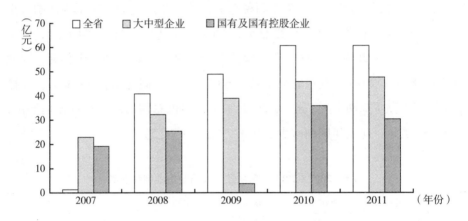

图 5　2007～2011 年黑龙江省医药制造业利税总额对比

（三）产业运营分析

1. 成本费用利润率

黑龙江省医药制造业成本费用利润率 2007 年为 10.3%，低于全国平均水平 0.63%；2008 年，全省医药制造业成本费用利润率为 15.4%，高于全国3.37 个百分点；2009 年全省成本费用利润率为 15.7%，相比上年同期提高了0.3 个百分点，增长幅度不大；2010 年全省医药制造业成本费用利润率增长至17.3%，同比增长 1.6 个百分点；但 2011 年全省成本费用利润率又有较大回落，降为 13.9%，高于全国 1.71 个百分点。

从企业类型来看，黑龙江省大中型医药制造企业 2007 年的成本费用利润率为 10.2%，与全省几乎持平；2008 年全省大中型医药制造企业成本费用利润率为 14.6%，同比增长 4.4 个百分点，增幅较大；2009 年大中型企业成本费用利润率为 15.2%，相比于全省医药制造业成本费用利润率仅低 0.5 个百分点；2010 年大中型企业成本费用利润率增长至 16.4%，同比增长 1.2 个百分点；2011 年由于全省医药制造业成本费用利润率整体下滑，大中型医药制造企业的成本费用利润率同样有所下降，为 13.8%。由图 6 可以看出，2007～2011 年大中型医药制造企业的成本费用利润率走势一直略低于全省走势（见图 6）。

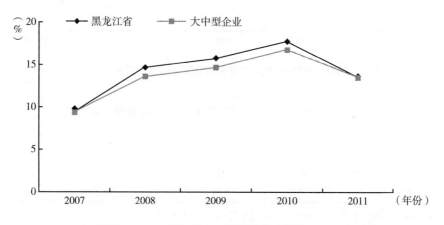

图 6 2007～2011 年黑龙江省医药制造业成本费用利润率对比

由图 7 可以看出，除 2009 年外，黑龙江省国有及国有控股医药制造企业成本费用利润率均低于全省平均水平。2007 年国有及国有控股医药制造企业成本费用利润率为 9.1%，低于全省成本费用利润率 1.2 个百分点；2008 年国有及国有控股企业成本费用利润率为 13.3%，低于全省水平 2.1 个百分点；2009 年国有及国有控股企业成本费用利润率有较大幅度增长，达到 18.6%，高于全省医药制造企业成本费用利润率 2.9 个百分点；2010 年、2011 年国有及国有控股医药制造业成本费用利润率分别下降为 14.0%、9.9%，均低于全省平均水平。

2. 流动资产周转率

黑龙江省医药制造业流动资产周转率一直低于全国水平（见表 6）。2011 年全省医药制造业流动资产周转速度加快，对流动资产的利用效果处于经济危机以来的最好水平。在较快的周转速度下流动资产相对节约，相当于流动资产投入的增加，在一定程度上增强了企业的赢利能力。

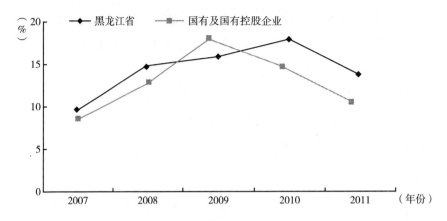

图7 2007～2011 年黑龙江省医药制造业成本费用利润率对比

表6 2007～2011 年黑龙江省医药制造业企业流动资产周转率

单位：次/年

项 目 \ 年 份	2007	2008	2009	2010	2011
黑龙江省流动资产周转率	1.68	1.53	1.55	1.53	1.64
全国流动资产周转率	1.84	1.95	1.89	1.90	2.01

资料来源：相关年份《中国统计年鉴》《黑龙江省统计年鉴》。

大中型企业方面，由图8可以看出，除2011年基本相同外，黑龙江省大中型医药制造企业的流动资产周转率一直略高于全省医药制造业的流动资产周转率。但与全国大中型医药制造业企业流动资产周转率相比，则一直低于全国水平，仅2007年除外，2007年黑龙江省大中型医药制造企业流动资产周转率为1.81 次/年，高于全国大中型医药制造业流动资产周转率0.08 个百分点。

国有及国有控股企业方面，如表7所示，除2009年外，2007～2011年间黑龙江省国有及国有控股医药制造企业的流动资产周转率均高于全省平均水平，由于在经济危机的影响下，2009年国有及国有控股医药制造企业的主营业务收入大幅度减少，从而导致流动资产周转率急速下降至0.31次/年，经过政府部门的宏观调控和企业自身的有效调整，全省国有及国有控股医药制造企业的流动资产周转率在2010年和2011年恢复正常增长水平。

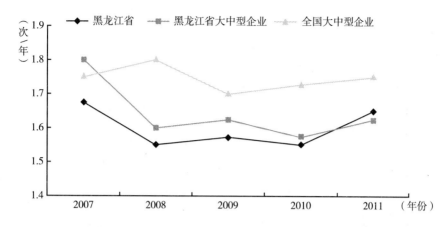

图 8　2007～2011 年医药制造业流动资产周转率对比

表 7　2007～2011 年医药制造业企业流动资产周转率

单位：次/年

项　目　　　　　年　份	2007	2008	2009	2010	2011
黑龙江省流动资产周转率	1.68	1.53	1.55	1.53	1.64
国有及国有控股企业流动资产周转率	2.00	1.65	0.31	3.11	1.73

资料来源：相关年份《黑龙江省统计年鉴》。

3. 产品销售率

黑龙江省医药制造业产品销售率 2007 年为 93.1%，低于全国平均水平 1.29 个百分点；2008 年，全省医药制造业的产品销售率为 94.6%，低于全国平均水平 0.41 个百分点，差距逐渐缩小；2009 年，全省医药制造业产品销售率为 95.6%，而全国医药制造企业的产品销售率为 95.54%，同比略高于全国同期水平；2010 年，受新版药典规定新生产药品必须使用变更后的说明书和标签等要求的影响，医药制造业产品销售率走低，黑龙江省医药制造业产品销售率也下降为 92.0%，同比下降 3.6 个百分点；2011 年，全省医药制造企业的产品销售率增长至 97.3%，相比全国同期水平高出 1.55 个百分点（见图 9）。

从企业规模和企业类型来看，2007～2011 年间黑龙江省大中型医药制造企业、国有及国有控股企业的产品销售率均一直高于全省同期平均水平。其间，2010 年由于受经济危机和国家政策的影响，大中型医药制造企业和

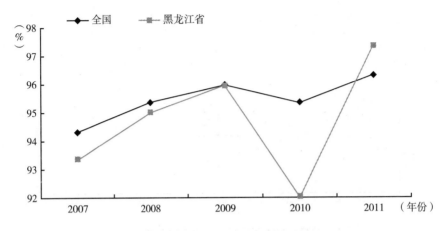

图9 2007～2011年医药制造业产品销售率对比

国有及国有控股医药制造企业的产品销售率都出现了不同程度的下滑，但2011年分别再度提升至98.6%和104.4%，充分说明了黑龙江省医药制造业生产与销售的衔接程度较好，虽产品销售率有所波动，但总体趋势向上（见表8）。

表8 2007～2011年医药制造业企业产品销售率

单位：%

项　　目　　　年份	2007	2008	2009	2010	2011
黑龙江省产品销售率	93.1	94.6	95.6	92.0	97.3
大中型企业产品销售率	93.4	96.0	97.1	92.8	98.6
国有及国有控股企业产品销售率	93.7	98.2	98.7	93.6	104.4

资料来源：相关年份《黑龙江省统计年鉴》。

三 黑龙江省医药制造业面临的困难和问题

最近几年，尽管受到了经济危机的冲击，黑龙江省医药制造业依旧在市场业绩、资金投入以及研发创新力等方面得到了一定的发展，与此同时，发展中存在的一些问题也应引起关注。

（一）市场集中度低，同质竞争严重，市场机制不够完善

黑龙江省医药产品制造业正处于产业结构优化进程中最为关键的阶段，行业及市场机制虽受国家经济政策调控以及国家法律法规的监管，但是两者之间的配合仍然不足，致使医药产业机制存在很多漏洞。例如药品招标投标价格的确定机制尚不完善，很可能导致市场医药产品价格非理性波动造成恶性竞争，直接危害百姓用药安全及国家环境安全；再如医药行业产业损害预警机制仍不健全，将导致行业产能尤其是非优质产能过剩，直接危害医药行业品质及安全指数。

"大而全""小而散"是现阶段黑龙江省医药产业存在的根本问题，医药市场集中度低，大型龙头企业依旧较少，更多的是中小企业，这部分企业整体规模小、市场竞争力弱，与大企业相比，不仅管理水平普遍偏低，而且技术专业化程度低下，分布较为散乱，这就在一定程度上导致了严重的产品同质化竞争。同时，不合理的结构也提高了医药企业的生产成本、降低了企业的规模效益。从而使医药企业的研发能力和研发成本也受到了不同程度的制约，生产工艺水平和生产设备水平止步不前，降低了产品的竞争优势，阻碍了医药制造业的发展壮大。

药品的市场价格也面临不断地下滑问题，严重影响着医药行业的整体利润水平，引起这种现象的原因主要有三个方面：首先是如前所述的药品市场本身的分散特点，大中小不同企业鱼龙混杂；其次是药品的供给严重过量，供过于求直接导致价格的下降；最后是竞争手段以及竞争方式的重复，缺乏创新，更多的竞争都是直接的价格竞争。近年来全国各地雨后春笋般出现了各种平价药店，打着平价的旗号，加入药品产业链的底层竞争中，这也在一定程度上为医药价格敲响了警钟。另外，对于占据大部分药品销量的医院药房而言，因为没有合理的市场管制制度，也使得经济学中的所谓市场价格管控难以得到实现。

（二）医药产业发展资金不足，缺乏广泛的资金来源

因为缺乏广泛的资金来源与融资渠道，很多行业的众多企业都存在一定程度的资金困扰，因此，这也是众多黑龙江省医药制造业企业面临的一个共性问

题。一般来说，大部分企业的资金主要来源于从银行获得的贷款，资金来源渠道非常单一。与一般行业不同，医药行业又有其自身的特殊性。整体来说，医药行业是一个高收益与高风险同时并存的行业，同时该行业的投入也会相应地高一些，属于技术密集型的行业。在通过银行贷款进行企业融资时，银行对存在高风险的行业贷款往往会非常谨慎，因为银行必须保证其自身资金的安全流动。因此，很多中小型医药企业即便想通过银行获取资金依旧会存在较大的门槛，进而使得其资金不足问题更加严重。资金不足又会进一步阻碍企业的研发、生产以及市场拓展等，企业发展后劲不足。

（三）市场仍局限于国内，缺乏对国际市场的开发

与国内外其他同行业市场一样，黑龙江省医药市场受金融危机影响也略有萎缩，所以扩大市场范围，开发更多市场需求是医药企业的当务之急。对于黑龙江这样的东北地区，医药行业优势在于有着丰富的原材料，东北地区有广阔的土地，农业发达，医药行业所需原料就地取材，成本较低。主要劣势在于交通闭塞，人口密度较小，消费者市场依赖于南方，药物物流压力较大，物流成本较高。这也是导致黑龙江省医药行业产品市场占有率不高的主要原因。加上现阶段越来越多的非关税壁垒、反倾销调查等，使得国外药品注册、认证和国外市场营销越发成为黑龙江省乃至全国医药产品尤其是原料药出口的主要障碍，所以在强化出口国际市场意识的同时，如何提升自身品牌价值以及利用国际贸易法律与准则规避风险也成为所有医药企业思考的重要问题。除此之外，医药企业的进出口产品结构也存在一定的不合理之处，黑龙江出口的医药产品主要是以原料药为主，而那些具有较高盈利水平的高技术高科技药品所占的比重非常低，再加上医药企业的市场主要关注点在国内，缺乏对国际市场的关注与深入开发，一定程度上存在信息不足问题，进而使得企业对国际市场的各种相关信息反应格外迟缓，医药产品国际出口创汇较低。

（四）财政经费保障不足，"看病难"问题依旧严重

"新医改"政策推行的主要目的是解决百姓"看病难"的问题，分析该问题的产生原因，相关职能部门对卫生医疗事业投入不足，医疗机构为维持生存

主要依靠"以药养医"的社会潜规则，这直接导致了医疗机构趋利行为严重，致使老百姓看病难、看病贵的问题日益尖锐。"新医改"中关于定额报销的方案完善了传统的药品报销制度，有效遏制了不合理用药、抗生素滥用等问题，同时还会节约出一定数额的医保资金支出，进而保证医疗改革的补偿机制顺利运行。从根本上讲，这也是增加财政经费保障性投入的一种方式，若是能加大力度实施，加之一些药品价格制定政策的推出，百姓"看病难""看病贵"的问题将逐步得到改善与解决。

（五）医药产品科研投入有待提高，创新产品与优质产品稀缺

民族医药企业要从低水平的同质化竞争中脱颖而出，提升研发创新能力至关重要。目前黑龙江省乃至全国制药行业一个重大弊端就是进入门槛低，市场上中小企业数量众多，这些企业资金有限，无意或无力承担药物研发的高成本，为求市场份额，只能生产仿制药。每一种优质新品上市，就会出现近千家的医药企业生产同种仿制药品，这也是导致医药行业产品过剩的一个原因，重复性生产使得药品的产量不断提升，加上低价竞争，使得总体产能过剩。从创新的角度来看，医药行业的创新力明显不足，药品生产技术、流程以及药品质量还无法与国际水平相比。创新力缺乏主要源于企业的不重视，再有就是企业本身资金匮乏，无法及时获取技术、工艺创新所需的资金支持，同时，尽管医药类的学校目前得到重视与发展，但相对于医药行业的发展来说，拥有高知识储备的高技术医药人才依旧较为匮乏，因此对医药行业整体来说，产品质量提升依旧较为缓慢。再加上药品本身供给数量过剩，形成了产量多而质量不足的状况，假药劣药案件频发，药品的安全隐患严重损害了患者对医疗服务质量的信心与信任。除此之外，行业高端技术含量新产品稀缺，致使重大疑难疾病的优质药品大量依赖进口，但进口药物的价格平均是国内生产药物的5～10倍，所以患者承受的医药费用也将成倍地加重。

（六）交易环节成本过高，医药流通体系复杂

前文已多次提及国内药品价格虚高，这在黑龙江省医药产业市场也是普遍现象。究其原因，在医药产业链及供求关系中，制药企业被压低的出厂价格与

患者购买药品支付的高价形成了鲜明的对比。由此说明在成本价与销售价之间，存在巨大的差额，即所谓的利润空间。就医药行业来说，药品从厂家生产完毕出厂，需经过药品代理商或者药品批发企业等类似的分销商以及医院药房等多个流通环节，在每一个环节都必然会产生费用。比如，药品销售人员为医院药房提供的回扣等。因为不同的销售人员之间也存在竞争，往往就会导致这种回扣费用越来越高，而在实际中，这种费用通常又不会落在销售人员身上，而是通过一步步的提高价格来最终转嫁给消费者。这就使得越来越多的患者觉得药品价格过高，难以支付。这种随着交易环节而产生的价格攀升影响了药品市场的有序发展，同时也会威胁企业的盈利水平，制约企业发展。在流通领域，中国目前存在将近两万家药品批发企业，而欧美一些发达国家不过数十家。20 世纪 90 年代药品集中招标制度在我国开始实行。但由于目前我国招标中介机构不规范，复杂的流通环节增加了流通成本，推高了药品最终流入医院的价格。药品价格不能真实地反映其价值，违背了商品规律将直接危害医药产品市场的公信度和良性发展。

四　黑龙江省医药制造业的对策建议

（一）　优化产业结构，完善产业机制

针对现阶段黑龙江省医药行业市场的实际情况，首先应该改变产业结构，提升原料药的产业层次。之前仅在原料药产业链低端经营的局面应该彻底扭转，发展高新技术生产，推动医药产业升级。其次整合优化不同层次企业和产品各自优势的发挥。具体是发挥大企业的规模优势与中小企业的灵活优势，尤其是发挥一些中小高新技术制药企业在小品种研发和生产工艺技术上的优势，充分培养和挖掘其发展潜力。对于大中型以及具有明显优势的医药企业，可以进行重点扶持，鼓励其通过并购与资产重组等方式来扩大企业规模，实现自身的规模经济，尤其是上下游产业链上的企业，可以通过兼并实现企业产业链的完善，这样也可以进一步拓展企业的利润来源，增加竞争力。另外，这种兼并扩张与资产重组，并不局限于企业所在的城市，也可以是跨地区甚至是跨行业

的，跨地区有利于实现市场的扩张，而跨行业可以增加企业的利润源，相当于增加了营业范围。对于中小型的医药企业，一部分经营不善的企业除了倒闭就是被其他企业收购兼并，对于经营良好但竞争力不足的中小企业，则可以鼓励其进行联合重组，打破竞争局面，实现企业之间的良好合作，从而使得医药行业整体形成规模化的发展格局。此外，如前所述，目前黑龙江省医药企业的主要业务是原料药的生产，这一业务在今后的一段时间里仍会保持其在医药企业的主要地位，这是由黑龙江省的自身资源禀赋所决定的，短期内难以改变。但是，这也并不意味着要一成不变。一方面，特色原料药具有广阔的市场前景，因此，医药企业可以通过引入高新技术以及其他创新手段来研制特色药，提高药品本身的区别度，也可以通过获取国际知名药品认证等方式来打造品牌药品，从而占据更多的原料药市场。另一方面，专利药也具有非常广泛的发展前景。每年都会有很多专利药到期，医药企业可以利用这个机会进行生物仿制药的生产与开发，从而拓宽产品种类，实现企业的加速发展。

（二）发展多渠道融资，为产业升级提供金融支持

借鉴其他行业的融资渠道与方式，医药企业可以采取的融资渠道主要有以下几种。

第一，直接获取资金。直接获取资金的资金来源通常都是股权性融资，这种融资方式一般是企业资金的主要来源，但是这种融资渠道的操作方式是上市，尽管上市可能会为企业融到可观的资金，但是上市对企业自身通常会有一定的限制，因此这种方式多用于大型企业或者是集团性的企业，中小型企业采用此方式融资往往较为困难。

第二，间接性资金来源。与直接获取资金相对应的便是间接融资，所谓间接融资通常指的是债权性的融资。这种资金获取方式包括贷款以及发行企业债券两种具体形式。贷款的对象一般就是以银行为主的金融机构，虽然银行会出于资金安全性与流动性的考虑而对贷款企业与贷款额度进行多方考察，但这种融资方式仍是企业的主要资金来源。对于发行债券来说，因为涉及很多政策规定，所以对大部分中小型的医药企业也并不适用。

第三，依靠政府，获取政府支持。医药产业是关系民众健康的一个重要产

业，对于经济的发展也具有举足轻重的作用。因此，政府可以考虑从财政支出中拨出一定的款项，专门用于支持医药企业尤其是中小医药企业的创新与发展。除此之外，政府还可以加大对行业协会的支持与引导，通过提供一定的资金支持，引导行业协会更好地为中小型医药企业服务。还有一种较为有效的措施就是政府的税收政策。通过降低税收标准，或者采取一定的优惠措施，也可以在很大程度上减少医药企业的资金压力。

第四，吸引风险资金。风险资金是近年来发展较快也逐渐被企业家们所关注的。但就黑龙江省的风险投资市场来说，风险资金的来源主要是政府，因此渠道相对比较少，而且发展并不完善，整体上的资金规模也不是很大，一般只能解决企业较小的资金需求。

第五，民众投资。所谓民众投资，就是充分利用居民的闲散资金来满足企业的发展资金需求。这是医药企业资金来源的一个可以充分挖掘的渠道。政府也可以通过出台相关政策，来引导这种融资方式的发展，使得更多的民间资本服务于医药企业的长远发展，实现资本的有效利用。

（三）提升国际化竞争力，开拓国际化市场

黑龙江地区医药行业未来发展中，应该继续保持成本优势，不断扩大消费市场，利用地域优势向俄罗斯、韩国和日本等国进一步开展并加强药品尤其是原料药出口。进行集约化经营，降低营运成本，从而提高区域竞争力。整体来说，医药企业要进行国际化市场开拓，应该首先全面提升自身的综合竞争实力，具体措施包括全面提升药品质量，提高企业的科研水平以及引进高素质人才等。提升药品质量，是产品获得国际认可的重要元素。医药企业应该通过不断地创新来实现产品质量的提升，并通过合理化经营，打造特色品牌，争取国际的产品认证。提高科研水平旨在实现企业的不断创新，通过对研发的重视与相应的资金投入，可以提高企业的综合竞争实力。除此之外，提高研发水平也可以采取与高校、科研院所、其他企业合作的方式，通过建立合作关系，充分利用和发挥合作双方各自的优势，实现共同的利益目标。重视研发的同时要求医药企业不断扩充人才队伍，提升企业的人才素质。因此，医药企业应该制定相关的政策吸引国内外优秀的高水平技术人才加入企业中，优化企业的人才结

构，在促进企业研发能力的同时也从整体上增强企业的员工素质，使企业能够保持持续的创新活力，在激烈的竞争中处于有利地位。

（四）加大财政保障支持力度，确保基本药物制度实施

2011年初国务院公布的《医药卫生体制五项改革重点2011年工作安排》中明确基本药物制度全面覆盖到基层。由于基本药物的报销比例要高于非基本药物，基本药物在基层的广覆盖会诱导医疗需求向基层倾斜，药品分销渠道也会向基层下沉，保障了基层医疗机构的药品供应。基本药物制度的正常实施需要相关职能部门政策法规以及财政方面强有力的保障，黑龙江省由于气候环境相对恶劣，医疗环境相对落后，人民的医疗需求缺口巨大，逐年提高的卫生总费用投入是支撑行业快速发展的原动力之一。所以应建立稳定长效的财政经费保障机制，逐年增加卫生支出占财政总支出的比重，并合理划分中央和地方的投入责任。同时还应将报销制度透明化规范化，真正将每笔财政资金都应用到医疗保障上，从宏观上解决"看病难"的问题。

（五）强化创新意识，增加研发投入

医药企业应重视并加大新产品以及高新技术产品的研发投入，黑龙江省医药行业相关部门应鼓励并支持医药企业的自主创新。高新技术产品通常更容易获得市场的认可，成为企业的利润来源，因此企业应该充分重视技术创新，不断增加创新投入。通过采取各种措施，比如加大研发资金的投入、吸引高技术水平的人员加入以及与其他企业、高校、科研院所合作，建立战略联盟等方式来提升自身的研发水平。从政府的角度考虑，政府可以通过财政支出拨款或者其他财政手段为医药企业的创新发展提供资金支持，或者通过制定其他政策来帮助医药企业融资。还可以通过建立公共的生物技术研发平台，整合各方面的资源，来为医药企业的科研创新提供平台，降低企业自身的科研创新成本，促进医药企业科研活动的顺利开展以及科研成果的更快转化。

（六）打造特色品牌，实施知识产权策略

打造特色品牌，就是创造与众不同之处。企业应该充分挖掘自身发展中的

特色，对与其他医药企业的不同之处进行有效利用，打造出企业特色。这种特色既可以是产品质量的安全可靠性，也可以是企业文化或者经营模式的不同等，只要用心经营，一定可以实现企业的更好发展。知识产权策略主要是指有关企业技术创新的知识产权的获得、保护、应用以及管理等各方面的总体安排。有效的知识产权管理，能够保证企业自有的知识产权不被他人利用，而是作为企业的竞争优势存在，是企业的利润来源。同时，对于其他法人所拥有的知识产权，医药企业也可以通过学习借鉴，寻找技术创新的突破口，不断进行研发创新，实现企业技术水平的提升。鉴于此，医药企业可以在企业内设立专门的知识产权管理部门或管理小组，对行业的知识产权动态进行及时的关注，加强企业的知识产权管理的同时，减少其他医药企业知识产权成果带来的技术冲击，进而充分降低企业的经营风险。

（七）加强医药流通市场集中管理力度，稳定药品理性价格

药价虚高的问题，存在于包括黑龙江在内的绝大多数区域，它产生的原因实际上是医疗市场的垄断和信息不对称引起的市场失灵，从而导致的效率损失。要解决药价虚高，一方面需要扩大政府对药品价格管制的范围，丰富法规政策对药品价格管制的方法，从根本上解决虚高药品价格，例如用税控手段治理医药流通价格行为，彻底切断药品和医生利益关系。另一方面，加大流通市场集中度，简化流通环节，彻底解决流通领域秩序混乱的问题。将药价稳定在一个理性的不偏离价值规律的平衡点，这是解决百姓"看病难"、"看病贵"的最为直接的手段。除此之外，建立专门的医药价格评审中心也是不错的解决方法。根据对四川、广东等省份药品价格评审中心的运作实践的研究，该评审中心能够在药品的价格管控中起到非常有效的作用。其通过对药品的成本进行认真的调查与测算，设定合理的药品价格定价标准，并对市场上的药品价格进行密切的跟踪监测，进而充分保证了医药价格的稳定性。此外，还可以设立相应的药品责任追究制度，对于那些企图通过高定价来谋取利益的行为进行严厉的打击，追究相关定价人员的法律责任，进而尽可能地杜绝药品价格虚高的状况出现，让患者能够以更合理的价格买到所需药品。

参考文献

国家统计局：《中国统计年鉴 2008》，中国统计出版社，2008。

国家统计局：《中国统计年鉴 2009》，中国统计出版社，2009。

国家统计局：《中国统计年鉴 2010》，中国统计出版社，2010。

国家统计局：《中国统计年鉴 2011》，中国统计出版社，2011。

黑龙江省统计局、国家统计局黑龙江调查总队：《黑龙江省统计年鉴 2008》，中国统计出版社，2008。

黑龙江省统计局、国家统计局黑龙江调查总队：《黑龙江省统计年鉴 2009》，中国统计出版社，2009。

黑龙江省统计局、国家统计局黑龙江调查总队：《黑龙江省统计年鉴 2010》，中国统计出版社，2010。

黑龙江省统计局、国家统计局黑龙江调查总队：《黑龙江省统计年鉴 2011》，中国统计出版社，2011。

黑龙江省统计局、国家统计局黑龙江调查总队：《黑龙江省统计年鉴 2012》，中国统计出版社，2012。

黑龙江省食品药品监督管理局网站：http：//www. hljda. gov. cn。

黑龙江省统计局网站：http：//www. hlj. stats. gov. cn。

全球分析网：http：//qqfx. com. cn。

李慧颖：《黑龙江省推动医药产业结构优化升级》，2011 年 5 月 6 日《黑龙江经济报》。

王茜：《医药行业：防御经济危机的一方良药》，2008 年 12 月 15 日《证券时报》。

蒋毅、毕开顺：《经济危机对中国医药产业的影响》，《医药导报》2010 年第 8 期。

王星丽：《提升我国医药制造业国际竞争力的思考》，《江苏商论》2011 年第 9 期。

陈丹丹、申俊龙、李洁：《江苏医药制造业提升为主导产业之策略研究》，《产业与科技论坛》2011 年第 8 期。

杜澄、李岚：《我国高技术产业现状及其创新能力评价——以医药制造业为例》，《现代管理科学》2012 年第 4 期。

孙茂龙、徐雪昱、任继勤：《我国医药制造业的现状及发展对策》，《化工管理》2012 年第 11 期。

李明珍：《印度医药制造业发展路径、特点及其启示》，《科技管理研究》2011 年第 17 期。

仲萍：《关于加快吉林省医药产业发展的思考》，《经济纵横》2010 年第 3 期。

陈广文：《我国医药企业跨越式发展战略研究》，硕士学位论文，2009 天津大学。

徐炎、刘清华：《医药制造业竞争力的四角因素分析》，《宜春学院学报》2010 年第

4 期。

于延顺、于丽艳、陈伟：《协同视角下企业专利管理实证研究——以医药制造业企业为例》，《情报杂志》2011 年第 7 期。

Development Report of Heilongjiang Province Pharmaceutical Manufacturing Industry (2012 −2013)

Shi Jianxin

Abstract：The pharmaceutical manufacturing industry is one of the six major pillar industries in Heilongjiang Province. According to statistics from the State Statistics Bureau, Heilongjiang Provincial Statistics Bureau, Heilongjiang Provincial Food and Drug Administration, as well as basic information from publications related to the pharmaceutical industry, and in view of worldwide economic crisis, this paper analyses the industrial structure, economic benefits and industrial operations in this industry. The impact of the economic crisis on the pharmaceutical manufacturing industry in Heilongjiang Province is summarized and the overall environment and development trend of this industry are discussed. Finally, based on the previous analysis and forecast, coping strategies in the current situation are suggested.

Key Words：Heilongjiang Province; Economic Crisis; Pharmaceutical Manufacturing Industry

B.7
经济危机后黑龙江省制造业发展报告

郝生宾　于渤　王媛*

摘　要：

本文首先分析了经济危机后黑龙江省制造业的总体情况及主要行业的现状，接着分析了黑龙江省制造业发展所具有的优势，在此基础上，重点对黑龙江省制造业的竞争力和新型化趋势进行了评价。最后，结合中国制造业的发展趋势，针对黑龙江省制造业发展中存在的问题，提出了黑龙江省制造业未来可持续发展的途径。

关键词：

黑龙江省　制造业　经济危机

制造业在一个国家经济发展中发挥着关键作用，是增强国家综合实力的重要支柱。受经济危机影响，中国在实体经济上面临着一定的压力。但是由于我国拥有庞大的制造规模和制造总量，使得我国制造业在此次经济危机中有着一定的风险抵御能力和相应的损失承受能力。现今，各国都将制造业作为发展重点，随着国际市场竞争的日益激烈，发展制造业已经成为获取竞争胜利的重要手段。大力发展制造业有助于解决就业、贫富差距等问题，更是实现工业化、现代化目标的基本要素。

一　黑龙江省制造业的现状

（一）制造业的总体情况

1. 主要经济指标增长情况

2011 年，黑龙江省制造业实现工业总产值 7468.3 亿元，黑龙江省工业总

---

* 郝生宾，哈尔滨工业大学管理学院讲师，博士；于渤，哈尔滨工业大学管理学院教授，博士生导师；王媛，哈尔滨工业大学管理学院研究生。

产值达到 11514.6 亿元，制造业产值占到工业总产值的 64.86%，主营业务收入达到 74319 亿元，利润总额达到 4283 亿元，制造业工业企业数量达到 2795家，从业人数达到 779682 人。黑龙江省制造业自 2007 年以来的产值及其增幅情况以及工业企业单位数量的变化具体如图 1 和图 2 所示。图 1 表明，黑龙江省制造业产值自 2007 年以来保持着较高的增长率，其中 2008 年的产值增长率为 26.84%，2010 年产值增长率最高，达到 30.02%，2011 年产值增长率为19.17%，而 2009 年的产值增长率降到了 10% 以下，仅为 8.34%，造成增长率急剧下降的原因之一就是经济危机的爆发，全球性经济危机影响了制造业产量和销售量，导致其产值增长的放缓。2010 年和 2011 年产值又恢复大幅增长，说明黑龙江省制造业受经济危机影响的周期较短，比较快速地摆脱了经济危机的影响。图 2 反映了黑龙江省制造业企业数量的变化，在 2008 年企业数量增加得最多，达到 3715 家，2010 年达到 3860 家，但 2011 年下降到 2795 家。

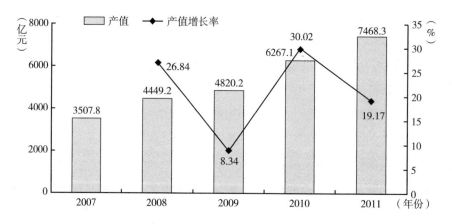

图 1 2007~2011 年黑龙江省制造业产值及其增长率

在制造业项目投资方面，2011 年，共有 31 家企业拥有的 38 个项目获得黑龙江省级重点交通运输装备制造业项目支持，总投资 263.8 亿元，年度计划完成总投资额的 21.11%，共 55.7 亿元。所有项目在 2011 年全部开工，实际完成投资 65.2 亿元，超出年度计划的 17%。2012 年，共有 27 个项目获得交通运输装备制造产业省级重点建设支持，总投资 232.9 亿元，其中固定资产投资 175.3 亿元，预计可实现年新增销售收入 463.7 亿元，实现利润 45.7 亿元，

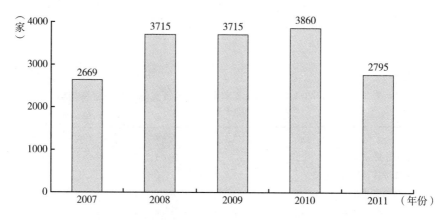

图2 2007～2011年黑龙江省制造业工业企业单位数

税金 19.5 亿元。同年，24 个新能源装备产业项目首次进入黑龙江省重点项目，项目总投资 236 亿元，其中固定资产投资 200 亿元，年计划投资 36 亿元。项目投产后，预计可实现新增销售收入 477 亿元，利润 58 亿元，税金 24 亿元。新能源装备产业项目中，包括 8 个核电装备项目、7 个风电装备项目、4 个燃气轮机项目、5 个其他能源项目，年内计划顺利建成并投产 10 个项目。

2012 年，哈药集团股份有限公司、哈药集团三精制药股份有限公司、哈尔滨誉衡药业股份有限公司、中国电子科技集团公司第四十九研究所、哈尔滨工业大学软件工程有限公司、大庆高新区华龙祥化工有限公司、黑龙江葵花药业股份有限公司、大庆华科股份有限公司、大庆油田飞马有限公司，共 9 家制造业相关单位获得黑龙江省国家火炬计划重点高新技术企业。

2. 主要行业经济指标增长情况

黑龙江省制造业各具体行业产值增长情况，主要通过计算各行业自 2009～2011 年三年来的年均增长率来反映，计算结果如表 1 所示。从表 1 可以看出，黑龙江省制造业各行业均实现了较快增长，其中部分行业实现了高速增长。比如非金属矿业制品业达到 55.6%，成为黑龙江省制造业增长速率最快的行业，紧随其后的四个行业增长速率也都超过了 40%；有色金属冶炼及压延加工业、黑色金属冶炼及压延加工业、家具制造业等其余 17 个行业增长率在 10%～40% 之间；电气机械及器材制造业、仪器仪表及文化办公机械制造业以及印刷业、记录媒介的复制三个行业的增长率在

10% 以下；交通运输设备制造业、电子及通信设备制造业分别为 - 3.1%、
- 6.1%，呈现负增长。

表 1 2009、2011 年黑龙江省制造业主要行业增长速率经济指标

单位：亿元，%

排名	行业	2009 年	2011 年	增长率
1	非金属矿业制品业	166.1	404.0	55.6
2	文教体育用品制造业	7.0	14.9	45.9
3	塑料制品业	44.9	93.1	44.0
4	化学纤维制造业	213.8	424.1	40.8
5	化学原料及化学制品制造业	213.8	424.1	40.8
6	木材加工及竹、藤、棕、草制造业	136.3	245.4	34.2
7	饮料制造业	134.6	230.6	30.9
8	金属制品业	51.0	86.4	30.2
9	家具制造业	30.0	48.8	27.5
10	烟草加工业	56.3	86.7	24.1
11	黑色金属冶炼及压延加工业	213.6	324.1	23.2
12	服装及其他纤维制品制造业	7.8	11.7	22.5
13	橡胶制品业	20.5	30.0	21.0
14	石油加工及炼焦业	988.6	1445.7	20.9
15	造纸及纸制品业	47.0	68.6	20.8
16	有色金属冶炼及压延加工业	30.2	43.5	20.0
17	纺织业	29.0	41.7	19.9
18	食品制造业	342.7	487.7	19.3
19	医药制造业	196.0	271.3	17.7
20	装备设备制造业	253.9	351.2	17.6
21	皮革、毛皮、羽绒及其制造业	15.1	20.4	16.2
22	印刷业、记录媒介的复制	13.5	15.2	6.1
23	仪器仪表及文化、办公机械制造业	22.0	24.4	5.3
24	电气机械及器材制造业	174.3	183.6	2.6
25	交通运输设备制造业	375.0	352.1	- 3.1
26	电子及通信设备制造业	21.0	18.5	- 6.1

资料来源：相关年份《黑龙江省统计年鉴》。

3. 不同资本机构的经济指标总体情况

2011 年，黑龙江省制造业中各种类型企业的主要经济指标如表 2 所示，
从企业规模看，大中型制造业总产值达到了 4818.09 亿元，占制造业总产值比

重的 64.51%，成为黑龙江省制造业的主体，主营业务收入达到 4865.22 亿元，利润总额为 263.06 亿元，从业人员数为 541431 人。从企业性质来看，国有及国有控股企业总产值为 3027.78 亿元，占黑龙江省制造业总产值的 40.54%；其次为私营工业企业，总产值为 1803.61 亿元，占黑龙江省制造业总产值比重的 24.15%；"三资"工业企业占 11.04%，而集体工业企业所占份额最少仅为 1.22%。

表2 2011年黑龙江省制造业中各种类型企业的主要经济指标

单位：亿元

企业类型	单位数（家）	工业总产值	占制造业总产值比重(%)	主营业务收入	利润总额	从业人员数（人）
大中型工业企业	464	4818.09	64.51	4865.22	263.06	541431
国有及国有控股企业	240	3027.78	40.54	3154.17	137.65	301055
集体工业企业	60	91.68	1.22	79.87	1.96	22801
私营工业企业	1308	1803.61	24.15	1737.19	128.38	171490
"三资"工业企业	203	824.35	11.04	906.28	59.20	121869

资料来源：《黑龙江省统计年鉴 2012》。

（二）制造业分行业情况

从黑龙江省制造业主要行业增长速率经济指标来看，制造业包括的 27 个行业中产值在 2011 年超过 100 亿元的有 12 个行业，这些行业可以归类为装备制造工业、石化加工工业和食品加工工业。图 3 反映了 2011 年黑龙江省制造业的结构，装备制造工业、石化加工工业和食品加工工业在黑龙江省制造业产值中所占比重都很大，三大主导产业所占比重之和接近 80%，其他行业仅占 20.50%。

1. 装备制造业

装备制造业作为制造业的核心组成部分，是工业发展的基础。装备制造业的建立与发展，是提高区域竞争力、促进区域经济发展的重要保证。按照国民经济行业分类，装备制造业包括 7 个大类。从表 3 可见 2011 年黑龙江省装备制造业 7 类行业的主要经济指标。

表 3 显示，黑龙江省装备制造业工业总产值 2011 年达到 1460.3 亿元，主

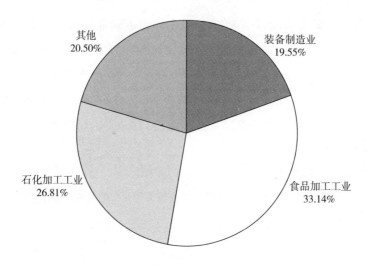

图3 2011年黑龙江省制造业的结构

营业务收入为1327.6亿元，利润总额71.5亿元，全部从业人数达到213441人。其中，通用设备制造业工业总产值最大，达到444.1亿元，占全部装备制造业工业总产值的30.41%。其次是交通运输设备制造业，工业总产值达到352.1亿元，主营业务收入为328.4亿元，占全部装备制造业总收入的24.7%。再次为专用设备制造业，工业总产值为351.2亿元，主营业务收入为284.1亿元。通信设备、计算机及其他电子设备制造业比重最小，工业总产值

表3 2011年黑龙江省装备制造业的主要经济指标

单位：亿元

行　业	工业总产值	主营业务收入	利润总额	全部从业人员数（人）
金属制造业	86.4	79.1	2.5	12447
通用设备制造业	444.1	421.9	27.9	59412
专用设备制造业	351.2	284.1	25.9	50237
交通运输设备制造业	352.1	328.4	0.0	52158
电气机械及器材制造业	183.6	173.4	11.5	26018
通信设备、计算机及其他电子设备制造业	18.5	17.6	1.8	5867
仪器仪表及文化、办公用机械制造业	24.4	23.1	1.9	7302
总　计	1460.3	1327.6	71.5	213441

资料来源：《黑龙江省统计年鉴2012》。

仅为 18.5 亿元，主营业务收入为 17.6 亿元。金属制造业和仪器仪表及文化、办公用机械制造业所占比重也较低，都不到 10%。图 4 直观反映了黑龙江省装备制造业工业总产值中各行业所占比重情况。

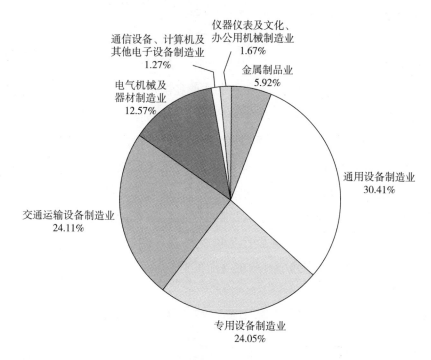

图 4　黑龙江省装备制造业工业总产值中各行业所占比重情况

自 2003 年我国实施老工业基地振兴战略以来，黑龙江省凭借比较完整的工业体系和较为深厚的工业基础，展示出装备制造业的优势，产业规模继续扩大。近几年，初步形成了以哈尔滨、齐齐哈尔为重点地区的装备制造业产业集群，装备制造业日益成为制造业的支柱产业。同时，黑龙江省在重型装备、发电设备、大型和超大型数控机床、国防装备等方面的制造水平在国内表现出明显优势。具体表现在：焊接技术方面，黑龙江省的焊接工艺和方法达到了国际领先水平；切割品生产方面，黑龙江省的数控切割机技术达到了国际先进水平；大型机械化农机表现出很强的行业优势，跃居全国第一。

据统计，截至 2012 年 6 月底，哈尔滨九洲电气已累计销售高压电机调速装置的装机总容量达 200 万千瓦，平均每年可节约近 24 亿度电量，相当于每年约节约标准煤90万吨，二氧化碳排放量每年节约240万吨。多年以来，哈尔滨九洲电气重视科技创新，研发立项34个，并将其中23个课题转化为产品投入生产，获得国家专利达132项，为其今后发展奠定坚实的基础。

2. 食品加工工业

食品加工工业的发展关乎民生，也是衡量一个国家文明进步的标志。食品行业具体包括农副食品加工业、食品制造业、饮料制造业、烟草制品业。表4反映了2011年黑龙江省食品加工工业的主要经济指标情况。

由表4可知，黑龙江省2011年食品加工工业的总产值为2474.8亿元，主营业务收入达到2512.5亿元，利润总额为140.0亿元，从业人员数194714人。从前文图3可知，黑龙江省食品加工工业产值占制造业总产值的33.14%，超过装备制造业所占比重19.55%，成为黑龙江省经济发展的支柱产业。在食品加工工业中，农副产品加工业的工业产值最高达到1669.8亿元，占食品加工工业67.5%，其次是食品制造业487.7亿元，占食品加工工业的19.7%。图5直观反映了黑龙江省食品加工工业各行业所占比重情况。

表4　2011年黑龙江省食品加工工业的主要经济指标

单位：亿元

行　业	工业总产值	主营业务收入	利润总额	全部从业人员数（人）
农副食品加工业	1669.8	1726.3	81.0	111797
食品制造业	487.7	467.0	33.2	48499
饮料制造业	230.6	232.3	14.8	28500
烟草制品业	86.7	86.9	11.0	5918
总　计	2474.8	2512.5	140.0	194714

资料来源：《黑龙江省统计年鉴2012》。

2012年1~6月，黑龙江省食品加工工业将以资源优势促进产业转型，着力调整产品结构，着力培育龙头企业和品牌知名度。通过近几年大力发展绿色产业，黑龙江省的食品加工工业实现高速稳定的增长，食品加工工业的工业总产值超过1100亿元，达到1195.67亿元，增幅为22.7%。食品加工工业中四个支柱行业中，增长速较快的是农副食品加工业产值达到819.09亿元，同比

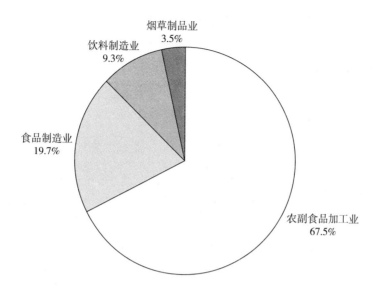

图5 黑龙江省食品加工工业中各行业所占比重

增长 27.2% ，饮料制造业实现产值 120.48 亿元，增幅高达 27.9% ；而另外两个行业食品制造业和烟草制品业的产值分别为 202.33 亿元和 53.76 亿元，增长相对较慢，增幅分别为 5.1% 和 14.7% 。

2000 年黑龙江省就提出"打绿色牌，走特色路"的发展战略，多年以来大规模发展绿色食品产业，确立了黑龙江省绿色食品在全国的龙头地位，扩大了绿色食品在市场的影响力，促使全国绿色食品快速发展。2011 年，在黑龙江省 6430 万亩绿色食品的种植面积当中，A 级绿色食品种植面积占到了 93% ，高达 5980 万亩，表明黑龙江省绿色食品质量较高；绿色有机食品产品产量 910 万吨，占全国的 20% ；国家级绿色食品标准化生产基地 5100 万亩，占到全国种植面积的一半。黑龙江省绿色食品认证数量也获得了大幅度增长，超过了 1200 个，拥有多个中国驰名商标和名牌产品。以上数据说明黑龙江省绿色食品产业发展形势良好，进一步扩大市场，宣传绿色理念，将提升黑龙江省绿色食品在全国的知名度。

食品企业规模也逐步扩大，市场上已有 863 家规模以上食品加工企业，主营业务收入有 407 家企业超过亿元，28 家企业超过十亿元，2 家超过百亿元。黑龙江省已经拥有包括"九三""北大荒""完达山""五常大米"等知名品牌和驰名商标。同时，吸引了一批国内外知名品牌和食品企业，例如雀巢、可口可乐、中粮集团、康师傅、统一、汇源、伊利、杏花村、雨润、光明乳业等。

3. 石化加工工业

制造业中石化工业具体包含五个行业，表5反映了2011年黑龙江省石化加工工业这五个行业的主要经济指标。

由表5可知，黑龙江省2011年石化加工工业总产值达到2001.9亿元，占制造业总产值的26.8%，主营业务收入达到2015.7亿元，利润总额为97.9亿元，全部从业人员数为133914人。在石化加工工业中，石油加工、炼焦及核燃料加工业占比重最大，达到1445.7亿元，占石化加工工业的72.22%，其次为化学原料及化学制品制造业，占石化加工工业的21.18%。图6直观反映了黑龙江省石化加工工业中各行业所占比重。

表5　2011年黑龙江省石化加工工业的主要经济指标

单位：亿元

行　业	工业总产值	主营业务收入	利润总额	全部从业人员数(人)
石油加工、炼焦及核燃料加工业	1445.7	1447.2	65.2	75353
化学原料及化学制品制造业	424.1	439.2	27.7	42413
化学纤维制造业	9.0	7.6	-0.6	811
橡胶制品业	30.0	28.6	-0.7	5363
塑料制品业	93.1	93.1	6.3	9974
总　计	2001.9	2015.7	97.9	133914

资料来源：《黑龙江省统计年鉴2012》。

2011年，石化加工工业超额完成黑龙江省政府年初确定的主营业务收入增长18%的目标任务，主营业务收入突破2000亿元，比预期增长提高5%。全年生产化工产品产量都有所提升，乙烯达到61.6万吨，原油加工量达到1707.6万吨，化学纤维达到13.3万吨，生产苯13.0万吨。黑龙江省百强企业中，有22家为石化企业。这其中有21家企业主营业务收入超过十亿元，3家企业主营业务收入超过百亿元。超过百亿元的三家企业分别是大庆石化、大庆炼化、哈石化，主营业务收入分别为512.2亿元、404.6亿元、207.5亿元。大庆中蓝主营业务收入为85.5亿元，其余17家均在50亿元以下。

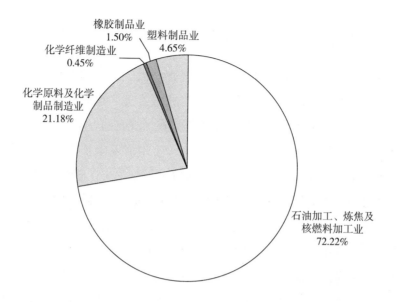

图6　黑龙江省石化加工工业中各行业所占比重情况

黑龙江省拥有我国目前最大的油田——大庆油田，石化加工工业发展的优势格外突出。2012年，黑龙江省石化加工工业将实现主营业务收入同比增长16%以上作为发展的预期目标。"十二五"时期，黑龙江省将重点建设11个化工园区，打造大庆石油化工、东部煤化一体化等四大石化产业基地，扩大乙烯、丙烯、碳纤维、有机硅、生物化工、农业废弃物利用等10条产业链，力争石化加工工业产业升级并使总量扩张。到2015年，使乙烯、炼油、焦炭等主要化工产品年生产能力达到280万吨、3400万吨、1870万吨。

二　黑龙江省制造业的优势

黑龙江省是我国开发建设最早的老工业基地之一，经过几十年的建设，已经形成了稳固的制造业体系。黑龙江云集了一批诸如哈电集团、哈航集团、齐重数控等具有很强竞争力的企业，多年来，为北京奥运会、南水北调、西气东输、"神舟"飞船等国家重点工程提供了大量的重型装备和国防设备，黑龙江省制造业的发展呈现出一定的优势。

（一）制造业技术基础雄厚

新中国成立初期，尤其是"一五"时期，由于国家对黑龙江重点开发与建设，全国工业基本建设投资的 10% 全部投放在此，黑龙江省工业总产值占全国比重的 5%。在此期间，苏联援建项目在黑龙江省达到 22 项，哈尔滨电机厂、哈尔滨量具刃具厂、哈尔滨锅炉厂、哈尔滨轴承厂、哈尔滨东安机械厂、佳木斯制造厂等企业参与其中。多年以来，黑龙江省形成了完整的重工业体系，其中装备制造业、重型机械制造、机床制造和飞机制造等工业在全国占有重要地位。以装备制造业为例，拥有多家国家特大型企业，并建立了包括国家工程技术研究中心和企业技术中心的各级研究机构，表现出很强的研发与创新能力，为黑龙江省制造业的飞速发展提供了很好的支撑。经过几十年的发展，目前黑龙江省已建立 4 个国家级工程研究中心、11 个国家级企业技术中心，为提升国际竞争力奠定了良好的基础和条件。

（二）新能源开发潜力无限

在国家"十二五"规划中，新能源的发展势在必得，黑龙江省也努力打造品种齐全的新能源装备制造业，做强、做大、做精。黑龙江省新能源已形成以风能、水能、生物质能等清洁能源发电为主的多元发展格局。

黑龙江省由于受到地理环境、季风等因素的影响，常年多风，是我国风能资源最丰富的城市之一，具有明显的区域特征。水能资源也比较丰富，黑龙江、松花江、乌苏里江和绥芬河四大水系构成黑龙江省境内河流。生物质能资源种类多样，主要由农作物秸秆、林业废弃物、畜禽粪便、城市垃圾、农产品加工业副产品等构成，其中农作物秸秆是最重要的生物质能之一。黑龙江省是农业大省，伴随着耕地面积的不断扩大和农业科技水平的提高，据预测，全省农作物秸秆资源总量到 2015 年将达到 7200 万吨。同时，黑龙江省太阳能资源也很丰富，每年辐射总量可以达到 4400～5028 兆焦/平方米，可储存资源总量约为 2.30×10^6 亿千瓦时。

2011 年，新能源装备制造业实现主营业务收入 120 亿元左右。2012 年，预计投产 236 亿元，黑龙江省重点实施包括核电、燃气轮机和风电产业等 24

个项目的建设投产。风电产业方面，预计使风电整机制造能力达到 1500 兆瓦，实现主营业务收入 40 亿元。燃气轮机产业方面，力争使 9F 级燃机发电联合循环机组产能达到 500 兆瓦，完成 30 兆瓦燃压驱动机组成套国产化工作并进入产业化阶段，实现主营业务收入 50 亿元。重点推进国家航空发动机与燃气轮机在黑龙江省顺利建设，并尽快使哈电集团风电主机制造项目顺利投产。

（三）骨干企业竞争力较强

黑龙江省拥有一批规模较大、实力雄厚、具有很强竞争力的制造业骨干企业，这些企业的许多产品代表着国家一流水平，部分产品甚至达到国际一流水平。

1. 哈药集团

哈药集团是集医药制造、科研、贸易于一体的医药企业，主要业务范围包括抗生素、化学药物制剂、非处方药品及保健食品等七大产业领域，覆盖全国范围，具有较强的营销网络。下属所有生产企业全部通过 GMP 认证，流通企业部分通过 GSP 认证，哈药总厂、三精制药等部分集团所属企业通过了 ISO9001、ISO14001、OHSAS18001 国际管理体系认证。多年来，产品销售范围涵盖全国各地，市场份额不断提升，部分产品甚至打入了国际市场，现已成为国内最具有价值的医药品牌之一。同时，哈药集团非常注重科研创新能力的提高，现已拥有两个国家级企业技术中心、一个国家级创新型企业、一个国家级创新型试点企业、一个博士后科研工作站、五个省级企业技术中心、三个省级重点实验室，创新型企业建设进展良好。

2. 齐重数控装备股份有限公司

齐重数控公司是我国机床行业重点骨干企业和行业龙头企业，也是国家"一五"时期重点建设的 156 个项目之一。公司以生产立、卧式重型机床为主，生产的机床产品有 600 多个品种，其中很多产品的设计技术、生产技术均达到了世界领先水平。公司注重自主研发和知识产权保护，其主导产品都拥有自主知识产权。公司的机床产品在国内占据很大市场，市场占有率高达 50%。2012 年由公司研究开发的两个产品 SMVTM1600×30/250L－NC 数控单柱移动立式车铣床和 HT250×280/180Y－NC 数控重型卧式车床分别通过德国、意大

利两个国家客户的验收，标志着齐重数控的高端重型装备在国际市场上已经取得了新的成就。

3. 大庆石化公司

大庆石化公司是一家生产化肥、乙烯、塑料和橡胶等产品的特大型石油化工企业。经过多年的发展，公司在机械制造加工、工程和生产技术服务以及矿区综合服务方面的能力显著增强，已经成为东北地区最具规模的国有炼化企业。近年来，大庆石化公司先后承担了"己烯－1工业化试验及成套技术开发""大型乙烯装置工业化成套技术开发""DBS－10超低硫柴油加氢精制催化剂""加氢裂化催化剂（PHC－03）工业应用试验"等重大科技专项和重大工业化试验项目；自主开发的"15万吨/年顺丁橡胶生产技术"和"附聚法ABS600nm超大粒径胶乳技术"。2012年，国家科技部"863"重点攻关项目的建成投产，彻底改变了我国乙烯技术过分依赖于进口的现状。

三　黑龙江省制造业的评价

（一）黑龙江省制造业支柱行业竞争力评价

制造业是黑龙江产业发展的基础与重点。本文运用显示性比较优势指数分析法来对黑龙江省制造业主要行业的竞争力进行分析评价，用以反映黑龙江省制造业支柱行业的竞争力，明确制造业中需要重点发展的具体行业。由巴拉萨提出的显示性比较优势指数（RCA指数）可以用来分析判断某个国家或地区某种产品的比较优势情况。这一指数的计算公式如下：

$$RCAij = (Xij/Xit)/(Xwj/Xwt)$$

在上述公式中各个指标的含义是：左边的 $RCAij$ 是指 i 国第 j 种产品的显示性比较优势指数，其值的大小反映该种产品的比较优势状况。右边的分子 Xij/Xit 是指 i 国第 j 种产品的出口额与该国所有产品出口总额的比值，而分母 Xwj/Xwt 是指世界第 j 种产品的出口额与世界所有产品出口总额的比值。通过 $RCAij$ 值可以评判产品竞争力的强弱，评判的标准通常是：$RCAij$ 的值超过

2.5，表明该种产品的竞争力非常强；*RCAij* 的值在 1.25～2.5 之间，说明该种产品的竞争力比较强；*RCAij* 的值低于 1.25 超过 0.8 时，说明产品的竞争力一般；而 *RCAij* 小于 0.8，则说明产品竞争力非常弱。

1. 装备制造业竞争力评价

运用 RCA 的原理对黑龙江省制造业中各行业的竞争力进行评价。RCA 指数中涉及国家和世界产品的出口额，在这里进行对应的替换，用黑龙江省制造业各行业当年销售产值替换国家对应行业产品的出口总额，用我国制造业各行业的当年销售产值替换世界对应行业产品的出口总额，然后根据 RCA 的计算公式计算得出装备制造业中各个行业的 RCA 指数，基于指数值与评判标准对装备制造业的竞争力状况进行评判。在这里采用 2011 年黑龙江省和全国装备制造业实现的销售产值数据来计算装备制造业中 7 个行业的 RCA 指数。选择其中的金属制品业为例展开计算，其计算公式和计算结果如下：

$$金属制品业\ RCA = \frac{黑龙江省金属制品业销售产值／全国金属制品业销售产值}{黑龙江省装备制造业销售产值／全国装备制造业销售产值}$$
$$= \frac{79.10/22951.33}{1327.7/273393.38} = 0.71$$

同理可计算出黑龙江省装备制造业中其他六个行业的 RCA 指数，从表 6 可见具体 RCA 指数。根据计算所得的结果可以看出：在黑龙江省装备制造业中，专用设备制造业和通用设备制造业的 RCA 指数排在前两位，其数值均超过 2，分别为 2.25 和 2.16，排在这两个行业之后的是交通运输设备制造业，其 RCA 指数为 1.07，这表明黑龙江省的以上三个行业跟全国相比表现出较强的竞争力；装备制造业中的其他四个行业的 RCA 指数值都小于 0.8，这说明这些行业与全国相比基本不具备竞争力，其中 RCA 指数最低的是通信设备、计算机及其他电子设备制造业，其值仅为 0.06，说明这一行业基本没有竞争力。基于对装备制造业各行业 RCA 指数的计算，明确了黑龙江省装备制造业未来应当重点发展的行业，要在发展优势行业的同时，采取针对性措施重点推动其他四个竞争力较弱行业的发展，用以实现整个装备制造业的全面快速升级，进而增强行业的整体竞争力。

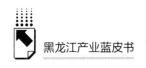

表6 2011年黑龙江省装备制造业的 RCA 指数

装备制造业行业	黑龙江工业销售产值(亿元)	全国工业销售产值(亿元)	RCA 指数
金属制品业	79.10	22951.33	0.71
通用设备制造业	421.90	40157.93	2.16
专用设备制造业	284.10	26059.60	2.25
交通运输设备制造业	328.40	63131.95	1.07
电气机械及器材制造业	173.40	50148.85	0.71
通信设备、计算机及其他电子设备制造业	17.60	63474.89	0.06
仪器仪表及文化、办公用机械制造业	23.10	7468.83	0.64
总　计	1327.6	273393.38	—

2. 食品加工工业竞争力评价

依据 RCA 理论方法来分析黑龙江省制造业中食品加工工业的竞争力状况，基于 2011 年黑龙江省及全国食品加工工业的相关数据，对黑龙江省食品加工工业中各制造行业的 RCA 指数进行计算，从表7可见具体 RCA 指数。计算结果表明，在黑龙江省食品加工工业中，农副食品加工业 RCA 指数为 1.19，在 0.8 与 1.25 之间，食品制造业为 1.02，也在此范围内，说明具有一般的竞争力。而饮料制造业和烟草制造业的 RCA 指数均小于 0.8，这两个行业的竞争力非常弱。因此，在食品行业方面，黑龙江省在重点发展农副食品加工业的同时，也要努力提升食品制造业、饮料制造业和烟草制品业的竞争力。

表7 2011年黑龙江省食品加工工业的 RCA 指数

食品行业	黑龙江工业销售产值(亿元)	全国工业销售产值(亿元)	RCA 指数
农副食品加工业	1726.30	43848.58	1.19
食品制造业	467.00	13875.73	1.02
饮料制造业	232.30	11774.80	0.60
烟草制品业	86.90	6666.90	0.40
总　计	2512.50	76166.01	—

3. 石化加工工业竞争力评价

依据 RCA 理论方法来分析黑龙江省制造业中石化加工工业的竞争力状况，以 2011 年黑龙江省及全国石化加工工业实现的工业销售产值为依据，计算黑龙江省石化加工工业中各制造行业的 RCA 指数，从表 8 可见具体 RCA 指数。从计算结果可以看出，石油加工、炼焦及核燃料加工业的 RCA 指数达到 2.44，这表明黑龙江省的石油加工、炼焦及核燃料加工业具有很强的竞争力。但是石化加工工业中的其他行业的 RCA 指数均小于 0.8，尤其是化学纤维制造业的 RCA 指数仅为 0.07，这表明黑龙江省的化学原料及化学制品制造业、化学纤维制造业、橡胶制品业和塑料制品业的竞争力都非常弱，需要在今后加以重点提升。

表 8　2011 年黑龙江省石化加工业的 RCA 指数

石化行业	黑龙江工业销售产值(亿元)	全国工业销售产值(亿元)	RCA 指数
石油加工、炼焦及核燃料加工业	1447.20	37275.12	2.44
化学原料及化学制品制造业	439.20	60097.89	0.46
化学纤维制造业	7.60	6646.95	0.07
橡胶制品业	28.60	7279.95	0.25
塑料制品业	93.10	15281.75	0.38
总　计	2015.70	126581.66	—

（二）黑龙江省制造业"新型化"状况评价

党的十六大首次提出新型工业化道路这个概念，并强调坚持走科技含量高、经济效益好、资源消耗低、环境污染少、人力资源优势得到充分发挥的新型工业化道路。制造业作为我国支柱产业，也必须走新型化的道路。新型制造业的内涵包括：以人为本、科技创新、环境友好、面向未来，有利于实现经济可持续发展，促进经济效益提高，保护环境良好发展。黑龙江省制造业的新型化是促使黑龙江省经济实现可持续发展的关键，所以有必要对经济危机后黑龙江省制造业"新型化"状况进行评价。

1. 制造业发展程度评价指标体系

通过对新型化制造业内涵的分析，构建了黑龙江省制造业发展程度评价指标体系，具体参见表 9。制造业新型化状况评价指标体系具体包括 3 个主指标，涉及 20 个子指标，分别从经济创造能力、科技创新能力、资源环境保护能力三个方面来全面分析黑龙江省制造业发展程度。

表9 黑龙江省制造业发展程度评价指标体系

总指标	序号	主指标	序号	子指标
黑龙江省制造业新型化程度	A	经济创造能力	A1	制造业总产值
			A2	制造业就业人口
			A3	制造业增加值占 GDP 比重
			A4	对外贸易依附度
			A5	全员劳动生产率
			A6	利润总额
			A7	制造业效益指数
	B	科技创新能力	B1	制造业 R&D 经费
			B2	制造业 R&D 人员全时当量
			B3	引进技术消化吸收经费支出
			B4	人均专利申请量
			B5	新产品产值率
	C	资源环境保护能力	C1	废水排放总量
			C2	单位产值废水排放量
			C3	废气排放总量
			C4	单位产值废气排放量
			C5	固体废弃物产生量
			C6	单位产值固体废物产生量
			C7	能源消耗总量
			C8	单位产值能耗

（1）经济创造能力评价指标：国家和地方的发展需要有强大的经济实力作为支撑。制造业作为实体经济，是一个国家经济发展的重要基础，是其他行业发展的重要载体与依托。衡量制造业的"新型化"程度，经济创造能力就显得非常重要。从表10制造业经济创造能力指标集来看，反映制造业经济创造能力的指标主要包括制造业的产值、安置就业人数、产业增加量对国民生产值的贡献、国际竞争力以及制造业自身运行的劳动生产率、利润总额和效益指数7个指标。

（2）科技创新能力评价指标：创新是一个国家的灵魂，可以促进发展，促进技术革新，推动科技跃进，促进社会进步，使社会生产力大力发展。中国制造业一直都以廉价劳动力以及资源的优势立足于世界，创新能力薄弱。黑龙江省是东北老工业基地，拥有得天独厚的优势，也正因为此，导致创新能力不

表 10　制造业经济创造能力指标集

序　号	新型制造业经济指标	单　位
A1	制造业总产值	亿元
A2	制造业就业人口	万人
A3	制造业增加值占 GDP 比重	%
A4	对外贸易依附度	%
A5	全员劳动生产率	万元/人年
A6	利润总额	亿元
A7	制造业效益指数	%

强。未来的发展方式一定是走一条新型化工业道路，这就必须依靠科技创新能力来实现黑龙江省制造业的大发展。从表 11 可见，反映科技创新能力的 5 个子指标，分别为科研经费支出、研发人员投入总量、引进技术消化吸收经费支出、人均专利申请量以及新产品产值率。

表 11　制造业科技创新能力指标集

序　号	新型制造业经济指标	单　位
B1	制造业 R&D 经费	亿元
B2	制造业 R&D 人员全时当量	万人/年
B3	引进技术消化吸收经费支出	亿元
B4	人均专利申请量	项/万人
B5	新产品产值率	%

（3）资源环境保护能力评价指标：黑龙江省制造业的发展大多数是以消耗能源、牺牲环境为代价，造成对环境的损害。当环境破坏到一定程度，也会对产业的发展形成制约，影响产业规模。因此，在评价制造业新型化水平程度时要充分考虑资源环境这一主指标，从而实现制造业的长期可持续发展。有效配置资源，促进经济、社会、环境协调发展，建设资源节约型、环境友好型社会。从表 12 可见，反映资源环境状况的 8 个子指标，分别从废水、废气、固体废弃物（三废）的总量、单位消耗总量、能源消耗等方面来分析。

表12 制造业资源环境保护能力指标集

序 号	新型制造业环境指标	单 位
C1	废水排放总量	万吨
C2	单位产值废水排放量	吨/万元
C3	废气排放总量	亿标立方米
C4	单位产值废气排放量	立方米/元
C5	固体废弃物产生量	万吨
C6	单位产值固体废物产生量	吨/万元
C7	能源消耗能量	万吨标准煤
C8	单位产值能耗	吨标准煤/万元

2. 经济创造能力评价

运用统计软件 SPSS16.0 对黑龙江省制造业 2007~2011 年相关数据进行处理，采用因子分析方法对其进行相关的评价研究，结果显示置信度达到 100%，前两个因子的累计方差贡献率达到 94.906%，即可以用这两个因子来代替原来 7 个原始经济指标。

如表 13 所示，根据主成分与相关指标的系数，可以发现，因子 1 中的 A1、A2、A3、A4 的系数较大；因子 2 中的 A5、A6 的系数较大。这表明，因子 1 主要代表制造业总体规模、吸纳就业能力、产业增加值对国民生产总值、对外开放程度；因子 2 主要代表制造业经济的效益。

表13 旋转后的因子载荷矩阵

指 标	序 号	因子 1	因子 2
制造业总产值/亿元	A1	0.976	0.164
制造业就业人口/万人	A2	0.956	0.169
制造业增加值占 GDP 比重/%	A3	0.944	-0.195
对外贸易依附度/%	A4	0.935	0.238
全员劳动生产率/(万元/人年)	A5	-0.340	0.913
利润总额/亿元	A6	0.440	0.850
制造业效益指数/%	A7	-0.670	-0.740

根据这两个因子的综合，各年份经济创造能力综合得分汇总排序结果如表 14 所示。从经济创造能力的总体状况来看，2007~2011 年黑龙江省制造业发展

迅速，经济创造能力逐步增强。按因子1得分排序与综合评价结果排名一致，说明制造业经济规模对制造业的发展是非常重要的。黑龙江省制造业的经济效率和生产效率在2009年表现得尤为突出，这说明在经济危机之后，经济效率有所提高。

表14 黑龙江省制造业经济创造能力综合评价

年份	因子1	因子2	综合	排名
2011	1.117	0.086	0.767	1
2010	1.044	− 0.299	0.588	2
2009	− 0.572	1.681	0.192	3
2008	− 0.602	− 0.700	− 0.635	4
2007	− 0.987	− 0.767	− 0.912	5

3. 科技创新能力评价

党的十八大报告提出，科技创新是提高社会生产力和综合国力的战略支撑，必须摆在国家发展全局的核心位置。要坚持走中国特色自主创新道路，以全球视野谋划和推动创新，提高原始创新、集成创新和引进消化吸收再创新能力，更加注重协同创新。显然，对黑龙江省科技创新能力评价是很有必要的。运用统计软件SPSS16.0对相关数据进行处理。经处理后，得到的两个因子的累计方差贡献率达到93.715%，说明这两个因子可以有效的反映5个原始科技创新指标。

如表15所示，根据主成分与相关指标的系数，可以发现，因子1中B2、B3、B4的系数较大；因子2中新产品产值率系数较大。这表明，因子1中主要综合了R&D人员全时当量、引进技术消化吸收经费支出、人均专利申请量；因子2主要由新产品产值率代表。

表15 旋转后的因子载荷矩阵

指 标	序号	因子1	因子2
制造业R&D经费/亿元	B1	− 0.928	− 0.342
制造业R&D人员全时当量/(万人/年)	B2	0.922	− 0.196
引进技术消化吸收经费支出/亿元	B3	0.865	0.334
人均专利申请量/(项/万人)	B4	0.753	0.658
新产品产值率/%	B5	0.060	0.978

根据以上 5 个子指标得到的关于各年份制造业科技竞争能力和综合得分排序结果见表 16。从科技创新能力的总体状况看，2007～2011 年黑龙江省制造业在科技创新方面发展迅速，科技创新能力不断提高。因子 1 中制造业 R&D 经费在 2011 年占的比重最大，说明科研经费投入影响科技创新能力，使 2011 年的综合评价得分最高。2010 年制造业 R&D 人员全时当量作为最重要的因素影响科技创新能力。

表 16 黑龙江省制造业科技创新能力综合评价

年份	因子 1	因子 2	综合	排名
2011	1.709	- 0.249	1.017	1
2010	- 0.192	1.473	0.397	2
2009	- 0.446	0.512	- 0.107	3
2008	- 0.167	- 0.855	- 0.410	4
2007	- 0.903	- 0.881	- 0.895	5

4. 资源环境保护能力评价

运用统计软件 SPSS16.0 对相关数据进行处理。经处理后，得到的两个因子的累计方差贡献率达到 97.291%，说明这两个因子可以有效地反映 8 个资源环境保护能力指标。

如表 17 所示，根据主成分与相关指标的系数，可以发现，因子 1 中 C2、C4 的系数比较大；因子 2 中 C7、C8 的系数比较大。这说明，因子 1 中单位排放总量对资源环境影响较大；因子 2 中能源消耗对资源环境保护能力影响很大。

表 17 旋转后的因子载荷矩阵

指 标	序号	因子 1	因子 2
废水排放总量/万吨	C1	- 0.987	- 0.096
单位产值废水排放量/(吨/万元)	C2	0.961	0.252
废气排放总量/亿标立方米	C3	- 0.920	- 0.332
单位产值废气排放量/(立方米/元)	C4	0.880	0.460
固体废弃物产生量/万吨	C5	- 0.749	- 0.640
单位产值固体废物产生量/(吨/万元)	C6	- 0.053	- 0.977
能源消耗总量/万吨标准煤	C7	0.474	0.868
单位产值能耗/(吨标准煤/万元)	C8	0.677	0.711

据以上 8 个子指标得到的关于各年份制造业资源环境保护能力和综合得分排序结果见表18。从总体上分析，发现 2007 年的资源环境保护能力最高，资源环境保护能力每况愈下，2011 年排名最低，这说明随着制造业的发展，资源环境保护没有得到有效的重视，环境资源破坏性较大。2007 年单位排放总量比较良好使得环境保护能力最高，2011 年能源消耗能力得分最高，在这一年发展最好。

表 18　黑龙江省制造业资源环境保护能力综合评价

年份	因子 1	因子 2	综合	排名
2007	1.393	0.228	0.941	1
2008	0.738	−0.270	0.347	2
2009	−0.744	1.499	0.126	3
2010	−0.706	−0.196	−0.508	4
2011	−0.681	−1.261	−0.906	5

5. 制造业"新型化"程度评价

以上通过对黑龙江省制造业经济创造能力、科技创新能力和资源环境保护能力的评价，从三个方面反映了制造业的发展程度。然而"新型化"是一个综合性的概念，应该包括以上经济创造能力、科技创新能力和资源环境保护能力在内的总体能力评价。通过对 2007 ~ 2011 年制造业"新型化"能力指标的处理，可以更好地了解黑龙江省制造业未来的发展水平和未来的发展潜力。

综合以上全部指标进行因子分析，经处理后，得到的 3 个因子的累计方差贡献率达到98.283%，说明这 3 个因子可以有效地反映 20 个原始反映"新型化"程度的指标。旋转后的因子载荷矩阵如表 19 所示。

表 19　旋转后的因子载荷矩阵

指标	因子 1	因子 2	因子 3
A1	0.976	−0.158	−0.130
A2	0.913	0.129	0.383
A3	−0.896	0.034	−0.430
A4	0.877	0.455	0.097

续表

指标	因子 1	因子 2	因子 3
A5	- 0. 869	- 0. 288	- 0. 359
A6	0. 829	0. 546	0. 122
A7	0. 822	0. 468	0. 325
B1	0. 777	0. 329	0. 533
B2	- 0. 749	- 0. 475	- 0. 428
B3	0. 662	0. 621	0. 420
B4	- 0. 093	0. 930	0. 323
B5	0. 374	- 0. 902	0. 215
C1	- 0. 356	- 0. 877	- 0. 272
C2	0. 484	0. 817	0. 287
C3	- 0. 596	- 0. 751	- 0. 228
C4	0. 589	0. 744	- 0. 074
C5	0. 677	0. 679	0. 275
C6	- 0. 574	- 0. 588	- 0. 551
C7	0. 108	0. 366	0. 923
C8	0. 660	- 0. 188	0. 712

根据主成分与相关指标的系数,可以发现,因子 1 中 A1、A2、A4、A6、A7、B1 的系数较大;因子 2 中 B4、C2、C4 的系数较大;因子 3 中 C7、C8 的系数较大。这表明因子 1 主要代表制造业整体规模、经济效益以及科研经费投入总量,其方差贡献率为 47.631%,说明因子 1 对"新型化"程度的影响最为显著;因子 2 主要由科技产出方面、单位产值排放总量构成,方差贡献率为 33.885%,其影响能力仅次于因子 1;因子 3 由能源消耗情况代表,方差贡献率为 16.766%。

从表 20 中找到的因子载荷比较高的指标可知,反映经济创造的指标有 5 个、科技创新的指标 2 个、资源环境保护的指标 4 个,说明在评价制造业"新型化"程度时,经济占的比重很高,其次为资源环境保护方面,最后是科技创新指标。这与黑龙江省制造业发展的现实情况相吻合,当前制造业急于扩大生产规模,忽视资源环境保护,但这个问题已经引起重视,对"新型化"影响的比重也在逐渐增加。反映科技创新的指标最少,表明制造业还要依靠产业规模与资源优势来提高"新型化"程度,在一定时期内无法改变制造业现有发展模式。

表20 黑龙江省制造业"新型化"程度综合评价指标

年份	因子1	因子2	因子3	综合	排名
2011	0.213	1.070	1.350	0.702	1
2010	1.190	0.547	−1.219	0.557	2
2009	0.640	−1.565	0.577	−0.131	3
2008	−0.873	0.203	−0.121	−0.374	4
2007	−1.170	−0.256	−0.587	−0.755	5

从表20中可以看出，2010年，因子1得分1.190，说明这一年制造业整体规模、经济效益以及科研经费投入总量最好，对"新型化"影响程度最大；2011年，因子2得分1.070，代表的科技产出方面、单位产值排放总量对"新型化"影响程度最大；因子3在2011年得分1.350，与因子1共同影响"新型化"程度，使2011年的"新型化"程度最大。

然后从综合得分上来看，仅有2011年、2010年得分为正数，而2007年、2008年、2009年三年的得分为负数，这说明黑龙江省制造业"新型化"程度还是比较低的，所以应当重视制造业经济创造能力，尤其是科技创新能力和资源环境保护能力的提升。从综合值的排名看，黑龙江省制造业"新型化"程度在不断提高，2011年的"新型化"程度最高。可见，黑龙江省制造业正在持续发展且发展势头良好。

四 黑龙江省制造业实现可持续发展的途径

为了更好地应对日益严重的能源、资源和环境约束及全球金融危机引发的市场骤变的挑战，黑龙江省制造业应当顺应国家制造业发展的趋势，坚持走可持续发展的道路。黑龙江省制造业实现可持续发展的主要途径包括：坚持技术创新、夯实产业基础、发展绿色制造、强调人才为本。

（一）中国制造业发展趋势

1. 高技术化

1988年，党中央、国务院批准实施了一项发展中国高新技术产业的指导性计划——火炬计划。经过20多年的发展，火炬计划的实施培育了一大批创新能力强、拥有自主知识产权的龙头企业。新浪、百度、联想、华为等都成为其行业领域的标志性企业。火炬计划具体包括信息技术、生物技术、航天技术、能源技术、新材料技术、先进制造技术与自动化技术、海洋技术。其中能源技术、航天技术等与制造业联系最为紧密。

能源技术、空间技术、人工智能称为世界三大尖端技术。能源技术是高技术的重要支撑，各国都将发展新能源技术作为发展战略，突破以往以石油、煤炭为基础的传统能源观念，也符合了发展低碳经济实现可持续发展的路线。中国还处在加速发展经济的阶段，大力发展太阳能、风能、水能、核能、生物质能、氢能可以有效降低环境的污染。

航天技术是衡量一个国家现代技术能力发展的综合性技术。从长征一号运载火箭成功发射到长征二号捆绑式运载火箭，"神五""神六""神七"载人航天，再到现如今被称为"221"工程的五大航天科技工程，标志着中国航天技术的发展。2012年，中国成功完成包括资源三号测绘卫星、亚太7号、两颗北斗二号卫星等19次航天发射任务。成功发射土耳其 GK-2 卫星为中国航天技术产品进入国际发射服务市场奠定了坚实的基础。

2. 信息化

随着竞争的日趋激烈，信息化已变成增强核心竞争力的重要因素之一。党的十八大报告指出，促进工业化、信息化同步发展，以信息化带动工业化，以工业化促进信息化，推动信息化与工业化深度融合。

中国虽然是制造大国，但不是制造强国，因此要发展制造业信息化，更好地提高生产效率。将信息技术、现代管理技术与制造技术相结合，提高产品质量和科技创新能力，降低消耗，提高企业的信息化水平，增强制造业的竞争能力。

3. 集聚化

集聚化是指大量相关联的企业在一定的地理空间，这包括上下游的经济联系，或者是技术联盟的聚集。集聚化是现代制造业发展的必然趋势，是提高制造业竞争力的重要源泉。企业集聚可以共享资源与信息、分享由于聚集而带来的规模效益，共担风险，有利于知识、技术的创造和积累并且提高产品的质量，大大加强了集聚制造优势。市场竞争越来越激烈，为了提高竞争能力，促进产业集聚、成为我国制造业发展的重要政策方向。当前，中国制造业高度聚集在长三角、珠三角以及环渤海地区。

4. 绿色化

党的十八大报告提出了绿色发展的概念，以低成本、低能耗、绿色的制造赢得市场。绿色制造突破了传统制造的概念，不仅考虑了资源的利用效率，也将环境问题纳入其中。在倡导低碳经济的背景下，制造业的未来发展更应当注重绿色制造的开发与运用。中国为响应节能减排、发展低碳经济的要求，计划到 2020 年，单位 GDP 的 CO_2 排放量比 2005 年下降 40% ~ 45%。党的十八大报告同时指出，"坚持节约资源和保护环境的基本国策，坚持节约优先、保护优先、自然恢复为主的方针，着力推进绿色发展、循环发展、低碳发展，形成节约资源和保护环境的空间格局、产业结构、生产方式、生活方式，从源头上扭转生态环境恶化趋势，为人民创造良好生产生活环境，为全球生态安全做出贡献"。发展绿色科学技术，有利于实现可持续发展战略。

（二）坚持技术创新

从全国范围来看，黑龙江省制造业整体实力不强，科研经费投入水平不高，总体创新实力较弱。一直以来都依靠其制造业基础和资源优势赢得市场份额，要想在科研方面取得重大的进步，就必须加快技术创新，提高技术创新能力，掌握重要核心技术，这样才有利于黑龙江省制造业的自主创新能力和技术升级。

1. 坚持创新为主体

黑龙江省制造业要坚持创新为主体，建立研发中心，使拥有自主创新能力的机构和人员充分利用资源进行科技创新，提高竞争能力。目前，大多数制造业企业仍然以追求生产规模、提高经济利润来衡量其市场地位，而忽视了技术创新带来的经济效益。尽管很多企业已开始重视创新，但多数购买成熟的技术并加以利用，没有重视企业本身的研发创新。一旦引进技术出现问题，不仅投入资本不容易收回，而且也错过了获得收益的最好时机，更加难以形成技术和产品。为改变这种状况，黑龙江省政府和制造业企业要推出鼓励创新的政策与

激励制度，加大 R&D 投入力度，实现企业与高校、研究所的强强联合，真正实现技术转化为产品的产、学、研综合的模式。为了保证黑龙江省制造业的良好发展态势，就要大力推进自主创新，提升企业创新能力。

2. 引进消化吸收再创新

随着近年来国内首个太阳能聚光式热电项目的技术引进以及在高速列车、核电设备上技术的应用，充分表明引进消化吸收再创新已经成为未来一段时间内较为重要的技术创新模式。但黑龙江省一些制造业企业还在不断重复着技术引进，没有对引进技术进行很好的消化吸收，更说不上创新。因此，制造业企业不应满足当前的利益，而应考虑引进技术带来短暂经济效益后，未来长时间内在消化吸收再创新上下大力气。黑龙江省制造业更应该掌握核心技术，对多数引进项目来说，负责引进与负责吸收知识的是不同主体，因此要用政策处理好双方的关系，实现共同利益。

（三）夯实产业基础

夯实产业基础是实现技术创新和调整产业结构的根本要素之一。随着消费者对产品的重视和要求的提高，对制造业设备、产品高水平的要求也会越来越高，而这些没有强大的产业基础是无法实现的。以发展的眼光来看，黑龙江省制造业的发展需要以更多价值含量高的产品和设备作为基础，因此，黑龙江省制造业需要夯实产业基础，优化产业结构。

设定技术标准是使制造业可持续发展的重要手段，谁制定行业标准谁就能获得巨大的市场和经济利益，形成一定的技术壁垒。目前，黑龙江省制造业技术标准水平低、制度不完善。只有建立健全制造业标准体系，使骨干企业成为技术标准制定的主体，才能够有效地与国际标准接轨，积极参与标准的制定，促使自主创新的成果占领市场。同时，黑龙江省制造业应对产品的质量和性能进行有效测试。完善产品测试环境，新产品经过充分、全面的测试再投入市场。一些制造业企业还存在重视产能、效益，对质量把关不过硬的现象。政府应该出台相应的政策，鼓励和引导制造业企业加强对质量的测试、环境的建设。

（四）发展绿色制造

制造业是能源资源消耗和环境污染的重要源头。实现制造业节能减排，不仅促进制造业的可持续发展，同时也是黑龙江省制造业经济社会健康发展的重要环节。加快从资源消耗、环境污染型转变为绿色制造，是制造业发展的必然趋势，也是制造业发展的必由之路。

绿色制造又称面向环境制造，是一种现代制造模式，相对于传统制造而言，它除了要考虑资源效率，还需要考虑环境影响。绿色制造要实现的目标是在产品的整个生命周期中，尽最大可能地提高资源利用效率，降低对环境的负面影响。作为现代化制造模式，绿色制造是人类可持续发展战略在现代制造业中的体现。在倡导低碳经济的背景下，黑龙江省制造业未来发展的一个重要方向就是要实现绿色制造。

1. 绿色原材料、包装、回收再利用

为了减少对环境带来的负面影响，实现可持续发展，黑龙江省制造业要尽最大可能减少使用带有危害的原料，改为可循环更新的绿色原材料，提高资源利用率。从环保的角度来看，实施绿色包装设计，增加包装的回收利用，选择无毒、可降解的材料。从设计之初，要考虑到最后的回收再利用问题，可以使不同的材料，有效分为可循环利用或不可循环利用，增加产品的回收利用率。通过采用绿色原材料、包装，来做到循环利用，进而减少制造业对环境的污染破坏，提升制造业的环境保护能力。

2. 实施循环发展战略

循环经济是一种以资源的高效和循环利用为核心，以减量化、再利用、资源化为原则，尽可能少地消耗资源，取得较大的经济利益与排放产出，符合可持续发展理论的经济发展模式。黑龙江省制造业要积极实施循环发展战略，可以在钢铁、化工等重点行业探索循环经济发展，树立一批典型企业，发挥它们的示范引领作用；建立生态制造园区，提出按循环经济发展的模式，提高生产效率，降低能源消耗。

（五）强调以人为本

黑龙江省制造业当中技能型人才水平不足，从业人员素质水平不高，结构

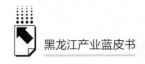

不合理，这决定了在我国制造业中缺乏竞争力。建议从培养技能型人才、创新型人才、经营管理型人才三方面进行改善。

1. 培养技能型人才

随着制造业的不断发展，岗位的结构性矛盾爆发出来。高校的人才培养模式和企业的需求脱节，这导致了制造业技术人才的需求和供给存在一定的矛盾。高校在重视理论课程讲授的同时，应该多设置实践课程，提高学生动手能力，将理论与实践结合起来。制造业企业要改变不合理的用人观念，形成合理的人才观，重视人员岗位培训，创造有利的环境以激发员工的创新能力。

2. 培养创新型人才

培养创新型人才是科技创新发展的基础，即具有创新能力且能通过创新实践取得成果的人。黑龙江省制造业科技创新能力相对薄弱，创新型人才相对不足，因此需要制造业企业重视创新型人才的培养，在加强自身对各领域专业创新型人才培养的同时，力争做好产学研合作，利用好当地高等院校和研究所，来引进和培养具有创新意识、创新能力的人，在引进人才、留住人才的同时，加快培养的步伐，以创新型人才的培养来带动产业科技创新能力的提升。

3. 培养经营管理人才

制造业中现在缺少既懂技术又懂管理的高层次复合型人才。为了使黑龙江省制造业更加具有竞争力，在建立完备的制造业培训体系中，实施企业经营管理人才培养行动计划，为黑龙江省制造业提供一批能带领制造业企业走向更远的高级管理人才。同时实行国外人才吸引制度，引进先进技术。开发专业人才的潜能，提高制造业的科技含量和工作效率。

参考文献

胡兴军：《金融危机下中国装备制造业的现状与发展》，《中国重型装备》2009 年第 1 期。

焦方义：《加快黑龙江省老工业基地振兴的专项规划建议》，《统计与咨询》2012 年第 4 期。

高松凡：《黑龙江省装备制造业发展现状及对策》，《统计与咨询》2012 年第 1 期。

王怀明：《湖北省制造业"新型化"评价实证研究》，《华中科技大学学报（社会科学版)》2010 年第 1 期。

李廉水:《中国制造业发展研究报告 2011》,科学出版社,2012。

中国工程院"中国制造业可持续发展战略研究"咨询研究项目组:《中国制造业可持续发展战略研究》,机械工业出版社,2010。

陈健:《我国绿色产业发展研究》,博士论文,华中农业大学,2009。

贺灿飞:《中国制造业地理集中与集聚》,科学出版社,2009。

黑龙江省统计局、国家统计局黑龙江调查总队:《黑龙江省统计年鉴 2007》,中国统计出版社,2007。

黑龙江省统计局、国家统计局黑龙江调查总队:《黑龙江省统计年鉴 2008》,中国统计出版社,2008。

黑龙江省统计局、国家统计局黑龙江调查总队:《黑龙江省统计年鉴 2009》,中国统计出版社,2009。

黑龙江省统计局、国家统计局黑龙江调查总队:《黑龙江省统计年鉴 2010》,中国统计出版社,2010。

黑龙江省统计局、国家统计局黑龙江调查总队:《黑龙江省统计年鉴 2011》,中国统计出版社,2011。

黑龙江省政府:《黑龙江省新能源和可再生能源产业发展规划 (2010 ~ 2020 年)》(黑政发〔2010〕13 号)。

Development Report of Heilongjiang Province Manufacturing Industry after the Economic Crisis

Hao Shengbin   Yu Bo   Wang Yuan

Abstract:The current situation of the general state and especially major sectors of manufacturing industry in Heilongjiang Province after economic crisis is analyzed. Furthermore, based on the comprehensive analysis of the strengths of the manufacturing industry's development, the competitive advantage and trend of new industrialization for manufacturing industry of Heilongjiang Province is mainly evaluated. Finally, according to the developing trend of Chinese manufacturing industry and the problems of manufacturing industry in Heilongjiang Province, the way for manufacturing industry's sustainable development in Heilongjiang Province is proposed.

Key Words:Heilongjiang Province; Manufacturing Industry; Economic Crisis

B.8
经济危机下的黑龙江省物流产业发展报告

杜朝晖　史金鑫*

摘　要：

　　2008 年的一场金融危机使得世界经济深度衰退，我国经济受到严重冲击，近年来，随着世界经济的缓慢复苏和中国宏观经济环境稳步回暖，物流业发展已呈现总体向好的局面。在这场危机中，黑龙江省物流业也受到了影响，但依托其独特的发展特点，在应对危机的同时也产生了很多发展机遇。为推动物流业快速发展，黑龙江省出台了多项发展规划，指明了物流业的重点发展区域与重点发展方向。本文通过对经济危机后黑龙江省物流业产业现状的描述，分析了目前黑龙江省物流业发展存在的问题及发展趋势，并提出了提高黑龙江省物流业水平的对策与建议。

关键词：

　　经济危机　黑龙江省　物流产业

一　经济危机对黑龙江省物流产业的冲击

2008 年一场由美国次贷危机引起的全球性金融危机让世界经济整体陷入了低迷，影响了各行各业的发展。我国实体经济也受到了严重的冲击，经济发展面临着十分严峻和复杂的形势。其中物流业市场规模出现大幅度萎缩，有效需求不足，很多资源受到限制，各物流企业经济效益明显下降，面临着巨大的生存压力。

黑龙江省物流业是刚刚发展起来的新兴产业，在初期就遇到这样的危机，

---

* 杜朝辉，哈尔滨工业大学管理学院副教授；史金鑫，哈尔滨工业大学管理学院研究生。

虽是挑战但也蕴藏着很大的发展机遇。此次经济危机给黑龙江省物流业带来的影响主要体现在以下几方面。

（1）对于传统的公路运输业而言，受整体环境的影响，市场需求萎缩，客户大大减少，货源不足，运输车辆的效益明显下滑。2009年1月国家开始征收燃油税，运输成本的提高对于运输业来说无疑是雪上加霜，对于还不健全的黑龙江运输体系来说，是一个很大的冲击。然而，当经济危机刚刚爆发时，黑龙江省就抓紧启动了公路建设计划来应对这样的突发状况。在决策之初，黑龙江省还没有完全被经济危机所覆盖，因此获得了一个喘息的机会，省交通运输厅连续加速制定项目，恰逢国家扩大投资、拉动内需的重大举措。因此，在交通部的大力支持下，黑龙江省积极落实了192亿元的国家补助金，完善了各项"十一五"规划，这给黑龙江省的公路运输发展带来很大的发展机遇。

（2）对于仓储业而言，2009年初，黑龙江省经济遭遇"寒流"。作为东北老工业基地，工业企业订单开始大幅减少。一些炼钢、亚麻等企业濒临破产；在金融危机笼罩下的对俄口岸，过货锐减；绥芬河市一百多家木业公司，八成处于停产、半停产状态。另外，由于国家取消了农产品出口退税政策，农产品出口量也大大减少。还有，受金融危机和"三聚氰胺"事件影响，全省乳业原料粉库存积压3万吨左右，在种种不利条件的压迫下，仓储业面临着严峻的考验。许多货物运不出去，管理难度加大。

（3）对于快递业而言，黑龙江地处中国东北端，地理条件和气候条件不是十分优越，运送货物比其他省份要更费时费力，快递企业的业务量中80%是企业客户，20%是个人客户。在经济下滑时，制造业企业生产的产品减少，必然就影响快递业的业务量；另外，消费低迷，电子商务也陷入冷清的状态，很多中小快递公司因为没有货源或是货源太少而关门倒闭。

（4）对于第三方物流企业来说，业绩严重下滑，这已成为第三方物流企业普遍存在的问题。黑龙江省的物流企业多半是只能提供运输、仓储等单一服务的传统物流企业，市场的大幅萎缩使得利润空间下跌，大批中小物流业经营出现困难，在经济危机的冲击下完全没有抵抗风险的能力，暴露出很多经营问题。

（5）对于新型物流而言，金融危机的爆发严重制约了他们的发展，金融危机的影响使得原本处于新生状态的物流企业放缓了脚步。应付基本的收支相抵

已成为多数企业的追求，根本无暇投入更多的资金增加新的固定资产、建立先进的信息系统、开拓更多的物流渠道，导致物流业基本陷入发展停滞的状态。

二 黑龙江省物流产业现状描述

自2012年初以来，黑龙江省全省宏观经济保持了平稳增长的良好势头，在省委、省政府的总体部署下，黑龙江省坚定不移地把握"稳中求进"的良好势头，大力推进重点产业及重点工程的建设，不断完善现代产业体系。特别是前11个月的各项数据指标显示，黑龙江省工业生产运行逐月稳步回升，固定资产投资持续增加，消费品市场逐渐回暖，金融机构对经济社会的发展支撑力度加大，整体上多数指标均高于全国平均水平。

在整体经济回暖的走势下，物流产业也迎来了发展的春天，凭借良好的资源优势及工农业发展基础，依托国家相关发展政策支持，近年来黑龙江地区物流需求不断扩张，交通基础设施、物流园区的建设步伐加快，物流企业总体实力水平稳步提升。

（一）近年来产业数据

根据表1、图1显示，2011年黑龙江省公路货运量44420万吨，是经济危机后的最高值；2008年和2009年该指标一度受危机影响，增长缓慢，在经历了快速的调整后，恢复较快；自2010年起步步回升，虽未恢复到金融危机前的水平，但基于公路运输是黑龙江省物流业的主要发展对象，近年来修建公路计划得到了极大的政策支持，为今后的进一步提升奠定了坚实的基础。

表1 黑龙江省近年公路货运量

年份	黑龙江省	年份	黑龙江省
	公路货运量（万吨）		公路货运量（万吨）
2006	48389	2009	36486
2007	51996	2010	40582
2008	35424	2011	44420

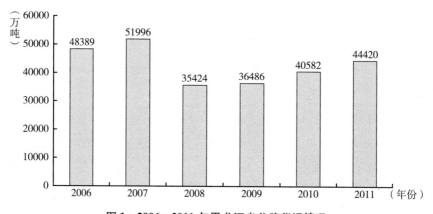

图1　2006～2011年黑龙江省公路货运情况

资料来源:《中国统计摘要》《黑龙江省统计年鉴》《中国统计年鉴》等。

表2　黑龙江省近年铁路货运量

年份	黑龙江省铁路货运量(万吨)	年份	黑龙江省铁路货运量(万吨)
2006	15859	2009	16744
2007	16599.3	2010	17717
2008	17511	2011	17677.95

根据表2、图2显示,可以明显的发现在2009年,经济危机的影响,黑龙江省的铁路货运量大幅减少,比2008年减少4个百分点;而到2010年,情

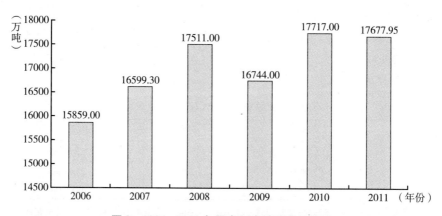

图2　2006～2011年黑龙江省铁路货运情况

资料来源:《中国统计摘要》《黑龙江省统计年鉴》《中国统计年鉴》等。

况已显著好转,不仅回升且高于 2008 年的货运量;2011 年较 2010 年虽然略微下降,但仍高于经济危机时的相关数据,甚至高于危机前的水平。可见铁路货运已基本回归正轨,2012 年哈大高铁的通行,又给铁路上的运行带来更多的方便与机遇。

从表 3 可见,黑龙江省 2011 年实现交通运输、仓储和邮政业增加值 501.8 亿元,比 2008 年增加 29.7%,近年来一直保持着良好的涨势,并没有过多地受到经济危机带来的波动。

表3 黑龙江省近年来交通运输、仓储和邮政业增加值情况

年份	黑龙江省	年份	黑龙江省
	交通运输、仓储和邮政业增加值(亿元)		交通运输、仓储和邮政业增加值(亿元)
2008	386.8	2010	471.9
2009	433.6	2011	501.8

资料来源:《中国统计摘要》《中国地区经济监测报告》《新中国六十年统计资料汇编》《黑龙江省统计年鉴》等。

从表 4 可见,金融危机爆发之后,黑龙江省的进出口贸易额迅速减少,2009 年进出口总额为 1623000 万美元,比 2008 年下降了 29.1%,可见金融危机对外贸易产生了极深的影响;但从 2010 年的数据来看,由于我们采取了及时有效的缓解措施,经济回暖较快;至 2011 年末,黑龙江省已保证了良好的经济发展势头,进出口总额已达到 3852000 万美元,比 2008 年增长了 68.2%,取得了显著成效。

表4 黑龙江省近年出口总额变动情况

年份	黑龙江省	年份	黑龙江省
	进出口总额(万美元)		进出口总额(万美元)
2008	2289860	2010	2550382
2009	1623000	2011	3852000

资料来源:《吉林省统计年鉴》《江西省统计年鉴》《新中国六十年统计资料汇编》《黑龙江省统计年鉴》等。

从表5可见，2011年，黑龙江省社会消费品零售总额达4750.1亿元，增长率为17.6%，消费品市场呈回暖态势。根据最新数据显示，自2012年7月份以来，黑龙江省的社会消费品零售总额也呈现出逐月增加的趋势，1~11月，实现零售总额4843.6亿元，比上年同期增长15.8%，也比全国平均水平高出1.6个百分点。社会消费品零售业的快速发展为商贸及配送物流的发展提供了良好的机遇。

表5　2008~2011年黑龙江省社会消费品零售总额及增长率变动情况

年份	黑龙江省	
	社会消费品零售总额(万元)	社会消费品零售总额增长率(%)
2008	29283000	22.7
2009	34018000	16.2
2010	40392000	19
2011	47501329.5	17.6

资料来源：《湖南省统计年鉴》《中国统计摘要》《吉林统计年鉴》《中国地区经济监测报告》《辽宁省统计年鉴》《宁夏省统计年鉴》等。

从表6可见，黑龙江省的物流行业等相关企业数一直保持增长的趋势，仓储业法人单位数已由2008年的610家增长到2011年的712家，道路运输业法人单位数由2008年的1550家增长到2011年的2175家，平均涨幅变动不大。可见，虽然在经济危机中有部分企业受到冲击，但黑龙江省的整体水平没有受到太大的影响，物流企业的建设仍有很多的发展空间。

表6　2008~2011年黑龙江省物流相关企业的数量变动情况

年份	黑龙江省	
	仓储业法人单位数(个)	道路运输业法人单位数(个)
2008	610	1550
2009	650	1754
2010	670	1960
2011	712	2175

资料来源：《中国经济普查年鉴》《中国基本单位统计年鉴》等。

（二）基础设施状况

2012年是黑龙江省公路三年决战收官之年，各项建设任务都在紧锣密鼓、全力以赴地向前推进。到年底，已累计完成投资1044亿元，取得了优异的战绩。其中包括高速公路2767公里，一级公路150公里，二级公路2251公里，农村公路62800公里。全省的公路建设经过三年决战，以每年增加1000公里高速路的速度向前跃进，结束了黑龙江省6个地市不通高速公路的历史，并将黑龙江省排名从全国第21位提升到全国前列，以最快的速度、最优的质量、最低的成本实现黑龙江省公路建设的历史性突破，完成了"不可能完成的任务"，创造了黑龙江省的一个新的奇迹。各级交通主管部门紧紧围绕公路建设"三年决战"所形成的公路网络，大力发展现代物流、甩挂运输、高速公路客运、农村客运、旅游客运、国际道路运输。逐级编制高速公路客运发展规划，发展高速直达客运班车，与普通公路客运和农村公路客运区别开来。中心城市结合实际，整合道路客运资源，延长公交线路，尤其是着重解决因行政区域重新划分、群众出行需求强烈的城郊线路，尽快实现多种客运形式的无缝衔接。另外，按照中国东北地区与俄罗斯东西伯利亚及远东地区合作规划纲要的要求，积极准备哈尔滨至符拉迪沃斯托克国际客货运输线路延伸工作。

根据黑龙江省政府的规划，按照全省主要货物流向及物流网络规划布局，黑龙江省进一步加快了干线铁路、沿边口岸、航道、机场、输油管道等基础设施建设，其中重点打造的干线有：哈尔滨－大庆－齐齐哈尔－呼伦贝尔－满洲里；哈尔滨－牡丹江－绥芬河（东宁）；哈尔滨－大连、鹤岗－佳木斯－鸡西－牡丹江－图们－丹东－大连；哈尔滨－北安－黑河；哈尔滨－佳木斯－双鸭山－同江（抚远）、漠河－加格达奇－齐齐哈尔－松原（白城）－通辽等陆路及出海物流通道和以哈尔滨为中心的航空物流通道，畅通陆海联运、江海联运等国际物流通道和哈大齐大件运输物流通道。

另外，黑龙江省道路运输基础设施建设2012年完成投资约4.4亿元。其中齐齐哈尔碾子山公路客运站、七台河公路客运站已经完工，进入后续完善阶段；佳木斯公路客运枢纽站等公路客运配套服务设施也已经改造完成；齐齐哈尔客运南站、绥化东城公路客运站、五常等七个公路货运站陆续开工。为实现进一步的信息化，黑龙江省积极建设各项电子网络系统，包括客运联网售票系统、路政执法管理系统、出租汽车服务管理信息系统、营运车辆技术管理系统、机动车维修救援体系等；重点货源单位、货运场站安装数据监控系统，基本实现联网联控，实时动态监管。

在机场建设方面，近年来黑龙江省伊春、大庆、鸡西等新建机场相继通航，加上哈尔滨、齐齐哈尔、牡丹江、佳木斯、黑河、漠河等机场，黑龙江省机场集团管辖的机场已达到 9 个。预计几年之内黑龙江省将拥有 12 个机场，成为继新疆、云南、内蒙古之后中国的第四个支线航空大省。由此可见，在东北的黑土地上将崛起中国最北部的机场群，哈尔滨就是这个机场群的中转枢纽。这些支线机场（除大庆）通过哈尔滨分别通达全国 50 个城市，84 条航线（包括国际直达航线 9 条、虚拟国际航线 17 条），为建立区域中转枢纽创造了强硬的运力条件。

（三）物流园区及物流中心建设状况

位于京哈高速公路哈尔滨出口处的哈尔滨龙运物流园区是黑龙江省的重要物流枢纽站。很多运往中国南方省市的货物都要经过这里，这就使其成为中国货物进入东北亚地区必经要道之一，该园区辐射到黑龙江省内的 12 个区域中心城市及对俄边境口岸，大大缓解了市区交通的压力，给整个黑龙江省的物流体系创造了极大的便利。

哈尔滨龙运物流园区是交通部确定的全国 179 个国家公路运输枢纽之一，也是哈大齐工业走廊首批启动项目。园区规划占地 230 万平方米，总投资 51.6 亿元，分三期建设。按功能分为"五区一园一平台"，即仓储配送区、货运配载区、商贸物流区、冷链物流区、综合服务区、物流主题文化园和黑龙江省物流公共信息平台。建成后可满足近 400 户物流企业和 600 户汽配批发企业进驻经营，年吞吐量达 500 万吨，园区建成后将成为黑龙江省内规模最大、设施最完备、信息化程度最高的物流示范基地，将发挥对全省物流行业的服务、示范、引导、辐射等作用，推动全省物流行业规划化、现代化发展，带动哈市南部地区经济发展。园区一期占地 51.5 万平方米，目前已投入 10 亿元，并开始营业；2012 年已启动二期建设，计划总投资 17.7 亿元，占地面积 85 万平方米，主要建设保税物流中心、配载库房区、冷链物流区、货运车辆展览中心和物流教育培训基地及综合服务区。建成后，该物流园区将极大地提高黑龙江省物流基础设施的实力，缓解公路运输的压力，实现物流系统的完善升级，成为东北地区首屈一指的物流园。

另外，牡丹江交通枢纽国际物流中心也已完成综合办公楼主辅楼的二层封顶等工程，累计完成投资1.2亿元。该项目分为A区和B区，A区位于哈牡绥东对俄贸易加工园区内，项目总规划占地面积40万平方米，建筑面积17万平方米，项目总投资6.1亿元，分两期实施。该项目以物资集散为核心功能，以货物配载配送、物流信息处理为基本功能，以商贸综合服务、国际客运服务、金融质押担保为配套功能。一期工程于2011年9月28日正式开工建设，目前已完成综合办公楼主辅楼的二层封顶，商服1号数和2号楼的主体工程也已完工。同时，还完成了10号地下库、11号地下库的基础建设和信息楼的基础开挖工程，整体工程预计于2013年10月份交付使用。此外，该项目信息网络也在同步建设。目前已与清华同方股份有限公司确立了合作伙伴关系，将在物流中心建设及运营过程中，引进物联网技术，打造行业管理和发展信息平台，重点加强对出租汽车、线路客运、货运、危险品运输、公交及校车等行业信息管理，面向东北亚地区做大做强"物联网"产业，形成"南有无锡、北有牡丹江"的全国物联网发展格局。

另外，2012年由黑龙江省克山县交通局与企业共同出资建设的交通运输物流中心项目已经进入验收阶段，即将投入使用。该项目占地面积6万平方米，包含信息中心、仓储中心、配送中心及大型停车场，目前已完成企业招租，市场前景极为良好。该物流中心不仅可以提高克山县的货物周转能力，还可以改善县城内的环境和交通秩序，对区域经济的发展作出重要的贡献。

三 黑龙江省物流产业的未来发展趋势及存在的问题分析

金融危机对中国经济的严重冲击，进一步暴露出了中国经济发展方式中存在的问题。2012在保持国民经济平稳较快增长的同时，加快转变经济增长方式和经济结构调整仍将成为中国经济发展的主题。"十二五"时期是深入贯彻落实科学发展观、积极应对国内外发展环境新变化、加快推进经济转型升级的关键五年。随着市场经济的发展，物流业地位已经发生了转变，由过去的辅助地位变为主导地位，因此，物流业的结构调整和产业升级都会对整个经济环境产生振动，加快发展物流业已成为当务之急。

在经济的变化调整进程中，预计我国的消费结构、产业结构、区域结构、城乡结构将进一步发生较为明显的变化，并对物流市场的需求结构、地区结构、行业结构等产生较大影响，对物流服务质量的要求也将进一步提高。

（一）黑龙江省发展物流业面临的形势

1. 加快发展现代物流业，是后危机时代世界经济发展的必然趋势

当前世界经济总体进入"后金融危机时期"。这一阶段世界经济格局将会进行深度调整，产业竞争日益激烈。这就要求：黑龙江省物流业必须寻求一种新的发展模式，顺应时代的发展，专注于以信息网络技术和供应链管理为核心，使服务的成本更低、效率更高、形式更为多样，以更专业的姿态提高竞争力；全省物流企业也要加快重组步伐，将物流企业规模扩大，并提高产业集中度和抗风险能力，使产业能够稳步发展。同时，由于现代物流业的产业关联度较高，要全力促进黑龙江省的各项关联产业优化内部分工、专注自身的核心业务、降低物流费用，增强其应对危机的能力。

2. 加快发展现代物流业，是提升黑龙江省经济全球化的客观要求

一是为了我国能够快速融入世界经济实现经济的全球同步化，这就对我国的全球整体采购、生产和销售的发展模式提出更高的要求，我们必须重新规划资源配置，降低企业物流成本，提升竞争力。二是为了应对国际产业分工的变化，黑龙江省要加快发展现代物流业，构造完善的物流服务体系，创新投资环境，吸引国内外的投资者，促进黑龙江省制造业和医药产业的共同进步。三是随着全球服务贸易的迅猛发展，黑龙江省要加快发展现代物流业，培育一批现代物流服务企业，加强物流服务能力，在日益激烈的全球物流企业竞争中取得一席之地。

3. 加快发展现代物流业，是扩大就业改善民生的重要手段

保障和改善民生，既是经济发展的目的，也是经济发展的动力。就业是民生之本。要提高人民生活水平和质量，归根结底是要解决就业问题，增加全社会就业人数。每一项新兴产业的发展都需要投入大量的人力物力来探索，而我国的物流产业基础薄弱，要快速发展必然会产生很多的就业岗位，作为一种劳动密集型产业，物流业的产业扩张极大地缓解了就业压力，带动了黑龙江省的经济协调发展。

4. 加快发展现代物流业，是黑龙江省大力发展经济的现实选择

根据省委、省政府对于未来发展的科学谋划，要达到区域经济的协调发展，必然要求区域物流的协调配套。根据黑龙江省发展战略的新要求，全省将进一步扩大经济规模，提高居民的消费水平，社会商品零售额、货物运输量、对外贸易额等也将大幅度增长，农产品、工业品、能源、原材料和进出口商品的流通规模也要相应增加，因此这就对黑龙江省的物流服务能力和物流效率提出了新的要求。物流业作为与其他产业联动发展的生产性服务业，其快速发展将极大地促进其他产业的发展。发展现代物流业，使物流服务功能与经济发展紧密结合，必将促进分工与协作，推动经济协调发展，有利于改善发展的格局。

（二）黑龙江省物流业的发展趋势

1. 物流企业类型趋于多元化

黑龙江地区具备独特的地域优势，第一产业和第二产业比较发达，为物流业的发展创造了良好的条件。随着东北地区国家战略的实施和当地政府对现代物流业发展的重视，黑龙江省的物流企业实力得到了较大的提升，各种类型的物流企业都取得了快速的发展，力争形成国有、外资、民营三足鼎立的多元化物流供给主体格局。而传统只有单一职能的物流企业，必须逐步实现自我转型或是合并联合，取长补短，实现物流现代化整体体系，不断拓展延伸新的物流服务，满足市场不断产生的多元化需求。

2. 国民经济快速发展，快递市场需求更为强劲

"十二五"时期是我国全面建设小康社会的关键时期，工业化、信息化、城镇化、市场化、国际化将进一步加速发展，人均国民收入稳步增加，经济结构加速转型，市场需求潜力巨大，促使快递服务加快发展的动力增强。贸易、

生产领域和商品销售领域等各产业链紧密高效衔接，进一步拉动了对快递服务的需求。互联网的广泛普及、个性化和消费观念的改变及电子商务的快速发展，带来网上新兴购物方式的剧增，网络购物交易量增长迅猛，衍生业务品种和平台不断涌现，由此带来现代快递物流配送支撑体系的需求膨胀，快递服务发展商机巨大。随着黑龙江省交通投资建设力度的不断加大，黑龙江省综合运输体系将更加完善，综合运输效能将进一步提高，从而为快递服务利用多种运输资源、提升服务能力和服务水平提供坚实的网络基础。随着越来越多的快递企业在黑龙江投资建设，哈尔滨的快递枢纽地位将进一步强化。

3. 着眼于周边国际贸易，打造跨境产业链

进出口贸易方面，黑龙江省省会哈尔滨市具有得天独厚的优势，凭借巨大的市场容量和密集的生产要素，黑龙江省应构建一个现代商贸物流城市综合体，借鉴南方某些中心城市的先进经验，以毗邻的俄罗斯为主要目标，打造一条物资采购、商品展示、物流配送、进出口加工、交易服务一条龙的跨境产业链，对于欧美这一巨大的潜在市场，要适时把握时机，抓住主要机遇，打造一条由黑龙江省通往国际市场的贸易通道。

4. 节能减排将逐渐引起物流企业的重视

目前，节能减排和应对气候变化成为普遍关注的世界性问题，能源、资源和环境问题也已严重制约我国经济社会发展。物流业作为能源消耗大、碳排放量较高的行业，将进一步关注节能减排问题；物流业加强节能减排不仅有利于环境保护，而且对控制自身成本也有帮助；物流业可以通过多种途径实现节能减排，如引进节能高效的车辆，合理安排运输路线，依靠科技手段减少空驶，通过采用节能设备降低物流过程中对电力能源的消耗，采取措施降低物流过程对包装、活动周转箱的使用等。

5. 医药、食品冷链等专业物流市场将加快升级

随着我国新医改政策的贯彻落实和各项配套政策的出台，基本医药制度将进一步健全，基本药物的统一配送体系将加快建立，从而推动医药物流市场进入快速发展和升级阶段。一方面资金雄厚的大型企业将大力扩张，通过兴建高水平现代医药配送中心扩大及完善网络布局；另一方面行业整合将加速，由于中小企业被生产厂家选为配送企业的概率很小，更多中小企业或被大型企业整

合或被淘汰。医药物流产业整体运营水平和效益也将进一步提升。

另外，随着我国居民冷冻食品消费量的不断扩大，以及消费者对食品安全的日益关注，食品冷链物流市场将进一步升温，预计冷链物流基础设施的建设步伐将不断加快，冷藏冷冻设施容量严重不足的状况将有所改善。同时冷链物流企业的运作水平也将同步提升。

6. 结合重点产业，推进两业联动发展

为了有效发挥优势，黑龙江省可以采取结合优势产业，推动物流业的有效发展。例如，齐齐哈尔市可以重点发展装备制造业的物流外包产业；哈尔滨等市通过建设汽车物流中心促进汽车行业与物流行业的联动发展；大庆依托丰富的油气资源，着重发展石油化工物流体系，建设石油及石油制品的物流中心。

（三）黑龙江省发展物流业存在的问题

1. 物流业成本增高

得益于世界各主要经济体间的通力合作以及各国政府为稳定本国经济秩序所采取的救市措施，国际金融危机带来的影响已渐渐远去，我国的大部分地区经济已呈现回暖态势。但是，国际油价的攀升、劳动力成本的持续升高，使得物流企业依然面临成本上升和服务价格低迷的双重压力。另外，不合理的仓库布局、物资存放、装卸搬运环节造成重复搬运和多次作业，增加了物流的额外成本，在这种物流业经营要素价格大幅上涨的情况下，如果物流需求不能增大幅度，再加上市场上激烈的竞争，物流企业要面临的挑战很多。

2. 物流企业专业化水平低

黑龙江省的物流业总体尚处于传统物流阶段，各企业整体规模小，缺乏龙头企业，已出现的一些专业化物流企业物流服务专业化水平还较低，绝大多数企业只能提供单项或分段式的物流服务，服务范围狭窄，服务层次低，难以提供一体化的服务，企业整体经营管理方式落后，网络化的经营组织尚未形成，很难提供规范化的物流服务。

3. 物流信息化程度较低

当前，黑龙江省物流信息系统化程度总体偏低，远不能达到信息的智能化，在物流活动运转的各个环节中，物流信息不能及时有效地计划、组织、协调和控制，达不到整体优化的目的。

在黑龙江省，只有顺风物流、华都物流等为数不多的物流企业应用了信息分类编码技术、条码技术、射频识别技术、电子数据交换技术、全球定位系统（GPS）、地理信息系统（GIS）等物流信息技术，有自己的信息交流平台，而其余的大多数中小物流企业基本没有建立自己的信息系统，仍旧靠传统的电话和传真机来维系日常的交流，工作效率很低。此外，黑龙江省网络的铺设也有很多盲区，如偏远的郊区以及周边农村地区都缺少相应的网点。正因如此，黑龙江省的大多数物流企业不能快速、准确地满足顾客的不同需求，客源经常性流失，企业发展也受到了诸多限制。因此，加速提高黑龙江省物流的信息化是黑龙江省的首要任务。

4. 医药物流现代化水平低

黑龙江省医药物流行业虽然取得了较大的发展，但绝大多数医药企业普遍存在行业集中度较低、发展水平不高、跨区域扩展缓慢的难题。现代医药物流发展相对滞后，管理水平、流通效率和物流成本与较为发达的省份还存在一定的差距。特别是黑龙江省的城乡医药物流发展不够平衡，经济发达地区和城市药品流通企业过度集中，省内农村山区等偏远地区医药配送网络未能有效覆盖，医药可及性有待提高。医药流通秩序还有待规范，中药材市场还存在药材交易混乱、质量缺乏保障、市场管理缺位等问题。

5. 两业联动发展环境条件差

尽管两业联动发展较快，但通常两个产业之间的协调性并不强，反映了两业联动发展存在的一些问题。突出表现在环境政策不合理、标准不完善、技术应用滞后等方面。一直以来，税负过重被视为物流业发展的最大障碍，存在税率不统一、重复征税的问题。而对于与物流业合作的其他产业来说，如果选择物流外包，就会产生新的税负，这自然会影响到其他产业的企业外包的积极性，还有，物流行业的不规范，制约了物流系统内部各环节与外部系统的有效衔接，导致物流效率偏低。另外，黑龙江省的物流公共信息平台建设滞后，信息不对称现象比较严重，导致信息资源不能有效地交换与共享，这些因素都严重制约了两业联动的发展进程。

6. 物流园区秩序混乱，经营难度大

以哈尔滨市目前最为繁忙的神州物流园区为例，该园区于 2006 年投入使用，目前采取物业开放式管理模式，入场的业户有 380 余家，总占地面积为 10 万平方米，每逢旺季日进出站场车辆可达 15000 辆，淡季也有 10000 辆左右。但是园区内缺乏统一规划，道路多为死路且路面坑洼不平，进出车辆不能形成良好的循环，造成拥堵现象，仓储库房多为简易板房，安全隐患大。物流园区内入住的道路货运业户主体小、散、弱，服务质量较差、信誉不高的问题长期存在，严重影响了行业声誉。

另外，园区专业化运输分工不细，高质量运输服务不能满足需要。市场上充斥的很多运输企业都不具备良好的经营资格，但是为了获得生存空间，抢夺利益，不惜采取低价格服务的手段与大型企业竞争，有时甚至采取非法的运营手段，这样不仅使大中型运输企业没有客源，同时因其提供的服务质量差，造成的货物损失严重、运输延期，货主的利益也得不到良好的保障，使得物流园区整体受到影响。

四 黑龙江省物流产业应对危机应作出的调整对策

黑龙江省物流业的发展中既有机遇也有挑战，虽然还在起步阶段，有很多的问题，但是结合国内外的经济状态可以发现黑龙江省整体具有良好的发展基础，市场前景广阔，政府已经出台了批量的相关政策，科学规划各项资源配置，要求凭借特有的市场平台和地理优势，加快构建全省现代物流产业体系。另外，根据黑龙江省"十二五"期间的发展规划，物流产业要达到的目标是：到 2015 年，物流总费用与 GDP 的比率下降 2%，并成为促进黑龙江省经济社会发展的先导产业；培育 10 个年营业收入超 5 亿元和 5 个年营业收入超 10 亿元的物流企业集团；建立覆盖城乡、产业联动、高效快捷的物流服务网络体系；形成若干具有较强集聚辐射能力的物流产业集群，使黑龙江省成为东北亚国际物流发展核心区域之一。

根据以上的规划及黑龙江省目前的物流业现状，可以采取以下措施进行调整。

（1）增加对物流业的发展投入

物流业作为经济复苏中迅猛发展的产业，离不开大量人力物力的支持。省委、省政府应合理地对相关物流企业进行调研考核，对有潜力发展空间的企业加大扶持力度；对于省内各市网点的运输配送等信息设施的项目建设也要合理规划安排，创新产品及服务方式，满足企业进步的资金需求；也可以颁布一些优惠举措，促进金融企业对相关物流企业的贷款政策，指导物流企业进行合理投资，不断拓宽融资渠道。

（2）物流业要集中核心业务，加强改进与创新

物流企业应主动创新，并在此基础上达到科学化管理。企业难以实现大而全的经营模式主要是由于受到了资源、信息以及市场的限制。所以企业要想在市场竞争中占有自己的一席之地，必须形成自己独特的竞争优势，舍弃不必要的支出，具体可以是将非核心业务进行外包，然后集中资源在某一领域做精做深，这就需要企业要持续对自身的资源及技术进行监控，不断改进与创新，实现科学化管理，适时催生并形成新的核心竞争力，争取在市场竞争中取得领先地位。

（3）建立完善的信息系统

物流业的重要根基就是要将物流信息化、网络化完善并发展，这也是现代物流企业重要的考核标准，以信息智能化为标准来考核，黑龙江省的物流企业的发展尚处于幼年期。根据统计资料显示，未应用或部分应用信息智能化设备的物流企业仅占74%，全面应用信息智能化设备的企业仅占9%，比例相差悬殊。为改善这一现状，我们可以从以下两个方面着手：首先，充分发挥物流行业的整体优势，完善物流信息处理通用平台，积极主动与同行业进行有效交流，减少成本浪费；其次，加强物流基础设施的建设，配备全球卫星定位系统（GPS），建立现代化的立体仓库和与之配套的仓储电脑信息管理系统、PDA扫描自动录入系统等现代信息技术。

（4）完善医药物流业，实现医药物流科学发展

2011~2015年，是实现深化医药卫生体制改革目标的关键时期，也是医药物流行业结构调整和转变发展方式的关键时期。政府提出加快建立医药供应保障体系，发展医药现代物流和连锁经营，规范医药生产流通秩序，建立便民惠民的农村医药供应网络等任务，要求黑龙江省医药物流行业必须积极响应号

召以实现科学发展。具体就是要做到，企业管理体系从粗放型向集约化发展，改革企业体制；产品从多渠道分销向实行总代理、总经销制式发展，这样可以省略很多中间环节，提高产品周转频次，形成区域化优势；构建医药市场数据库、电子监管等信息平台，优化业务流程，实现医药产品从生产、流通到使用全过程的信息共享和反馈追溯机制。

（5）大力发展第三方物流

大力发展第三方物流企业，加快培育物流市场。为提升黑龙江省整体物流企业竞争力，首先要鼓励企业将现有运输、仓储、货代、联运、快递等业务整合和并积极开展服务创新，加快向现代物流企业转型，大力发展第三方物流。其次，积极发展多式联运、集装箱、甩挂运输、厢式货车运输以及重点物资的散装运输等现代运输方式，加强物流企业的运输能力。各级政府要加大招商引资力度，积极与国内外大型物流企业合作，争取让他们到黑龙江省设立分支机构或从事物流业务。大力扶持物流企业间的资源整合，提升服务水平，培育竞争力强的大型物流企业集团。鼓励物流企业加强信息沟通，创新物流服务模式，满足多样化的物流需要。

（6）发展绿色物流，促进低碳环保

绿色物流是物流业发展的必然趋势。要贯彻落实绿色物流，首先要制定和完善绿色物流标准，物流业的绿色标准对物流企业起规范和引导作用，倡导着企业的节能减排行为，促使整个物流过程实现资源、能耗、污染均大幅减量的目标。其次，政府应该鼓励企业开发绿色物流技术，将减少能耗的产品作为研发和制造的重点之一，在黑龙江省的制造业和软件业发展速度也较快的同时加强绿色物流技术的投资、开发和应用，确保黑龙江省物流业向绿色物流发展，实现低碳环保的目标。

参考文献

谢芮：《黑龙江省物流园区的发展现状与对策》，《中国商贸》2012 年第 11 期。

孙超：《黑龙江省区域物流发展现状分析》，《华章》2011 年第 15 期。

田伟：《金融危机对辽宁物流产业的影响和对策》，《中国乡镇企业会计》2012 年第 1 期。

王雪云：《浅析黑龙江省物流业存在的问题及对策分析》，《现代经济信息》2012 年第 19 期。

崔柏：《高歌猛进的黑龙江物流业》，《中国储运》2010 年第 3 期。

Development Report of Heilongjiang Province Logistics Industry under the Economic Crisis

Du Zhaohui   Shi Jinxin

Abstract: The financial crisis in 2008 makes a deep recession in the world economy and our country was also severely effected. In recent years, with the world's economy recovery and Chinese macro economic environment steadily picking up, development of logistics industry in general is presented to the good situation. In this crisis, the logistics industry in Heilongjiang Province have also been affected, but relying on its unique characteristics in dealing with the crisis also generates a lot of opportunities for development. In order to promote the rapid development of logistics industry, Heilongjiang Province also introduced a number of development plans and indicates the logistics industry key areas and key development direction. This article descript the present situation of the logistics industry in Heilongjiang Province after the economic crisis, analysis the problems and the development trend of the current development of logistics industry in Heilongjiang Province, the paper comes up with some countermeasures and suggestions to improve the level of logistics industry in Heilongjiang Province.

Key Words: Economic Crisis; Heilongjiang Province; Logistics Industry

B.9
经济危机下的农业产业发展报告

吴伟伟　于　渤＊

摘　要：

黑龙江省是我国最大的粮食生产基地，对国家粮食安全的作用举足轻重。本文重点分析 2008 年经济危机发生以来黑龙江省的农业发展状况，以及经济危机对黑龙江省农业发展产生的影响。在此基础上，分析经济危机中黑龙江省农业发展存在的问题，识别出经济危机对黑龙江省农业发展的机遇和挑战。最后，研究了黑龙江省农业发展的重点任务，并提出了保障措施。

关键词：

黑龙江省　农业　经济危机

一　经济危机发生以来黑龙江省农业发展状况

（一）农业总产值

自 2008 年国际经济危机发生以来，黑龙江省农业发展总体依然呈现增长的态势。2009～2011 年黑龙江省农业总产值分别为 2251.1 亿元、2536.3 亿元和 3223.5 亿元，按可比价格计算，分别比上一年增长 5.4%、5.8% 和 6.0%，高于同期全国农业的增长速度（4.6%、4.4% 和 4.5%）；2012 年前三个季度的农业总产值达到 1238 亿元，同比增长 10.2%。黑龙江省农业总产值占全国的比重也在不断增加，2006 年为 3.4%，2008 年为 3.7%，2011 年增加到 4.0%。

黑龙江省的农业增加值也呈不断增长趋势（见图 1），2012 年实现增加值 2113.7 亿元，比 2011 年增加 412.2 亿元。2010 年以来黑龙江省农业增加值增长速度加快，按当年价格计算的增长率，由 2010 年的 13% 增加到 2011 年的 31%。

＊　吴伟伟，哈尔滨工业大学管理学院讲师，博士；于渤，哈尔滨工业大学管理学院教授，博士生导师。

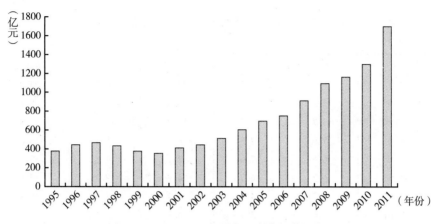

图1　1995～2011年黑龙江省农业增加值

资料来源:《黑龙江省统计年鉴2012》。

从农业总产值的分布来看,2011年,哈尔滨、绥化、齐齐哈尔的农业总产值占黑龙江省全省农业总产值的56%,其中哈尔滨的农业产值占全省农业总产值的1/4(见图2)。这一状况从2007年以来没有发生大的变动(见表1),显示了黑龙江省农业产值主要集中在哈尔滨、绥化、齐齐哈尔三个地区。

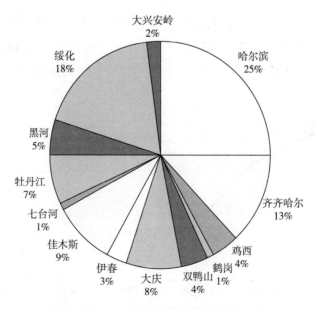

图2　2011年黑龙江省农业总产值地区分布

资料来源:《黑龙江省统计年鉴2012》。

表1 2007～2011年黑龙江省农业总产值地区分布

单位：%

地　区	2007 年	2008 年	2009 年	2010 年	2011 年
哈 尔 滨	28.5	27.7	28.0	26.7	24.9
绥　化	16.5	16.1	16.2	16.9	18.2
齐 齐 哈 尔	13.7	14.2	13.0	12.9	12.8
佳 木 斯	7.6	7.8	8.0	8.1	8.6
大　庆	6.6	7.0	7.1	7.6	7.7
牡 丹 江	6.7	6.7	6.9	7.2	7.1
黑　河	4.3	4.5	4.5	4.5	4.8
双 鸭 山	3.6	3.9	4.1	4.1	4.1
鸡　西	4.1	3.8	3.7	3.8	3.8
伊　春	3.9	3.7	3.7	3.7	3.4
大 兴 安 岭	2.2	2.0	2.1	2.2	2.2
鹤　岗	1.3	1.3	1.3	1.3	1.3
七 台 河	1.3	1.3	1.3	1.2	1.0

资料来源：《黑龙江省统计年鉴2012》。

从农林牧渔业的总产值构成来看，虽然经济危机发生之前，农业总产值比重不断下滑，但黑龙江省农业总产值在农林牧渔业总产值中的比重始终在50%以上（见图3）。2009年之后，农业的比重开始出现上升的趋势，2011年农业所占比重达到了55.9%，显示了黑龙江农业大省的地位。

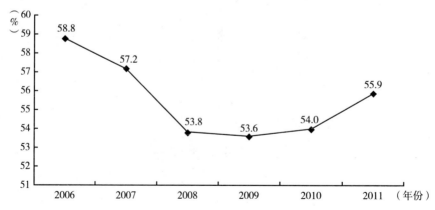

图3 2006～2011年黑龙江省农业总产值在农林牧渔总产值的比重

资料来源：《黑龙江省统计年鉴2012》。

（二）农业总产量

2012 年全国粮食总产量 58957 万吨，比 2011 年增产 1836 万吨，增长 3.2%；2012 年黑龙江省粮食总产量 5761.5 万吨，比 2011 年增长 3.4%，高于全国水平，实现九连增，蝉联全国第一。黑龙江省粮食总产量自 2003 年以来一直保持增长势头（见图 4），2009 年的增长率为 3.0%，2010 年为 15.2%，2011 年为 11.1%，而同期全国粮食总产量的增长率仅为 0.4%、2.9% 和 4.5%。

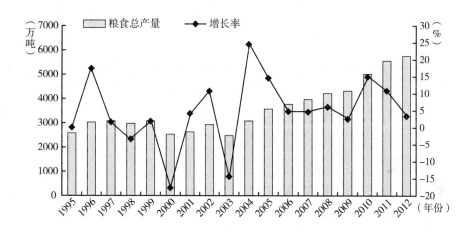

图 4　1995～2012 年黑龙江省粮食总产量及其增长率

资料来源：《黑龙江省统计年鉴 2012》。

2012 年，黑龙江省粮食播种面积达到 20913.1 万亩，比 2011 年增加 275.3 万亩，其中水稻、玉米两大作物的播种面积增加 1626 万亩；水稻产量 434.2 亿斤，比上年增产 21.8 亿斤；玉米产量 577.6 亿斤，增产 42.4 亿斤；大豆 92.7 亿斤，减产 15.6 亿斤。2012 年黑龙江省粮食商品率达到 80% 以上，居全国第一位。其中粮豆商品量为 930.3 亿斤，包括水稻 353.2 亿斤，玉米 502.6 亿斤，大豆 67.7 亿斤。黑龙江省粮食总产量占全国粮食总产量的比重不断加大，突显出黑龙江省作为国家最大的商品粮生产基地的地位（见表 2）。

表2 2006～2012年黑龙江省粮食总产量在全国的比重

年份	粮食总产量占全国比重（％）	年份	粮食总产量占全国比重（％）
2006	7.6	2010	9.2
2007	7.9	2011	9.8
2008	8.0	2012	9.8
2009	8.2		

资料来源：《中国统计年鉴2012》《黑龙江省统计年鉴2012》《2012年黑龙江省国民经济和社会发展统计公报》。

2012年黑龙江省主要经济作物产量有增有减，畜牧业发展势头良好（见表3）。

表3 2012年黑龙江省主要经济作物与畜产品产量与增长率

种类		产量（万吨）	增长率（％）
主要经济作物	蔬　菜	876.4	11.0
	瓜　果	211.8	-6.1
	甜　菜	273.1	-0.7
	油　料	22.5	-3.4
	烤　烟	8.8	12.8
	亚　麻	1.0	-12.1
主要畜产品	猪牛羊肉	180.2	7.2
	禽　肉	33.7	9.0
	鲜牛奶	559.9	3.1
	鲜　蛋	108.2	2.6

资料来源：《2012年黑龙江省国民经济和社会发展统计公报》。

（三）农业种植结构

黑龙江省农业以种植业为主，种植业内粮食作物的比重达到95.0%以上（见表4）。2012年黑龙江省玉米和水稻播种面积占粮食作物比重分别为51.7%和28.2%，比2011年分别提高8.8和3.1个百分点，小麦所占比重下降了0.5个百分点。豆类种植面积由2009年的502.9万公顷，下降至2010年的467.5万公顷，2011年进一步下降为366.5万公顷，比重比2009年下降了

10.9%。经济作物的种植结构有所改善，2011年油料作物比重下降至50%以下，而甜菜和药材的比重增加至40%以上。其他作物中，瓜果类和饲料作物的比重由2009年的20.3%和28.2%下降至2011年的17.1%和21.5%；蔬菜的比重则从51.5%上升到61.4%。

表4　2011年黑龙江省农业种植结构

类型		面积（万公顷）	比重（%）	面积（万公顷）	比重（%）
粮食作物	水　稻	344.8	23.80	1375.9	95.0
	小　麦	41.5	2.86		
	玉　米	590.4	40.76		
	谷　子	1.2	0.08		
	高　粱	2.3	0.16		
	豆　类	366.5	25.30		
	薯　类	28.6	1.97		
经济作物	油　料	14.9	1.03	32	2.2
	甜　菜	8.2	0.57		
	麻　类	0.3	0.02		
	药　材	5.1	0.35		
	烟　草	3.5	0.24		
其他	蔬　菜	22.3	1.54	36.3	2.5
	瓜果类	6.2	0.43		
	饲料作物	7.8	0.54		

资料来源：《黑龙江省统计年鉴2012》。

绿色食品在黑龙江省农业产品中占有重要地位。2012年黑龙江省绿色食品种植面积和实物产量继续保持全国第一，其国家级绿色食品原料生产基地144个，面积达5390万亩，约占全国相应生产基地总面积的一半；绿色食品种植面积达6720万亩，约占全国的五分之一。黑龙江省绿色食品基地规模普遍较大，平均面积53.1万亩，百万亩以上的占20%。黑龙江省制订了以实施绿色食品全程标准化生产模式为主导的技术操作规程1400多项，有效推动了绿色食品产业的发展。2012年全省绿色食品认证1640个，比2011年增长了31.2%。绿色（有机）食品企业发展到550家，初步形成了绿色玉米、大豆、水稻、乳品、肉类等产品生产加工体系，绿色食品加工企业产量达到1040万吨，比2011年增加130.1万吨；实现产值650亿元，比2011年增加215亿元；实现利税63.1亿元，比2011年增加20.2亿元。绿色食品总产值实现1020亿元，实物总量3150万吨，分别约占全国的16%和18%。绿色食品产业牵动农户14.7万户。

（四）农业社会发展水平

经济危机发生以来，黑龙江省农村居民人均纯收入依旧保持增长态势（见图5）。2012年黑龙江省农村居民人均纯收入达到8604元，同比增加1013元，增长了13.3%。2011年，黑龙江省农民人均纯收入为7590.7元，比2009年增长了45.8%，比2010年增长了22.2%，在全国排名上升到第10位；其中工资性收入为1496.5，占总收入的19.71%，同比增加254.9元，增长了20.5%；家庭经营收入为4784.1元，占总收入的63.02%，同比增加842.4元，增长了21.4%，对收入增长的贡献率达到61%，其中，农业收入为4150.3元，比上年增加605.1元，增长了17.1%；财产性收入为545.2元，占总收入的7.18%，同比增加201.1元，增长了58.4%，对农民增收的贡献率达到14.6%；转移性纯收入达到764.9元，同比增加81.5元，增长了11.9%，对农民增收的贡献率达到5.9%。

从收入性质来看，2011年相比2009年，第一产业收入增长了42.9%，第二

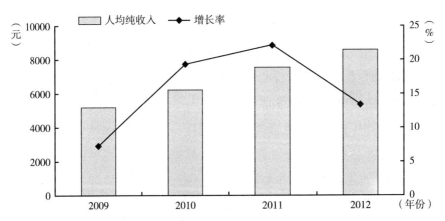

图5 2009~2012年黑龙江省农村居民人均纯收入及增长率

资料来源：《黑龙江省统计年鉴2012》，《黑龙江经济报》（2013年2月27日）。

产业收入减少了 1.3%，第三产业收入增加了 73.3%，工资性收入增长了 46.8%，非生产性收入增加了 52.2%；从占总收入比重看，第一产业收入最大，其次是工资性收入和非生产性收入，第二产业收入比例最低（见图6）。

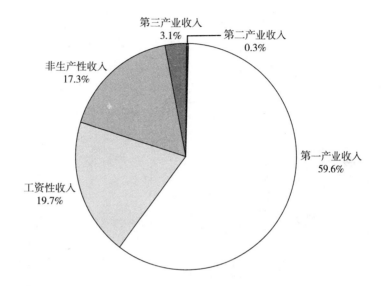

图6　2011年黑龙江省农村居民家庭收入性质结构

资料来源：《黑龙江省统计年鉴2012》。

2011 年黑龙江省农村居民收入比例中，第一产业收入和第二产业收入所占比例比 2009 年有所减少，其中第一产业收入比例减少最多；第三产业收入、工资性收入和非生产性收入有所增加，其中非生产性收入和第三产业收入比例增加较多（见表5）。这表明，黑龙江省农村居民的收入结构正在发生变化。

表5　2009年与2011年黑龙江省农村居民人均纯收入比例及其变化

收入性质	2009 年(%)	2011 年(%)	变化量(%)
第一产业收入	60.8	59.6	- 1.2
第二产业收入	0.5	0.3	- 0.1
第三产业收入	2.6	3.1	0.5
工资性收入	19.6	19.7	0.1
非生产性收入	16.5	17.3	0.7
总　计	100	100	—

资料来源：《黑龙江省统计年鉴2012》。

自 2008 年以来,黑龙江省农民家庭平均每人全年总支出也不断增长(见图7)。2011 年达到 13073.3 元。其中,家庭经营费用支出所占比重由 2009 年的 38.6% 增加到 2011 年的 48.7%,而生活消费支出由 2009 年的 43.6% 减少至 2011 年的 40.8%。这表明,近几年来,黑龙江省农村居民的生产负担加重。恩格尔系数在经历了较长时期的下降趋势后,从 2009 年以后连续上涨,2011 年的恩格尔系数为 36.7%,在全国排名第七。

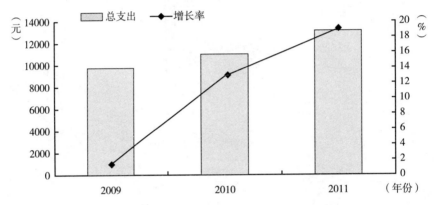

图7　2009~2011 年黑龙江省农民家庭平均每人全年总支出

资料来源:《黑龙江省统计年鉴 2012》。

2011 年,黑龙江省农村居民的住房面积达到了 24.8 平方米/人,低于全国 36.24 平方米/人的平均水平,但是较 2010 年增长了 9.0%,增长率高于全国 6.3% 的平均水平。2011 年的粮食、蔬菜、食油、肉禽及制品、水果及水果制品的消费量较上年都有所增加,但除食油外,都低于全国平均消费水平(见表6)。

表6　2011 年全国与黑龙江省农村居民主要食品消费情况

单位:千克

食品类别	全国	黑龙江省
粮食	170.7	152.6
蔬菜	89.4	82.1
食油	7.5	11.8
肉禽及制品	23.3	16.6
水果及水果制品	22.5	20.4

资料来源:《黑龙江省统计年鉴 2012》。

（五）农业劳动生产率

黑龙江省农业从业人员数近几年变动不大，2009 年以来，一直在 675 万人和 685 万人之间小幅度变化（见图 8）。

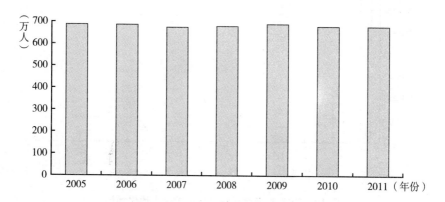

图 8　2005～2011 年黑龙江省农业从业人员数

资料来源：《黑龙江省统计年鉴 2012》。

从农业人均总产值来看，黑龙江省从 2000 年以后就一直保持增长势头，而且一直高于全国平均农业人均总产值（见图 9）。这显示了黑龙江省具有较高的农业劳动生产率。

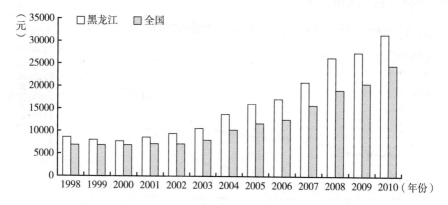

图 9　1998～2010 年全国和黑龙江省农业人均总产值

资料来源：根据《中国统计年鉴 2012》《黑龙江省统计年鉴 2012》相关数据计算。

从地域上看，2011 年黑龙江省大兴安岭地区的农业人均增加值最高，达到人均 336664.4 元，其次是伊春，达到人均 118111.1 元，齐齐哈尔最低，人均仅为 15759.1 元（见图 10）。

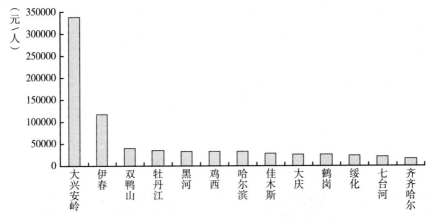

图 10　2011 年黑龙江省各地区农业人均增加值

资料来源：《黑龙江省统计年鉴 2012》。

（六）农业科技水平

黑龙江省地势较为平坦，田地集中成块，非常适宜使用大中型农机进行集约化生产。从 1995 年以来，黑龙江省农业机械总动力和农用大中型拖拉机总动力不断增长（见图 11）。

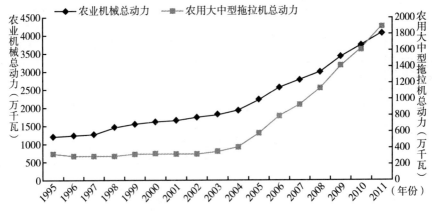

图 11　1995～2011 年黑龙江省农业机械总动力和农用大中型拖拉机总动力

资料来源：《黑龙江省统计年鉴 2012》。

2012 年，黑龙江省农业综合机械化水平达到 91.67%，比 2011 年提高 2 个百分点，居全国之首，已基本实现农业机械化。2012 年黑龙江省大农机投入超过 13 亿元，农用大中型拖拉机总数量位居全国第一（见表 7）。黑龙江省大中型农机不仅数量多，而且性能好，如黑龙江省拥有中国仅有的两台世界顶级收获机——凯斯 9120 收获机，该机每小时可收获大豆 71 亩，收获玉米 60 亩，目前全球总共也只有 11 台。黑龙江省应用大批现代农机进行标准化作业，有效地提高了科学种田水平，不仅使得土地蓄水能力增强，而且实现粮食亩产均增 200～300 斤。同时，现代化农机的应用促进了新农艺、新技术的集成应用，使全省农村农业科技贡献率不断提升。黑龙江省农业科技贡献率 2012 年达到了 61.5%，比 2011 年的 60.5% 增长 1%。

表 7　2012 年黑龙江省主要农机械拥有量

项目	数量	占全国比例（%）	在全国排名
农用机械总动力（万千瓦）	4097.8	4.2	8
农用大中型拖拉机（台）	732100	16.6	1
小型拖拉机（台）	688300	3.8	7
农用排灌柴油机（台）	250800	2.6	12

资料来源：《中国统计年鉴 2012》。

2012 年，黑龙江省拥有国家级国际科技合作基地 12 家，其中哈尔滨东金农业装备集团被认定为我国第八批示范型国际科技合作基地，黑龙江大学、黑龙江省科学院石油化学研究院被认定为我国第三批国际联合研究中心。

2012 年黑龙江省全省有农民专业合作社 25047 个，带动农民 110 万人。农村土地流转面积 4446 万亩，比 2011 年增长 20.9%。2012 年黑龙江省新建现代农机专业合作社 239 个，全部按照投资 1000 万元、3 万亩全程机械化作业规模，配备了 200 马力以上拖拉机 4 台，100～200 马力拖拉机 3 台。截至 2012 年底，黑龙江省总共建立了 797 个千万元级现代农机专业合作社，配备了国际先进智能化、信息化的农机装备，装备了大马力拖拉机、配套农具以及收获、植保机械。目前，这些现代农机合作社辐射耕地面积达到 2750 万亩，辐射区域田间综合机械化程度达到 96%。现代农机合作社实行标准化作业，采取保护性耕作技术，实行统一生产资料、统一技术标准、统一整地、统一播种、统一田间管理和统一收获的"六统一"模式，使土地规模经营进程明显加快，规模经营面积最大的农机合作社达到10万亩。

（七）农业生态环境保护

2011年黑龙江省治理水土流失面积达483.9万公顷，较2010年增长了3.15%，占流失面积比重为35.1%，2010年治理水土流失面积较2009年增长了2.09%，占流失面积比重为34.0%，表明黑龙江省的水土流失治理正在持续改进。2011年黑龙江省治理盐碱地面积与2010年相比没有增长，但是其占盐碱耕地面积比重增长，表明黑龙江省的盐碱耕地逐步减少，耕地得到改善（见表8）。

表8　2009～2011年黑龙江省农业生态环境发展现状

项目	2009 年	2010 年	2011 年
治理水土流失面积(万公顷)	459.5	469.1	483.9
占流失面积比重(%)	33.3	34.0	35.1
治碱面积(万公顷)	19.7	19.7	19.7
占盐碱耕地面积比重(%)	34.4	34.4	36.1
化肥施用量(万吨)	198.9	214.9	228.4
氮肥(万吨)	72.2	77.4	81.9
磷肥(万吨)	43.9	47.4	49.1
钾肥(万吨)	27.7	30.8	34.1
复合肥(万吨)	55.0	59.4	63.4
农用塑料薄膜使用量(万吨)	6.5	6.9	7.6
地膜使用量(万吨)	2.6	2.8	3.0
地膜使用面积(千公顷)	288.5	315.9	324.6
农药使用量(万吨)	6.7	7.4	7.8

资料来源：《黑龙江省统计年鉴2012》。

从表8还可以看出，黑龙江省农民使用化肥、农药和农用塑料薄膜的量依然在不断增加，尤其是，单位面积耕地化肥的使用量在三年中持续增加，这对黑龙江省农业生态环境的改善造成了压力。但是，黑龙江省单位面积化肥使用量仅为全国平均水平的44.9%，而且单位耕地面积农药的使用量在2010年比2009年增加了2.6%，但是2011年出现了下降的趋势，比2010年减少了

1.6%（见图12）。这些都表明黑龙江省农业生态环境在全国相对较好，但是在进一步发展中需要控制和保持。

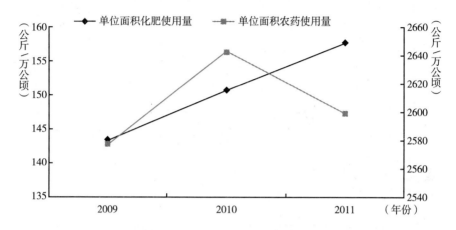

图12　2009～2011年黑龙江省单位面积耕地化肥和农药使用量

资料来源：《黑龙江省统计年鉴2012》。

2012年黑龙江省水利投资180亿元，比2011年增长14.6%。黑龙江省通过灌区工程建设，大力加强蓄水能力，增加灌溉面积。2009年以来，黑龙江省实施了19个灌区工程建设，增加了400多万亩的灌溉面积和8700多万立方米的蓄水能力。同时，黑龙江省还充分发展灌溉技术，针对不同地块情况，因地制宜，分别采用了大型喷灌、卷盘式喷灌、移动式喷灌和膜下滴灌等多种高效节水灌溉技术，有力地推动了传统农业生产方式的转变和提升。

二　经济危机对黑龙江省农业的影响

（一）对总产值的影响

经济危机影响了黑龙江省农业总产值的增长。从图13中可以看出，2009年，黑龙江省农业总产值增长率下降至2001年以来的最低点，仅为6.0%。虽然在其后快速恢复，但是2010年和2011年的平均增长率为19.9%，依然低于2007年和2008年23.6%的平均增长率。

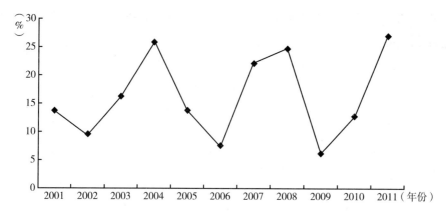

图13   2001~2011年黑龙江省农业总产值增长率

资料来源：《黑龙江省统计年鉴2012》。

为进一步检验经济危机对黑龙江省农业总产值的影响，应用1990~2008年的黑龙江省农业总产值（可比价格）数据进行分析，构建黑龙江省农业总产值增长模型。使用EVIEWS6对数据进行平稳性检验，采用ADF法进行单位根检验，经过二次差分之后（见表9），t统计量值均小于1%、5%和10%的临界值，p值小于0.0001，序列不存在单位根，是平稳的。

表9   差分结果表

		t-Statistic	Prob. *
Augmented Dickey-Fuller test statistic		− 6. 143166	0. 0000
Test critical values：	1% level	− 2. 717511	
	5% level	− 1. 964418	
	10% level	− 1. 605603	

根据自相关和偏自相关图可以判定为MA（1）模型。采用最小二乘法对模型进行拟合，得到模型的参数，如表10所示。

表10   计算结果

	Coefficient	Std. Error	t-Statistic	Prob.
C	2. 509219	1. 069455	2. 346260	0. 0331
MA（1）	− 0. 936708	0. 066070	− 14. 17754	0. 0000

R^2 为 0.4365，F 统计量为 11.61729，概率值为 0.0039，系数及回归方程均通过检验。

对残差序列进行白噪声检验，由于残差的 ACF 和 PACF 都没有显著异于零，Q 统计量的 P 值远远大于 0.05，残差序列为白噪声序列，模型较优。由残差图（见图 14）可以看出模型拟合较好。

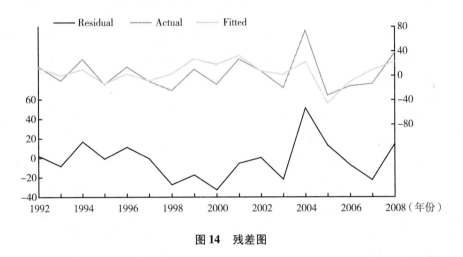

图 14　残差图

利用 EVIEWS6 软件根据 MA（1）回归模型对 2009～2011 年数据进行预测，得到预测值分别为 773.1051 亿元、827.4970 亿元和 884.3981 亿元。预测结果如图 15 和表 11 所示。

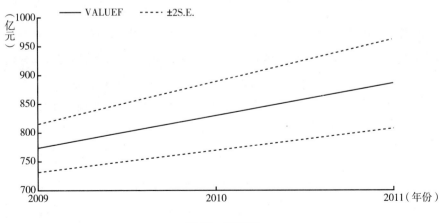

图 15　预测图

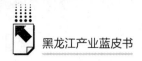

表11　计算结果

	2009 年	2010 年	2011 年
预测值(亿元)	773.1	827.5	884.4
实际值(亿元)	760.2	803.9	848.1
不规则因素冲击(亿元)	-12.9	-23.6	-36.3
冲击程度(%)	-1.7	-2.9	-4.3

通过剔除长期趋势，得到各类不规则因素对黑龙江省农林牧渔总产值的影响，由表11可知，2009~2011年各类不规则因素的冲击分别为-12.9亿元、-23.6亿元和-36.3亿元，贡献率分别为-1.7%、-2.9%和-4.3%，可以看出2009~2011年经济危机对黑龙江省的农业产生了冲击，并且这种冲击影响程度在不断加深，也体现了经济危机对农业影响存在一定的滞后性。

经济危机可以通过劳动力和产品价格等途径影响农业总产值。对黑龙江省来说，黑龙江省农村流向城市的劳动力主要从事劳动密集型的建筑业和服务业，受经济危机的冲击，有些行业劳动力需求萎缩，出现了进城务工人员回流现象。但是黑龙江省从事农业生产的劳动力原本数量庞大，受到土地、资金、技术和管理等方面的约束，回流劳动力所带来的农业产量增量有限。这表明经济危机通过农民工就业对黑龙江省农业的影响不明显。可以判断出，经济危机对黑龙江省农业总产值的影响主要是通过对农产品价格和生产资料价格的影响而产生。

（二）对农业资金投入的影响

从理论上来看，经济危机会对农业资金投入造成影响。首先，会对农业科研投资造成影响。市场运作的农业科研企业可能会由于危机的影响减少科研投资。其次，会对单位土地面积资金的投入造成影响。包括对农业机械、肥料和种子费用等方面的投入，会受到农户自有资金和借贷资金的影响。家庭进城务工人员受危机影响而减少收入，并且农产品因出口下降而减少，因而自有资金受到一定影响。从图16更可以看出，经济危机发生后，黑龙江省农业综合开发资金投入中自筹资金在2008年和2009年大幅减少，到2010年才有所恢复。

农户借贷除社会关系网络外主要发生在金融机构，包括农村信用社、农业银行等，这些部门易受金融市场波动影响。但是，从黑龙江省农业资金投入的

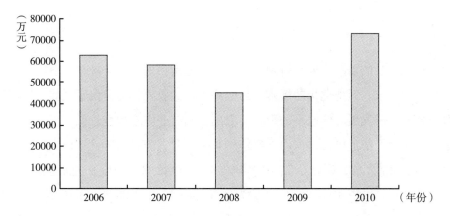

图16　2006～2010年黑龙江省农业综合开发资金投入中自筹资金量

资料来源：相关年份《中国财政年鉴》。

实际情况来看，经济危机对黑龙江省农业投资的影响并不大。如图17显示，2007年和2008年黑龙江省农业综合开发资金投入分别比上一年增长了1.8%和0.5%，但是2009年和2010年的资金投入则分别增长了8.3%和51.1%。可以看出，经济危机仅对2008年的农业综合开发资金投入影响较大，2009年之后的影响逐步减小。这主要是因为黑龙江省为建设现代化大农业，近几年加强了对农业科研的投资，同时，黑龙江省市场运作的农科企业少，而黑龙江省经济对外依存度低，经济危机对黑龙江省金融市场的影响也有限。

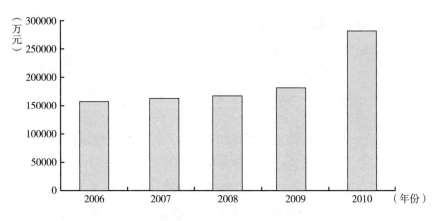

图17　2006～2010年黑龙江省农业综合开发资金投入

资料来源：相关年份《中国财政年鉴》。

（三）对农业需求的影响

对农产品的需求主要来自两个方面：家庭用户的消费需求和企业对农产品深加工的需求。经济危机的爆发，影响到了居民收入，但是由于受我国家庭消费习惯和经济发展总体水平的影响，农副产品有些需求弹性较低，受危机影响不大。然而经济危机使得国内外经济增长率下降，直接影响到了以农产品为原材料的企业的发展，同时导致国内和国外对农产品的需求下降，进而导致对农产品需求减小。以黑龙江省绿色食品为例（见图18），2008年经济危机爆发时，黑龙江省绿色食品加工企业的产量降低了14.5%，2009年以后产量有所增长，但是年平均7.7%的增长率却远远小于经济危机前的49.7%的增长率。

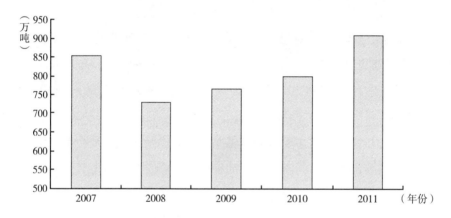

图18　2007～2011年黑龙江省绿色食品加工企业产品产量

资料来源：《黑龙江省统计年鉴2012》。

（四）对农产品出口的影响

2008年经济危机爆发之前，黑龙江省的农产品出口一直保持增长的态势，2005～2008年，黑龙江省农产品出口额的年均增长率为28.3%。2009年受经济危机的影响，黑龙江省农产品出口额较2008年下降了17.9%，低至2007年的水平（见图19）。自2008年经济危机发生以来，黑龙江省主要农产品出口受到重要影响。从主要农产品出口数量变动表和金额变动表（见表12、表13）可以看出，2008年牛肉、猪肉、水海产品和谷物及谷物粉等出口出现了

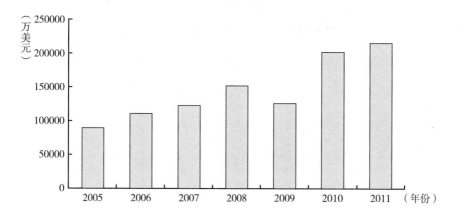

图19 2005～2011年黑龙江省农产品出口情况

资料来源:《黑龙江省统计年鉴2012》。

大幅度的减少,2009年一半以上的主要农产品出口量出现负增长,这种趋势在2010年得到初步改善。

表12 2007～2011年黑龙江省主要农产品出口量变动率

单位: %

年 份	2007	2008	2009	2010	2011
牛肉	26.0	-36.1	-68.1	132.4	43.6
猪肉	-66.9	-89.6	-56.3	92.8	-26.6
水海产品	-54.3	-67.1	-89.4	570.1	839.7
谷物及谷物粉	-16.7	-83.3	-20.0	25.0	0.0
稻谷和大米	-70.6	0.0	-20.0	25.0	-20.0
蔬菜	0.0	12.1	-21.6	3.4	10.0
鲜、干水果及坚果	30.0	15.4	-13.3	-26.9	-10.5
食用油籽	-25.0	333.3	-69.2	-25.0	-33.3
食用植物油	-93.6	8617.6	410.8	111.3	30.1
烘焙花生	-87.4	-17.1	514.3	19.4	-5.2
辣椒干	-97.5	400.0	2845.0	-74.7	885.9
蘑菇罐头	190.8	3.8	2.7	-6.6	28.9
啤酒	7.2	24.7	-20.7	43.2	42.1
肠衣	150.3	49.6	44.9	27.2	18.8
填充用羽毛、羽绒	1100.0	50.0	44.4	-34.6	223.5
药材	-90.8	-44.3	-5.5	192.1	-13.4
烤烟	-9.0	0.3	-13.7	-42.2	28.7

表13　2007～2011年黑龙江省主要农产品出口金额变动率

单位：%

年　份	2007	2008	2009	2010	2011
牛肉	51.6	−5.4	−68.9	159.1	63.8
猪肉	−55.7	−83.9	−60.6	88.4	10.9
水海产品	−53.1	−81.9	−69.3	360.9	721.7
谷物及谷物粉	−20.8	−68.2	34.4	5.5	1.0
稻谷和大米	−67.2	5.8	33.2	4.2	−2.5
蔬菜	12.6	39.0	−7.9	29.4	29.6
鲜、干水果及坚果	36.5	31.3	−8.2	−10.6	0.4
食用油籽	−7.3	428.6	−68.7	−19.8	−34.2
食用植物油	−92.0	11000.0	273.4	119.2	52.0
烘焙花生	−88.2	33.3	500.0	29.2	19.4
辣椒干	−94.4	0.0	8700.0	−60.2	877.1
蘑菇罐头	324.1	5.7	1.5	21.2	61.9
啤酒	22.4	45.0	−23.0	47.8	44.4
肠衣	98.9	118.0	−11.6	8.4	5.3
填充用羽毛、羽绒	33.3	3225.0	−72.9	97.2	146.5
药材	−64.8	18.6	−27.9	235.6	8.5
烤烟	−3.4	11.1	36.1	−37.7	26.6

　　2010年和2011年国际经济形势有所好转，黑龙江省农产品出口逐渐恢复，尤其是由于黑龙江省的主要农产品市场——俄罗斯的刚性需求恢复，黑龙江农产品出口出现了增长，但增幅不稳定，2010年出口额为19.76亿美元，增长了62.3%，2011年出口额为21.1亿美元，只增长了6.8%。总体来看，经济危机之后的黑龙江农产品出口额平均增幅为17.1%，较国际经济危机发生前水平下降了11.2个百分点。

（五）对农产品价格的影响

　　经济危机使全球经济增长放缓，一方面使得农产品出口量下降，另一方面使得农产品的需求减少，同时，也导致国际游资撤离农产品市场，这些都使得农产品价格在短期内出现较大幅度的下跌。经济危机爆发后，国际粮价、油价持续走低，从2008年9月到2009年2月的5个月之内，稻谷的价格下降了

5.1%，而玉米价格的下降到11.5%。如图20所示，2008年经济危机爆发后，2009年全国农产品生产价格指数降至97.6，而黑龙江省农产品生产价格指数下降得更多，为94.2。2010年之后，农产品生产价格指数开始回升，2011年全国农产品生产价格指数恢复到了2008年的水平，黑龙江省的农产品生产价格指数恢复到了2007年的水平，但黑龙江省农产品生产价格指数始终低于全国平均水平。

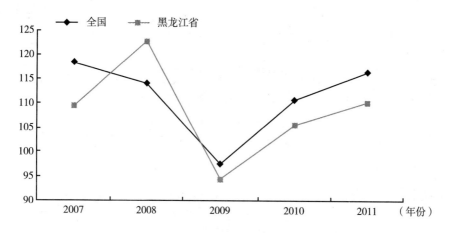

图20　2007～2010年全国与黑龙江省农产品生产价格指数

资料来源：《黑龙江省统计年鉴2012》《中国统计年鉴2012》。

经济危机也使得农产品生产资料价格指数下降。从图21可以看出，黑龙江省农产品生产资料价格指数由2008年的117下降至2009年的98.1，但此后开始回升，2010年和2011年黑龙江省农产品生产资料价格指数始终高于全国水平。

总体来看，经济危机之后，黑龙江省农产品价格上涨比全国平均水平低，而生产资料价格上涨比全国平均水平高。从图22可以看出，经济危机发生之后，黑龙江省农产品生产价格指数和生产资料价格指数的比值持续下降，且一直低于全国平均水平。这表明，黑龙江省农产品的出售价格上涨始终低于生产资料价格的上涨，这损害了黑龙江省农民的切身利益，对农民种粮的积极性产生了重要影响。2010年黑龙江省的大豆播种面积比2009年减少了38.4万公顷，2011年比2010年减少了101.7万公顷。

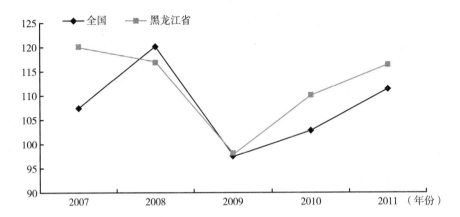

图 21　2007～2011 年全国与黑龙江省农产品生产资料价格指数

资料来源：《黑龙江省统计年鉴 2012》《国家统计年鉴 2012》。

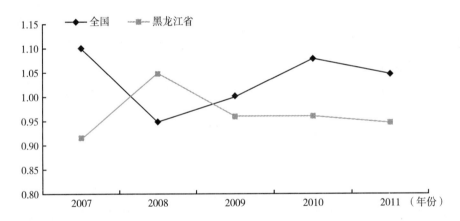

图 22　2007～2011 年全国和黑龙江省农产品生产价格指数和生产资料价格指数的比值

资料来源：《黑龙江省统计年鉴 2012》《中国统计年鉴 2012》。

（六）对农民收入的影响

经济危机对黑龙江省农民的收入造成了一定影响。从图 23 可以看出，2008 年经济危机爆发之前，黑龙江省农民收入增长率逐年升高，2007 年和 2008 年的收入增长率都在 15% 以上。但是 2009 年经济危机爆发后的一年，收入增长率快速下降至 7.2%。2010 年开始，黑龙江省农民收入又恢复了快速增长，平均增长速度超过经济危机发生之前。

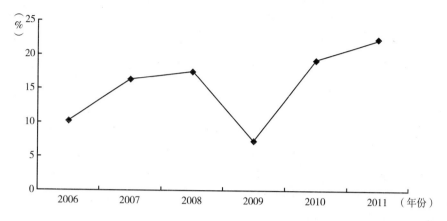

图 23　2006～2011 年黑龙江省农村居民家庭人均全年纯收入增长率

资料来源：《黑龙江省统计年鉴 2012》。

　　进一步分析发现，经济危机对黑龙江省的牧业、渔业、工业、批零贸易餐饮业、利息收入以及在外人口寄回和带回的收入影响较大，2009 年分别比 2008 年减少了 23.4%、38.3%、246.9%、15.8%、65.7% 和 15.5%（见表 14）。其中，对牧业和渔业收入的影响持续到 2010 年，工业收入到 2011 年一直呈现负增长。

表 14　2006～2011 年黑龙江省农村居民家庭人均全年纯收入构成增长率

单位：%

年　份	2006	2007	2008	2009	2010	2011
纯收入	10.3	16.3	17.5	7.2	19.3	22.2
工资性收入	41.1	18.2	18.5	11.2	21.8	20.5
家庭经营收入	6.7	13.0	11.0	5.2	18.5	21.4
农业收入	8.8	10.1	9.2	8.3	22.4	17.1
林业收入	-34.8	61.4	6.7	41.8	-44.1	44.8
牧业收入	-16.8	53.4	18.3	-23.4	-37.3	123.0
渔业收入	-28.3	-13.2	199.4	-38.3	-58.7	553.4
工业收入	-19.0	-19.1	-17.6	-246.9	-23.4	-193.2
建筑业收入	170.0	-92.6	2497.2	80.3	11.2	-36.3
运输业收入	3.2	15.6	40.8	0.9	57.1	-16.0
批零贸易餐饮业	-4.7	58.2	24.9	-15.8	93.4	66.1
社会服务业收入	-11.1	-1.8	-80.3	130.3	300.0	-41.4

年　份	2006	2007	2008	2009	2010	2011
文教卫生收入	83.3	25.8	-37.4	96.3	4.5	99.5
其他收入	113.0	-31.3	-8.5	54.2	-48.9	49.3
财产性收入	-36.8	34.6	24.2	-1.1	42.8	58.5
利息收入	0.0	-64.7	628.0	-65.7	44.7	17.3
租金收入	5.1	41.9	-36.2	30.1	90.2	-1.9
转移性收入	41.9	36.0	69.6	16.5	10.3	11.9
在外人口寄回和带回	-43.1	107.1	-28.2	-15.5	44.1	-99.2
城市亲友赠送收入	-14.0	-28.6	85.3	51.1	31.9	51.0

资料来源：《黑龙江省统计年鉴2012》。

经济危机对转移性收入的影响也一直加深，经济危机之后转移性收入的增长率平均为12.9%，远低于经济危机之前的49.2%。这种影响主要是通过工业企业影响劳务经济实现的。经济危机使世界范围的诸多国家失业率急剧恶化，如俄罗斯失业率增加，导致黑龙江省对俄罗斯的劳务派出减少。经济危机也使得我国国内的一些出口生产企业受到严重冲击，进而影响到农民工的生活就业。如2008年经济危机爆发后，沿海部分劳动密集型企业和外向型企业半停产、停产或倒闭，导致了近10万名黑龙江省农民工返乡，未返乡的部分劳动力也面临着减薪和被裁员的压力。这些都直接影响2009年外出打工农民的劳务收入。

总体来看，经济危机对黑龙江农业生产造成了一定影响，但是这种影响主要体现在2009年，其后经济危机的影响逐步减小。

三　经济危机中黑龙江省农业发展中存在的问题

（一）农业增加值率低，农业产出水平有待进一步提升

黑龙江省农业总产值和增加值都在不断增长，但是增加值占总产值的比率——增加值率却总体呈下滑趋势。从图24可以看出，增加值率从1995年开始，在波动中下降，到2008年经济危机发生时，降至了近十几年的最低点，

为51.3%。2009年的增加值率没有改善，依然为51.3%，虽然2010年增加值率开始增加，到2011年增加值率增加到了52.8%，但依然低于全国平均的58.4%的增加值率。

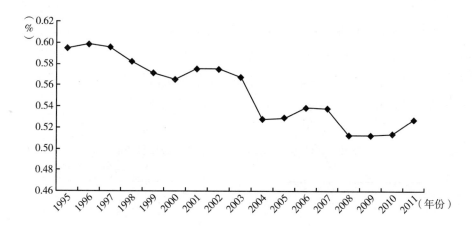

图24　1995～2011年黑龙江省农业增加值率

资料来源：《黑龙江省统计年鉴2012》。

总体来看，黑龙江省农业增加值率在经济危机发生之后的水平较低，反映了黑龙江省农业盈利水平不高，投入产出的效果欠佳。其主要原因是，黑龙江省产品精深加工率低，2012年黑龙江省农产品精深加工率为33%，而发达国家平均为70%～90%；原字号出售和粗加工比重大、产业链条短、附加值和综合效益偏低，最终导致资源优势未能转化为产业和经济优势。

（二）　农业基础设施薄弱的状况未得到明显改善

黑龙江省农业基础设施建设虽然得到了大力发展，但依然滞后于农业发展需求，特别是大型水利工程和大型农机装备还需要进一步加强。黑龙江省由于基础设施建设的滞后，导致其抵御自然灾害的能力不强，粮食持续稳定增产的基础不稳固。全省农田有效灌溉面积为29.1%，低于全国40%的水平；水土流失面积达13.45万平方公里，耕地质量逐年下降；有180万公顷草原存在沙化、碱化和退化现象；松嫩平原的农田防护林、防风固沙林以及水土保持林仍不完善。黑龙江省现有水利投资水平低，主要江河缺乏控制性工程，地表水调控能力只有 12%；仅三江平原 14 处灌区骨干工程就需要投资 125 亿元，而 2013 年黑龙江省全年全省的水利建设资金预算为 181 亿元。

（三） 农业产业结构亟待优化

黑龙江省农业产业结构依然是以粮食生产为主导，2011 年全省种植业增加产值占农业比重高达 67.6%。土地产出率仍相对较低。从表 15 可以看出，2011 年黑龙江省的谷物、花生、芝麻和烤烟的单位面积产量在东北三省中是最低的，甜菜的产量仅略高于吉林省，远远低于辽宁省。

表 15　2011 年东北三省部分农作物单位面积产量

单位：公斤/公顷

省　份	谷　物	花　生	芝　麻	甜　菜	烤　烟
辽　宁	6569	3091	1907	44482	2733
吉　林	7582	3041	1398	32482	2745
黑龙江	6176	2541	1385	33526	2440

资料来源：《中国统计年鉴 2012》。

黑龙江省的区域性产业结构雷同。从表 16 可以看出，2011 年黑龙江省各地区农业中，除大兴安岭外，农、林、牧、渔和农林牧渔服务业的比例相差不大，说明黑龙江省各地区"大而全，小而全"特征明显，区域特色优势并不十分突出。肉类、乳品、粮食等行业和产品生产在空间分布均匀化，集中度下降。全省农产品加工转化率不到 60%，远低于发达国家 80% 以上的水平，农产品加工业发展滞后，增值幅度小。

表 16　2011 年黑龙江省各地区农业增加值结构

单位：%

地　区	农　业	林　业	牧　业	渔　业	农林牧渔服务业
哈尔滨	58.6	2.8	35.3	1.5	1.9
齐齐哈尔	60.2	1.5	35.4	2.3	0.6
鸡　西	70.7	6.4	19.2	3.0	0.7
鹤　岗	65.8	3.2	27.8	1.3	1.8
双鸭山	54.0	1.5	43.4	0.6	0.5
大　庆	48.7	0.8	47.6	2.4	0.5

续表

地 区	农 业	林 业	牧 业	渔 业	农林牧渔服务业
伊 春	60.0	19.9	19.5	0.4	0.2
佳木斯	71.4	1.6	23.2	3.5	0.3
七台河	57.2	2.9	36.2	0.9	2.8
牡丹江	78.4	3.3	13.8	1.1	3.5
黑 河	81.7	4.3	11.9	0.9	1.2
绥 化	54.0	1.0	42.4	2.0	0.6
大兴安岭	37.9	45.0	8.5	1.6	7.0

资料来源:《黑龙江省统计年鉴2012》。

（四）农业服务能力低

黑龙江省农业服务能力偏低，主要表现在农业社会化服务体系条件和能力建设滞后。涉农金融服务体系不健全，农村金融供给总量明显不足，服务领域和服务产品都不令人满意，致使农产品加工企业资金短缺。城乡管理体制和经营体制没能很好地促进生产要素的合理流动，不能对农业发展形成推动力。农业生产依然以小规模、分散经营为主，组织化、规模化、市场化、专业化程度较低，生产方式难以适应现代化大农业发展。粮食流通服务体系不完善，粮食流通能力与生产能力不匹配，粮食仓储、烘干、加工、物流等基础设施落后，粮食保管和运输成本高。农民培养服务体系落后，使得农业从业人员整体素质没有得到提高，老龄化、妇女化、低龄化趋势明显，符合现代化大农业发展需要的新型职业农民少。此外，农资供应、农村金融保险、农业技术推广、农业信息、动植物疫病防控、农产品质量检测等方面均存在发展不足的问题，制约了现代化大农业的发展。

（五）农产品国际市场竞争力弱

作为国家重要的商品粮生产基地，黑龙江省出口的骨干产品也集中于农产品。然而，黑龙江省的农产品国际市场竞争力并不强，无论从产品品质或技术水平来看，都与国内外优势产品存在较大差距。

从产品品质来看，大米、玉米、小麦和大豆等主要出口产品的品种种类不

优、杂质含量偏高，产品总体品质达不到国际市场的要求。如黑龙江省出口大豆生产成本达到每千克 1.22 元，是美国的 1.13 倍、巴西的 1.15 倍，但是其出油率在 16% 左右，比国外大豆低 3 个百分点以上。

从技术水平来看，黑龙江省专业化加工水平低，与欧美农业发达地区相比，产品保鲜、冷冻、包装等方面的技术落后，加之科技资金投入不足，导致技术水平的差距依然较大。品质和技术因素使得黑龙江省出口的农产品不能完全达到国际标准，这也是黑龙江省大宗农产品在国际市场上竞争力相对较弱的根本原因。

从出口产品的产品结构来看，黑龙江省还处在农产品出口的低级阶段，附加值低的原料和初级产品比例大，而精深加工和高附加值的优质农产品占少数。这使得黑龙江省农产品的优势和潜力无法得到体现，长期来看，不利于黑龙江农业的可持续发展。

从出口产品的市场结构来看，黑龙江省农产品出口市场较多地集中于同一个地区，出口的依赖性较强。黑龙江省农产品的出口市场主要是在东北亚地区，与俄罗斯、韩国和日本都有大幅度的贸易顺差。使得农产品出口受到单一区域的影响增大，还会引发贸易摩擦，更重要的是，当复杂的国际市场变化加剧的时候，农产品容易遭受经济及政策风险的影响，国际竞争力得不到保障。

四　经济危机中黑龙江省农业发展的机遇与挑战

（一）经济危机中黑龙江省农业发展的机遇

1. 经济危机带来宽松的发展政策

经济危机的爆发，使得国家更深切地认识到农业在抵抗风险过程中的重要作用，各级政府纷纷出台一系列措施促进农业发展。在经济危机爆发的 2008 年 10 月，党的十七届三中全会就将国际国内形势变化下的农业发展问题列为会议主题，强调通过促进发展方式的转变、农业科技创新和农业产业体系完善等方式，增强农业的抗风险能力和可持续发展能力；国务院的 4 万亿元投资计划中，有一半以上涉及农业发展。2008 年 12 月，中共中央国务院一号文件提出了 28 点措施促进农业稳定发展与农民持续增收。2009 年 4 月，国务院又通过了八项扶持农业生产的措施。2010 年，国家在《国民经济和社会发展第十二个五年规划纲要》中明确提出"加快发展现代农业"、"在工业化、城镇化深入发展中同步推进农业现代化"的发展战略，推进城乡统筹和加快建设现代化大农业的力度将不断加大，中央强农惠农富农政策体系将不断完善，扶持力度不断加大，这为黑龙江省农业有效应对经济危机、保持持续增长提供了良好的政策动力。在这一大背景下，黑龙江省将在粮食主产区生态和利益补偿、农业基础设施建设、农产品精深加工等方面得到更多的政策和资金支持，加快建设现代化大农业的外部条件更加有利。同时，松嫩平原和三江平原现代农业综合配套改革试验区的建设将上升到国家战略层面，在国家政策支持下，两大平原的先行先试将加快转变农业发展方式，能够有效破解制约农业发展的诸多体制性障碍，成为进一步强化建设黑龙江省现代化大农业的内生动力。

2. 经济危机有助于农业产业结构调整

黑龙江省长期以来进行的农业产业结构调整，基本是在政府主导下进行的。全球经济危机的爆发造成部分农产品市场需求量减小，这迫使生产相关产品的农民按照市场需求调整其农产品的种植结构、品种结构和品质结构，形成了市场的"倒逼机制"，这为黑龙江省农业向政府与市场相结合的产业结构调整提供了有利时机。

就增加值来看，2011 年黑龙江省农、林、牧、渔比重为 67.6%、6.0%、26.2%、1.3%，其中农业和牧业所占比例较 2010 年有所增加，林业和渔业比例下降。从图 25 可以看出，2008 年是黑龙江省农业结构变动较大的一年，在 2008 年，黑龙江省农业比例下降 3.3 个百分点，而牧业比例上升 3.9 个百分点。此后的几年，黑龙江省农业结构没有发生大的变动。

从农业内部结构来看，经济危机发生以来，2009 ~ 2011 年，黑龙江省农作物的种植结构表现为麻类（种植面积减小了 75%）、高粱、豆类、油料、饲料作物和谷子（面积均减小了 20% 以上），正逐渐转向药材（种植面积增加了 64.5%）、水稻、薯类、甜菜、小麦和玉米（面积均增加了 20% 以上）（见图 26）。

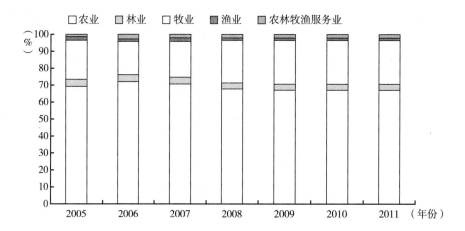

图 25 2005～2011 年黑龙江省农业产业结构

资料来源:《黑龙江省统计年鉴 2012》。

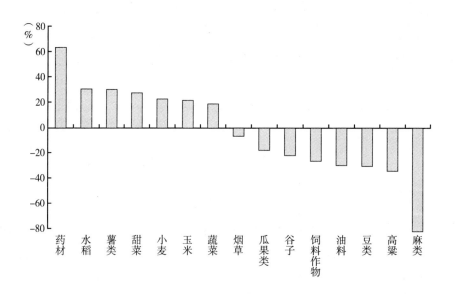

图 26 2009～2011 年黑龙江省农作物种植面积变动率

资料来源:《黑龙江省统计年鉴 2012》。

3. 经济危机有利于外国直接投资

在经济危机影响中,全球外国直接投资呈下降趋势,但在农业领域,外国直接投资则有增长的趋势。农产品需求长久的可持续性和较强的抗周期性保证了投资农业的收益相对稳定，因而受到国外投资的追捧。同时，由于经济危机发生以来，我国经济保持了良好的发展状况，国家出台了许多强农惠农政策，农业发展呈现出继续快速增长的趋势，这些都使得我国农业领域受到国内外资金的青睐。对于黑龙江省，在2008年经济危机爆发之前，外商对农业的直接投资规模较小，2007年为2726万美元，但是经济危机爆发之后，外商直接投资规模迅速扩大，2008年当年的外商直接投资金额达到10466万美元，比2007年增长了2.78倍，2011年又快速上升到24250万美元（见图27）。外国直接投资可以为黑龙江省农业发展提供迫切需要的资金和技术，对增加农业生产能力和产量是一个关键的激励因素。

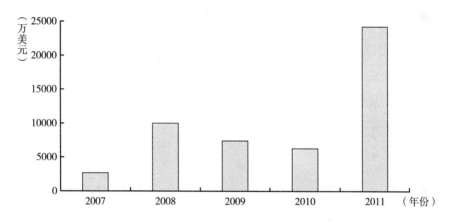

图27 2007～2011年黑龙江省外商对农业直接投资

资料来源：《黑龙江省统计年鉴2012》。

4. 经济危机有利于农业技术人才引进与发展

经济危机能够通过多种途径调整劳动力、资金、技术等生产要素。全球经济危机的发生增强了发达国家出售技术的意向，使得黑龙江省引进、吸收国外核心关键技术获得了难得的机遇。经济危机造成了国际就业市场的萎缩，大量企业裁员引发优质技术人才的流动。我国快速稳定发展的经济和对高端农业人才的长期、大量需求，对海外的人才形成了较强的吸引力，为黑龙江省吸纳高端农业技术人才提供了良好机遇。同时，经济危机影响了国内的劳务市场，黑龙江省许多农民工不得不返乡，他们不仅有一定的资金积累和一技之长，而且很多人还有较强的创业意愿，这为黑龙江省农业的发展和改革提供了一定数量的较高质量的人力资源。如图 28 所示，经济危机之后，黑龙江省地方国有企事业单位农业技术人员总体呈增长趋势，年均增长率为 2.9%，高于经济危机发生之前的 1.1% 的年均增长率。

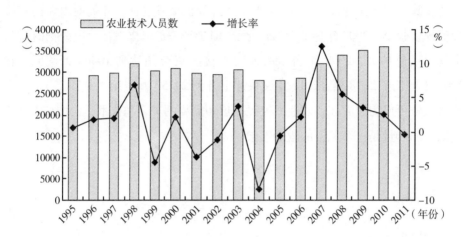

图 28　1995～2011 年黑龙江省地方国有企事业单位农业技术人员数及其增长率

资料来源：《黑龙江省统计年鉴 2012》。

5. 经济危机带来国际合作新机遇

经济危机的爆发虽然使世界经济受到影响，但也为国际合作带来了新的机遇。黑龙江地处东北亚的中心地带，与俄罗斯、韩国、日本在历史上就有着较为密切的联系，但是在经济合作，尤其是农业合作方面依然松散。经济危机的爆发，为东北亚区域合作关系的改善提供了机遇。为加强互信、增强合作、共同应对经济危机，2008 年 12 月 13 日，中日韩三国峰会举行。三国领导人就应对国际经济危机以及共同关心的地区和国际问题交换了意见，达成重要共识，发表了应对经济危机的《联合声明》。在此基础上确定了今后的合作方向，提出了新的合作倡议。俄罗斯也表示，2009 年其外交政策中最重要的一项任务就是与其他国家一道应对经济危机。2009 年 9 月，中俄共同批准了两国边境地区合作包括农业合作的第一个长期规划——《中华人民共和国东北地区与俄罗斯远东及东西伯利亚地区合作规划纲要（2009～2018 年)》；2009年 12 月俄罗斯政府正式批准《远东和贝加尔地区 2025 年前经济社会发展战略》，再次强调大力推动远东及贝加尔地区与中国边境地区的农业合作；2010

年3月，"金砖四国"在第一次农业部长会议上承诺将加强四国之间的农业合作。在此背景下，2012年，黑龙江省对俄农业产业联盟成立，成为黑龙江省创新对俄合作机制、发挥强强联合优势，共同开发俄罗斯市场的新举措。目前，黑龙江省已有40%的县（市）与俄罗斯远东的哈巴罗夫斯克边疆区、滨海边疆区、阿穆尔州、犹太自治州等10个州（区）政府建立了长期稳定的农业合作关系，在俄罗斯境内发展粮食与蔬菜种植、畜牧养殖和农产品加工等重点项目293个，每年对俄劳务输出2万余人次，总创收6亿元以上。可以看出，以应对经济危机为出发点的合作措施对东北亚区域经济一体化起到推动作用，也给黑龙江省农业发展的国际化提供了有利条件。

（二）经济危机带来的挑战

1. 经济危机加剧国际贸易保护主义

经济危机爆发后，经济下滑，市场需求萎缩，许多国家为了尽快恢复本国经济增长，大量实施各种贸易限制和保护措施，使得全球范围内贸易保护主义开始抬头。黑龙江省农产品主要出口至俄罗斯、韩国和日本等国，这些国家不同程度地采取各种贸易保护措施，造成了黑龙江省农产品出口的障碍。例如，2009年，俄罗斯提高了化学残留限量标准，按此标准对输往俄罗斯的黑龙江省黑河口岸的蔬菜和水果进行硝酸盐、重金属、农药残留的项目检测，通报5批蔬菜硝酸盐超标，1批蔬菜和1批水果农药残留超标；2010年俄罗斯又通报6批蔬菜硝酸盐超标和4批蔬菜农药残留超标。2009年7月22日为帮助欧盟奶农应对市场价格暴跌和需求不旺，欧盟对牛奶制品出台相应措施，重新启动了贮藏黄油的补贴机制；2009年7月23日欧盟又对糖类商品出台类似措施，在3年内支出2780万欧元用以帮助成员国推销各自的农产品。贸易保护主义的加剧也增加了农业贸易争端与摩擦，在一定程度上影响了黑龙江省农业的发展。

2. 经济危机后农产品价格增速慢于成本增速

经济危机一方面减少了国际市场对粮食尤其是粮食加工制成品的需求，导致国际投机性资金大量撤离粮食市场；另一方面加大了粮食贸易商融资难度，导致其推迟粮食采购，两方面的因素共同推动了市场粮价下跌。经济危机发生

后，农产品价格回升，但是农产品生产资料价格也大幅上涨，而且上涨幅度高于农产品价格的涨幅。我国已经多次大幅度提高农产品最低收购价格，尤其是经济危机爆发后，为了保护农民利益，国家先后大幅度提高了稻谷、小麦、油菜籽等主要农产品的最低收购价，使得今后依靠政策支撑粮价上涨的操作空间已经很小。农产品生产资料成本与价格差距加大的趋势已经出现，继续维持农产品高成本与高价格的"两高"模式难度越来越大。

3. 经济危机使得农产品出口企业缺少资金支持

国际经济危机的爆发使得商业银行以更谨慎的态度对待贸易项下的贷款。受经济危机的影响，农产品出口行业被银行列为高风险行业，农产品出口的资金受到严重影响，相关企业融资特别是中小企业的融资十分困难。企业资金链的高度紧张，使得农产品出口企业面临的形势更加严峻。黑龙江省农产品出口企业多为缺乏雄厚资金支持的中小型企业，在经济危机导致国外需求不断减少，而劳动力、能源和原料的价格不断上涨的情况下，这些企业的生产成本提高，利润空间和偿付能力大幅萎缩，抗风险能力减弱，企业生存直接受到威胁。

五 经济危机中黑龙江省农业发展的任务与措施

（一）重点任务

1. 保持农业增长，提高投入产出效果

农业是区域可持续发展的基础。在经济危机给农业发展带来影响的时候，黑龙江省需要采取有效措施应对挑战、把握机遇，确保农业的持续增长。

黑龙江省应继续推进农业规模化经营。坚持规模扩张与质量提升同步推进，提高农民组织化程度，大力发展农民专业合作社，加快培育一批运行机制完备、管理制度规范、类型齐全的星级示范社。鼓励农民专业合作社开展跨区域联合，引导扶持合作社拓展合作领域，推动龙头企业与合作社深度融合，完善利益共享、风险共担的合作机制。支持农业合作社兴办农产品加工业，努力拓展经营领域和深度，提高农业的资源利用率和劳动生产率，促进农民增收。

积极推进农村劳动力转移，加快建设农民就地就近转移工程和农民转移就业服务工程；实施阳光工程，优化农民就业创业环境；开展农民创业工程，提升农民就业创业服务水平。

同时，黑龙江省应大力推进农业产业化。通过实施项目牵动战略，充分发挥黑龙江省农业资源优势，围绕玉米、水稻、大豆、乳品、肉类和果蔬产业，广泛招商引资。全力推动农产品附加值高、产业链条长的大项目、好项目，增强产业化经营发展后劲。集中资源扶持推进一批省政府重点项目，确保每年都有新进展。打造优势领军企业，推动农产品加工企业跨区域、跨行业、跨所有制进行资产重组，组建大型企业集团。加快企业公司制、股份制改革，健全规范法人治理结构，提高市场竞争力。实施"龙头企业提升工程"，加强政策支持和要素保障，扶持壮大100家农产品加工行业领军企业。提高精深加工水平，推进科企嫁接、校企合作，搭建联合攻关研发平台。鼓励龙头企业加大科技投入力度，建立研发机构。支持龙头企业引进国内外先进技术和设备，进行集成创新，推进产品结构和产业结构升级。加快产业园区建设，优化产业发展布局，在农产品优势产区和产业带，规划建设一批农产品加工产业园区，推进农产品加工园区化、园区产业化、产业集聚化。

2. 强化农业基础设施建设

农业基础设施是农业发展的保证，黑龙江省应当在以下方面加强农业基础设施建设。

加强农田水利建设。全面推进中小河流治理和病险水库加固，大力发展高效节水灌溉工程，提高水资源利用率。加快谋划重点水利工程，大力推进松嫩平原和三江平原现代农业综合配套改革试验区建设。

加强农机化建设。加快哈尔滨、齐齐哈尔、佳木斯、大庆、七台河、农垦等六大农机产业园区建设，形成企业间关联密切、配套能力较强的国家级新型农机装备产业集中区，提高现代化大农机制造、维护、保养和作业水平。

加强土壤肥力建设。建设土壤肥力监测信息系统，采集土壤肥力变动信息，根据其特点有针对性地调整种植结构和种植方式。在大力推广有机肥的基础上，合理使用化学肥料，扩大秸秆还田面积。

加强防灾减灾体系建设。推进新一轮植保工程建设，进一步提升农作物病

虫害防控能力和监测预警能力，深入开展农药监管和防灾减灾科技开发。完善气象灾害监测预警预报系统和信息发布系统，构建布局合理、运行稳定、保障有力的综合服务气象观测系统，完善和优化气象观测能力。

3. 优化农业产业结构

黑龙江省应当调整种植业结构，充分利用发展农业得天独厚的优势和巨大潜力提高农作物产量和品质，尤其要加快发展绿色食品产业，推进绿色食品的生产、加工、销售、服务一体化进程。黑龙江省在豆奶粉、大豆蛋白、精炼油、色拉油、玉米变性淀粉、果糖、高档酒精、清洁米等深加工项目上具有很大的优势，因此，发挥优势调整结构，依托龙头企业品牌效应开拓特色绿色农产品市场，择优扶持农业产业化龙头企业，促进种植业结构的调整。

优化结构、促进产业升级，除了解决好品种问题之外，还需要有相应配套的现代农业技术作为支撑。黑龙江省应重点加强与新品种相对应的施肥培肥技术、耕作技术、植保技术、连作障碍消除技术、节水灌溉和旱作节水技术等研发和集成配套，最大限度地挖掘现有粮食作物品种的遗传潜力。为促进主要作物专业化生产和满足不同社会需求，重点发展高油与高蛋白大豆、优质水稻、各种加工专用型与饲用型玉米、优质强筋小麦、专用马铃薯等新品种的选育与应用技术。

4. 加强农业服务能力

经济危机对农业产生影响的重要途径之一是通过农业投入，因而黑龙江省必须加强农业金融服务能力。第一，应当建立和完善农业投入的稳定增长机制，预算内的固定资产投资要倾向于农业农村重大建设项目，重点支持农业基础设施建设、农业结构调整、农业科技研发推广、农产品产销对接、精深加工和质量安全。充分发挥金融对农业生产的支持作用，建立商业性、合作性、政策性金融相结合，资本充足、功能健全、服务完善、运行安全的农村金融支撑体系。制定政策措施，鼓励和引导各类社会资本投入现代农业建设，形成多元化投资、多渠道筹资的农业投入机制。建立财政支持的巨灾风险分散机制。加快促进农村民间借贷组织发展，构建完善的农村借贷体系。

第二，黑龙江省还应当加强农业科技服务能力。积极开展农业应用基础和前沿高技术领域自主创新，重点建设国家现代农业示范区、国家现代农业科技示范园区、国际农业科技创新中心、农业科技展览馆和农机装备研发中心，构筑现代化大农业发展的技术高地。应用常规技术、转基因技术、分子定向育种等生物技术，挖掘动植物高产、优质、抗逆等重要遗传潜力。大力开展农业节水、耕地保护与节约利用、农业机械化与农业设施、农产品保鲜与精深加工、气候资源开发利用等技术攻关。加快研究开发不同生态区域主要农作物栽培技术体系，研究设施连作障碍治理技术，以及区域农业生产物质要素、技术优化组合及科学配置模式。大力整合科技资源，促进农业科技成果转化。大力推进科技特派员农村创新创业行动，深入开展以院县共建、校市联建、院村共建、专家大院为主要模式的农业科技合作共建，提高科技成果转化率和农民对科技的应用能力。

第三，为提升服务能力，黑龙江省应健全完善农业服务体系。完善农技推广服务体系，继续强化基层农技推广机构公益职能，普遍健全乡镇或区域性农技推广机构，推进村级服务站建设。建设农业服务专家队伍和农村信息员队伍，加强基层农技推广机构条件和能力建设，在农业县（市、区）实施基层农技推广体系改革与建设示范县项目，在全部乡镇实施农业技术推广机构条件建设项目。支持农业科研院所、大学、农职院校参与多元化农技推广体系建设，支持社会力量兴办经营性农技服务实体。建立村级农民技术员制度，大力实施农村科技创业行动，鼓励科技特派员创办、领办技术合作组织和科技型企业。以县、乡级检验检测机构能力和条件建设为重点，完善监测预警、产地准出、市场准入、质量追溯等监管制度，加快构建省、市、县、乡四级农产品质量安全监管体系。建立协调配合、检打联动、联防联控机制，不断提高应急处置能力。

5. 提升农产品国际竞争力

有效应对经济危机对农产品出口不利影响的根本措施是努力构建和提升农产品的国际竞争力。黑龙江省首先应加快培育、壮大龙头企业，不断增强企业开拓市场的能力，推动优势农业和特色农业做大做强，进而增强黑龙江省农产品在国际市场上的竞争力。黑龙江省还应以国际市场需求为导向，加强与科研院所、大专院校的联系，开发新技术、培育新品种，提高农产品的科技含量，与国际标准接轨，提高黑龙江省农产品国际市场占有率。

同时，黑龙江省应注重打造农产品品牌，尤其是非转基因农产品和绿色、有机食品的品牌，通过实施品牌战略提升产品的国际竞争力。采取独资经营、联合经营、品牌授权等运作方式，引进国内外著名品牌，分享品牌效益。积极鼓励知名企业开展商标国际注册工作，壮大叫响黑龙江知名品牌。

黑龙江省农产品出口应以与国际标准接轨为目标，在巩固发展俄罗斯、韩国和日本出口市场的基础上，努力开拓其他国家市场；在继续发展传统农产品市场的基础上，积极开拓新兴市场。加强农业质量标准普及以及省级基层检测机构建设，利用技术性贸易壁垒的差异性，逐步调整市场布局。

（二）保障措施

1. 加强机制保障

在经济危机依然会持续影响的未来几年，黑龙江省为保证农业快速稳定地发展，需要加强组织机制、工作机制和政策机制保障。黑龙江省应切实加强对农业的组织领导，在完善组织机制的基础上，协调好各相关部门的工作，形成推进现代化大农业建设的强大合力。同时，通过多种组织手段和宣传形式，深化并推广现代化大农业发展理念，发挥各类典型的示范引领作用，努力营造全社会共同关注、支持现代化大农业发展的良好氛围。建立健全的工作机制，因地制宜，做好各地区、各级别的农业产业发展规划工作，为农业发展制订科学的战略。在此基础上，深入组织实施发展现代化大农业的各项重大、重点工程，着力加强农业科技发展和农业基础设施建设。同时，对各级规划建立评价制度，跟踪分析规划执行情况，根据评估结果及时修订完善规划内容；建立规划执行的监督检查制度，采取多种形式针对关键目标进行阶段性考核，加强规划的执行效果。

黑龙江省还应加强政策保障。一方面，严格落实国家各项农业补贴、补助等强农惠农富农政策，落实国家基层农技推广特设岗位计划、工资倾斜和绩效工资政策，发挥农业综合开发资金和项目优势，推动区域优势产业发展和重点工程建设。通过良好的执行，产生政策的放大效应，调动广大农民的积极性，提高劳动生产率。另一方面，制订加快优势、特色产业发展的政策，对农业产业结构调整和农产品竞争力提升提供政策支持。制定出台鼓励土地流转、合作社建设等政策，提升产业发展水平。进一步完善农村金融机构定向费用补贴政策，强化县域金融机构涉农贷款增量奖励政策，推动金融机构对农业发展项目贷款的投放。加强对现代化大农业发展重点、难点、热点问题研究，不断完善现代农业发展的政策体系。

2. 加强人才保障

人才是黑龙江省农业未来发展的关键要素，要从人才方面夯实农业发展的基础。首先，加强农业人才培养，大力推进新型农村人才培养工程。依托黑龙江省众多的农业院校和农业科研院所，落实现代农业人才支撑计划，针对现代化大农业发展的各方面需求，构建具有黑龙江省特色的现代农村人才教育体系，大力发展农村教育，通过农业科技教育、职业教育和素质教育等不同形式的教育，构建包括农业科研领军人才和技术推广骨干人才、新型职业农民和农村实用人才带头人在内的农业发展的多层次人力资源体系。其次，畅通人才的流通和使用渠道，建立健全各级各类农业人才的选拔任用机制，加强其在产业、地区、城乡间的合理流动和分布，鼓励交流与合作，最大限度地释放人才效应。整合教育资源，推行机制创新和体制创新，建立和完善高层次人才联系服务制度，完善高级专家参与区域重大决策咨询或重大项目咨询制度。最后，强化人才激励措施，鼓励稳定各类农业科技人才深入农业科研开发、推广领域，加快新技术在农业生产领域的应用，同时制定优惠政策吸引国内外优秀农业人才，创造良好环境，为各类农业人才作用的发挥提供必要的条件。

3. 加强法律保障

农业的发展必须有健全的农业法律法规体系的保障。首先，健全农业发展的法律法规，完善农业法律体系，使得农业生产、经营活动有法可依。其次，健全农业行政综合执法服务体系，加强各层次的农业综合执法规范化建设，在保证农业执法工作正常有效开展的基础上，提高工作效率，强化执法效果。再次，深入开展农业专项治理行动，对各类违法行为依法予以打击。尤其要坚持开展农资执法打假专项治理行动，对种子、农药、肥料、饲料、兽药、农机具等农资产品加强监管执法力度，保障农资产品和农产品质量安全。最后，开展农业法律普及活动，通过宣传、教育等方式，强化农民的法律意识，增强全社会的农业法制观念，为促进农业发展形成良好的法律环境。

参考文献

陈慧萍、王玉斌、邹於娟、武拉平：《金融危机对中国农业的影响》，《中国农村经济》2009 年 9 期。

俞海峰：《基于钻石模型的黑龙江省农业国际竞争力研究》，《哈尔滨商业大学学报（社会科学版）》2010 年第 6 期。

丁声俊：《"全国第一粮食大省"由大转强正当时——兼谈粮食大省"由大转强"的必要措施（二）》，《黑龙江粮食》2012 年第 6 期。

冯国栋：《试析金融危机对农村经济的影响及应对措施》，《商业文化（下半月）》2012 年第 9 期。

韩东鹤：《黑龙江省绿色食品产业发展研究》，《对外经贸》2012 年第 11 期。

黄红心、曹卫平、刘红娟：《金融危机背景下绿色贸易壁垒对我国农产品出口的影响原因与对策》，《商场现代化》2010 年第 6 期。

赵振宁：《经济危机对黑龙江省经济的影响与对策》，《黑龙江金融》2009 年第 1 期。

李海霞：《浅谈经济危机对中国农业的影响》，《经济研究导刊》2011 年第 9 期。

李硕雅：《国际金融危机对我国农业农村经济的影响》，《理论学习》2009 年第 7 期。

林传立：《国际金融危机与我国农业发展机遇》，《重庆文理学院学报（自然科学版）》2009 年第 2 期。

刘晓真：《我国农业资源开发现状和发展趋势》，《农产品加工（创新版）》2012 年第 10 期。

吕小锋：《论经济危机对我国农业的影响及应对措施》，《北方经济》2010 年第 4 期。

欧阳怀东、陈沫：《黑龙江现代化大农业功能定位与发展方略研究》，《中国农垦》2012 年第 11 期。

任继宏：《黑龙江省农民收入构成变动与增收对策研究》，《黑龙江社会科学》2012 年第 6 期。

孙滨、欧阳怀东、罗英辉：《金融危机对黑龙江商品粮基地建设的影响及对策探讨——以绥化市为例》，《科技成果管理与研究》2009 年第 6 期。

涂圣伟、蓝海涛：《金融危机下我国农业发展的思路及对策》，《宏观经济管理》2010 年第 1 期。

王丛岩：《金融危机对农业和农村经济影响的实证分析》，《吉林金融研究》2009 年第 8 期。

汪占熬、陈春：《全球金融危机对我国农业冲击及对策分析》，《农业经济》2009 年第 6 期。

徐作立：《金融危机下我国农业发展的新思路》，《农业科技与信息》2010 年第 2 期。

闫珺：《浅谈金融危机对我国农业的影响》，《四川省社会主义学院学报》2009 年第 2 期。

张平：《金融危机对黑龙江省农业的影响》，《内蒙古农业科技》2009 年第 5 期。

赵勤：《"十二五"时期黑龙江省对俄农业合作研究》，《西伯利亚研究》2012 年第 4 期。

周博、王晶、翟涛、刘文杰、李爽：《后危机时代黑龙江省加快农产品出口的思考》，《对外经贸》2012 年第 5 期。

周贵义：《关于黑龙江省对俄农业开发问题研究》，《黑龙江金融》2012 年第 11 期。

Development Report of Heilongjiang Province Agricultural Industry under the Economic Crisis

Wu Weiwei   Yu Bo

Abstract：As the biggest grain production base in China, Heilongjiang is of great significance in China's food security. The 2008 financial crisis exerted and will continue to exert influences on the development of agriculture in Heilongjiang. This chapter makes an detailed analysis of the development of agriculture in Heilongjiang after the crisis happened, and identifies the influences of the crisis exerted on Heilongjiang's agriculture. Based on these, the chapter concludes the problems that Heilongjiang's agriculture has, and explicates the opportunities and challenges that the finical crisis brought to Heilongjiang's agriculture. In the final part of the chapter, the main tasks of Heilongjiang's agriculture are proposed, and the corresponding measures are suggested.

Key Words：Heilongjiang Province；Agriculture；Economic Crisis

B.10
经济危机下的黑龙江食品产业发展报告

李　东　杨德云*

摘　要：

食品产业是一个永恒的产业，同时又是人类的生命产业，是我国重要产业之一。黑龙江省是我国重要的商品粮基地，食品产业是黑龙江省的传统优势产业，是黑龙江省四大主导产业之一，近年来获得长足发展，已形成独特的主导产业结构和特色优势，特别是在经济危机背景下，仍然显示出稳健的发展态势。本报告基于产业发展环境，对黑龙江省食品产业发展情况进行深入分析，重点从上游农产品供应能力、生产周期、抗风险能力、固定资产投资、生产情况、销售情况、价格走势等方面分析了产业整体运行情况，从盈利能力、偿债能力、营运能力、成长能力分析了产业经济效益情况，并从产业集中度的角度分析了不同规模企业发展情况。此外，报告还分析了黑龙江省绿色食品产业发展情况，最后提出黑龙江省发展食品产业的几点建议。

关键词：

黑龙江省　食品产业　经济危机

食品产业是以农产品为原料，依据物理、化学、生物及微生物的变化及通过对其处理，改变其形态、性质，目的在于延长农产品保存时间、提高其营养价值或利用其价值制成新产品的产业。随着我国经济增长由投资拉动型向消费驱动型转变，食品产业的发展备受关注，现代食品产业已不再是传统意义上的农副产品初级加工产业，而是与整个社会的科学技术革新和产业结构调整紧密联系在一起，承载着促进农民增收，带动农业产业化，提高居民生活质量的社会责任。

---

* 李东，哈尔滨工业大学管理学院教授，博士生导师；杨德云，哈尔滨工业大学管理学院博士生。

按照我国国民经济行业分类（2011）标准划分，食品产业包括农副食品加工业，食品制造业，酒、饮料和精制茶制造业，烟草制品业四大类，二十一个主要门类、五十三个加工行业，是工业行业中的一个大类。根据《中国食品工业年鉴》所载，我国食品产业包括食品加工业、食品制造业、饮料制造业和烟草加工业。

而《黑龙江省统计年鉴2011》并未再将烟草制品业纳入食品产业进行统计，但为了考虑数据的可得性、可比性、完整性和延续性，本报告所提及的食品产业仍包括食品加工业、食品制造业、饮料制造业和烟草制品业，食品产业各发展指标值为四个分行业指标值的总和。

一 黑龙江食品产业发展环境分析

（一）宏观经济环境分析

1. 国际经济形势分析

2011年，国际金融危机的深度影响仍在继续，发达经济体复苏步履维艰，欧元区主权债务危机仍然不断发酵和扩散，新兴经济体增速回落和物价上涨交织在一起，全球经济复苏步伐明显放缓。国际货币基金组织（IMF）2012年1月24日发布的《世界经济展望》数据显示，2011年世界经济实际增长率为3.8%，远低于2010年的5.2%。

美国经济走势"前低后高"。在经历三年多的自我修复和宽松货币政策的刺激下，美国经济整体上处于缓慢复苏轨道。美国商务部2012年1月27日公布的数据显示，2011年，美国实际国内生产总值同比增长1.7%，增速较上年同期回落1.3个百分点，但四季度国内生产总值季调折年率为2.8%，已经恢复至2010年下半年的水平，私人投资和个人消费是促使美国经济加速复苏的主要力量。

欧元区经济下行风险进一步加剧。受欧洲主权债务危机影响，欧元区特别是重债国的实体经济增速继续放缓。欧盟统计局2012年2月15日公布的初步数据显示，2011年，欧元区17国国内生产总值同比增长1.4%，增速较上年

同期回落 0.5 个百分点，其中四季度国内生产总值折年率仅为 0.9%，创 2010 年以来新低。欧元区双核德、法两国的国内生产总值同比增长仅为 3.0% 和 1.7%；深陷主权债务危机之中的希腊难改负增长窘境，国内生产总值同比下降 6.8%；同样陷入危机的意大利、西班牙、葡萄牙等国也表现不佳，经济增长呈现出不同程度的回落。

日本经济频现萎缩迹象。由于出口锐减，大地震后出现复苏迹象的日本经济再次出现停滞拐点的可能性大增。日本内阁府 2012 年 3 月 8 日公布的修正数据显示，2011 年，日本国内生产总值同比下降 0.9%，而 2010 年同期为同比增长 4.4%。

新兴经济体经济增长趋缓。2011 年，新兴经济体仍保持快速增长态势，但受发达经济体状况不佳拖累，新兴经济体增长速度有所放缓，这也是新兴经济体国家为控制通货膨胀和信贷增长过快而采取宏观经济调控的结果。2011 年，新兴经济体产出增长率为 6.2%，虽然低于 2010 年 7.3% 的增速，但仍远高于发达经济体和全球经济的增长速度。此外，各主要新兴经济体经济运行存在一定差异：受全球经济增速放缓拖累，巴西 GDP 增加 2.9%，远低于 2010 年的 7.5%，经济增长明显失速；印度经济增速也出现明显下滑，为 7.4%，比 2010 年低 2.5 个百分点；俄罗斯宏观经济形势向好，延续恢复性增长趋势，同比增长 4.1%，比 2010 年高 0.1 个百分点。

2. 国内经济形势分析

2011 年，在国际经济增长乏力、欧债危机矛盾深化的情况下，我国经济呈现平稳回落的态势，投资、消费结构有所改善，内外需结构趋于平衡，国民经济逐渐从政策刺激型增长向内生自主增长的方向转变。

国内生产总值增速保持在平稳较快增长区间。2011 年，国内生产总值（GDP）472881.6 亿元，按可比价格计算，同比增长 9.3%，增速较上年同期回落 1.1 个百分点。虽然 GDP 增速呈现回落的态势，但总体而言，始终保持在平稳较快增长的区间，且 GDP 的回落也在很大程度上符合宏观调控的目标。

投资、消费和出口增速均有所减缓。2011 年，累积社会消费品零售总额 181226 亿元，同比增长 17.1%，增速较上年同期回落 1.3 个百分点；全社会固定资产投资额 311485.1 亿元，同比增长 23.8%，增速较上年同期回落 0.7 个百分点；出口总额同比增长 20.3%，增速较上年同期回落 11.3 个百分点；贸易顺差从 2010 年的 1815 亿美元收窄至 1549 亿美元，创下三年来的新低。尽管投资、消费和出口三大需求的增速均有所减缓，但仍然处在平稳较快的增长区间。同时，投资和消费主导的内需增长动力进一步增强，贸易顺差进一步缩小。经济增长内生动力的强化和对外依赖程度的减弱有效促进了内外需增长的平衡发展。

（二）产业政策环境分析

近年来，我国食品安全问题已成为全社会关注的焦点。综观 2011 年所发生的食品安全事件，乳制品、食用油、肉类、保健食品、食品添加剂等消费群体大、影响范围广的生活必需食品问题突出，主要安全问题又集中表现为非法添加和滥用食品添加剂的违法违规行为。因此，围绕食品行业，2011 年国家相关部门出重拳，重典治乱，相继出台了各项政策法规，规范了食品行业标准，完善了食品行业监管体系建设，制定了对问题食品采取的措施，让食品安全问题有法可依。

1. 加强食品添加剂监管力度

为切实加强对食品调味料和食品添加剂的监管工作，确保公众饮食安全，2011 年 1 月 27 日，卫生部等四部委联合发布《关于切实加强食品调味料和食品添加剂监督管理的紧急通知》，严防非法添加剂在市场肆虐。2011 年 2 月 21 日，卫生部等六部委联合发布公告撤销食品添加剂过氧化苯甲酰、过氧化钙的使用。2011 年 4 月 21 日，国务院专门召开全国电视电话会议进行深入动员部署，对开展打击食品非法添加和滥用食品添加剂的工作重点提出明确要求。同时，国务院办公厅下发了《关于严厉打击食品非法添加行为切实加强食品添加剂监管工作的通知》。工业和信息化部、公安部、农业部、商务部、卫生部、工商总局、国家质检总局及国家食品药品监督管理局等九部门联合发布《严打食品非法添加和规范食品添加剂使用的公告》，进一步要求加强对食品非法添加行为的源头治理，对危害食品安全的非法行为施以严刑峻法，让不法分子付出高昂代价，再次体现了政府治理食品安全问题的决心与力度。

2. 高度重视食品安全

食品安全是关乎民生的大事，安全的食品是人们健康生活的基本保障。但是，近年来接二连三的食品安全事故层出不穷，食品安全已成为全社会焦点话题。自2009年以来，政府连续四年就食品安全年度工作做出重要部署，体现了政府对食品安全的高度重视。2011年3月15日，国务院办公厅印发《2011年食品安全重点工作安排》，进一步明确2011年食品安全重点工作任务。为加强食品生产企业生产食品的安全监督，消除和减少不安全食品的危害，国家质检总局修订了《食品召回管理规定》，并于2011年5月23日向社会公开征求修改意见。为建立健全应对食品安全事故的运行机制，有效预防、积极应对食品安全事故，高效组织应急处置工作，最大限度地减少食品安全事故的危害，保障公众健康与生命安全，国务院办公厅于2011年10月14日发布了《国家食品安全事故应急预案》；2012年1月出台的《食品工业"十二五"发展规划》中再次将提升食品安全作为首要的发展目标；2012年1月20日，卫生部公布《食品安全国家标准"十二五"规划（征求意见稿）》，进一步明确食品安全标准的主要目标和任务，加大对食品安全国家标准建设的投入，完善食品安全标准管理制度；2012年3月21日，工信部公布了《2012年食品安全重点工作实施方案》，进一步明确食品安全重点工作任务，加强食品质量安全管理，明确食品安全工作任务，促进食品行业健康有序发展。

3. 加强诚信体系建设

食品工业企业诚信体系建设是保障食品安全的长效机制和治本之策。为增强企业诚信意识，提高政府对食品安全的监控能力，系统而有序地解决食品安全问题，2011年，工信部印发了《食品工业企业诚信体系建设工作指导意见》，下发了《食品工业企业诚信体系建设工作实施方案（2010～2012）》，还发布实施了《食品工业企业诚信管理体系建立及实施通用要求》《食品工业企业诚信评价准则》两项管理行业标准，并开通了食品工业诚信平台。在此基础上，2012年3月13日，工信部再次印发了《2012年食品工业企业诚信体系建设工作实施方案》，旨在进一步推进企业诚信体系建设，提高企业诚信保障能力和食品质量安全管理水平，促进食品工业健康发展。

4. 完善保健品监管体系建设

2011 年以来，针对保健食品的监管政策频出。首先，为加强保健食品监管，保障人民身体健康和生命安全，2011 年 7 月 11 日，国家食品药品监督管理局发布了《保健食品召回管理办法（征求意见稿)》；其次，为调整保健食品功能范围，2011 年 8 月 1 日，国家食品药品监督管理局公开发布了《保健食品功能范围调整方案（征求意见稿)》；再者，为了确保保健食品的质量安全，使保健食品的生产管理与监管工作更具可操作性，2011 年 9 月 30 日，国家食品药品监督管理局发布了《保健食品良好生产规范（修订稿)》。如此密集地出台针对保健食品的相关政策，旨在进一步完善我国保健食品监管体系构架。

5. 加强食品标准建设

2011 年 5 月 13 日，卫生部对外发布了《食品添加剂使用标准》《食品中真菌毒素限量》《预包装食品标签通则》《蜂蜜》等四项新的食品安全国家标准，涵盖各类食品，指标多、内容复杂，是食品行业的重要基础性标准。卫生部在原《速冻预包装面米食品卫生标准》的实施基础上，组织制定了《速冻面米制品食品安全国家标准》，于 2011 年 11 月 24 日向社会公布，并于 2011年 12 月 21 日起正式施行。在《预包装食品营养标签规范》的基础上，卫生部于 2011 年 11 月 2 日公布了我国第一个食品营养标签国家标准——《预包装食品营养标签通则》。

（三）技术环境分析

"十一五"期间，我国食品工业在现代加工技术方面，技术创新方面取得了若干阶段性成果。一批行业共性关键技术有了新的突破：首先，在食品生物工程技术领域，重点开展了食品酶工程技术、发酵工程技术和食品基因工程技术领域内的前沿技术及重要生理活性食品的生物加工技术研究；其次，在大宗低值蛋白资源酶法改性及食品配料制备等方面取得阶段性的重大进展和成效，显著增强了食品工业的原始创新能力，提高了产品的附加值；再次，在现代干燥技术方面，大型连续式食品冷冻干燥装置开发成功，使我国食品加工装备制造能力得到进一步提升；最后，在食品质量与安全控制技术方面，研制了一批食品安全监管需要的设备及产品。但是，我国食品产业与国际先进水平仍有较

大差距，主要表现在食品行业研究开发力量薄弱，企业自主开发创新能力低，行业管理所需的技术基础性工作十分缺乏。

二 黑龙江食品产业整体运行情况

2011 年是国家"十二五"发展规划的开局之年，也是国内外经济形势复杂多变的一年。为应对世界经济格局发生的变化，各国出台了一系列刺激经济增长措施，世界经济由衰退走向复苏，但复苏的基础还不牢固，全球贸易需求也出现放缓迹象。与此同时，2011 年，我国农产品价格屡创新高，成为拉动 CPI 高企的主要推手。在此背景下，黑龙江省食品产业在一系列宏观政策指导下，积极调整产业结构，克服成本上升所带来的压力，在消费品市场刚性需求拉动下，行业整体保持稳定。

（一）上游农产品供给能力增强

作为基础消费品行业之一，食品产业的产业链比较短，上游行业主要涉及农业、畜牧业以及与行业本身相关的食品包装及食品机械等行业；下游行业主要涉及商业、流通业。因此，食品产业是连接农业与直接消费的中间环节，行业发展有助于推动上游农业的发展，而农产品的供应及价格也直接影响食品产业的利润水平。由于食品产业发展受上游农业、畜牧业影响最大，尤其是农产品生产情况和价格变化情况，因此本报告主要分析农业、畜牧业发展情况。

1. 农业

黑龙江省是全国主要的粮食主产区，虽然随着工业、服务业等产业的兴起，农业作为第一产业在国民经济总产值中的比例逐渐下降。2011 年，农业产值占 GDP 的比重为 14.32%，为 2004 年以来的最高点，农业作为第一产业，仍是关系着国计民生的大问题（见图1）。

在农业产业中，粮食安全始终是重中之重。2011 年，黑龙江粮食总产量为 5570.6 万吨，约占全国十分之一，首次成为我国产粮第一大省，比 2010 年增产 557.8 万吨，增长 11.13%；粮食单产为 4843 千克/公顷，比 2010 年增加 467 千克/公顷，增长 10.66%，单产和总产将再创历史新高，自 2005 年以来，

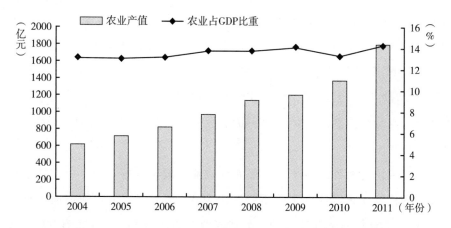

图1　2004～2011年黑龙江省农业产值及其占国内生产总值的比重变化趋势

黑龙江省粮食连续7年增产（见图2）。

分品种看，黑龙江省三大粮食作物总产量超过4841.7万吨。其中，稻谷总产量达到2062.1万吨，比上年增产218.2万吨，增长11.83%；小麦总产量103.8万吨，比上年增产11.3万吨，增长12.22%；玉米总产量2675.8万吨，比上年增加351.4万吨，增长15.12%。玉米大幅度增产使黑龙江省粮食生产结构得到进一步改善。

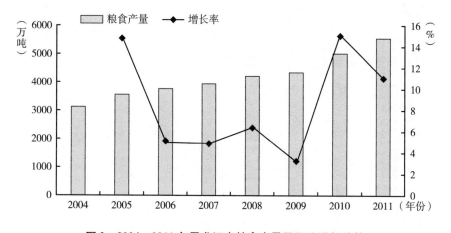

图2　2004～2011年黑龙江省粮食产量及同比增长趋势

从播种面积来看，2011年黑龙江省粮食播种面积达到1375.9万公顷，比2010年增加21.0万公顷，增长1.55%。其中谷物面积980.8万公顷，增加

117.5 万公顷；豆类面积 366.5 万公顷，减少 101.0 万公顷；薯类面积 28.6 万公顷，增加 4.6 万公顷。在三大粮食作物中，玉米播种面积达到 590.4 万公顷，增加 67.2 万公顷，增长 12.85%；稻谷播种面积达到 344.8 万公顷，比 2010 年增加 47.3 万公顷，增长 15.90%；小麦播种面积 3.7 万公顷，增长 9.79%。因结构调整，玉米和稻谷播种面积共增加约 114 万公顷，增产效果在 560 万吨以上。

从受灾情况来看，2011 年，黑龙江农业气候条件好于常年，并明显好于上年，农作物受灾程度明显降低。2010 年和 2011 年，全省受灾面积分别为 5225.6 千公顷和 3488.1 千公顷，分别减少 23.91% 和 33.25%，有利的气候条件促进粮食丰收。此外，因地制宜科学防灾减灾以及启动应急响应预案等措施也为粮食增产打下了坚实的基础。

但是，在全省粮食增产的背景下，粮食价格持续上涨，2011 年粮食价格比 2010 年上涨 10% 左右。粮食市场呈现涨价与增产并存的局面。

自 2005 年以来，黑龙江三大粮食作物中粳稻、玉米的生产成本以年均 10% 以上的速度增长。由于农业生产资料及投入要素价格明显上涨，导致成本不断攀升推动粮价快速走高，从而形成涨价与增产并行的格局。从价格走势来看，粳稻、玉米价格也以年均 10% 左右的速度增长，稻谷和玉米价格存在着一定的周期性规律，基本每隔 2~3 年左右粮价出现一个上涨高峰。因此，2011 年价格涨幅应属正常范围（见图 3）。

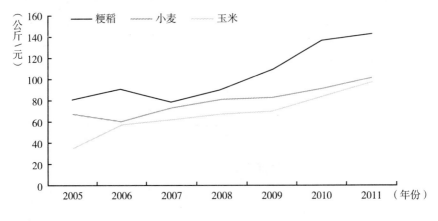

图 3　2005~2011 年黑龙江省三大农作物价格走势

2. 畜牧业

长期以来，种植业在农业中占有主导地位，畜牧业仅仅是作为副业存在的，然而随着社会经济的发展，人们生活水平的提高，消费结构的调整，人们对肉蛋奶类食品的需求快速增长，这拉动了畜牧业的快速发展。畜牧业在农业中的地位也逐渐提高。

目前，黑龙江畜牧业产值已达 1189.9 亿元，占全省农林牧渔业总产值的 36.91%，高于全国占比 5.21 个百分点，畜牧业已成为增加农民收入的主要来源。畜牧业在保障城乡食品价格稳定、促进农民增收方面发挥了至关重要的作用。2011 年，全省畜牧业稳产增收，全年肉、蛋总产量分别达到 201.2 万吨、138.0 万吨，同比分别增长 1.67%、31.05%，奶总产量 550.4 万吨，同比下降 1.50%。

在畜牧业产品中，猪肉是人民生活中必不可少的商品，因此，居民可支配收入必然对猪肉的需求量产生影响。2005 年以来，全省大规模生猪价格在剧烈波动中快速上涨；2011 年，猪肉价格一路冲高，创历史新高。2011 年大规模生猪价格全年平均价为 16.39 元/公斤，较 2010 年价格（11.36 元/公斤）高出 43.71%。供需失衡、养殖饲料、人工及运输成本大幅上升拉动肉价进入上升通道（见图 4）。

玉米是养殖饲料的主要原材料，因此猪粮比价是以玉米价格作为主饲料成本。2011 年，全国猪粮比价 8.10∶1，较 2010 年的 6.34∶1 上涨了 27.72%；而黑龙江猪粮比价全年平均 8.34∶1，与历史高点 10.10∶1 仍有一定差距，但较 2010 年的 6.80∶1 上涨了 22.59%，比全国少 5.13 个百分点（见图 5）。

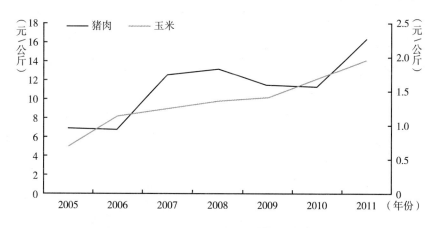

图 4 2005～2011 年黑龙江省玉米和猪肉价格走势

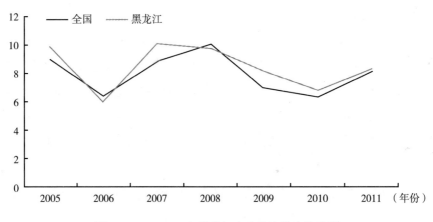

图5 2005～2011年黑龙江省猪粮比价走势比较

（二）产业处于稳定上升阶段

作为传统工业之一，食品产业受经济周期波动影响较小，属于较为典型的防御性行业。近年来，黑龙江省农业的高速发展为食品产业提供了日益丰富和充足的原料，加之扩大内需政策和刚性需求支撑了食品产业持续快速发展。2004～2011年间，食品产业主营业务收入增速除了2006年和2007年低于20%外，其他年份均保持在20%以上，2010年更是高达40%，年均增长率为25.89%，表明了目前黑龙江省食品产业处于稳定上升阶段（见图6）。

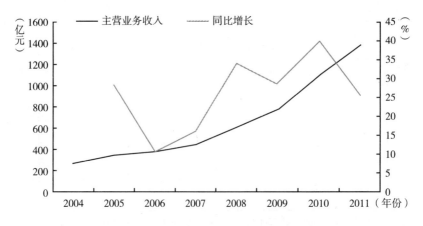

图6 2004～2011年黑龙江省食品产业主营业务收入及增速走势

（三）产业具有良好的抗风险能力

随着社会消费能力和居民购买力的不断提高，国内食品产业市场需求空间逐步扩大。2011 年，黑龙江省食品产业总产值同比增长 32.19%，发展速度快于国内生产总值和工业产值，印证了食品产业具有刚性需求特征及良好的抗风险能力（见图 7、图 8）。

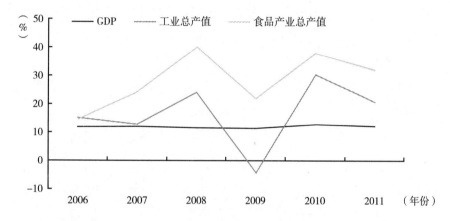

图 7　2006～2011 年黑龙江省 GDP、工业总产值及食品产业总产值增速变化趋势

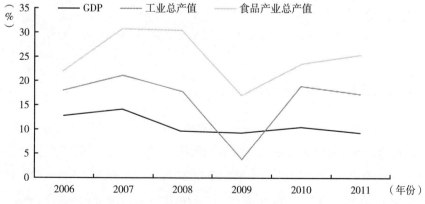

图 8　2006～2011 年全国 GDP、工业总产值及食品产业总产值增速变化趋势

（四）固定资产投资增速放缓

2011 年，食品产业累计固定资产投资完成额达到 500.87 亿元，同比增长

18.59%，虽高于全省固定资产投资增速8.68个百分点，但增速比2010年同期回落了27.20个百分点；食品产业投资额占全国固定资产投资的比重为6.70%。从整体来看，2011年食品产业投资增速是自2007年以来最低增速（见图9）。

从发展趋势来看，食品产业固定资产投资增速降至2007年和2008年的20.64%和29.54%；2009年，食品产业固定资产投资重拾增长态势，增速达到64.19%，为自2007年以来最高，主要驱动力来自扩大内需等一系列应对金融危机的政策推动；2010年，随着刺激政策逐渐退出，食品产业投资回归合理增长；2011年，受紧缩政策的影响，食品产业固定资产投资增速放缓。

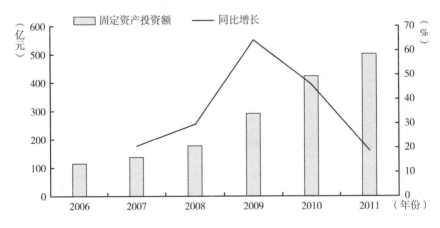

图9 2006～2011年黑龙江省食品产业固定资产投资额及增长趋势

（五）生产保持较快增长态势

近年来，黑龙江省食品产业累计工业总产值增长较快。2004年以来，行业产值增速均保持在14%以上，年均增长28.57%，显示了良好的生产能力。2011年，食品产业累计完成工业生产总值2474.90亿元，同比增长32.19%，增速虽比2010年下降了5.93个百分点，但整体来看还继续保持较快增长态势（见图10）。

分行业来看，2011年，农副食品加工业、食品制造业、饮料制造业和烟草制品业行业产值分别为1669.79亿元、487.73亿元、230.63亿元和86.70亿元，分别占行业产值的67.47%、19.71%、9.32%和3.50%。四个子行业中，涨幅比2010年同期均有所提升，涨幅最大的是农副食品加工业和烟草制品业，分别为39.06%和35.51%（见图11）。

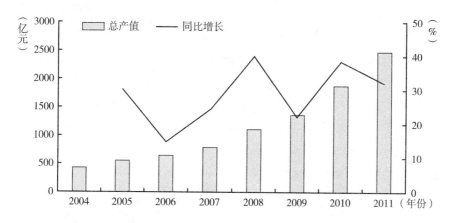

图10　2004~2011年黑龙江省食品产业总产值及同比增长趋势

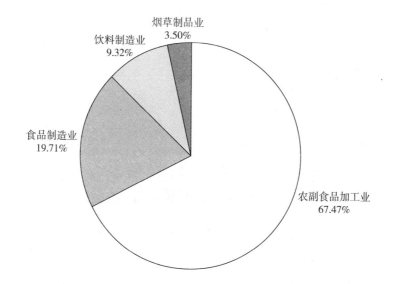

图11　2011年黑龙江省食品产业各子行业产值占比情况

从发展趋势来看，受经济下行调整的负面影响以及食品安全事件的拖累，2009年食品产业累计行业产值增速较低，仅为22.14%，远低于年平均水平。但在调控政策和市场需求强劲的利好条件下，2010年行业产值增速迅速恢复，并于2011年趋于平稳。

子行业方面，表现突出的是农副食品加工业。2004 年以来，除了 2005 年，农副食品加工业销售产值增速均保持在 20% 以上，2005 年、2008 年和 2010 年增速更是在 40% 以上，2011 年，农副食品加工业增幅高于行业总体 6.87 个百分点，成为四个子行业中发展最快的行业，内在动力较强。需要关注的是，在其他三个子行业中，饮料制造业增速列各子行业最末。从各子行业发展趋势来看，2004～2011 年，农副食品加工业年均增长率最高，达 34.56%，饮料制造业最低，仅为 16.78%，食品制造业和烟草制品业分别为 23.04% 和 19.40%（见图 12）。

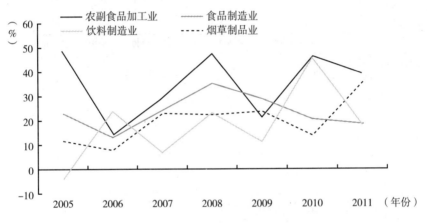

图 12　2005～2011 年黑龙江省食品产业各子行业产值同比增长趋势

（六）行业销售能力和产销衔接程度良好

得益于市场需求持续上升和消费升级的拉动，2011 年全年，食品产业累计工业销售产值增速快于 2010 年同期，表现出良好的行业销售能力。

1. 销售产值增速较快

2011 年，食品产业累计工业销售产值达 2414.92 亿元，同比增长 31.83%，增速虽比 2010 年下降了 7.67 个百分点，但还高于 2004 年以来年均增长率 28.52%，保持着快速增长态势（见图 13）。

分行业来看，2011 年，农副食品加工业、食品制造业、饮料制造业和烟草制品业销售产值分别为 1629.98 亿元、477.80 亿元、220.68 亿元和 86.46

亿元，分别占行业销售产值的67.50%、19.79%、9.14%和3.58%。四个子行业中，涨幅比2010年同期均有所提升，涨幅最大的是农副食品加工业和烟草制品业，分别为40.01%和35.86%（见图14）。

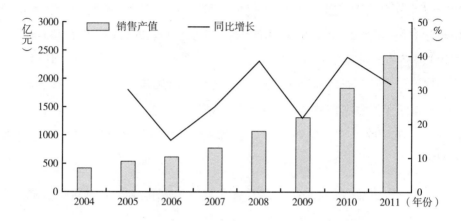

图13　2004～2011年黑龙江省食品产业销售产值及增速走势

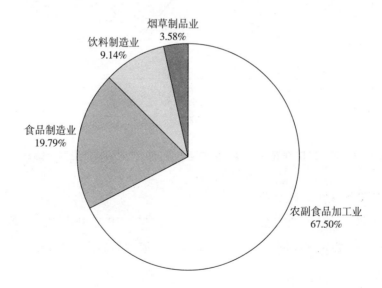

图14　2011年黑龙江省食品产业各子行业累计工业销售产值占比情况

　　从发展趋势来看，食品产业累计工业总产值增速和累计工业销售产值增速走势保持一致，说明行业产销基本平衡。2009年食品产业累计销售产值增速较低，远低于年平均水平。随着调控政策和市场需求企稳回升，2010年行业

销售产值增速迅速恢复，创下历年新高，并于 2011 年趋于平稳。

子行业方面，表现突出的仍是农副食品加工业。2004 年以来，除了 2006 年，农副食品加工业销售产值增速均保持在 20% 以上，2005 年、2008 年、2010 年和 2011 年增速更是在 40% 以上，2011 年，农副食品加工业增幅高于行业总体 8.18 个百分点，成为四个子行业中发展最快的行业，内在动力较强。需要关注的是，虽然在其他三个子行业中，食品制造业占食品产业累计销售产值比例较高，但行业增速却列各子行业最末。而从各子行业发展趋势来看，2004～2011 年，农副食品加工业年均增长率最高，达 34.32%，饮料制造业最低，仅为 16.19%，食品制造业和烟草制品业分别为 24.06% 和 17.72%（见图 15）。

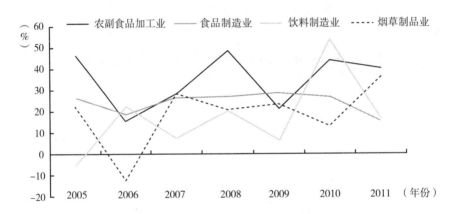

图 15　2005～2011 年黑龙江省食品产业各子行业工业销售产值同比增长情况

2. 产销率保持较高水平

2011 年，食品产业产销率达到 97.58%，与 2010 年基本持平，行业产销衔接良好。主要表现在两个方面：一是销售产值增长速度（31.83%）与总产值增长速度（32.19%）基本相当；二是产销率保持在较高水平，这对于行业发展起到积极作用。

从走势来看，食品产业产销率受季节性因素影响而有所变化，但基本保持在 96%～98% 之间，行业生产与销售的衔接程度良好，行业整体处于稳定态势（见图 16）。

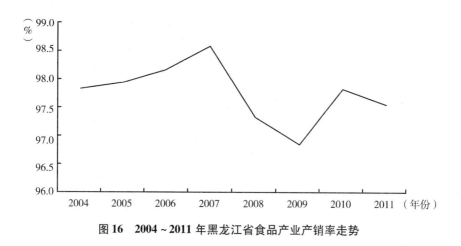

图 16　2004～2011 年黑龙江省食品产业产销率走势

（七）企业成本压力有所缓解

1. 农产品价格指数高位运行

上游农产品价格指数的波动对食品产业产品出厂价格及行业成本将产生一定的影响。从农产品价格指数、种植业产品生产价格指数和畜牧业产品生产价格指数趋势来看，呈现出上升、回调、再上升的态势。2007 年，三个指数都在高位运行；2008 年小幅下降，随着市场供给充足以及物价调控政策的显现；2009年各指数高位回落；但 2010 年起，又开始反弹。上游农产品价格的回升增加了食品制造企业成本压力，对食品企业盈利能力产生一定的消极影响（见图 17）。

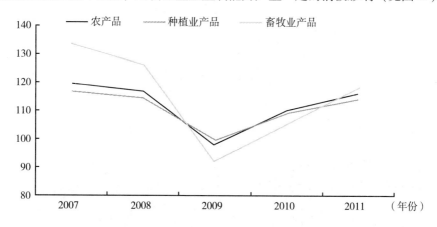

图 17　2007～2011 年黑龙江省农产品、种植业、畜牧业产品生产价格指数走势

2. 食品制造业出厂价格增速低于农副产品购进价格指数增速

比较农副产品购进价格指数和食品制造业出厂价格指数可以看出，2009年，农副产品购进价格指数触底反弹之后快速攀升；2011年，农副产品购进价格指数达到111.1点，与2009年价格指数最低值相差16.2点。同期，由于采购成本上升，食品制造业出厂价格也呈持续上升趋势，但由于行业传导和议价能力较弱，食品制造业出厂价格增速远远低于农副产品购进价格指数增速，企业成本压力加剧。但在物价调控政策的推动下，农副产品购进价格指数止涨回落，在一定程度上缓解了企业成本压力（见图18）。

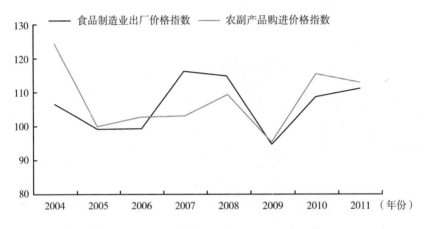

图18　2004～2011年黑龙江省食品制造业出厂价格指数
和农副产品购进价格指数变化趋势比较

三　黑龙江食品产业经济效益分析

（一）盈利能力分析

1. 利润增速有所下降

2011年，食品产业实现主营业务收入为25125500万元，同比增长29.92%，增幅比上年同期下降了11.77个百分点；同期，行业利润总额为1400170万元，同比下降2.58%，与2010年相比，下降了95.02个百分点（见表1）。对比利润和主营业务收入增速走势可以看出，食品产业利润经过 2010 年的大幅增加后，2011 年有所下降。从收入和利润走势来看，在 2005 年、2009 年和 2011 年三年间，食品产业利润增速低于主营业务收入增速，说明行业盈利能力有所下降。而这三年正是我国农产品三次涨价时间的后一年，说明了上游原材料价格的波动不仅对下游食品产业带来成本压力，也会削弱行业利润。由此证明，农产品价格走势是影响食品产业盈利能力的因素之一（见图 19）。

表 1   2004～2011 年黑龙江省食品产业主要盈利指标情况

单位：%

年份	利润增速	收入增速	成本费用利润率	主营业务利润率	销售毛利率	销售净利率
2004	—	—	3.91	17.25	21.36	10.05
2005	12.93	30.57	3.35	15.19	18.49	8.99
2006	26.39	15.08	3.63	13.71	16.41	7.76
2007	59.17	23.59	4.69	13.90	16.46	8.06
2008	94.39	44.35	6.62	16.84	19.39	11.92
2009	13.25	22.84	5.89	13.77	16.02	8.41
2010	92.44	41.69	8.15	14.79	16.67	10.33
2011	-2.58	29.92	6.04	12.90	14.85	9.05

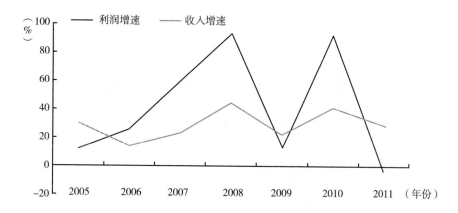

图 19   2005～2011 年黑龙江省食品产业主营业务收入和利润总额同比增长趋势比较

2. 利润率小幅回升

从利润率来看，2011 年，黑龙江省食品产业"四率"微降，表明行业盈利能力略微减弱。2011 年，食品产业成本费用利润率、主营业务利润率、销售毛利率、销售净利率分别为 6.04%、12.90%、14.85% 和 9.05%，比 2010年分别减少了 2.11 个百分点、1.89 个百分点、1.81 个百分点和 1.28 个百分点。从发展趋势来看，黑龙江省食品产业"四率"相对平稳，行业盈利能力基本稳定。

从发展趋势来看，2008 年，食品产业"四率"有较大幅度的上涨，但受金融危机和农产品价格高位运行的影响，自 2009 年起，食品产业企业成本承压，行业"四率"回落，虽然 2010 年有所回升，但 2011 年，行业仍受农产品价格高企的影响，导致 2011 年食品产业行业"四率"全部微降。说明企业应通过产品创新和加强费用管理等手段，有效控制成本支出（见图 20）。

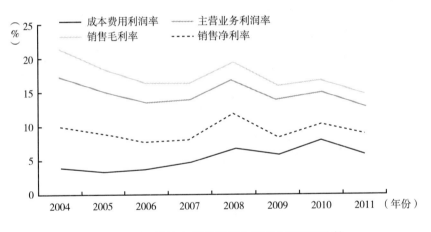

图 20　2004～2011 年黑龙江省食品产业利润率比较

在费用控制方面，2011 年，管理费用和主营业务税金及附加增速创自2004 年以来第二高值，特别是主营业务税金及附加增速已达到了 35.34%，较重的税负影响了食品产业的资本积累和正常发展。相对来说，食品产业营业费用和财务费用控制良好（见图 21）。

（二）偿债能力分析

1. 资产负债率上升

2011 年，食品产业资产总额为 15455290 万元，同比增长 24.11%；负债

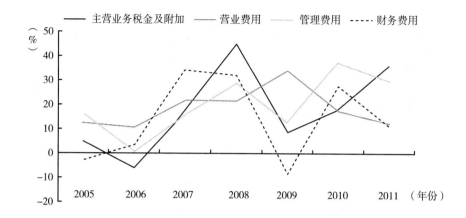

图 21　2005～2011 年黑龙江省食品产业费用增速比较

总额 9257370 万元，同比增长 31.06%，由于食品产业资产增速慢于负债增速，资产负债率比 2010 年上升了 3.18 个百分点（见表 2）。

表 2　2004～2011 年黑龙江省食品产业亏损企业亏损情况

年份	企业总数(个)	亏损企业数(个)	亏损总额(万元)	亏损面(%)	亏损度(%)	资产负债率(%)
2004	551	120	38176	21.78	25.57	67.67
2005	637	120	39518	18.84	23.43	63.88
2006	673	112	43527	16.64	20.42	60.36
2007	728	110	38317	15.11	11.29	58.60
2008	980	125	63251	12.76	9.59	58.04
2009	987	114	52640	11.55	7.05	56.58
2010	1099	119	52349	10.83	3.64	56.72
2011	965	91	110250	9.43	7.87	59.90

从发展趋势来看，自 2004 年以来，食品产业资产负债率呈逐年下降走势（见图 22），该指标从 2004 年的 67.67% 下降到 2010 年的 56.72%，这表明食品产业长期偿债能力进一步增强；2011 年有所上升，对企业长期偿债能力造成一定不利的影响，企业应加强这方面的控制。

2. 亏损面缩小，亏损度明显减轻

受益于市场需求旺盛所带来的行业收入和利润的持续增长，食品产业亏损企业个数同比减少。2011 年，食品产业累计亏损企业个数 91 家，比 2010 年减少

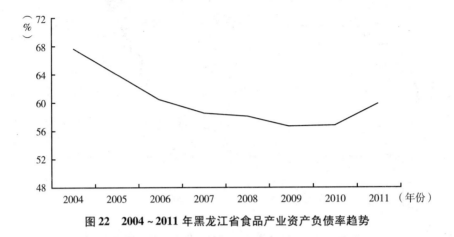

图22　2004～2011年黑龙江省食品产业资产负债率趋势

28 家；企业亏损面为 9.43%，比 2010 年收窄 1.40 个百分点；但同期，亏损企业亏损总额为 110250 万元，同比增长 110.61%，亏损企业亏损程度比 2010 年明显加重，但由于利润有所增加，亏损度还远小于 2004 年的 25.57%（见表 2）。

近年来，食品产业亏损企业逐年减少，但亏损企业亏损度波动较大，说明尽管行业亏损面呈收窄之势。但亏损企业仍面临亏损的风险，2004 年亏损企业亏损度达到历史峰值，之后连年下降，于 2010 年下降到最低点（见图 23），但 2011 年增速触底反弹，这与 2011 年农产品价格走高，企业成本承压加剧有着直接关系，因此，加快行业结构调整、提高行业集中度，以加强抵抗风险能力是食品产业的当务之急。

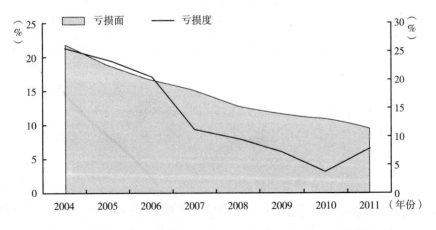

图23　2004～2011年黑龙江省食品产业企业亏损面和亏损度情况

（三）营运能力分析

1. 应收账款占比不断缩小

2011年，食品产业累计应收账款净额为983470万元，同比增长16.79%，应收账款占主营业务收入比重为3.91%，占比不断下降，整体来看，食品产业应收账款年均增长率（15.76%）小于主营业务收入年均增长率（29.36%），说明企业赊销行为减少，资金利用效率有所增加，企业营运风险不断降低（见表3、图24）。

表3 2004～2011年黑龙江省食品产业营运指标情况

单位：%

年份	应收账款增速	应收账款占比	产成品增速
2004	—	8.52	—
2005	-4.25	6.24	2.63
2006	10.38	5.99	30.11
2007	34.92	6.54	21.78
2008	13.11	5.12	39.12
2009	38.71	5.79	25.75
2010	6.63	4.35	48.01
2011	16.79	3.91	-7.77

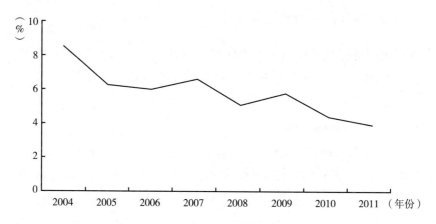

图24 2004～2011年黑龙江省食品产业应收账款占比走势

2. 库存有所降低

受金融危机和需求低迷共同影响，黑龙江食品产业库存压力增大，产成品增速不断提高，2008 年增速为 39.12%，2010 年更是高达 48.01%，反映了食品产业库存风险在增加，给企业的营运带来不利影响。但随着扩大内需政策成效的显现，市场需求旺盛，行业进入去库存化进程，库存压力减小，2011 年食品产业产成品库存达 1152730 万元，行业库存较之 2010 年下降 7.77%，首次出现负增长。产成品增速降低反映了食品产业库存风险有所降低，企业的营运能力有所增强（见图 25）。

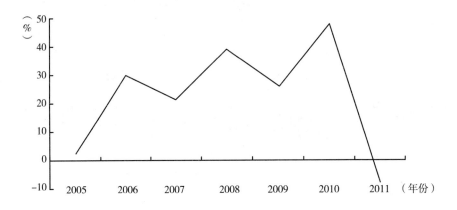

图 25　2005～2011 年黑龙江省食品产业产成品库存增速走势

（四）成长能力分析

在传统消费旺季的拉动下，2011 年，食品产业主营业务收入快速增长。同期，食品产业总资产增长率和资本积累率（即所有者权益增长率）均保持较快增长。

1. 所有者权益增速较快

从绝对额看，2004 年以来，食品产业所有者权益逐年增加，2011 年达到 6197920 万元。从增长趋势看，2004 年以来，食品产业所有者权益增长率总体在 15%～30% 之间大幅波动，2011 年为 15.00%，虽有所收窄，但仍处于较高水平。整体来看，食品产业扩张能力、资本积累能力较强，行业成长能力较好（见图 26）。

2. 从业人员数增速有所下降

食品产业属劳动密集型产业，对解决就业拉动需求发挥重要作用。多年

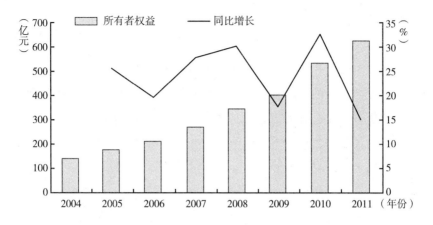

图26　2004～2011年黑龙江省食品产业所有者权益及同比增长趋势

来，黑龙江省食品产业从业人数呈快速增长趋势，但受行业用工成本不断上升的影响，2011年，食品产业从业人数达到了194714人，同比增长2.13%，增速较2010年下降了9.97个百分点。

四　食品产业不同规模企业发展情况分析

近年来，黑龙江省食品产业企业组织结构和规模发生了显著变化。

表4　2011年黑龙江省食品产业不同规模企业主要运行指标情况

单位：万元，%

	全部		大中型		小型	
	2011年	比上年增减	2011年	比上年增减	2011年	比上年增减
工业销售产值	24149210	31.83	12786818	29.01	11362392	35.16
资产合计	15455290	24.11	10306596	28.44	5148694	16.26
主营业务收入	25125500	29.92	13786948	25.69	11338552	35.45
利润总额	1400170	-2.58	780021	-13.21	620150	15.15

2003～2010年，规模以上食品产业企业数量、工业销售产值、主营业务收入及利润总额均呈现不同幅度的增加（见表4）。与此同时，食品产业龙头企业数量大幅增加，行业生产集中度有所提高。至"十一五"期末，黑龙江食品产业已形成了大、中、小企业协作发展、企业组织结构不断优化的格局。

（一）产业集中度分析

从市场竞争分析，由于食品的保质期相对较短，运输成本高以及不同区域消费习惯的差异，食品行业竞争的地域性特色十分明显。随着食品产业规模的扩大，一些优势企业已开始开发适应不同细分市场需求的产品来突破地域限制，向全国市场拓展，企业对市场份额的争夺相当激烈，企业之间的竞争也从产品品质到相关的原材料、工艺技术、包装，再到产品品牌和销售渠道等，其中产品质量、品牌、销售渠道等方面的拓展尤为重要。从集中度来看，食品产业的行业集中度比较低，规模偏小，且从事的行业比较分散。2011年，食品产业企业数达到965家，其中大中型企业137家，占企业总数的14.20%；小型企业828家，占企业总数的85.80%。由于食品行业进入壁垒相对较低，整体来看，市场处于完全竞争状态。

（二）大中型企业发展情况

食品产业属劳动密集型产业，市场准入门槛低，小型企业占据了行业大半壁江山，大中型企业数量很少，整体来看，食品产业市场处于完全竞争状态。在整个食品产业行业中，大中型企业的工业销售产值、资产、主营业务收入和利润总额均占全部企业的50%以上。

从企业规模来看，2011年，规模以上大中型食品产业企业数共137家，比2010年增加了20家，占行业企业总数的14.20%，同比增长17.09%。

从销售产值来看，2011年，规模以上大中型企业工业销售产值达到12786818万元，同比增长29.01%，产值占行业总产值的52.95%，高于小型企业占比。2004～2011年期间，大中型食品产业企业销售产值年均增长24.42%，其中2008年以来，企业销售产值均保持在25%以上的年增长速度，2011年增长率高于年均增长率4.59个百分点，表现出良好的销售能力。

从资产总额来看，2011年，规模以上大中型企业累计资产为10306596万元，同比增长28.44%，增速达到近年来最高值，累计资产占行业总资产的66.69%，高于小型企业占比。2004～2011年，大中型企业的资产总额年均增长 20.55%。2005 年以来，大中型食品制造企业资产增速呈上升、回调、再上升的小幅波动态势。由于大中型企业总资产增速快于总负债增速，企业资产负债率有所下降，但高于行业总体。整体来看，大中型企业负债率仍保持在合理区间，偿债能力良好。

从主营业务收入来看，2011 年，规模以上大中型企业主营业务收入 13786948 万元，同比增长 25.69%，收入占行业总收入的 54.87%，高于小型企业占比。2004~2011 年，大中型企业的主营业务收入年均增长 25.89%，2006 年主营业务收入增速降至 10.65% 的低点，于 2008 年强势反弹，增速达到 34.07%，并于 2010 年达到 40.00% 的高点，2011 年增速为 25.69%，基本与平均增长水平持平。整体来看，大中型企业主营业务收入增幅有所回升，说明大中型企业销售能力有所提升。

从利润总额来看，2011 年，规模以上大中型企业利润总额 780021 万元，同比下降 13.21%，利润总额占行业总利润额的 55.71%。对比利润和主营业务收入增速走势可以看出（见图 27），2005~2011 年，大中型企业利润总额年均增长率略高于主营业务收入增长率，说明大中型企业盈利能力有所改善。但从整体来看，大中型企业利润增速波动较大，受农产品价格上涨的影响，2006 年、2009 年和 2011 年，大中型企业利润增速为负增长，说明上游原材料价格的波动抑制了大中型企业的盈利能力的提升。

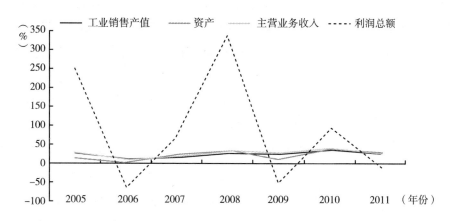

图 27　2005~2011 年黑龙江省食品产业大中型企业主要运行指标增速走势

（三）小型企业发展情况

小型企业数量占比较高是食品产业的一个特点。在整个食品产业行业中，小型企业的工业销售产值、资产、主营业务收入和利润总额均低于大中型企业。

从企业规模来看，2011年，小型食品制造企业数共828家，比2010年减少了154家，减少15.68%，这是自2004年以来，小型企业数首次减少，说明企业集中度有所增强，但小型企业仍占企业总数的85.80%，说明小型企业仍是食品产业的主体。

从销售产值来看，2011年，小型企业工业销售产值达到11362392万元，同比增长35.16%，产值占行业总产值的47.05%，低于大中型企业占比。自2003年以来，小型食品产业企业销售产值年均增长速度为34.86%，高于大中型企业年均增长速度，其中2008年和2010年小型企业销售产值增速超过45%，表现出良好的销售能力。

从资产总额来看，2011年，小型企业累计资产为5148694万元，同比增长16.26%，累计资产占行业总资产的33.31%，低于大中型企业占比。自2004年以来，小型企业资产增速快于负债增速，企业资产负债率逐年下降，且负债率低于大中型企业，表现出较强的偿债能力。

从主营业务收入来看，2011年，小型企业主营业务收入11338552万元，同比增长35.45%，收入占行业总收入的45.13%，低于大中型企业占比。从增速趋势来看，除2006年和2009年小型企业收入增速低于30%外，其他年份增速均在34%以上，增速远快于大中型企业的增速，说明小型企业销售能力和市场占有率好于大中型企业。

从利润总额来看，2011年，小型企业利润总额620150万元，同比增长15.15%，利润额占行业总利润额的44.29%。

自2004年以来，小型企业利润年均增速（48.57%）远快于主营业务收入年均增速（34.92%），特别是在大中型企业利润下降的情况下，小型企业的增长使得全年利润仅小幅下降，说明小型企业盈利能力较强。值得注意的是，上述两项指标走势基本一致，说明小型企业收入的好坏是企业是否盈利的基础（见图28）。

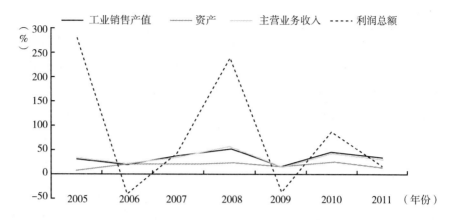

图 28　2005～2011 年黑龙江省食品产业小型企业主要运行指标增速走势

五　黑龙江绿色食品产业发展情况

（一）2011 年黑龙江绿色食品产业总体情况

黑龙江省的绿色食品产业起步于 1990 年，产业规模由小到大，产业实力由弱到强，在全国始终处于领先位置。绿色食品开发是黑龙江省重点发展的 10 个产业之一。黑龙江省已形成社会关注的粮、油、乳、肉、蛋和山特等十大类、近 3000 个产品组成的绿色食品。黑龙江省耕地面积广阔，土壤腐殖质含量丰富，为发展绿色食品产业提供了有利条件。2011 年绿色（有机）食品原料产量达到 2160 万吨，黑龙江省绿色食品认证面积达 6430 万亩，占全国的四分之一，国家级绿色食品原料标准化生产基地 132 个，面积 5100 万亩，占全国的近 1/2，比上年增长 6.3%，成为全国绿色食品基地品种最多、面积最大的省份。绿色粮食面积增加，全省绿色有机粮食种植面积发展到 6400 万亩，比上年增加 300 万亩，全省粮食品质和安全水平进一步提升。2011 年黑龙江省累计认定无公害农产品产地面积 1.45 亿亩，占全省粮食播种面积的约 70%；创建克山、抚远等 4 个绿色食品标准化基地，面积 300 万亩；全省有机食品基地面积达到 450 万亩，比上年增长 7.1%。

265

2011 年，黑龙江省绿色食品生产企业已发展到 530 个，其中销售额超亿元的企业达 65 个，形成了绿色水稻、乳品、山产品等八大加工体系，产业化经营层次不断提升。绿色食品产业规模不断扩展。绿色食品产业牵动农户14.51 万户，增长 7.6%。绿色食品加工企业产值 435 亿元，增长 44.81%；实现利税 42.9 亿元，增长 21.53%。2011 年，绿色食品认证数量达到 1350 个，分别比 2010 年增长 22.7% 和 81.8%。2011 年，全省绿色食品大型企业产品"绿色化率"达到 52% 以上。

2011 年，黑龙江省认证"三品"的农民经济合作组织达到 301 家，比上年增长 23.3%。其中认证无公害的合作组织 239 家，占当年认证主体的41.9%，处全国前列；认证绿色食品的农民经济合作组织 27 家，比上年增长2.8 倍。全省"三品"蔬菜面积发展到 330 万亩，比上年增长近一倍，占全省蔬菜面积的 50% 以上；新认证蔬菜产品 2500 个，增长 25.1%。大力开发绿色和无公害水产品，新认证无公害水产品 181 个，增长 43.9%，数量跃居全国第三位。全省共完成绿色食品续展企业 118 家，续展产品 255 个，续展率为79.7% 和 80.2%，高出国家标准 4.7 和 5.2 个百分点；有机食品保持认证企业87 家、产品 440 个，保持认证率均超过 95%；无公害农产品完成复查换证4996 个，占全国总量 33.2%，换证率达 95.7%，高于全国 25.7 个百分点。积极探索无公害农产品整体认证开发的新途径，选择龙园农业发展公司作为整体认证试点单位，一次申报认证产品达 42 个。全省累计公示农产品地理标志产品 62 个，居全国第三位。

目前，黑龙江省已形成相对完善的绿色食品市场体系，全省在国内的绿色食品网点已达 1200 多家，在国外的绿色食品销售网点已突破 100 家，销售量超过 200 万吨，绿色、有机食品销往的国家和地区已达 40 个。2011 年，黑龙江绿色食品省外销售额达 308 亿元，同比增长 22.2%。

（二）黑龙江绿色食品产业运行情况

2003～2011 年，黑龙江省绿色食品产业持续保持高增长，除了资产总额外，其他各项指标年均增长率均在 11% 以上，特别是产值年增长率将近 20%；

表5　2003～2011年黑龙江省绿色食品产业主要发展指标

指标	企业数（个）	职工人数（万人）	资产总额（亿元）	投资额度（亿元）	产品产量（万吨）	产值（亿元）	利税（亿元）
2003	221.0	5.1	187.8	35.7	345.2	106.8	13.2
2004	215.0	6.2	235.5	62.0	389.9	129.3	10.7
2005	274.0	6.6	273.6	78.2	458.4	164.5	11.9
2006	294.0	7.0	285.8	81.0	539.7	182.3	14.6
2007	489.0	10.5	281.2	76.8	853.7	235.9	22.6
年均增长率（2003～2007）	21.96%	19.79%	10.62%	21.11%	25.40%	21.91%	14.39%
2008	492.0	13.2	297.8	78.0	730.0	232.6	31.4
2009	500.0	14.9	304.8	78.3	768.0	241.4	32.6
2010	521.0	15.9	331.2	91.7	800.0	300.4	35.3
2011	530.0	17.3	335.5	134.9	910.0	435.0	42.9
年均增长率（2008～2011）	2.51%	9.49%	4.05%	20.05%	7.62%	23.21%	10.90%
年均增长率（2003～2011）	11.55%	16.50%	7.52%	18.08%	12.88%	19.19%	15.87%

分阶段来看，2003～2007年是黑龙江省绿色食品产业快速发展的时期，企业数、投资额度、产品产量、产值等四项指标年均增长率都在20%；2008～2011年，产业发展速度相对下降，除了产值年均增长率高于前一阶段外，其他指标年均增长率都低于前一阶段。可见，黑龙江省绿色食品产业继续保持高增长，但是增速逐渐放慢，产业发展趋于成熟（见表5）。

从2004～2011年各发展指标增速来看，黑龙江绿色食品产业企业数和职工人数经过2007年大幅增长后，趋于平稳发展；绿色食品产业资产于2004年和2005年增长率都在16%以上，2007年出现负增长，之后趋于平稳。绿色食品产业产值于2008年首次出现负增长，2009年反弹之后快速攀升，并于2011年创历史新高，达到44.81%；绿色食品产业产量和利税，2011年较上年分别增长13.75%和21.53%，虽连续两年收窄，但相对于其他指标，仍处于较高水平。绿色食品产业投资呈现出两头大、中间小的发展

态势，经过 2006～2009 年低速发展之后，于 2010 年实现快速增长，并于 2011 年达到第二高点（见图 29）。

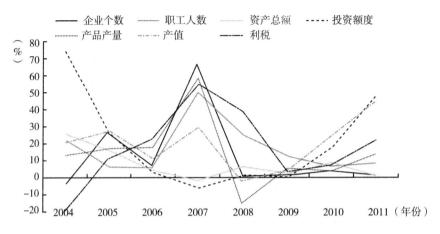

图 29　2004～2011 年黑龙江省绿色食品产业主要发展指标增速走势

六　黑龙江食品产业发展的几点建议

（一）加快食品基地建设，培育和扶持大企业集团的发展

发展食品产业，培育和发展"龙头"企业是关键，这主要基于龙头企业对基地建设和开拓市场两方面起着促进的作用。要进一步培育和发展一批国家级食品龙头企业，引导和推动龙头企业以品牌为核心，以资本为纽带，采取兼并、出资买断等形式，组建"联合舰队"，使其在科技创新和市场开发中，更好地发挥企业集团优势和驰名品牌优势。

（二）加大扶持力度，构建现代物流体系

扶持食品产业，要立足食品产业发展的实际情况，制定有效的政策措施，营造良好的产业发展环境。主要有四个方面：一是落实优惠政策，二是加大财政支持力度，三是加大信贷支持力度，四是整合生产要素。另外，扶持绿色食品产业的发展，还需搞活食品的流通渠道，缩减流通时间。一些食品保鲜时间

短，对物流的时间要求很高，需要建立健全市场批发机制，形成从种植、加工到销售一条龙的产业化机制。

（三）加强食品安全监督力度，构建食品产业诚信体系

加快建立以质量诚信为核心，以制度建设为根本，以平台和档案建设为载体，以人才建设为保障，以运行机制建设为动力，以诚信文化建设为基础的"五位一体"的食品工业企业诚信体系；发挥行业协会在诚信体系建设工作中的积极作用，组织企业参与诚信评价活动，做好行业质量诚信宣传，严格行业自律；进一步规范企业的诚信行为，提升企业的综合素质和管理水平；积极支持企业诚信体系必备的基础设施建设，鼓励社会资源向诚信企业倾斜，在政府采购、招投标管理、公共服务、项目核准、技术改造、融资授信、社会宣传等环节参考使用企业诚信相关信息及评价结果，对诚信企业给予重点支持和优先安排。

（四）加快技术创新，增强食品产业整体竞争力

要引导企业增加研发投入，不断提高创新能力。引导、鼓励企业建立研发中心，与大专院校及科研院所合作，联合攻关，多出成果，提高产品科技含量，保持品牌的持续生命力，增强食品产业整体竞争力。

参考文献

国家统计局：《中国统计年鉴 2012》，中国统计出版社，2012。
国家统计局：《中国统计年鉴 2011》，中国统计出版社，2011。
国家统计局：《中国统计年鉴 2010》，中国统计出版社，2010。
国家统计局：《中国统计年鉴 2009》，中国统计出版社，2009。
国家统计局：《中国统计年鉴 2008》，中国统计出版社，2008。
国家统计局：《中国统计年鉴 2007》，中国统计出版社，2007。
国家统计局：《中国统计年鉴 2006》，中国统计出版社，2006。
国家统计局：《中国统计年鉴 2005》，中国统计出版社，2005。
国家统计局：《中国统计年鉴 2004》，中国统计出版社，2004。

黑龙江省统计局、国家统计局黑龙江调查总队：《黑龙江统计年鉴2012》，中国统计出版社，2012。

黑龙江省统计局、国家统计局黑龙江调查总队：《黑龙江统计年鉴2011》，中国统计出版社，2011。

黑龙江省统计局、国家统计局黑龙江调查总队：《黑龙江统计年鉴2010》，中国统计出版社，2010。

黑龙江省统计局、国家统计局黑龙江调查总队：《黑龙江统计年鉴2009》，中国统计出版社，2009。

黑龙江省统计局、国家统计局黑龙江调查总队：《黑龙江统计年鉴2008》，中国统计出版社，2008。

黑龙江省统计局、国家统计局黑龙江调查总队：《黑龙江统计年鉴2007》，中国统计出版社，2007。

黑龙江省统计局、国家统计局黑龙江调查总队：《黑龙江统计年鉴2006》，中国统计出版社，2006。

黑龙江省统计局、国家统计局黑龙江调查总队：《黑龙江统计年鉴2005》，中国统计出版社，2005。

黑龙江省统计局、国家统计局黑龙江调查总队：《黑龙江统计年鉴2004》，中国统计出版社，2004。

国家发展和改革委员会价格司：《全国农产品产品成本收益资料汇编2012》，中国统计出版社，2012。

国家发展和改革委员会价格司：《全国农产品产品成本收益资料汇编2011》，中国统计出版社，2011。

国家发展和改革委员会价格司：《全国农产品产品成本收益资料汇编2010》，中国统计出版社，2010。

国家发展和改革委员会价格司：《全国农产品产品成本收益资料汇编2009》，中国统计出版社，2009。

国家发展和改革委员会价格司：《全国农产品产品成本收益资料汇编2008》，中国统计出版社，2008。

国家发展和改革委员会价格司：《全国农产品产品成本收益资料汇编2007》，中国统计出版社，2007。

国家发展和改革委员会价格司：《全国农产品产品成本收益资料汇编2006》，中国统计出版社，2006。

国家统计局：《金砖国家联合统计手册2012》，中国统计出版社，2012。

国研网：《2011～2012年度中国食品制造业分析报告》http://www.drcnet.com.cn/www/Integrated。

黑龙江省绿色食品协会：《绿色食品协会专刊》，2012年第48期。

Development Report of Heilongjiang Province Food Industry under the Economic Crisis

Li Dong   Yang Deyun

Abstract: Food industry is an eternal and life industry for human beings as well as a significant industry in our country. Heilongjiang Province is an important commercial grain base in China. Heilongjiang's food industry, a traditional advantageous industry and one of the four pillar industries, has developed rapidly in recent years and has formed its peculiar industrial structure and advantages. In particular during the economic crisis, this industry has accessed a steady development. This report, based on the environment of the industry development, analyzes thoroughly the development of the province food industry. The overall operation of the industry is analyzed by upstream supply of farm produce, production cycle, risk resistance capabilities, fixed asset investment, production, sales and price trend. Economic benefits of this industry are analyzed by profitability, liquidity, operation capacity and growth potential. Development of enterprises of various scales is analyzed in terms of industrial concentration. At the end of the paper, suggestions of developing food industry in Heilongjiang Province are proposed.

Key Words: Heilongjiang Province; Food Industry; Economic Crisis

B.11
经济危机下的黑龙江旅游产业发展报告

李国鑫*

摘 要:

随着国家的兴旺发达、百姓的安居乐业,人们生活的目的不再单单是为了满足温饱,而是更好地享受生活,因此旅游事业逐渐兴盛。但近几年来,经济危机不仅使金融领域各项产业经济跌入谷底,也影响了黑龙江的旅游行业。尽管如此,黑龙江省旅游行业发展形势良好,这离不开国家、省委、省政府的亲切关怀。

本文通过对黑龙江旅游产业的现状分析,包括对2010年和2011年黑龙江省基本旅游数据的搜集,着重探讨了在经济危机环境下黑龙江省旅游产业优势以及势劣,例如,黑龙江省旅游业发展日益优化,但受到经济危机影响国际旅游量有所下滑。文章还客观地评价了黑龙江省旅游产业在经济危机环境下的情况,最后针对这种情况提出黑龙江省旅游产业发展的对策,旨在能够为黑龙江省旅游业发展提供建设性的意见。

本文概括了黑龙江省旅游业状况,为省政府的相关决策提供参考依据,也为部分旅游企业提供发展的战略指导,有利于黑龙江省旅游行业健康、持续、快速地发展。

关键词:

旅游产业 经济危机 冰雪旅游 生态旅游

一 经济危机环境下黑龙江省旅游行业现状描述

黑龙江是东北旅游大省,旅游资源十分丰富,冰雪旅游、森林旅游、民俗

---

* 李国鑫,哈尔滨工业大学管理学院教授,博士生导师。

旅游、少数民族特色旅游、消暑旅游、边境旅游、夏秋季采摘游、特色展馆游、富有北方特色的登山生态游、节假日旅游、养生度假旅游、夏季避暑旅游等都极具吸引力，许多旅游产品拥有唯一性和独特性。冬天的黑龙江是梦幻唯美的冰雪世界，这里有世界顶级水平的冰雕雪塑，可以体验国际一流雪场的激情滑雪，游览林海雪原、银川雪岭的冰雪风光，领略浪漫的中俄文化，体验古朴的民族热情和别具一格的冰雪民俗。

2008～2009 年的环球金融危机，在 2007 年已开始浮现。随着经济危机的全球蔓延，各个行业都受到了或多或少的影响，旅游业也不例外。旅游作为人们生活中并不是必须选择的消费方向，人们在经济条件好的时候可以选择，反之，需求就会降低很多，因此在这种情况下，旅游业就显得举步维艰。这对于黑龙江省旅游业来说，无疑也面临严峻的考验。

黑龙江省旅游局按照省委、省政府建设"八大经济区"和"十大工程"的战略部署，以科学规划为先导，以精品项目为支撑，以名镇建设为重点，积极应对经济危机，使得旅游规划发展工作稳步推进。把旅游经济自觉融入到全省经济社会发展大局之中，在全球金融危机的大环境下，利用创新的工作思路，整合优质旅游资源，打造精品系列旅游，加强区域合作，优化发展环境。2011 年初编制完成了《北国风光特色旅游开发区规划》，强力推进规划的落实。大力推进旅游项目工程建设使全省旅游业在全球经济的不景气下反而呈现出了快速发展的态势，连续多年成为全国发展最快的省份之一。

（一）2010 年黑龙江省旅游行业发展概况

近年来，黑龙江省旅游接待能力和配套设施不断完善，围绕旅游的交通、购物、餐饮、娱乐等产业规模都在不断壮大，全省立体交通网络初步成型。哈尔滨、齐齐哈尔、牡丹江、佳木斯、黑河、大庆、鸡西、伊春、漠河等 9 个机场有国际、国内定期航线 84 条，每周有 600 多个航班飞往国际、国内近 50 个城市。水运通航里程达 5528 公里，可达日本、韩国等国家。黑龙江省还在推进以公路为主的综合性现代化交通网络建设。

截至 2010 年底，全省共有 9 座中国优秀旅游城市。景区景点 1000 余个，其中，国家 A 级景区 178 处（5A 级 1 家、4A 级 20 家、3A 级 93 家）。星级饭

店 304 家,五星级 5 家,四星级 44 家,三星级 113 家,二星级 108 家,一星级 5 家,另外全省新增星级饭店 29 家(五星级饭店 3 家,四星级饭店 9 家、三星级饭店 11 家、二星级饭店 6 家)。国际品牌前十位的饭店集团,如假日、香格里拉、雅高等均进入黑龙江省市场,国内知名的经济型酒店连锁如家、锦江之星、莫泰等都安家黑龙江。另外有家庭旅馆 260 家,旅行社 592 家。围绕"吃、住、行、游、购、娱"六要素,黑龙江省在加快"北国风光生态旅游开发区"建设的同时,着力做好了"有好看的景、有好奇的事、有好住的房、有好吃的饭、有好走的路和有好带的物""六个好"工程,使黑龙江省的旅游产业全面提档升级。

2010 年,全省开工旅游项目 369 项,总投资 150.61 亿元。全省共有 500 余家各种规模的快捷酒店、260 家家庭式旅馆、304 家星级饭店、76 个省级和国家级工农业旅游示范点、178 个 A 级旅游景区。同时旅游产业周边如交通、餐饮、购物、娱乐等行业都有较快发展,这些周边行业的发展使主要旅游区域的景区景点配套功能更加完善。2010 年全年共接待国内外旅游者 15874.0 万人,同比增长 44.5%,全省旅游业实现 883.4 亿元的总收入,同比实现增长 35.9%。2010 年接待国内游客 15701.6 万人次,同比增长 44.8%,实现国内旅游收入 831.6 亿元,同比增长 37.2%;接待国际旅游人数 172.4 万人次,同比增长 21.0%,实现国际旅游外汇收入 7.6 亿美元,同比增长 19.4%。全省旅游总收入在 GDP 中的占比实现了从 2005 年的 5.09% 到 2010 年的 8.63% 的上升,使旅游产业模式实现了从小产业到大产业的转变,整个产业呈现了良好的发展趋势,在全省产业链上和经济动力上的贡献也在逐步扩大。

1. 2010 年哈尔滨市旅游业发展概况

有着"东方小巴黎"美誉的哈尔滨作为黑龙江省的省会,是一座时尚浪漫、欧陆风情浓郁的城市,同时也是一座享誉世界的冰雪旅游名城。目前哈尔滨市的冰雪资源包括冰雪大世界、太阳岛雪博会、兆麟公园冰博会三大主题公园,全市还有大小滑雪场 40 家,其中 S 级以上滑雪场 13 家。

在旅游产业方面,哈尔滨的规模持续扩大。哈尔滨市旅游接待人数和旅游收入保持增长态势。2010 年共接待国内外游客 4150.1 万人次,比上年增长 10.0%。其中,国内游客 4123.7 万人次,比上年增长 10.0%,入境游客 26.4

万人次，比上年增长 10.0%。实现旅游业总收入 381.5 亿元，比上年增长 23.0%。其中，国内旅游业务收入 371.8 亿元，比上年增长 23.8%；国际旅游创汇 1.43 亿美元。

全市拥有 A 级旅游景区 45 家、S 级滑雪场 13 家、国家级工业旅游示范点 2 个。全市拥有星级宾馆 93 家，旅行社 260 家。

哈尔滨市通过构建"一区、一圈、六带"的空间布局。其中一区是以松花江为中轴线，以冰雪江北为依托，进一步推进哈南生态、工业、文化旅游板块的建设，拓展科技旅游板块，通过举办以节庆为依托的会展，在老城区保留欧陆风情，同时通过休闲购物设施的完备，着力构建以都市为核心的旅游区。一圈是在加深中心城区对整个旅游产业的影响力度的前提下，同时梯度推进郊区板块、开发郊县旅游项目，逐步形成以滑雪运动、农业采摘、乡村度假等为主的一小时旅游经济圈。六带是指围绕中心城区建设的六条旅游带，贯穿远郊八县（市），在这六条主线上通过开发沿途的地质、山岳、森林、水体、人文等北国景观，提供度假养生、商务休闲、森林观光等多日游和深度旅游产品。实现从单一观光向度假休闲旅游的转变。通过这些全方位的旅游线路和项目建设，哈尔滨市的旅游已经树立起一个"一座城市即旅游"的城市建设理念，让一楼一路一公交站点成为城市景观的构成。

2. 2010 年齐齐哈尔市旅游业发展概况

齐齐哈尔市围绕"鹤文化、关东风情、绿色食品"将自己打造为"生态旅游胜地"，全市旅游行业树立了"依托大文化、打造大产业、接轨大市场、优化大环境"的大旅游观念，旅游业已经逐步成为齐齐哈尔市市域经济的增长点，成为全市新兴的支柱产业之一。

截至 2010 年，齐齐哈尔市共有 A 级景区 13 家，其中包括国家级工农业旅游示范点 3 家。省级国家工农业旅游示范点共 9 家，其中工业 4 家，农业 5 家。S 级滑雪场 1 家。星级饭店 17 家。旅行社 38 家，其中国际旅行社 3 家（含分社 2 家），国内旅行社 35 家。开设了一条至扎龙景区、一条至尼尔基斯湖滑雪场的旅游专线。

齐齐哈尔市 2010 年共计接待国内游客的总数累计达到 1725 万人次，同比实现增长 20.2%，实现国内旅游收入 66.2 亿元，同比增长 20.8%。2010 年全

年接待海外旅游者 30384 人次，比上年增长 20.0%，其中外国人 24766 人次，同比增长 20.0%，旅游外汇收入 845.0 万美元，同比增长 20.1%。可见齐齐哈尔市在 2010 年全年的旅游入境人数和收入上都保持了 20% 以上的高速增长。

3. 2010 年牡丹江市旅游业发展概况

牡丹江沿边邻境，区位优越。东南部与俄罗斯滨海边疆区接壤，边境线长达 204.9 公里。市区距俄罗斯滨海边疆区首府海参崴市仅 381 公里，距远东最大不冻港纳霍德卡 421 公里。牡丹江市还处在中国哈尔滨距俄罗斯海参崴、日本新潟国际贸易大通道中段，是黑龙江省东出海参崴到日本、东南亚等国家和地区，南下图们江到朝鲜半岛的交通枢纽。301 国道和 201 国道，滨绥、佳图铁路在这里交会。牡丹江市旅游业按照"贸旅牵动"发展战略和打造"东北亚跨国旅游枢纽城市"的发展目标，在"十一五"期间，建设精品大项目，集中力量开发客源市场，使牡丹江市尽快成为旅游热点城市，靠人流带动资本进入。

2010 年全市共接待国内外入境旅游人数 870.8 万人次，比上年增长 15%，其中国内旅游人数 796.3 万人次，比上年增长 15%。实现旅游业总收入 53 亿元，比上年增长 15.2%。其中，外汇收入 2.98 亿美元，比上年增长 15%，国内旅游收入 31.9 亿元，比上年增长 15%。

4. 2010 年佳木斯市旅游业发展概况

佳木斯市有着"华夏东极"的美称，是祖国每天最早迎来曙光的地方。佳木斯市位于我国大陆最东端，地处黑龙江、乌苏里江、松花江三江平原腹地，与俄罗斯远东边区哈巴罗夫斯克隔江相望，该市有 5 个国家一类口岸和佳木斯空港、公路铁路四通八达。既是对俄开放的前沿阵地，又是通向太平洋的"大路桥"和连通世界的"金三角"地带，特殊的地理位置和人文历史形成了独特的旅游资源。佳木斯市旅游业起步较晚，为适应旅游业的发展，加强对旅游业的领导，市政府专门成立了市旅游局，代表市政府行使旅游业管理的职能。

2010 年全年佳木斯市共接待国内外旅游者 255.4 万人，比上年增长 15.9%，实现旅游业总收入 11.4 亿元，同比增长 12.9%。其中，国内旅游人数实现了 15.9% 的同比增长，累计总数达 241 万人，实现国内旅游收入总额 9.9 亿元，实现了 16% 的同比增长。同期接待国际旅游人数 14.4 万人，同比增长 17%，创造旅游外汇收入 3369 万美元，同比增长 52.2%。

5. 2010 年大庆市旅游业发展概况

大庆市是 20 世纪 60 年代以油田开采建设而逐渐发展起来的新兴工业城市。其基础设施配套完善，滨洲铁路从市中心穿过，滨洲线、让通线在市内交会，形成铁路枢纽。公路总里程达 8200 公里，哈大汽车专用公路使大庆到哈尔滨的行程仅需一个多小时，大庆距哈尔滨、齐齐哈尔两市的飞机场只有两个多小时的路程。境内还有内河码头，可沿松花江直航中俄边境口岸。大庆旅游产业经过 20 年的培育发展，以"绿色油化之都""中国温泉之都""天然百湖之都"为主打品牌的旅游文化建设也取得了良好效果。

截至 2010 年全市共建成有一定规模的景区 57 处，其中，国家 A 级旅游区（点）17 家、工业旅游示范点 3 处、农业旅游示范点 7 处。全市共有星级宾馆 22 家，总床位数 4488 张，旅行社 54 家，旅游汽车公司 2 家，旅游诚信饭店 22 家。

2010 年大庆市启动建设北国之春梦幻城、龙凤国家城市湿地公园等 29 个项目，连环湖温泉景区一期、北国温泉养生广场等建成投用，成功举办第三届湿地旅游文化节，实现旅游收入 26.4 亿元，同比增长 33.0%，接待游客 743.5 万人次，同比增长 6.2%。

（二）2011 年黑龙江省旅游行业发展概况

2011 年黑龙江省旅游市场总体形势良好，旅游业各项经济指标的增长速度远远超过全省国民生产总值的速度。

根据国家统计局黑龙江调查队的统计，2011 年，全省接待入境游客共计 206.52 万人次，实现旅游创汇 9.18 亿美元，同比增长分别为 19.77% 和 20.34%；接待国内游客 2.02 亿人次、实现国内旅游总收入 1031.89 亿元，同比分别增长 28.88% 和 24.09%；旅游业全年总收入 1091.51 亿元，同比增长 23.53%。各项指标的增幅均在全国名列前茅，同时旅游业对全省经济的贡献率正稳步加大。2011 年全省新增 6 家 4A 级、22 家 3A 级旅游景区。新增 4 家

4S 级、1 家 3S 级滑雪场，全省 S 级旅游滑雪场总数达 30 家。漂流项目经营达标场所 12 家。新增 2 家五星级、7 家四星级、24 家三星级饭店。新增出境游组团旅行社 6 家、边境游组团旅行社 2 家，新批 22 家旅行社，全省旅行社总数达 588 家，导游从业人员总数达 2.8 万人。全省新增 5 条旅游包机航线。

1. 2011 年哈尔滨市旅游业发展概况

"十二五"开局之年，哈尔滨市旅游业发展迅速。2011 年，湿地旅游系列产品的开发，让哈尔滨市夏季旅游更富吸引力。2011 年 6 月 5 日至 6 月 20 日，哈尔滨市成功举办了首届中国哈尔滨松花江湿地旅游文化节，期间湿地景区共接待上百万游客。湿地徒步、湿地摄影、湿地婚礼……围绕湿地风光，从 5 月到 10 月，哈尔滨市举办了近百项湿地旅游系列活动，到活动结束，哈尔滨市湿地旅游景区共接待游客 612 万人次。

2011 年全年共接待国内外游客 4565.6 万人次，同比增长 10.0%。其中，国内游客 4537.9 万人次，同比增长 10.0%；入境游客 27.7 万人次，同比增长 5.2%。

全年实现旅游业总收入 458.9 亿元，同比增长 20.3%。其中，国内旅游业务收入 447.9 亿元，同比增长 20.7%；国际旅游创汇 1.7 亿美元，同比增长 12.0%。

全市拥有 A 级旅游景区 54 家、S 级滑雪场 12 家，星级宾馆 91 家，其中 5 星级 2 家，4 星级 22 家，3 星级 53 家，2 星级 13 家，1 星级 1 家。另外，旅行社 288 家，出境组团旅行社 40 家，入境接待旅行社 248 家。

2. 2011 年齐齐哈尔市旅游业发展概况

2011 年，省委将文化旅游业的发展和繁荣摆到前所未有的高度，将其作为黑龙江文化发展繁荣的"八大工程之一""文化产业开发工程"的重要内容来打造。蜿蜒的嫩江水、珍禽丹顶鹤、秀美的明月岛，拥有八百多年历史的文化名城、现代装备工业基地的齐齐哈尔近年来大力发展旅游产业，用饱满的热情欢迎来自世界各地的游客到齐市观光旅游、休闲度假。

齐齐哈尔市 2011 年全年接待国内游客 2155 万人次，同比增长 25.2%，国内旅游实收入达 86.0 亿元，同比增长 25.6%。全年接待海外旅游者 38648 人次，同比增长 25.4%，其中外国人 29787 人次，同比增长 25.1%，旅游外汇收入 1126.0 万美元，同比增长 26.0%。

3. 2011 年牡丹江市旅游业发展概况

2011 年，中俄互办"旅游"促进牡丹江地区旅游业发展以及两国地方间合作，牡丹江以此为契机，提高当地旅游业发展水平。中俄"旅游年"的启动，为中俄两国深化战略协作伙伴关系注入了新活力，也为双方拓展地方合作带来了新的机遇。牡丹江拥有 4 个国家一类口岸，将继续发挥地缘优势，提高当地旅游业发展水平。

2011 年全市共接待国内外入境旅游人数 1005.4 万人次，比 2010 年增长 15.4%，其中国内旅游人数 919 万人次，比 2010 年增长 15.4%，接待境外旅游人数 86.3 万人，同比增长 15.9%。实现旅游业总收入 61.3 亿元，比 2010 年增长 15.6%。2011 年国内旅游收入 36.8 亿元，比 2010 年增长 15.4%，外汇收入 3.45 亿美元，比 2010 年增长 15.8%。

4. 2011 年佳木斯市旅游业发展概况

2011 年，佳木斯市入境旅游总人数稳步上升。随着经济的复苏和产业结构的调整，佳木斯旅游业的发展又进入了一个全新的阶段。随着城乡居民收入水平的提高，大部分城镇居民的生活方式和生活水平都发生了翻天覆地的变化，这也令大众的出游时间并不拘泥于常规节假日，而是一年四季都可以旅游。根据调查显示，从 2011 年 1 月到 8 月份，佳木斯市城镇居民出游总人数同比增长 52.2%。甚至有很多家庭开始将旅游费用列入当年的开支计划中，因此旅游也成了大家生活中必不可少的一部分。其中，相对富裕的家庭通过增加出游次数，并组合不同里程和形式的旅游产品来进行劳逸结合的旅游，从而更加充分地享受生活。与此同时，旅行社方面也根据居民出游的心理变化在路线规划方面做出相应调整，纷纷通过个性化和地方化的服务，来延伸居民出游的深度和广度，这样居民不仅可以根据兴趣爱好和工作时间弹性地选择出游时间，也可以使居民出游的精细化安排和游览效果越来越合理。三江旅游节的开幕也为 2011 年佳木斯旅游画上浓墨重彩的一笔。

2011 年佳木斯市旅游业持续平稳发展。全年共接待国内、外旅游者 298 万人，比上年增长 16.7%，其中，接待国内旅游人数 282 万人，比 2010 年增长 17%，接待国际旅游人数 16 万人，比 2010 年增长 11.1%，实现旅游业总收入 14.1 亿元，比 2010 年增长 23.4%，其中，实现国内旅游收入 11.6 亿元，比 2010 年增长 17.2%，创造旅游外汇收入 3793 万美元，比 2010 年增长 12.6%。全市有国家级 A 级景区 8 家，其中 4A 级景区 1 家，国家级农业生态示范点 1 处，3S 级滑雪场一处，通过省级资质评定漂流景区一处。全市旅行社发展到 46 家，市区 18 家，星级饭店已发展到 13 家，其中四星级饭店 1 家。佳木斯市旅游行业解决了近 5000 人的就业问题，接待能力也明显增强，已基本满足黄金周及一些大型会议的需求。

5. 2011 年大庆市旅游业发展概况

与竞相发展的商业一样，2011 年大庆旅游业也快步迈入了"黄金"发展期，主城区内外一个个项目拔地而起。龙凤湿地环境整治工程项目总占地面积约 263 公顷，包括迎宾假山瀑布和湿地博物馆等单体建筑。在上海世博会运行了 188 天，接待游客超过 360 多万的油立方，在世博会后迁至大庆的运营也取得了初步成效，并且已经完成了前期试用阶段的灯光调试工作。通过举办湿地旅游文化节等活动，依托大庆特色的石油文化、温泉文化、草原文化、湿地文化，着力打造"石油文化、特色温泉、生态湿地"三项旅游品牌，采取活动带动、媒体宣传、促销对接等覆盖不同人群与区域的宣传方式，大庆市全方位提升旅游品牌的知名度。目前已经有很多旅游景点出现了从无人问津到万人空巷的飞跃式增长，景区周边也纷纷出现了"一房难求"的局面，可见大庆市正在逐步成为全省的新兴旅游热点区域。成功举办了湿地旅游文化节、雪地温泉节等旅游文化活动，全市实现旅游收入 35.2 亿元，同比增长 35%；累计接待游客 916 万人次，同比增长 23%。

二 经济危机环境下黑龙江省旅游行业优劣势分析

（一）经济危机环境下黑龙江省旅游行业劣势分析

在经济危机这样的大环境下，旅游业的发展也受到了影响。旅游业的季节性、依赖性和综合性决定了该产业的高度敏感性。由于对外部环境敏感度远高于其他行业，该产业在经济危机大环境下将遭受更加严峻的挑战和冲击。黑龙江旅游业以其美丽的北国风光每年吸引大批游客，但是经济危机的到来使得一些重要经济指标开始出现下滑：原油、煤炭价格下跌，装备制造合同减少、资金回笼放缓等，看似与旅游业不相关的产业却在无形地影响着黑龙江省旅游业的发展。

1. 旅游需求下降

经济危机对各行业造成的下行压力增大，进一步影响了居民需求，其中最为突出的就是居民的旅游消费这类非必需类消费的预期下降。在居民对消费缺乏信心的时候，首先压缩的就是旅游消费这类非必要性的消费。尽管国家对此采取了一定的经济刺激措施，黑龙江省也有以旅游拉动内需的意识，但受到股市、楼盘、汽车行业持续低迷的现象，居民消费预期降低，就业压力不断增大的影响，旅游市场也出现了出游动机下降以及出游次数减少的变化趋势。在一段时期内黑龙江省的旅游业发展将面临困难，首当其冲的将是长线和高端旅游。南方游客由于路途遥远放弃来到黑龙江旅游的计划，而选择就近原则，因此流失掉一部分长线游客。受到经济危机的影响，部分公司为削减开支而减少公费旅游机会。公务类出游和奖励出游的市场也在缩小。其次就是实际购买力的降低，使得个人旅游或全家旅游的需求动机下降，外出旅游次数减少。

2. 行业就业压力增大

由于旅游市场的缩水，旅游相关企业也出现了经营困难。旅游景区人气降低、价格下滑，许多与旅游行业在业务方面相关的企业出现了利润率下降、人才流失加剧的情况。由于旅游业是劳动密集型产业，行业的就业形势受经济危机的影响较大。但是，该行业的从业人员在其他行业中的适用性不高，因此对从业人员来说转换成本较高，在经营不景气的情况下，对企业来说市场在缩小，人员编制不可轻易缩减，也就导致了旅游业的新进就业压力骤增。

3. 国际旅游下滑

在全球范围内的经济危机影响下，居民的可支配收入普遍降低，国际需求的降低使得入境旅游人数明显下降。黑龙江毗邻俄罗斯的绥芬河、黑河、东宁、同江等地已成为俄罗斯边境旅游的热点地区。但随着经济危机的到来，入境旅游需求明显下降。其主要表现为，旅游运输方面由于客源的减少出现下滑，没有能够调整市场低迷行情的有效途径，外汇收入、入境过夜人数以及入境旅游者都出现下滑的状态，入境旅游消费市场也面临严峻考验。

4. 冰雪旅游产业发展的规模、效应受到限制

由于经济危机的影响，从政府宏观控制的角度来说，不会轻易批准此类投入资金庞大、用地辽阔、配套设施复杂的项目；而且以滑雪产业为代表的冰雪体育旅游产业具有成本投入大、资金回笼期长的特点，更加难以实施。即便政府能够批准立项，但银行出于紧缩银根、防止通货膨胀的目的，也不可能轻易地发放巨额贷款。这也是在经济危机中制约黑龙江冰雪旅游产业发展的一个因素。

（二）经济危机环境下黑龙江省旅游行业优势分析

在经济危机影响下黑龙江省 2009 年春节黄金周，共接待国内旅游人数 600 万人次，实现国内旅游总收入 40.5 亿元人民币，同比分别增长 25% 和 28%；接待入境旅游者共计 3.05 万人次，实现旅游创汇 1290.9 万美元，同比分别增长 28% 和 30%。这说明黑龙江旅游产业有其自己的优势，能够积极应对经济危机。

1. 黑龙江省旅游总量在提升

根据国家统计局、黑龙江调查队的统计，全省 2011 年接待入境游客共计 206.52 万人次、实现旅游创汇 9.18 亿美元，同比分别增长 19.77% 和 20.34%；接待国内游客共计 2.02 亿人次、实现国内旅游收入 1031.89 亿元，同比分别增长 28.88% 和 24.09%；旅游业总收入 1091.51 亿元，同比增长 23.53%。所有指标的增幅均位居全国前茅，旅游业对全省经济的贡献率稳步加大。

在经济危机的情况下，旅游总量的上升得益于黑龙江省独特的区位优势。黑龙江濒临日本海，雨水充足、空气湿润、气候怡人。黑龙江位于北纬45度左右，刚好在北半球正中央，位置得天独厚，太阳角度适中，紫外线较弱，景色非常迷人。黑龙江省地域宽广，具有独特的生态旅游资源，时尚的旅游产品和独具地域特色的人文景观。冰雪资源堪称全国之首，滑雪期长达 120～140

天，山区降雪可达 100～300 厘米，适于建大型滑雪场的地方有一百余处。经济危机中黑龙江省的滑雪旅游已进入快速发展时期，目前为止，已连续举办了九届中国黑龙江国际滑雪节。从资源条件、市场潜力、发展趋势上看，黑龙江省无疑将成为全国乃至亚洲最具魅力的滑雪大省。黑龙江省与俄罗斯接壤，由于没有大面积的开发，中俄的界江黑龙江和乌苏里江两岸植被完好，江水纯净，风景优美。目前已开发的界江旅游线仅有黑龙江探源、萝北界江三峡、同江三江口等六段。游界江不仅可以享受原始生态环境，还能领略异国风情。

2. 产业规模持续扩大

黑龙江旅游资源丰富，为产业规模扩大奠定了基础。黑龙江境内有着最著名的大兴安岭和小兴安岭、张广才岭、长白山的余脉—老爷岭和完达山。拥有19 万平方公里的森林，森林覆被率42%，有 97 个国家级和省级森林公园。不仅资源丰富，而且在生态游和夏日度假上也有很大潜力。为应对经济危机，很多大型滑雪场在原有设施基础上，增添了雪地摩托、狗拉爬犁、滑雪圈等多项冰雪娱乐项目，集住宿、餐饮、娱乐于一体，价格适中、优质服务、设施安全，品牌影响力逐年增强。黑龙江省依托得天独厚的自然资源，目前已开发了冰雪艺术游、风光游、娱乐游、文化游和滑雪度假游等丰富多彩的冰雪旅游产品。

3. 对外开放步伐加快

黑龙江省正通过积极引进外资丰富旅游企业类型，促进旅游业对外交流合作。法国雅高集团，地中海管理集团，国旅、中旅等国内国际知名旅游管理公司纷纷入驻黑龙江省，这些企业的进驻在行业引起互相学习和相互追赶的效应，对于提高黑龙江省旅游项目的口碑质量，提升企业管理水平，优化旅游产品服务理念等都发挥了重要的引领作用。

黑龙江省共有 53 个少数民族，人口近二百万，拥有丰富多彩的人文资源，民族风情浓郁，少数民族历史源远流长。不仅具有丰富的唐代渤海国，辽代、金代、清代“龙兴之地”遗址，而且现代黑龙江历史贯穿着红色的主旋律。黑龙江省既有在中国共产党领导下为争取民族独立和人民解放而艰苦奋斗的英雄史诗，也有为国家富强和人民幸福而艰苦创业的壮丽画卷，给我们留下丰富的红色文化资源。“北大荒精神”、“大庆精神”和“突破高寒禁区”的精神，

不但创造了丰富的物质财富，也为后人留下了非常宝贵的精神财富。经济危机的情况下，更应该积极引进外资旅游，让更多的游客了解黑龙江的区域文化。

4. 发展环境日益优化

黑龙江省旅游 2011 年工作情况汇报中指出，黑龙江省委书记谋划旅游，省长推动旅游，人大政协关注旅游，中省直单位支持旅游。各级政府把旅游产业发展纳入经济社会发展总体规划，在政策、资金、项目上大力支持，全省 13 个市（地）有 8 个设立旅游发展专项资金。政府主导战略得到充分发挥，旅游发展氛围空前浓厚，旅游产业迈入了规范、科学和可持续发展的轨道。省旅游局连续两年被评为"关注民生，服务发展"群众满意单位。

黑龙江省为了进一步实现旅游强省的目标，提升黑龙江省旅游业竞争力，落实黑龙江省旅游业的可持续发展，已经提出了实施旅游人才战略。近几年来，黑龙江省旅游业在经历从小产业向大产业的转变发展过程。这一过程直接实现了旅游产业从业人员的大幅增加。截至 2012 年，全省旅游业从业人员总数在 30 万人左右，其中一线带团导游约 4000 名，不同规模旅行社 600 多家。近年来，黑龙江省将旅游行业的工作重点放在旅游人才的培养上，意图加快旅游人才的成长步伐，实现旅游人才培养在北国风光特色旅游开发项目中的资源配置合理化。黑龙江省通过组织开展旅游企业相关从业人员的岗位培训，推进高端旅游人才管理培训，进一步规范导游人员的资格培训，并且积极探索更有效符合当下旅游市场的导游从业人员考核培训方式。

三　经济危机环境下黑龙江省旅游行业总体评价

黑龙江省旅游业面对国际经济危机的巨大冲击，面对国内消费信心不足、国际需求下滑的局面，面对旅游企业经营困难、旅游经济运行压力加大的形势，黑龙江省旅游行业以科学发展观为统领，以保增长、保稳定、保民生、促发展为主题，以建设北国风光特色旅游开发区和实施贸易旅游综合工程为重点，化危为机，攻坚克难，努力工作，全省旅游业在克服困难中发展，在应对挑战中奋进，开创了旅游业发展的新局面。

黑龙江省旅游知名度并没有因这次经济危机而下降，凭借着森林旅游和冰雪旅游抵御这次危机，并吸引了越来越多的游客。正视黑龙江省旅游产业的发展，用旅游产业带动全省经济发展，有着重要的意义。经济危机中，黑龙江省旅游产业发展潜力离不开以下几个方面。

（一）国家以及黑龙江省的政策支持

国务院和中央高度重视旅游业的发展，正式和印发执行了《国务院关于加快发展旅游业的意见》。这项意见书的执行对于黑龙江省旅游业的发展来说也是机遇。黑龙江省委、省政府极其重视旅游业的发展，并且一直把旅游产业作为支柱产业扶持。省"十二五规划"提出，大力发展生活性服务业，营造有利于服务业发展的环境，旅游业也从中受益。为加快黑龙江省建设旅游强省步伐，黑龙江省人民政府结合省旅游业发展的实际，实行"政府塑造形象、企业跟进"的旅游宣传营销战略，提出大力开发旅游纪念品、旅游工艺品和特色商品，要求各级政府增加对旅游业的财政性资金投入，把旅游发展金纳入本级财政预算。2012 年，黑龙江省加大投入机场扩建工程，形成航空促旅游的局面。与航空公司合作，以政府采购运力的方式开展省内支线航空，受到国家发改委和民航局的认可。省机场集团推出"百元机票游龙江"、"机票进校园"、"机票下乡"、"支线快线"等活动，逐步形成了航空和旅游联动的良好局面，实现了通过发展民航直接带动旅游产业的快速发展。

（二）旅游资源丰富，游客市场潜力巨大

黑龙江省丰富而独具特色的旅游资源可谓是：冰雪风光驰名中外，历史文化久负盛名，野生动植物资源丰富雄厚，天文景观自然天成，民族风情异彩纷呈，沿江边贸旅游得天独厚。多年来，黑龙江省的国际客源呈现着以亚洲为主体，欧美为两翼的格局。其中韩国和俄罗斯是黑龙江省旅游业的新兴客源市场。同时，黑龙江省的国内旅游市场持续蓬勃兴起，游客主要来自东北、京津、山东和东南沿海经济发达地区。由此可见，黑龙江未来游客市场发展潜力巨大。

（三）增加重点项目建设，增强旅游核心竞争力

黑龙江省旅游局加强统筹协调，提升发展质量。在2012年上半年，黑龙江省旅游局通过实地考察和座谈交流，组织了14个重点旅游区域负责人赴枣庄市台儿庄古城学习考察，深入学习国内旅游名镇的管理方法、学习成功经验的同时进一步开阔了视野。在2012年度的省旅游发展费用中，省旅游局专门划拨出5000万元资金重点打造旅游名镇。同时，省旅游局着重推出从依靠单一旅游资源的产品向高端复合型精品旅游产品的转变，通过充分开发各区域的巨大潜力来实现更大区域景区的名镇化旅游产品。经过精心打造，截至目前已有5A级景区2个、4A级景区7个和3A级景区3个等14个重点旅游名镇所依托的旅游景区。

（四）旅游行业基础设施建设逐步完善

随着黑龙江省旅游产业的发展，旅游相关基础设施的建设也逐步完善。从旅游体验的角度考虑，应该加大在各旅游景区的建设投资来完善基础设施建设，以改善旅游环境，提高旅游体验质量。在交通方面，黑龙江幅员辽阔，这种资源上的优势，同时也成为交通建设方面的负担。只能尽可能做到使游客进出方便，在抓好民航主干线的同时，在省内重点区域修建小型机场，延长景区建设支线；开通重要景区景点的铁路客运专列；加快高等级公路修建步伐，增加豪华旅行车辆，增进旅游交通便利快捷性的同时提高旅游体验质量与安全性。目前，已有1000亿元公路建设资金初步落实。

（五）旅游产品开发力度不断加大

近年来推出的文化生态游、华夏东极游、神州北极游、火山边陲游和林海泛舟游等精品旅游路线，不断加快了北国风光特色旅游的开发建设。与此同时，旅游产业开发力度也不断加大，冰雪旅游、边境旅游、休闲旅游、生态旅游、乡村旅游、工业旅游、文化旅游、狩猎旅游、红色旅游、温泉旅游等项目陆续推出。黑龙江省全力营造了四季旅游，极大地满足了游客，给旅游出行时间带来了全方位的选择。

冬季旅游市场上，黑龙江省是全国冰雪旅游发展最早的省份，自创办哈尔滨冰雪节以来，各种各样的冰雪活动一个接一个地进入旅游市场，例如冰灯、雪雕、冰雕、冰雪大世界等，一次又一次地引起冬季旅游市场的关注。黑龙江省的冰雪旅游在全国旅游市场上至今依旧占据很大优势。然而，黑龙江省需要进一步完善和提高冰雪旅游的产业，保持住在全国冬季旅游市场已占据的优势地位。2009年世界大学生冬季运动会在黑龙江省成功举行，再加上黑龙江省举办的冬奥会，都有力地促进了黑龙江省滑雪旅游的发展和宣传。省政府看到了黑龙江省资源的巨大潜在价值，同时对挖掘和发展滑雪旅游产业的前景充满希望。

　　黑龙江省开展生态旅游产业具有水文资源、森林资源、野生动植物资源和草原及湿地资源四大资源优势。生态旅游产业方面，随着五大连池申报世界地质公园的成功，五大连池的知名度也得到了迅速提升，2010年入夏以来接待人数达到二十多万人次，同期相比2009年提高了140%。另外，黑龙江省扎龙国家自然保护区，拥有独一无二的湿地旅游资源，2004年网上国鸟评比、奥运吉祥物评选和丹顶鹤放飞等活动的成功举办，大大增加了扎龙景区的丹顶鹤之乡的美誉和知名度。

　　旅游资源的丰富和旅游产品开发力度的加大成为黑龙江省旅游业夯实的基础，但在经济危机的情况下开发过程中也存在一些弊端影响旅游业的前进。

1. 旅游及相关企业经营受到影响

　　经济危机使得黑龙江省内旅游企业面临严峻挑战，由于入境、国内两大旅游市场都处于低迷期，导致旅游产品价格下滑、旅游意愿降低，这使得许多旅游企业都面临业务量下降、收益减少、留不住人才等难题。同时与旅游关联的一些产业（交通业、通信业、宾馆餐饮业、零售业等）也受到了不同程度的影响。

2. 旅游投资减少

　　经济危机下世界资金日益紧张，造成可用来投资经济的资金愈加紧张。与此同时，需要投资挽救的产业和企业逐渐增多，并且需要挽救的行业和企业的需求资金很大。因此很多国家的投资方向共同点都是不投向旅游业，并且在旅

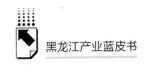

游产业不景气的情况下，民间投资者也不愿承担风险投资旅游业。

3. 旅游服务的质量相对不高

许多旅游企业对于人才培养方面不够重视，且培训机制不健全，因此旅游服务的应用型人才越来越匮乏。目前，黑龙江省从事旅游事业人员的专业化水平普遍较低，高级旅游服务人才不足，尤其缺乏旅游企业管理和经营型的人才。一些旅游在职人员的服务意识不强，服务质量和态度也不好，故旅游者被欺诈的现象时有发生。游客与旅游服务人员接触的机会最多，旅游服务人员的素质、态度、知识和技能直接影响着游客对旅游目的地的整体印象。

4. 旅游产业链条不完善、组织化程度低

旅游产业链条不完善，同时旅游区内企业抗风险能力较差、企业规模小，并且企业的知名度不高，这些是黑龙江省旅游产业普遍存在的问题。旅游产业具有地理位置专用性和综合性两大特点，前者顾名思义是依据地理位置决定的，而综合性决定了完整的旅游产业要由景区、旅行社、宾馆、交通专线、餐饮等一系列互补性企业来提供。而黑龙江省旅游产业链不完善，旅游产业链中往往存在某一个环节的企业不愿意单独进行广告宣传和促销，同时每个链条中都有许多企业存在"搭便车"的倾向和思想，因此很难实现外部性的内部化，难以实现统一规范约束下的综合效益最大化和规模化经营，在较大的旅游市场内缺乏经济实力搞促销宣传，同时也缺少产业集中度和市场竞争力。

四 经济危机环境下黑龙江省旅游行业发展对策

面对经济危机，黑龙江省旅游业在省委、省政府建设"八大经济区"和"十大工程"的战略部署下，以精品项目为支撑，以名镇建设为重点，把旅游经济融入全省经济社会发展大局之中，在全球金融危机的大环境下，利用创新的工作思路，整合优质旅游资源，打造精品系列旅游，加强区域合作，优化发展环境。

（一）强化城市周边景区景点建设，满足居民周末休闲度假游

由于国际经济危机的影响，黑龙江省经济增长率明显下降，全省人均收入增长也日益减缓，省内旅游资金增长率逐渐减慢，中、长途旅游的经济能力明显下降。省内居民的旅游意向开始转向城市周边旅游和附近旅游。因此加强城市周边景区景点建设是满足城市居民旅游需求的必然趋势，也是发展省内旅游的良好途径。强化城市周边景区景点建设，包括扩大景区景点和提高景区景点管理与服务水平，开发和加大城市周边的周末旅游、乡村旅游和度假旅游等内容，以达到吸引市民旅游的热潮。

（二）促进旅游资源可持续化发展，建立旅游产业收入长效机制

在旅游资源开发中，存在不少急功近利的想法，很多开发商对旅游资源重开发、轻保护，甚至有的只顾开发、不管保护，使文化遗产和自然生态环境都遭到严重的破坏，同时，旅游产业的可持续发展也受到了影响。为了有助于改善产业结构应采取旅游产业的可持续发展，因此通过改变开发和利用自然生态环境的方式，减轻经济发展对生态环境和自然资源的破坏，提高人民保护旅游资源及自然生态环境的积极性和自觉性。在黑龙江这样的旅游大省，旅游资源的开发，尤其是冰雪旅游和古文化游的开发比较充分的情况下，更需要重视旅游资源的可持续化发展。

一方面是针对自然环境的保护和利用，通过树立正确的资源观，立足长远，克服短期利益诱惑的资源利用方式，必要时通过立法等强制性措施维护原生态环境资源。在对旅游资源的开发过程中，应该深入贯彻旅游生态意识，积极开发符合可持续发展的环保旅游、绿色旅游、生态旅游和各种新型旅游，积极着力发展生态旅游。如在餐饮方面可结合本地特色，并且以地方产品特别是当地的绿色食品为主，对其进行宣传，扩大影响。住宿的配套设施要与景区周围环境相协调，彰显景区的地方特色。限制景区内的现代化交通工具使用，鼓励以较原始的并且有地方风情特色的交通工具为主。提倡和鼓励游客对景区的购物消费，但其消费不可削弱当地自然的土特产的竞争力。同时在对当地土特产的开发和利用上，也要树立起环境保护意识，严禁把原本列为保护的资源作

为特产而出售。对违反者，要坚决严厉地打击和取缔，同时也不能搞地方保护主义。

另一方面是针对旅游资源经营方式的可持续化。随着旅游业的发展，不少地区爆出了各种以"宰客门"为代表的旅游黑幕。景区物价偏高、服务人员素质低下和环境混乱似乎是所有景区景点的通病。部分景区服务人员认为对游客来说一个景点就是一个一次性交易，因此而忽视其服务质量。但是对于一个旅游市场来说，在全国甚至全球流动的游客都是影响范围和力度极大的活广告。如果能在普遍较差的旅游业态中首先改善旅游场所的经营质量，把景区景点打造得像其他服务行业一样精细舒适无疑是无形的广告名片。对于黑龙江省这样的旅游资源开发已经比较全面且产业规模效应开始受限的大型旅游聚集地，这样可持续的经营方式比大力开发旅游资源更有效。

（三）实施项目带动，推动旅游发展转型升级

党的十八大提出了截至 2020 年实现居民收入翻番的经济目标。虽然当下还处于受经济危机影响的低谷时期，但也不难发现中央提高居民可支配收入的决心和目标。随着居民可支配收入的增加，文化和娱乐类的消费也得以扩大。

黑龙江省有许多以自然、文化遗产为代表的国内外知名旅游景区景点，因此黑龙江省旅游产业应当加强这些特色旅游的项目建设，在观察、发现、挖掘其特色魅力和文化蕴意基础上，做到全面维护和保持其自然的魅力或返璞归真的状态，保持自然生态系统的和谐发展，预防和制止急功近利的破坏性开发和建设。旅游项目的发展要注重全面保护文化景观和形象的原始本色，展示和充分宣传文化景观的内容、启示，增强游客的文化感悟和体验，加强游客对人文、人性的理解和尊重，从而提高黑龙江省旅游产业的国际竞争力。

（四）注重景区景点的细致化管理和服务建设

黑龙江省有许多旅游景区在配套设施设备建设方面比较现代化，能够很好

地满足游客的硬件需求，但是在细致化管理和服务水平等软件需求方面还有待提高。旅游行政管理部门要完善景区的餐饮、住宿、交通、导游、娱乐、安全等各方面规范，管理和监督旅游景区服务水平，提高景区管理人员自身的管理水平，强化对员工的服务培训，提高导游的组织能力和服务水平，真正达到高效率化、细致化、人文化、安全卫生化的服务，提高和激发游客对旅游景区的热情和满意度，加大发展黑龙江省旅游产业。

（五）提高景区品质，完善产品供给与体系优化

深化 A 级景区创建与复核。通过省级单位做好对 A 级景区的管理工作，每年定期检查景区各项基础设施与从业人员质量，完成相应考核方能保持资格。

积极做好景区产品优化升级。一是旅游景区要注重文化与旅游的结合，"文化是旅游的灵魂"。要充分挖掘旅游文化资源，大力发展文化旅游和旅游文化，努力打造文化旅游精品。在黑龙江省丰富的旅游资源中，历史文化资源占有重要的位置。通过挖掘新开流文化、挹娄文化、鲜卑文化、渤海文化、金源文化、满族文化和犹太文化等黑龙江省独具特色的文化旅游资源，通过景区文化建设与旅游要素的结合，实现旅游资源的无形化。还可以挖掘黑土文化、红色文化、关东文化等乡土文化旅游资源，借助优秀的影视作品，创建影视基地，让广大游客体会更多的乡土文化气息。二是旅游景区建设要注重生态化。在激烈的旅游市场竞争中，生态旅游是黑龙江省三大旅游体系之一，维持一个旅游景区对游客的长期吸引，并且很好的顺应旅游市场的需求，就必须不断向低碳化方向发展。要严格遵循"减量化、资源化、再利用"的可持续发展原则，培养游客"生态化旅游"意识。严禁使用和销售一次性生活消费品，如塑料袋等，禁止在旅游区内吸烟，从而建立真正意义上的生态旅游。在服务设施建设方面，无论是景区内的休息区还是服务站，在建筑风格、服务内涵等方面都该注重本来面目，保证人文生态的原真性。三是旅游景区活动要丰富多彩。旅游景区不只是给游客跑马观花的景点，更可以是为游客提供一次特殊的体验之旅，通过景区更加丰富的体验式、参与式活动，让游客在观景之余可以真正感受到当地的风土人情和独特生活方式，也可以有机地结合文化旅游的特

质，让游客从各方面全面感受本土文化特色。

加快推进各级各类旅游度假区和示范区建设。一是有序推进旅游度假区发展。二是有序推进生态、森林示范区发展。三是科学引导旅游新业态发展。

参考文献

《2010 年黑龙江省国民经济和社会发展统计公报》，http：//news. hexun. com/2011 – 03 – 24/128187600. html。

《2011 年黑龙江省国民经济和社会发展统计公报》，http：//news. 163. com/12/0314/07/7SHP2FNR00014AED. html。

《2010 年哈尔滨市国民经济和社会发展统计公报》，http：//www. harbin. gov. cn/info/news/index/detail/114291. htm。

《2011 年哈尔滨市国民经济和社会发展统计公报》，http：//www. harbin. gov. cn/info/news/index/detail/219115. htm。

《2010 年齐齐哈尔市国民经济和社会发展统计公报》，http：//www. tjcn. org/plus/view. php? aid = 19115。

《2011 年齐齐哈尔市国民经济和社会发展统计公报》，http：//www. tjcn. org/plus/view. php? aid = 24152。

《2010 年牡丹江市国民经济和社会发展统计公报》，http：//www. tjcn. org/tjgb/201103/18826. html。

《2011 年牡丹江市国民经济和社会发展统计公报》，http：//www. tjcn. org/tjgb/201203/23857. html。

《2010 年佳木斯市国民经济和社会发展统计公报》，http：//www. tjcn. org/tjgb/201105/19844. html。

《2011 年佳木斯市国民经济和社会发展统计公报》，http：//www. tjcn. org/tjgb/201207/25278. html。

《2010 年大庆市国民经济和社会发展统计公报》，http：//www. tjcn. org/tjgb/201105/19632. html。

《2011 年大庆市国民经济和社会发展统计公报》，http：//www. gov. cn/gzdt/2012 – 02/22/content_ 2073982. htm。

《黑龙江省旅游 2011 年工作情况和 2012 年工作要点》，http：//news. xinhuanet. com/travel/2012 – 03/01/c_ 122777121. htm。

《2012 年黑龙江省旅游工作会议》，http：//www. cnta. gov. cn/html/2012 – 2/2012 – 2 – 15 – 14 – 25 – 75383. html。

董鸿扬：《挖掘地域文化资源促进文化生产力发展》，《黑龙江社会科学》2005 年第 3 期。

魏婷、曲畅：《黑龙江省特色旅游产业发展现状及前景预测》，《北方经贸》2010 年第 4 期。

魏震铭、张炳勇：《国际金融危机影响下的中国旅游业发展策略研究》，《当代经济研究》2009 年第 4 期。

邓祁：《浅析金融危机背景下黑龙江省旅游业发展对策》，《民营科技》2010 年第 12 期。

李兆国：《浅谈发展旅游与保护环境》，《当代生态农业》2010 年第 6 期。

阎蓓：《旅游资源开发与环境保护》，《社会科学论坛》2006 年第 4 期。

美仁才其格：《浅析经济危机环境下中国旅游经济的发展》《中国商贸》2011 年第 1 期。

刘伟杰、陈文斌：《黑龙江生态旅游与可持续发展路径研究》，《林业经济》2012 年第 8 期。

Development Report of Heilongjiang Province Tourism Industry under the Economic Crisis

Li Guoxin

Abstract：With the prosperity of the country, the peaceful living and working of the people, the purpose of life is no longer just limited to the food and clothing, but enjoy life better, so the tourism gradually flourishes. However, in recent years, not only does the economic crisis make all kinds of the financial industrial fall into the bottom, but also affects Heilongjiang Province Tourism. Even so, Tourism industry in Heilongjiang Province developed well, and it owes to the kind care of the country, provincial party committee and provincial government.

The paper analyses the current situation of Heilongjiang tourism industry, collects basic data about the 2010 and 2011 Heilongjiang Province Tourism. The paper discusses the advantages and disadvantages of the tourism industry in Heilongjiang under the environment of the economic crisis. For example, tourism development in our province is increasingly optimized, but the amount of

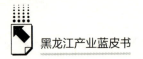
international tourism slipped due to the economic crisis. Besides, we evaluate the tourism industry in Heilongjiang province in this situation. Finally the paper puts forward development countermeasures and provide constructive suggestions on tourism development in Heilongjiang province.

The paper summarizes the situation in Heilongjiang province, and provides the provincial government with reference for the decision making. In addition, it also provides strategic guidance for some of the tourism enterprises, which could maintain and promote our province the healthy, sustaining and rapid development.

Key Words: Tourism Industry; Economic Crisis; Ice and Snow Tourism; Ecological Tourism

B.12
黑龙江房地产业发展报告
（2012~2013）

武永祥　杨晓冬*

摘　要：

　　在宏观调控政策的引导下，2012年黑龙江省房地产市场整体运行平稳并呈现良好发展势头。报告回顾和分析了2012年黑龙江省、2008~2011年黑龙江省及五个重点城市房地产投资、房地产开发、房地产销售状况，总结了2012年黑龙江省房地产市场运行的特点，并从规模、速度、结构、价格四个方面采用相应指标对房地产市场运行健康状态进行评价，剖析了主要的宏观调控政策及其实施效果，最后预测了2013年黑龙江省房地产业的发展趋势并提出了一些政策建议。

关键词：

　　房地产投资　房地产开发　房地产销售

一　黑龙江省房地产市场现状

（一）房地产投资方面

1. 2012年黑龙江省房地产投资状况分析

2012年黑龙江省房地产开发投资规模保持高位，上半年增长迅速，下半年增速有所放缓。从累计投资量看（见图1），第一季度房地产开发投资额为

---

* 武永祥，哈尔滨工业大学管理学院教授，博士生导师；杨晓冬，哈尔滨工业大学管理学院副教授，博士。

27.2 亿元，同比增长 156.6%，高于全国 133.08 个百分点；第二季度投资额为 378.21 亿元，同比增长 27.5%，高于全国 10.9 个百分点；第三季度投资额为 999.49 亿元，同比增长 32.91%，高于全国 17.49 个百分点；第四季度投资额为 1535.84 亿元，同比增长 25.95%，高于全国 10.82 个百分点。可见黑龙江省房地产开发投资加快，远高于全国房地产投资增长速度。

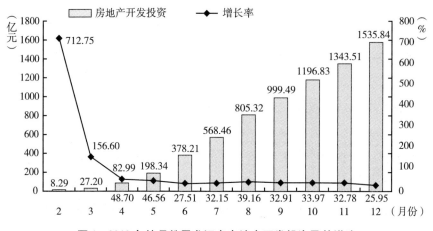

图 1　2012 年按月份黑龙江省房地产开发投资及其增速

住宅投资上半年也同样保持高位快速增长，后半年增速趋于平稳（见图 2）。黑龙江省住宅投资 2 月份投资额显著高于 2011 年份，达到了 912% 的增幅，但在后续时间中增速出现回落，在 12 月份降至本年度最低位 19.57%。截至 12 月份为止，黑龙江省住宅投资已达到 1122.52 亿元，高于 2011 年 938.82 亿元的投资总量。第一、二、三、四季度同期增长率分别高于全国 140.34、17.8、20.97 和 8.13 个百分点，说明在全年黑龙江省住宅投资市场活跃，资金较为充裕，具有较强的抗风险能力。

对比分析黑龙江省与中部地区及全国房地产投资增速情况（见表 1），截止到 2012 年 12 月份，黑龙江省房地产开发投资月平均（比 2011 年同期）增速为 108.09%，高于中部地区 87.84 个百分点，高于全国 90.01 个百分点，在去除跳跃性较强的 2～3 月份数据后，平均增速为 35.52%，高于中部地区 16.89 个百分点，高于全国 19.12 个百分点。根据提供的月份数据，除 1～2 月份外，黑龙江省房地产开发投资增速明显高于中部地区平均水平，具有较强的开发优势。

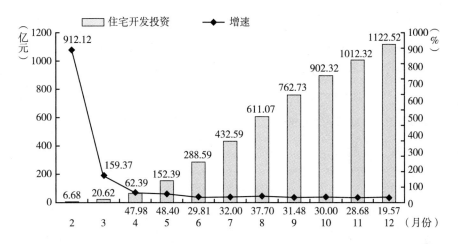

图2　2012年按月份黑龙江省房地产住宅投资及其增速

表1　2012年按月份黑龙江省、中部地区以及全国房地产投资增速状况

单位：%

月份	房地产开发投资增速			住宅投资增速		
	黑龙江省	中部地区	全国	黑龙江省	中部地区	全国
2	712.75	29.43	27.79	912.12	20.60	23.22
3	156.60	25.69	23.52	159.37	18.18	19.03
4	48.70	24.45	18.70	47.98	17.60	13.91
5	46.56	22.33	18.55	48.40	15.88	13.60
6	27.51	16.89	16.61	29.81	10.48	12.01
7	32.15	15.66	15.38	32.00	9.12	10.69
8	39.16	16.92	15.64	37.70	10.13	10.59
9	32.91	16.21	15.42	31.48	9.69	10.50
10	33.97	16.40	15.44	30.00	9.75	10.81
11	32.78	19.41	16.74	28.68	12.53	11.92
12	25.95	19.44	15.13	19.57	12.53	11.43

2. 2008～2011年黑龙江省房地产投资状况分析

"十一五"时期，在国家"保增长、扩内需、调结构、保民生"的宏观调控政策的拉动下，黑龙江省房地产市场克服国际金融危机造成的不利影响，逆势而上，呈现加快发展的态势。从黑龙江省2012年宏观经济运行整体情况看，主要经济指标好于预期，这为房地产市场在政策调控下健康发展打下了坚实

基础。

（1）从投资类型看，根据提供的年度数据，2012 年黑龙江省房地产投资 1535.84 亿元，增速为 25.95%，低于 2008 年以来四年平均增速 6.66 个百分点（见图 3）。其中，住宅投资 1122.52 亿元，占房地产投资比 73.09%，而 2011 年占房地产投资比 76.99%，降低了 3.9 个百分点；办公楼投资 16.67 亿元，占房地产投资比 1.36%；商品营业用房投资 494.80 亿元，占房地产投资比 40.31%，自 2008 年以来有所下降（见图 4）。可见，2008～2011 年的黑龙

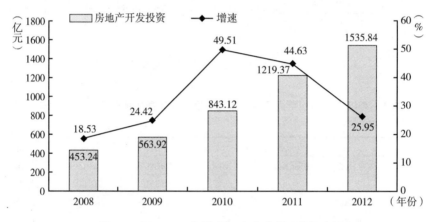

图 3　2008～2012 年黑龙江省房地产开发投资额

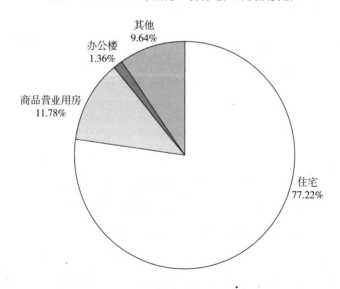

图 4　2011 年黑龙江省房地产投资配比结构

江省房地产投资结构发生转变，投资重心继续向住宅倾斜，受宏观经济压力的影响，商品营业用房投资增速减慢。

（2）从经济适用房发展角度分析，黑龙江省 2011 年经济适用房投资 20.38 亿元，低于 2008 年 37 个百分点，在 2010 年达到最低值，投资额仅为 12.33 亿元（见图 5）。整体上看，经济适用房投资逐步下降，但在 2010 年后开始回升，占住宅投资比重有所加大，但目前仅维持在 1%～2% 的水平。同时，自 2008 年以来，黑龙江省住宅投资比重逐渐上升，经济适用房投资比重逐渐减少，这种情况一方面不利于抑制商品房价格上升，而且在住房社会保障体系尚未健全完善的情况下，也不利于解决低收入家庭住房问题，另一方面在客观上也不利于终结住房市场供给的双轨制的不利制度。

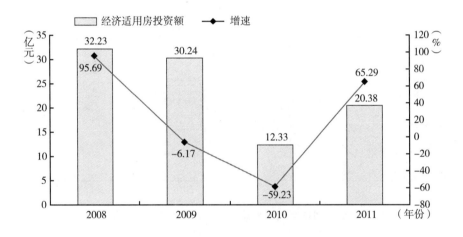

图 5　2008～2011 年黑龙江省经济适用房投资额

（3）2011 年，黑龙江省土地购置完成投资额 153.0448 亿元，增速为 68.77%，而 2010 年的增速仅为 22.03%（见图 6）。但是，建筑安装工程完成投资额的增速由 2010 年的 58.05% 降到 2011 年的 48.98%（见图 7）；设备、工器具购置完成投资额由 2010 年的 39.16% 降到 2011 年的 20.10%（见图 8）。土地购置完成投资额占房地产开发完成投资额的比例为 12.47%，比 2010 年上升 1.71 个百分点；建筑安装工程所占比例为 81.75%，比 2010 年上升 1.86 个百分点；设备、工器具所占比例为 0.87%，下降 0.18 个百分点。

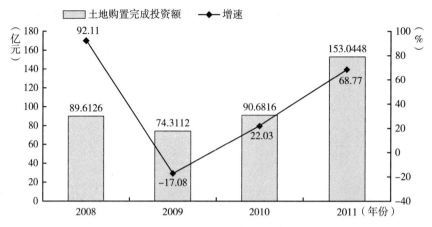

图6 2008～2011黑龙江省土地购置完成投资额及其增速

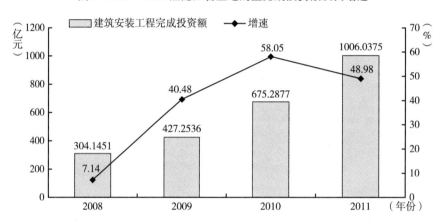

图7 2008～2011黑龙江省建筑安装工程完成投资额及其增速

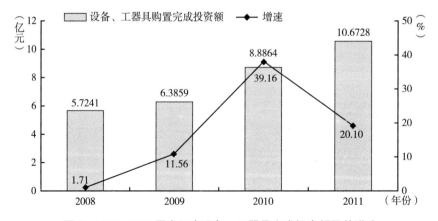

图8 2008～2011黑龙江省设备、工器具完成投资额及其增速

（4）从房地产开发投资与社会固定资产和 GDP 之间的关系分析，2005 ~
2009 年，房地产投资在全社会固定资产投资比重有所下降，而 2010 和 2011
这两年，这个比重有所上升，这与国家对于房地产市场的宏观调控有着密切的
关系。从经济与市场发展阶段和总趋势来分析，市场需求结构发生变动必然会
导致房地产投资占全社会固定资产投资的比重上升。2004 ~ 2011 年，黑龙江
省房地产投资年均增长速度为 34.34%，高于固定资产投资年均增长 24.15%
的速度，同时，也高于 GDP 的增长速度 16.91%（见图 9），2004 ~ 2006 年增
速减缓，2006 ~ 2009 年增速趋向平稳，2010 年增速上升，但 2011 年增速略有
下降。从对比中可以看出，全社会固定资产投资增速在 2011 年比 2010 年回落
25.74 个百分点，而房地产投资则是回落 4.9 个百分点，这表明宏观调控政策
对房地产投资和全社会固定资产投资均有一定的抑制作用。

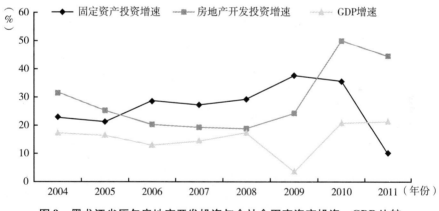

图 9　黑龙江省历年房地产开发投资与全社会固定资产投资、GDP 比较

3. 2008 ~ 2011 黑龙江省五个重点城市房地产投资状况分析

（1）哈尔滨房地产投资状况分析

哈尔滨市 2011 年的房地产开发完成投资额为 565.9781 亿元，增速为
56.90%，较 2010 年上升 27.48 个百分点（见图 10）。哈尔滨市土地购置完成投资
额经历 2009 年的下降与 2010 年的微增长之后，2011 年增长幅度较大（见图 11）。

（2）齐齐哈尔房地产投资状况分析

2011 年，齐齐哈尔市，房地产开发完成投资额 83.7503 亿元，增速从 2009
年开始持续上涨（见图 12）；土地购置完成投资额为 8.8119 亿元，在 2009 年和

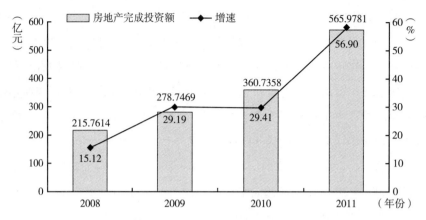

图 10　哈尔滨 2008～2011 年房地产开发完成投资额及其增速

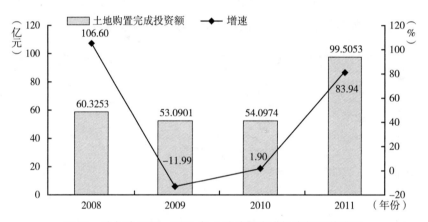

图 11　哈尔滨 2008～2011 年土地购置完成投资额及其增速

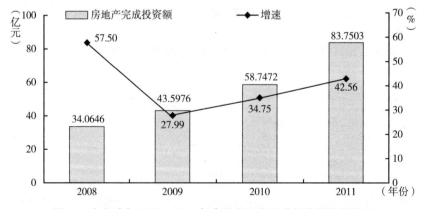

图 12　齐齐哈尔 2008～2011 年房地产开发完成投资额及其增速

2010 年增速出现负值，2011 年的投资额几乎与 2008 年持平（见图 13）。

（3）牡丹江房地产投资状况分析

2011 年，牡丹江市的房地产开发投资额为 80.1264 亿元，增速从 2008 年开始都处在低位（见图 14）；土地购置完成投资额与其增速的涨跌幅度都较大，2009 与 2011 两年，增速都是负值（见图 15）。

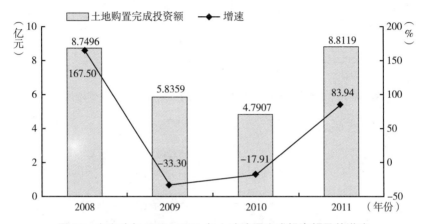

图 13　齐齐哈尔 2008 ~ 2011 年土地购置完成投资额及其增速

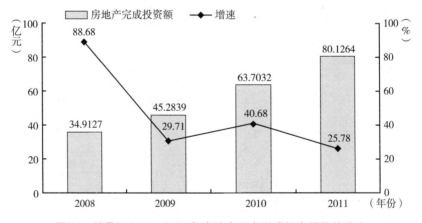

图 14　牡丹江 2008 ~ 2011 年房地产开发完成投资额及其增速

（4）佳木斯房地产投资状况分析

2011 年，佳木斯市房地产开发完成投资额增速经历了三年的持续增长之后，出现放缓现象（见图 16）。而土地购置完成投资额增速在 2009 年出现高速增长之后，也都回归到低位增长（见图 17）。

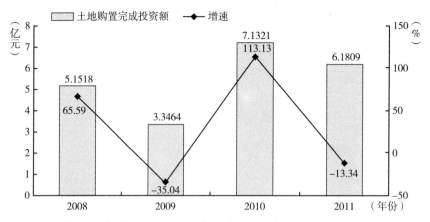

图 15 牡丹江 2008~2011 年土地购置完成投资额及其增速

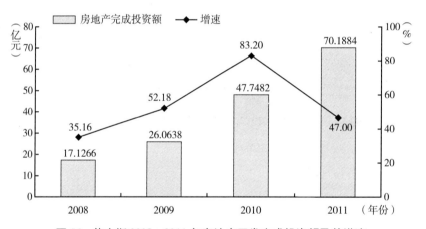

图 16 佳木斯 2008~2011 年房地产开发完成投资额及其增速

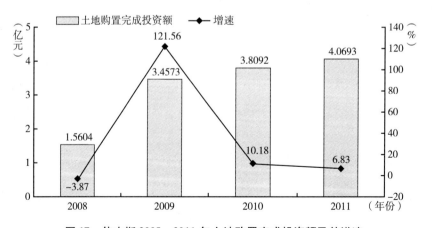

图 17 佳木斯 2008~2011 年土地购置完成投资额及其增速

（5）大庆房地产投资状况分析

大庆市 2011 年房地产开发完成投资额为 171.13 亿元，增速为 43.20%，基本与 2010 年的增速持平。从图 18 可以看出，大庆市房地产开发完成投资额一直保持增长，但是在 2009 年投资额增速较低，而从图 19 看到，大庆市土地购置完成投资额增速起伏较大，并且在 2009 年大庆的土地购置完成投资额出现了下降。

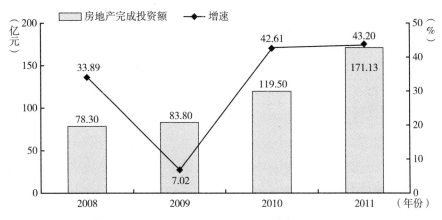

图 18　大庆 2008~2011 年房地产开发完成投资额及其增速

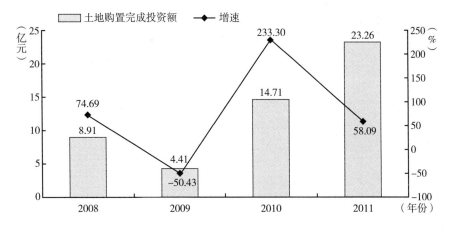

图 19　大庆 2008~2011 年土地购置完成投资额及其增速

从 2011 年黑龙江省五个重点城市按用途分房地产开发投资额可以看出，这五个城市发展速度各不相同，其中哈尔滨市与大庆市两个城市比其他三个城市发展快（见表 2）。

表2　2011年五个重点城市按用途分房地产开发投资额

单位：万元

城市	住宅	办公楼	商品营业用房
哈尔滨	4245690	124829	527729
齐齐哈尔	665814	1721	103594
牡丹江	614296	4014	91537
佳木斯	539251	7875	121705
大庆	1412589	16060	165460

（二）房地产开发方面

1. 2012年黑龙江省房地产开发状况分析

2012年黑龙江省房地产开发持续增长。据最新统计数据显示（见表3），上半年房地产开发企业房屋施工面积10523.08万平方米，同比增长31.05%；房屋新开工面积2192.74万平方米，同比下降32.75%，所占房屋施工面积比为21%；房屋竣工面积556.06万平方米，同比增长248.82%，其中，住宅竣工面积464.05亿平方米，同比增长262.4%，所占房屋竣工面积比83%。同时，1~12月黑龙江省房屋施工面积13484.97万平方米，同比增长11.77%；房屋

表3　2012年按月份黑龙江省房地产开发统计表

单位：万平方米，%

月份	房屋施工		新开工		房屋竣工		住宅竣工面积	
	面积	同比增长率	面积	同比增长率	面积	同比增长率	面积	同比增长率
1~2	8730.22	143.84	26.37	35.23	69.33	14651.06	65.33	13800.00
1~3	8275.78	84.80	210.74	-33.97	213.89	2604.05	182.7	2672.38
1~4	8738.18	74.30	531.46	-25.76	168.59	321.58	134.19	320.92
1~5	9603.54	49.90	1244.22	-29.23	461.99	280.02	389.59	296.81
1~6	10523.08	31.50	2192.74	-32.75	556.06	248.82	464.05	262.40
1~7	11076.8	26.31	2592.15	-35.10	730.46	194.54	607.81	211.28
1~10	12699.88	12.88	4278.57	-31.52	1527.11	85.52	1245.79	88.06
1~11	13189.03	12.76	4743.4	-30.34	1995.20	26.36	1618.89	28.40
1~12	13484.97	11.77	5074.35	-29.48	3245.73	8.46	2646.21	10.44

新开工面积 5074.35 万平方米，同比下降 29.48%；房屋竣工面积 3245.73 万平方米，同比增长 8.46%，其中，住宅竣工面积 2646.21 亿平方米，同比增长 10.44%。新开工面积大幅减少，而竣工面积大幅增加，说明 2011 年黑龙江省未完工工程较多，而我国出台的一系列调控政策，导致土地市场交易长期受挫，影响了开发商的拿地策略，从而在一定范围内导致土地流拍。这直接反映在 6 月及以后的黑龙江省新开工面积和房屋施工面积增长趋势放缓上。

2. 2008~2011 年黑龙江省房地产开发状况分析

对比分析黑龙江省近年的房屋开发情况，2011 年黑龙江省施工房屋面积 12065.32 万平方米，增速 59.94%（见图 20）；新开工面积 7195.30 万平方米，增速 43.38%（见图 21），所占施工房屋面积比重为 59.64%，较 2010 年降

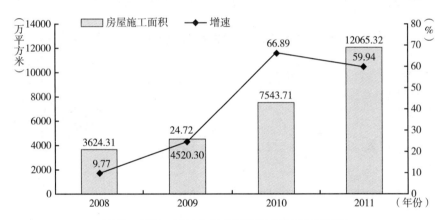

图 20 2008~2011 年黑龙江省施工房屋建筑面积

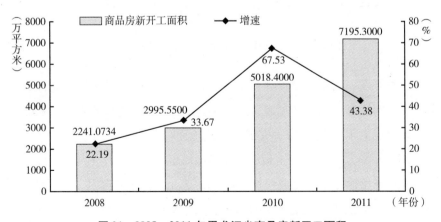

图 21 2008~2011 年黑龙江省商品房新开工面积

低了6.89个百分点（见图22）；竣工房屋面积2922.60万平方米，增速38.11%（见图23）；购置土地面积1860.65万平方米，增速为58.45%（见图24）。

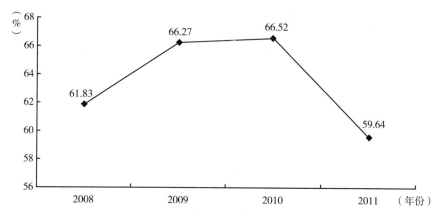

图22　2008～2011年黑龙江省商品房新开工面积占施工面积比重

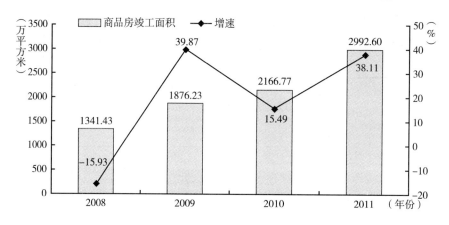

图23　2008～2011年黑龙江省商品房竣工面积

从土地开发、购置及投资规模角度分析，自2008年以来，黑龙江省房地产企业土地购置有所减少（见表4、图24）。2009年黑龙江省有234家企业购置了土地，比上年减少19家，完成开发土地面积471.19万平方米，比上年减少了97.45万平方米；购置土地面积833.31万平方米，比上年减少了37.66万平方米；开始建设累计完成投资1045.13亿元，比上年有较大幅度的增长，约为40%；实际需求总投资为1516.29亿元，增幅为34.5%。2006～2009年，由于土地市场清理整顿、暂停建设用地审批，房地产土地开发面积出现较大波

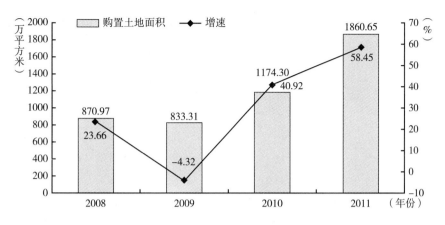

图24 2008~2011年黑龙江省购置土地面积

动，土地购置面积增速放缓，同时却伴随较大幅度的投资需求，这反映了土地控制对商品房建设的影响具有滞后性。

表4 2008~2011年黑龙江省土地开发、购置及投资规模

单位：万平方米、亿元

项目 年份	购置 土地面积	实际需要 总投资	开始建设累 计完成投资	全部建成 尚须投资
2008	870.97	1126.60	743.47	383.14
2009	833.31	1516.29	1045.13	471.16
2010	1174.30	2341.12	1434.82	906.30
2011	1860.65	4059.83	2153.67	1906.16

3. 2008~2011黑龙江省五个重点城市房地产开发状况分析

2008~2011年，五个重点城市施工房屋建筑面积如表5所示，哈尔滨2011年的房屋建筑面积为4575.57万平方米，增速为55.68%，较2010年上升2.83个百分点；齐齐哈尔2011年的房屋建筑面积为854.23万平方米，增速为48.32%，较2010年下降3.14个百分点；大庆2011年的房屋建筑面积为1453.08万平方米，增速为83.91%，较2010年上升41.99个百分点；佳木斯2011年的房屋建筑面积为915.18万平方米，增速为57.28%，较2010年下降50.79个百分点；牡丹江2011年的房屋建筑面

积为 1093.71 万平方米，增速为 72.23%，较 2010 年上升 30.29 个百分点。

表5　2008～2011 年五个重点城市施工房屋建筑面积

单位：万平方米

地区	2008 年	增速（%）	2009 年	增速（%）	2010 年	增速（%）	2011 年	增速（%）
哈尔滨	1610.76	7.22	1922.84	19.38	2939.04	52.85	4575.57	55.68
齐齐哈尔	328.91	50.20	380.25	15.61	575.92	51.46	854.23	48.32
大庆	436.68	-10.48	556.68	27.48	790.08	41.93	1453.08	83.91
佳木斯	200.36	30.23	279.67	39.58	581.89	108.07	915.18	57.28
牡丹江	359.47	43.84	447.39	24.46	635.02	41.94	1093.71	72.23

从土地购置面积对比分析，哈尔滨发展最为迅速，其次是齐齐哈尔与大庆，最后是佳木斯与牡丹江（见表6）。

表6　2008～2011 年五个重点城市土地购置面积

单位：万平方米

地区	2008 年	增速（%）	2009 年	增速（%）	2010 年	增速（%）	2011 年	增速（%）
哈尔滨	348.12	9.63	375.83	7.96	388.58	3.39	751.77	348.12
齐齐哈尔	151.17	145.78	87.35	-42.21	117.05	34.00	153.66	151.17
大庆	117.21	13.59	76.15	-35.03	154.12	102.39	370.47	117.21
佳木斯	40.67	-18.10	88.71	118.13	166.71	87.91	160.13	40.67
牡丹江	96.80	62.26	84.69	-12.51	178.30	110.53	184.84	96.80

（三）房地产销售方面

1. 2012 年黑龙江省房地产销售状况分析

2012 年黑龙江省房地产市场运行形势良好，房地产开发投资呈现"先快后慢"的增长势头，商品房销售势头旺盛。但是，随着新的宏观调控措施逐步落实，商品房平均销售价格增速呈现平稳趋势。

2012 年黑龙江省商品房销售面积和销售额稳定增长，增速降中有升（见图25、图26）。2012 年初开始，商品房销售即保持 2011 年较高的增长态势，

2 月份销售面积 44.05 万平方米，同比增长 65%；同时，受中央一系列调控措施的影响，上半年商品房销售趋势在 3 ~ 4 月份有一个较大的跳跃，增长率由 101% 跳跃到 6%，后续有逐渐上升的趋势，但在 6 月份达到最低的 4%，而商品房屋销售面积达到 910.99 万平方米；此后销售增速稳步而略有上升。截止到 12 月份，商品房销售面积 3806.82 万平方米，同比增长 12.12%，增幅较上月增长了 2.1 个百分点，可见政府的调控措施在下半年效果明显，地产市场供需得到较好的平衡。

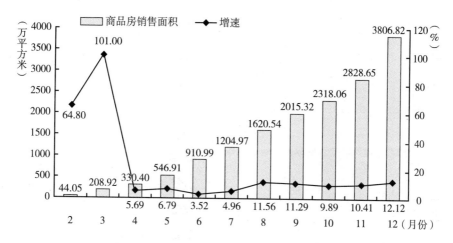

图 25　2012 年按月份黑龙江省商品房屋销售面积及增速趋势

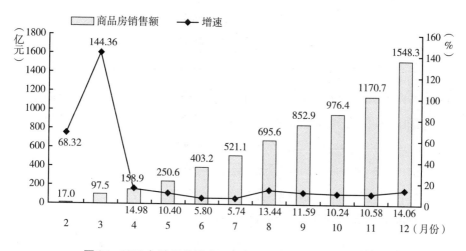

图 26　2012 年按月份黑龙江省商品房屋销售额及增速趋势

对比分析黑龙江省与全国各地房地产市场发展状况（见图27）。截止到2010年12月，中部地区的商品房销售额平均增速高于全国水平1.97个百分点，而黑龙江省商品房销售额平均增速高于中部地区2.63个百分点。说明黑龙江省房地产市场需求还存在较大空间，商品房的供应存在不足。

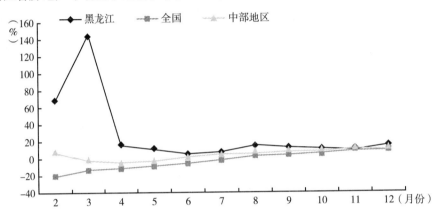

图27　2012年按月份黑龙江省、全国以及中部地区商品房销售额增速对比

分析黑龙江省省会城市哈尔滨的房屋销售情况：哈市GDP增速连续四年均达到两位数以上，经济的快速发展将推动房地产市场快速发展，由此可以推测哈尔滨房地产业仍处于一个大好的发展时期。2012年哈尔滨新建住宅价格指数趋于稳定，同比指数涨幅最高值为11月份，指数为100.6；涨幅最低为10月份，指数为99.1；1~12月份同比指数均值为100.03。环比指数涨幅最高值为12月份，指数为100.5；涨幅最低为10月份，指数为99；1~12月份环比指数均值为99.925（见图28）。由图29可知，新建商品住宅价格同比指数在1~9月份在波动中保持平稳，10月份出现低谷，均值为100.04；环比指数的变化与同比指数的变化类似，均值为99.91。由图30可知，二手住宅价格同比指数在3月份上升之后一直保持较为平稳的状态，在10月份出现了较大幅度的降低，最低点值为99.3，10~11月份又呈现了上升的趋势，截止到12月份，同比价格指数均值为99.95；环比指数呈现了与同比指数相似的趋势，均值为98.07。

2. 2008~2011年黑龙江省房地产销售状况分析

从按用途分的商品房屋销售情况看，黑龙江省2012年商品房屋销售呈良好上涨趋势，前10个月商品房屋销售面积2318.06万平方米。2011年，黑龙江省商

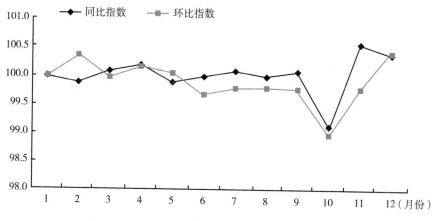

图28　2012年按月份哈尔滨市新建住宅价格指数

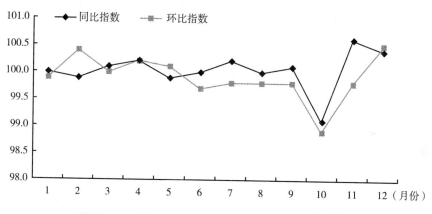

图29　2012年按月份哈尔滨市新建商品住宅价格指数

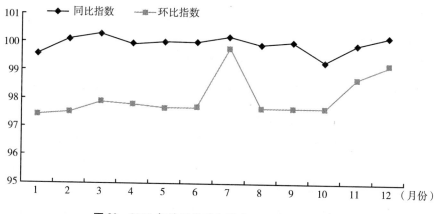

图30　2012年按月份哈尔滨市二手住宅价格指数

品房屋销售面积 3432.84 万平方米，增速为 26.16%（见图 31），销售额 1010.1 亿元，增速为 54.8%；住宅销售面积 2914.45 万平方米，增速较 2009、2010 年有所降低，仅为 22%，而 2009 年为 34%，2010 年达到 36%，住宅销售面积占商品房屋销售面积比为 85.8%，销售额稳定上升，达到 833.05 亿元（见图 34）。办公楼、商品营业用房所占商品房屋销售面积比重分别为 0.24% 和 10.68%，办公楼销售额在 2008 年出现上涨之后，2009 年之后就出现了下降（见图 32），而商品营业用房销售额保持持续稳定上升趋势（见图 35）。同时，别墅、高档公寓销售面积 19.8249 万平方米，较 2010 年下降 61.75%，销售额 16.2 亿元，较 2010 年下降 49.2%；2010 年，经济适用房销售面积与 2009 年相比下降了 25.38%，为 51.71 万平方米，销售额下降了 23.2%，为 10.0942 亿元（见图 33）。

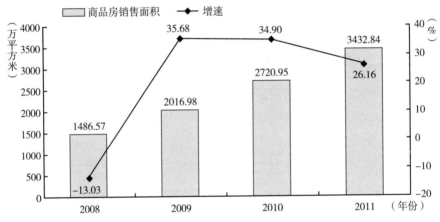

图 31 2008~2011 年黑龙江省商品房屋销售面积

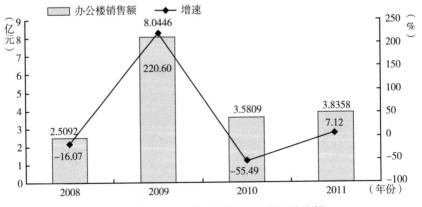

图 32 2008~2011 年黑龙江省办公楼销售额

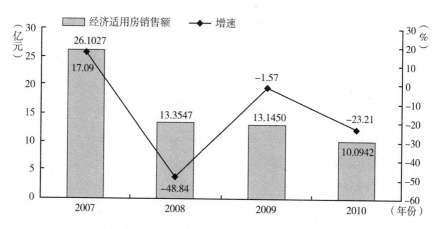

图33 2007~2010年黑龙江省经济适用房销售额

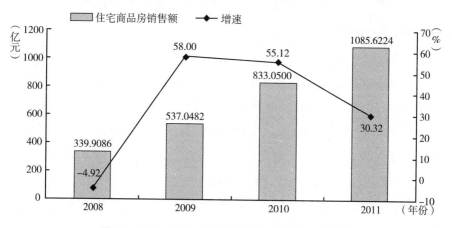

图34 2008~2011年黑龙江省住宅商品房销售额

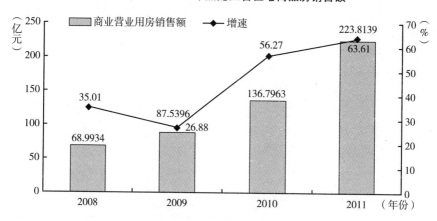

图35 2008~2011年黑龙江省商业营业用房销售额

表7　2008～2011年黑龙江省商品房销售情况

单位：元/平方米

年份			2008	2009	2010	2011
商品房		平均销售价格	2832	3241	3719	3954
	住宅	平均销售价格	2642	3067	3492	3683
		别墅、高档公寓	5414	5618	6155	8172
		经济适用房	1785	1897	1952	—
	办公楼销售价格		2804	4142	4273	4850
	商业营业用房销售价格		4329	4554	5828	6260
	其他		3018	3891	4850	—

2008～2011年，黑龙江省商品房销售价格呈稳定上升趋势，2011年商品房屋平均销售价格为3954元/平方米，增速为6.32%，而全国单价为5377元/平方米；住宅销售价格为3683元/平方米，全国单价为4967元/平方米。

3. 2008～2011年黑龙江省五个重点城市房地产销售状况分析

（1）哈尔滨房地产销售状况分析

2008～2011年哈尔滨市商品房销售额、住宅销售额持续上升，而办公楼销售额经过2009年的高速上涨之后，2010年与2011年持续下降，商品营业用房销售额经过2009年的短暂下降之后，持续上升（见图36）。商品房销售面积、住宅销售面积稳步上升，商业营业用房2009～2011年销售面积持平（见图37）。

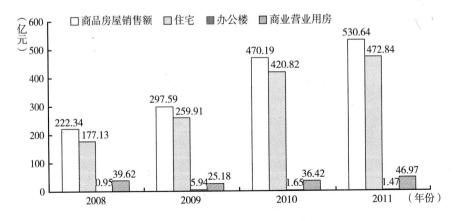

图36　哈尔滨市2008～2011年按用途分商品房销售额

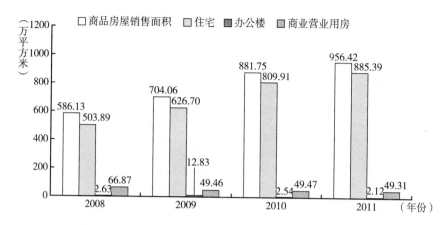

图37　哈尔滨市2008~2011年按用途分商品房销售面积

（2）齐齐哈尔房地产销售状况分析

齐齐哈尔市2011年商品房销售额为922254万元，增速为30.10%，比2010年下降9.53个百分点。住宅与商业营业用房销售额持续增长，办公楼销售额在2010年出现大幅下跌（见图38）。2011年商品房销售面积为2812843平方米，增速为16.54%，比2010年下降14.91个百分点（见图39）。

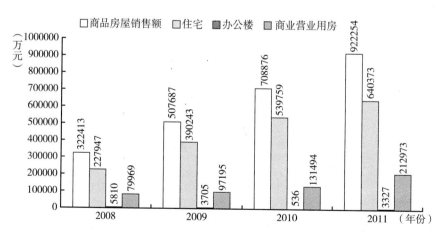

图38　齐齐哈尔市2008~2011年按用途分商品房销售额

（3）牡丹江房地产销售状况分析

牡丹江市2011年商品房销售额为804246万元，增速为-0.31%，较2010

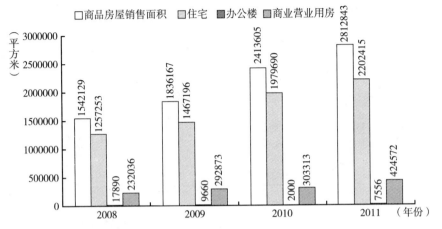

图39 齐齐哈尔市2008～2011年按用途分商品房销售面积

年下降83.21个百分点（见图40）。2008～2011年，牡丹江市商品房销售面积、办公楼销售面积和商业营业用房销售面积均在2011年出现下降，而住宅销售面积持续上涨（见图41）。

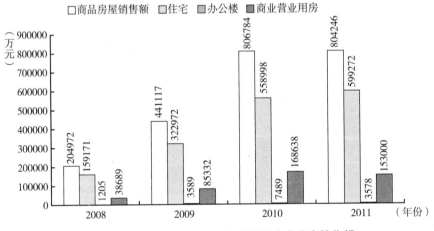

图40 牡丹江市2008～2011年按用途分商品房销售额

（4）佳木斯房地产销售状况分析

佳木斯市2008～2011年，商品房销售额与销售面积、住宅销售额与销售面积、商业营业用房销售额与销售面积均持续上涨，而办公楼的销售额与销售面积涨跌起伏较大（见图42、图43）。

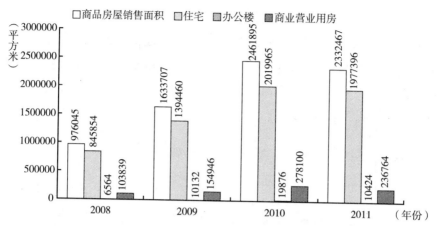

图41　牡丹江市2008～2011年按用途分商品房销售面积

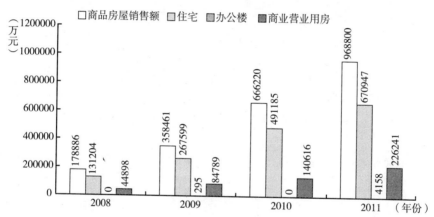

图42　佳木斯市2008～2011年按用途分商品房销售额

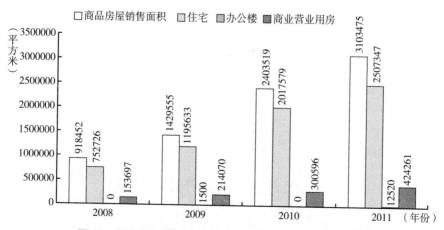

图43　佳木斯市2008～2011年按用途分商品房销售面积

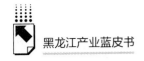

（5）大庆房地产销售状况分析

2011 年，大庆市商品房销售额为 1991005 万元，增速为 54.53%，较 2010 年上涨 40.07 个百分点，2008～2011 年住宅、商品营业用房的销售额持续上涨（见图 44）。大庆市 2010 年商品房、商业营业用房销售面积出现下降，住宅销售面积持续上升（见图 45）。

图 44　大庆市 2008～2011 年按用途分商品房销售额

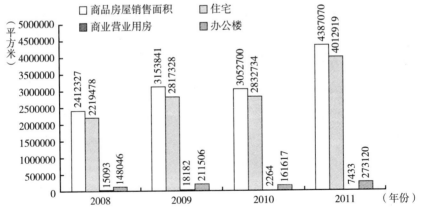

图 45　大庆市 2008～2011 年按用途分商品房销售面积

二　黑龙江省房地产市场特点

自 2010 年以来，国家出台了一系列房地产调控措施，政策由此前的鼓励购房转向抑制投资投机，遏制房价上涨过快。2010 年 1 月"国十一条"提出促进房地产市场平稳健康发展；2010 年 4 月"新国十条"明确房地产调控目标为"遏制部分城市房价过快上涨"，全面拉开新一轮房地产调控的序幕；2011 年 1 月"国八条"强调巩固和扩大调控成果，严厉程度增加，限购范围扩大，差别化信贷政策全面升级；2011 年 12 月"中央经济工作会议"将调控目标由"遏制房价过快上涨"明确为"促进房价合理回归"。2012 年，为巩固房地产调控成果，中央政府坚定不移加强房地产调控。货币政策方面，预调微调力度加大，再者保障房政策支持力度增强，中央加大保障房建设补助资金投入，多部委支持保障房参建企业多元化融资。此轮房地产调控从行政调控和经济手段两方面着手：行政措施上，限购严厉程度继续加深、范围不断扩大，各地方政府出台年度房价控制目标，实行考核问责制；经济手段上，货币政策紧缩，差别化信贷更加严厉，房产税改革取得突破。结合近几年的发展状况，2012 年黑龙江省房地产市场表现出了独特的特点。

（一）房地产投资：升中趋稳，结构合理

自 2012 年年初以来，随着全省经济的快速回升，各项经济指标保持平稳较快增长，全省房地产投资持续保持快速增长势头。在 2011 年较高的基础上，2012 年城镇固定资产投资完成 9376.1 亿元，比上年同期增长 30.3%，其中上半年城镇固定资产投资完成 2126.4 亿元，比上年同期增长 30.6%。其中，房地产开发投资所占城镇投资从 3 月的 14.20%，逐月增加到 8 月的 20.42%，并在此后月份中保持同等较高的比例水平。

住宅投资上半年也同样保持高位快速增长，下半年增速趋于平稳。2012年，黑龙江省住宅投资达到 1122.52 亿元，高于 2011 年 938.82 亿元的投资总量，占黑龙江省房地产总投资的比重为 73.09%，说明 2012 年黑龙江省住宅投资市场活跃，资金较为充裕，具有较强的抗风险能力。

中心城市投资增速保持高位增长。2011 年黑龙江省五个重点城市哈尔滨、齐齐哈尔、牡丹江、佳木斯、大庆房地产开发投资额保持高位增长，增长率分别为 56.90%、42.56%、25.78%、47.00%、43.20%，但是土地购置完成投

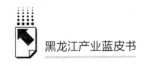
资额的增速五个城市增速不一，哈尔滨和齐齐哈尔的增速高达83.94%，大庆的增速为58.09%，但是佳木斯的增速仅为6.83%，牡丹江的土地购置完成投资出现负增长，增速为－13.34%。

（二）房地产供给：即期降后有升，未来持续下降

竣工面积大幅上升。2012年黑龙江省房屋竣工面积3245.73万平方米，增长率为8.46%，略低于全国的增速11.4%，但1～12月份竣工面积增速一直在下降，其中住宅竣工面积2646.21万平方米，增长率为10.44%，略高于全国的增速9.3%。

房屋施工面积持续增长。1～12月份，黑龙江省房地产企业房屋施工面积13484.97万平方米，同比增长11.77%，略低于全国13.3%的增速水平。

新开工面积大幅度下降。2012年黑龙江省新开工面积5074.35万平方米，同比下降29.48%，下降幅度远远超过全国的8.5%，但降幅比1～9月份缩小3.58个百分点，其中住宅新开工面积3294.31万平方米，同比下降34.4%，下降幅度较大。

（三）房地产需求：销售波动式增长

销售面积在3月份大降后逐步回升，后续呈现了一种波动式增长。1～3月份，黑龙江省房地产销售面积同比2011年增长较大，达到101.1%，4月份出现跳跃性下降，1～4月份增速为5.7%，并在6月份达到最低3.5%，后续增长逐渐回升。全年，黑龙江省销售面积为3806.82万平方米，增长率为12.11%，较高于全国的1.24%。

销售额上升幅度超过销售面积。全年，黑龙江省房地产销售额为1548.3亿元，同比去年增长14.06%，高于销售面积增速1.95个百分点。

（四）住房价格：售价降中有升

新建住房价格：环比先降后升。2011年第四季度以后，黑龙江省新建住房价格环比陆续下降，2012年第一季度进入谷底，第二季度开始反弹，4月份出现波峰后开始下降。同比第一季度缓慢上升，第二季度下降，第三季度又出

现反弹，在第四季度的 10 月份出现较大波动，达到最低。整体上，同比和环比均呈现出了一定的下降趋势。

二手住房价格：环比先升后降，趋于平稳。2012 年第一季度环比和同比均上升，第二季度开始下降，三四季度趋于平稳。环比在 11 月份上升，同比在 10 月份达到最低值后，11 月份也出现了反弹。

根据黑龙江统计局公布的数据，2012 年，黑龙江省商品房平均销售价格为 4067.2 元/平方米，同比 2011 年名义上增长 2.85%。

三 黑龙江房地产市场运行状态评价和主要宏观政策

2012 年，中央及相关部委继续坚持房地产调控政策从紧取向。一方面，多个地方政府为支持合理自住需求，调整公积金制度，提高购置首套房贷款额度，信贷环境整体趋好为房地产市场带来利好；另一方面，严格执行差异化信贷政策和限购政策，抑制投资、投机性需求，通过督查等方式确保政策落实到位。此外，继续推进土地市场管理和改革，加大土地供给，特别是加大保障房土地供应量及相应资金支持力度，以增加市场有效供给。在此宏观背景下，黑龙江省认真贯彻执行国家为防止房地产过热、稳定房价的各项宏观调控政策，并取得一定成效，具体表现在：房地产开发规模扩张速度放缓、房地产开发投资增速下降、商品住宅建设进一步加快、商品房销售价格增速得到有效遏制。

（一）黑龙江房地产市场运行状态

1. 2012 年房地产开发投资

2012 年上半年，为巩固楼市调控政策，中央坚定不移地继续加大政策实施力度，多次重申抑制不合理需求，坚持限购、限贷等房地产调控政策不放松，在此宏观背景下，黑龙江省通过住房贷款，尤其是二套房贷政策的调整，一方面合理控制了房地产市场的住房需求，另一方面降低了银行贷款风险，加快了房地产业的结构性调整进度，使黑龙江省房地产开发投资规模保持平稳快速增长。第一季度投资规模增速较快，6 月份增速降到最低点28%，在此之后的下半年，房地产投资增速稳步回升并保持在约 32% 的

高位。

其中房地产开发投资中的住宅投资所占房地产投资比重处于稳定水平，一直保持在75%左右。

黑龙江省的房地产开发投资总额和住宅开发投资额与全国其他地区相比或是与全国整体水平相比，都呈现出较快的增长态势，增长水平较高，平均涨速高于中部地区以及全国的平均水平。

2. 房地产开发规模

2012年黑龙江省房地产开发规模持续上升，土地开发面积无论是在规模还是在增速上，都保持着较高的水平，但下半年出现有所放缓的迹象。在2012年经济好转的大背景下，房地产开发规模都保持较为平稳的增长态势。2012年以来，国家出台相关新政策，坚持房地产调控政策不动摇，促进房价合理回归，促进房地产市场健康发展，在一定程度上促进了黑龙江省房地产业的发展。

2012年，我国在房地产宏观政策上提出要进一步完善土地供应、保障房建设等长效机制，关于土地市场提出了继续推进土地管理制度改革，适时调整供地计划的政策。中央通过不断推进土地管理制度，加强土地市场监管；制定合理的土地供应计划，提高中小户型商品房和保障房的供地比例。在此宏观政策下，黑龙江省2012年房屋新开工面积上半年增速有所回落，各月同比2011年增速均为负，截止到10月份，同比2011年落后31.52个百分点。2012年房屋新开工面积下半年增速较快，同比与2011年增速相当。上半年房屋竣工量较小，但增速较快，下半年增速放缓。住宅用地下半年增速逐渐趋缓。

3. 房屋销售

2012年黑龙江省商品房销售面积和销售额稳定增长。2012年2~3月份房屋销售面积同比2011年增长较快，在此之后大幅下降，降至6月份最低点3.52%，此后开始较快上升并趋于稳定，总体上黑龙江省房屋销售面积增速呈现一定的波动趋势。第一季度黑龙江省商品房销售面积同比去年增长较大，在第二季度末和第三季度初降到最低5.74%左右，后续保持较为稳定的增长速度。（见表8）

表8   2012年黑龙江省商品房销售面积和销售额情况

月份	商品房销售面积（万平方米）	销售面积增速（%）	商品房销售额（亿元）	销售额增速（%）
2	44.05	64.98	17.0	68.32
3	208.92	101.08	97.5	144.36
4	330.4	5.69	158.9	14.98
5	546.91	6.80	250.6	10.40
6	910.99	3.52	403.2	5.80
7	1204.97	4.96	521.1	5.74
8	1620.54	11.56	695.6	13.44
9	2015.32	11.29	852.9	11.59
10	2318.06	9.89	976.4	10.24
11	2818.6	10.0	1170.7	10.58
12	3806.8	12.12	1548.3	14.06

黑龙江省的房屋销售情况与全国其他地区和全国水平相比，还是有着较高的增长幅度，说明黑龙江省房地产市场还是存在着较大的发展空间，商品房仍存在着刚性需求。

2012年黑龙江省商品房销售价格趋向稳定，1~12月份新建住宅销售价格同比指数为101.7，1~12月份环比指数为97.9。新建住宅价格同比指数均值为100，环比指数均值为99.85，二手住宅价格同比指数均值为106.6，环比指数均值为100.4。对于90平方米以下房屋销售价格指数，新建住宅价格同比指数均值106.9，环比指数均值100.6。

从房地产景气指数看，房地产发展先行指标继续保持稳定的向好势头。1~10月，房地产景气指数为103.5，同比下降了1.3个百分点；上半年，房地产景气指数为102.9，同比下降1.3个百分点。由此可以看出黑龙江省的房屋销售价格保持在一个较为稳定的水平，涨幅不大。

（二）黑龙江房地产商品房健康状态分析

自1998年我国房地产市场真正建立起来开始，我国政府就一直非常关注房地产市场的健康发展，在尤其是近几年，在房价增长过快，市场结构不合理、投资、投机行为盛行的情况下，为保持房地产业的健康发展，在2012年3月5日的政府工作报告中指出，当下要继续搞好房地产市场调控和保障性安居工程建设，促进房地产市场长期平稳健康发展，"十八大"也进一步强调坚持房地产调控政策不动摇，促进房价合理回归，促进房地产市场健康发展。房地产是国民经济的基础性和先导性产业，与国民经济有着密切的联系，房地产业的持续健康发展是保证我国经济能够持续平稳发展的关键。如果房地产市场一旦脱离实际的经济基础，出现过热、过快增长或者出现长期低迷，都将对我国的国民经济产生极大的危害。

在已有研究的基础上，本课题组认为：住宅市场健康是指住宅在价格、规模、结构、速度和均衡等方面要与宏观经济发展水平、人口结构和收入水平处于相互适应和相互促进的状态。主要表现在：（1）在价格上应在居民可承受的范围之内；（2）在价格的增速上应不脱离实体经济的支撑；（3）在规模上应该与整个经济发展的规模相适应；（4）在结构上要与整个住宅市场的经济及人口结构相适应；（5）供需应保持适当的均衡，促使住宅市场可持续性。根据住宅市场健康的定义，我们主要从规模、速度、结构和价格四个方面对黑龙江省房地产市场健康状态进行评价，具体指标见表9。

表9 房地产市场健康状态评价指标

指标层		子指标层
房地产市场健康状态评价	规模健康	房地产投资额占GDP比例
		房地产开发企业从业人数与房地产开发企业个数比
	速度健康	房地产投资额增长率与GDP增长率比
		商品房销售面积与商品房竣工面积比
		商品住宅价格增长率与GDP增长率比
	结构健康	商品住宅开发投资额与房地产投资额比
		经济适用房投资与住宅投资比
		社会保障性住房比例
	价格健康	房价收入比
		商品房销售价格增速

1. 规模健康

（1）房地产投资额占 GDP 比例

对比表 10 与表 11 可以看出，2008~2012 年黑龙江省房地产开发投资规模小于全国平均房地产开发投资规模，仍然具有较大的发展潜力。

表 10　黑龙江省房地产开发投资、GDP 及其比值

年份	黑龙江房地产开发投资（亿元）	黑龙江 GDP（亿元）	比重
2008	453.24	8314.37	0.0545
2009	563.92	8587.00	0.0657
2010	843.12	10368.60	0.0813
2011	1219.37	12582.00	0.0969
2012	1535.84	13691.60	0.1122

表 11　全国房地产开发投资、GDP 及其比值

年份	全国房地产开发投资（亿元）	全国 GDP（亿元）	比重
2008	30579.82	314045.40	0.0974
2009	36231.71	340902.80	0.1063
2010	48267.07	401512.80	0.1202
2011	61739.78	472882.00	0.1306
2012	71803.79	519322.10	0.1383

（2）房地产从业人数、房地产开发企业个数

对比表 12 与表 13，黑龙江房地产开发企业平均人数，在 2008~2011 年中，2009 年最高，为 25；2010 年最低，为 22，而全国房地产开发企业平均人数一直处于增速状态，由此看出黑龙江房地产业规模偏小，发展潜力很大。

表 12　黑龙江房地产从业人数、开发企业个数及其比值

年份	房地产开发企业从业人员数（人）	房地产开发企业个数（个）	比值
2008	37347	1589	24
2009	39763	1576	25
2010	41518	1890	22
2011	49083	2157	23

表 13 全国房地产从业人数、开发企业个数及其比值

年份	全国房地产开发企业从业人员数（人）	全国房地产开发企业个数（个）	比值
2008	2100400	87562	24
2009	1949300	80407	24
2010	2091147	85218	25
2011	2486000	88419	28

2. 速度健康

（1）房地产投资额增长率/GDP 增长率

对比表 14 与表 15 可以看出，2008 年黑龙江房地产投资额增速与 GDP 增速的比值小于全国平均水平，但是 2009 年远远高于全国平均水平，2010 ~ 2012 年的比值也高于全国平均水平，出现了严重的偏离，说明房地产开发投资出现过热，与全省国民经济整体发展不协调明显显现。

表 14 黑龙江房地产投资额增长率/GDP 增长率

年份	黑龙江房地产开发投资（亿元）	增速 1（%）	黑龙江 GDP（亿元）	增速 2（%）	增速 1/增速 2
2008	453.20	18.53	8314.37	17.04	1.09
2009	563.92	24.42	8587.00	3.28	7.45
2010	843.12	49.51	10368.60	20.75	2.39
2011	1219.37	44.63	12582.00	21.35	2.09
2012	1535.84	25.95	13691.60	8.82	2.94

表 15 全国房地产投资额增长率/GDP 增长率

年份	全国房地产开发投资（亿元）	增速 1（%）	全国 GDP（亿元）	增速 2（%）	增速 1/增速 2
2008	30579.82	20.97	314045.40	18.15	1.16
2009	36231.71	18.48	340902.80	8.55	2.16
2010	48267.07	33.22	401512.80	17.78	1.87
2011	61739.78	27.91	472882.00	17.78	1.57
2012	71803.79	16.30	519322.10	9.82	1.66

（2）房屋销售面积/房屋竣工面积

对比表 16 与表 17，黑龙江商品房销售面积/商品房竣工面积的比值在 2008

表16　黑龙江商品房销售面积/商品房竣工面积

年份	黑龙江商品房销售面积 （万平方米）	黑龙江商品房竣工面积 （万平方米）	比值
2008	1498. 42	1341. 43	1. 1170
2009	2015. 53	1876. 23	1. 0742
2010	2718. 06	2166. 77	1. 2544
2011	3395. 42	2992. 61	1. 1346
2012	3806. 82	3245. 73	1. 1729

表17　全国商品房销售面积/商品房竣工面积

年份	全国商品房销售面积 （万平方米）	全国商品房竣工面积 （万平方米）	比值
2008	62088. 94	58502. 01	1. 0613
2009	93713. 04	70218. 76	1. 3346
2010	104349. 11	75960. 97	1. 3737
2011	109945. 56	89244. 25	1. 2320
2012	111303. 65	99424. 96	1. 1195

年高于全国平均水平，住房需求极度旺盛，表明商品房市场投资投机行为盛行，但是2009~2011年期间，这个比值就低于全国平均水平，住宅市场投资投机行为过热的现象出现了明显的减弱，2012年这个比值基本与全国平均水平持平，黑龙江省商品房市场发展稳定。

（3）商品住宅价格增长率与GDP增长率比

对比表18与表19，2008~2010年黑龙江商品房销售价格增长率与GDP增长率比高于全国平均水平，说明黑龙江省商品住宅价格的增长近几年来偏离了实体经济的支撑。但是，2011年与2012年黑龙江商品住宅价格增长率与GDP增长率比略低于全国平均水平，发展速度减缓，回归合理水平。

表18　黑龙江商品住宅价格增长率与GDP增长率比

年份	黑龙江商品房 销售价格元/平方米	增速1 （%）	黑龙江GDP （亿元）	增速2 （%）	增速1/增速2
2008	2831. 73	14. 58	8314. 37	17. 04	0. 856
2009	3240. 93	14. 45	8587. 00	3. 28	4. 405
2010	3719. 10	14. 75	10368. 60	20. 75	0. 711
2011	3954. 45	6. 33	12582. 00	21. 35	0. 296
2012	4067. 20	2. 85	13691. 60	8. 82	0. 323

表 19　全国商品住宅价格增长率与 GDP 增长率比

年份	全国商品房销售价格元/平方米	增速 1（%）	全国 GDP（亿元）	增速 2（%）	增速 1/增速 2
2008	3648. 85	− 4. 66	314045. 4	18. 15	− 0. 257
2009	4642. 97	27. 24	340902. 8	8. 55	3. 186
2010	5009. 20	7. 89	401512. 8	17. 78	0. 444
2011	5377. 10	7. 34	472882	17. 78	0. 413
2012	5790. 99	7. 70	519322. 1	9. 82	0. 784

3. 结构健康

（1）商品住宅开发投资额与房地产投资额比

对比表 20 与表 21，从 2007 年开始，黑龙江商品住宅开发投资额与房地产投资额比都是略高于全国平均水平，表明近年来黑龙江住宅供应偏高。

表 20　黑龙江商品住宅开发投资额与房地产投资额比

年份	黑龙江商品住宅开发投资额（亿元）	黑龙江房地产投资额（亿元）	比值
2007	279. 64	382. 37	0. 7313
2008	321. 84	453. 2	0. 7101
2009	442. 48	563. 92	0. 7847
2010	656. 93	843. 12	0. 7792
2011	938. 82	1219. 37	0. 7699
2012	1122. 50	1535. 84	0. 7309

表 21　全国商品住宅开发投资额与房地产投资额比

年份	全国商品住宅开发投资额（亿元）	全国房地产投资额（亿元）	比值
2007	18010. 3	25279. 65	0. 7124
2008	22081. 26	30579. 82	0. 7221
2009	25618. 74	36231. 71	0. 7071
2010	34038. 14	48267. 07	0. 7052
2011	44308. 43	61739. 78	0. 7177
2012	49374. 20	71803. 79	0. 6876

（2）经济适用房投资与住宅投资比

对比表22与表23，黑龙江经济适用房与住宅投资比值在2007~2009年是高于全国平均水平，说明黑龙江省的保障性住房投资比例偏高，这与黑龙江省加大保障性住房投资建设的政策是相符合的。但是，2010年的比值低于全国平均水平，2011年的比值略低于全国平均水平。

表22　黑龙江经济适用房投资与住宅投资比

年份	黑龙江经济适用房投资（亿元）	黑龙江住宅投资（亿元）	比值
2007	16.47	279.64	0.0589
2008	32.23	321.84	0.1001
2009	30.24	442.48	0.0683
2010	12.33	656.93	0.0188
2011	20.38	938.82	0.0217

表23　全国经济适用房投资与住宅投资比

年份	全国经济适用房投资（亿元）	全国住宅投资（亿元）	比值
2007	833.80	18010.30	0.0463
2008	982.64	22081.26	0.0445
2009	1138.59	25618.74	0.0444
2010	1067.44	34038.14	0.0314
2011	1095.63	44308.43	0.0247

（3）经济适用房比例

对比表24与表25，黑龙江经济适用房比例2009年略高于全国平均水平，但是2008年和2010年低于全国平均水平，这与黑龙江省加大保障性住房投资建设的政策是不符的。

表24　黑龙江经济适用房比例

年份	黑龙江经济适用房销售面积（万平方米）	黑龙江商品房销售面积（万平方米）	比值（%）
2008	74.80	1486.57	5.03
2009	69.30	2016.98	3.44
2010	51.71	2720.95	1.90

表 25 全国经济适用房比例

年份	全国经济适用房销售面积 （万平方米）	全国商品房销售面积 （万平方米）	比值 （％）
2008	3627.25	65969.83	5.50
2009	3058.85	94755.00	3.23
2010	2748.87	104764.65	2.62

4. 价格健康

（1）房价收入比

对比表26与表27，黑龙江房价收入比都是低于全国平均水平，而且在国际经验标准值3~6的上限附近，可以说黑龙江省的房价水平比较合理，在居民的承受能力范围内。

表 26 黑龙江房价收入比

年份	人均住房面积 （平方米）	住宅价格 （元/平方米）	家庭人均可支配收入 （元）	房价收入比
2008	23.9	2831.73	11581.3	5.84
2009	24.6	3240.93	12566.0	6.34
2010	25.7	3719.10	13856.5	6.90
2011	26.4	3954.45	15696.2	6.65
2012	29.0	4067.20	11759.8	6.64

表 27 全国房价收入比

年份	人均住房面积 （平方米）	住宅价格 （元/平方米）	家庭人均可支配收入 （元）	房价收入比
2008	30.6	3648.85	15780.7	7.08
2009	31.3	4642.97	17174.7	8.46
2010	31.6	5009.20	19109.4	8.28
2011	32.7	5377.10	21809.8	8.05
2012	32.9	5790.99	24564.7	7.76

（2）商品房销售价格增速

对比表 28 与表 29，黑龙江商品房销售价格增速在 2008 年和 2010 年都是远高于全国平均水平，2009 年是远低于全国平均水平，2011 年略低于全国平均水平，经历了价格上涨过快之后，价格增速回归全国平均水平，而在 2012 年房地产宏观政策调控下，价格增速出现大幅下跌。

表 28　黑龙江商品房销售价格增速

年份	黑龙江商品房销售价格（元/平方米）	增速（%）
2008	2831.73	14.58
2009	3240.93	14.45
2010	3719.10	14.75
2011	3954.45	6.33
2012	4067.20	2.85

表 29　全国商品房销售价格增速

年份	全国商品房销售价格（元/平方米）	增速（%）
2008	3648.85	−4.66
2009	4642.97	27.24
2010	5009.20	7.89
2011	5377.10	7.34
2012	5790.99	7.70

（三）主要宏观调控政策

1. 行政手段

2011~2012 年，中央政府继续坚持从紧的住房调控，坚决抑制住房投机投资性需求，加强保障性安居工程建设力度。2012 年我国住房调控政策有效地延续了前几年调控政策的成果，基本实现了政策的稳定，政策的延续对于住房市场的稳定起到了很重要的作用。2011 年 12 月的中央经济工作会议为 2012 年住房市场调控奠定了基调：坚持房地产调控政策不动摇，促进房价合理回归，以及加强保障房投融资、建设、运营、管理工作。2012 年所有住房调控政策基本上是围绕以上两点来进行的。2012 年 3 月政府工作报告中也提出，"继续搞好房地产市场调控和保障性安居工程建设"。2012 年 7 月，中共中央召开会议研究经济形势和经济工作时，要求坚定不移地贯彻执行房地产市场调控政策，坚决抑制投机投资性需求，切实防止房价反弹。这两项主要的住房调控政策基本贯穿在 2012 年我国中央经济工作的始终，并且始终作为住房调控的重中之重。两项政策实现了"两手抓，两手都要硬"，有效地从供给和需求两个方面保证了住房市场的稳定。2012 年 11 月，我国召开了"十八大"，新一届的领导集体进一步提出当前我国房地产政策应继续抑制投资投机，完善房产税等长效机制，推进保障性安居工程建设。总体来看，中央政府严格贯彻了 2010 年国务院发布的《国务院关于坚决遏制部分城市房价过快上涨的通知》。

黑龙江省政府对住房调控政策的执行也较为有力，对住房调控政策的积极配合和认真执行，主要表现在以下几个方面。

2. 保障房政策

保障房建设是从增加住房有效供给方面来调控住房市场的一个重要手段。2011～2012 年中央政府继续加强对保障房建设的重视。虽然，保障房建设的数量较 2011 年有所下降，但是加强了对保障房投融资、运营和管理工作的重视。

第一，继续强化保障房建设，确保保障房建设落实。2012 年全国计划新开工城镇保障房 700 万套，基本完成 500 万套。截止到 2012 年 9 月，全国城镇保障性安居工程新开工 720 万套，开工率 97%，已经基本建成 480 万套。总体来看，2012 年已经基本完成保障房建设任务。

第二，强化了保障房的配套设施建设力度。2012 年，国家专门安排了配套基础设施建设投资资金。并且，中央财政追加下拨 2012 年中央补助公共租赁住房和城市棚户区改造专项资金 50 亿元，用于公共租赁住房和城市棚户区改造相关配套基础设施建设支出。

第三，强化对地方政府保障住房建设的监督力度。国务院与地方政府签订了建设保障性住房的保证书。为了加强对地方政府保障房建设的监督，国务院向地方派出 8 个督察组，到全国 8 个地区进行监督和检查。到 8 月 14 日，督察组反映对地方保障房建设工作基本认可。

第四，开始强化保障房分配、信息等管理工作。李克强总理在 2011 年 10 月和 2012 年 2 月的保障房会议上都提出要确保保障房分配的公平公正，探索完善保障房分配和质量管理的长效机制。在 2011 年 12 月 31 日住建部工作会议上，也提出完善保障住房准入分配机制，深入研究住房保障政策和机制，逐步完善住房制度顶层设计。2012 年 5 月，国务院办公厅发布《2012 年政府信息公开重点工作安排的通知》，同月，全国政府信息公开工作电视电话会议召开，都提出要强化保障房的信息公开制度。总体来看，保障房建设力度不断加大并趋于稳定。

3. 金融政策

在金融政策方面，中央政府延续了前几年的调控方式，实现了调控政策的稳定。主要表现在：一、继续严格实施差别化的住房信贷政策。继续抑制投资投机性购房，禁止对投资投机性购房需求进行信贷支持，同时通过降低房贷的利率等手段支持居民的合理购房需求。二、努力为保障房建设提供金融支持，2012 年中央继续加大了对保障住房的支持力度。在 1 月份全国金融工作会议上，温家宝总理要求优化信贷结构，加强对国家重点在建续建项目和保障性住房建设。三、银监会也加强对住房贷款、保障性住房建设信贷资金的监管力度。2012 年 4 月，银监会提出 2012 年监控重点：防范房地产贷款风险；健全和完善差别化信贷政策，加强对保障性安居工程建设的信贷支持；改进和加强房地产贷款风险排查、压力测试和"名单制"管理。

此外，我国金融政策为响应中央政府对住房调控"适度进行预调微调"的政策，2011 年 11 月，央行宣布下调存款准备金率 0.5 个百分点，大型金融机构存款准备金率由 21.5% 降低到 21%。这是我国近三年来首次下调存款准备金率。在此之后，2012 年 6 月，央行对金融机构一年期存款基准利率下调 0.25 个百分点，一年期贷款基准利率下调 0.25 个百分点，其他各档次存贷款基准利率及个人住房公积金存贷款利率相应调整。当前，降低存款准备金率是在住房市场渐趋低迷的情况下，为了防止住房市场过度低迷带来经济下滑，而增加住房市场的货币和信贷。在 7 月份，中国人民银行下调金融机构人民币存贷款基准利率，10 月份，中国建设银行北京分行将首套房贷利率上调到基准

利率的 1.5 倍。总体看来，金融政策的调整保证了住房市场金融资本总体稳定增长，信贷结构比较合理。

同时，2011～2012 年，我国还强化了对住房公积金的管理。2012 年 2 月 6 日，住建部发布《关于进一步加强住房公积金管理工作的通知》，通知要求加快推进住房公积金监管信息系统建设，确保资金、人员、设计及时到位。逐步统一住房公积金业务管理信息系统技术标准，规范本地区业务系统建设，加强数据安全。同年 2 月，又发布了《关于进一步加强住房公积金监管工作的通知》，要求强化住房公积金的管理。并且，在《2012 年重点稽查执法工作方案》中将住房公积金监管检查作为 2012 年重点稽查执法的内容。在贷款利率方面，2012 年 6 月 8 日起，下调了个人住房公积金贷款利率，五年期以上个人住房公积金贷款利率下调 0.20 个百分点，由 4.90% 下调至 4.70%。

4. 土地政策

2012 年，我国土地政策在保证住房建设用地，尤其是保障房建设用地的基础上，加大了对住房土地供给的制度创新。2012 年 2 月，国务院为保证保障房建设的土地供应，提出对保障房新增建设用地指标实行单列，要求各地必须在 2 月底前对保障性住房用地单独组卷申报，审查通过的土地由国土部安排计划指标，4 月底前完成用地审批，这一政策有效地保证了各城市保障房建设的土地供应。同时，我国还积极探索保障房建设土地制度的创新。

为保证土地政策紧紧跟随住房调控政策，土地政策也开始进行微调。2012 年，国家提出土地工作要根据全国经济形势以及住房市场形势，及时调整土地计划。在加强住房用地供应和监管的同时，开始强化住房用地的计划编制工作。同年 5 月，国土部发布《2012 年全国住房用地供应计划公告》。同年 7 月，国土资源部部长徐绍史在日前召开的全国国土资源厅局长座谈会上表示，将继续坚持房地产调控不动摇，并表示当前土地供应可以满足市场上合理的住房需求，下半年将增加普通商品房用地的供给。同月，国土资源部就当前房地产形势和住建部联合下发了《关于进一步严格房地产用地管理巩固房地产市场调控成果的紧急通知》。9 月，国土部审议通过《关于推进土地利用计划差别化管理的意见》，推出新差别化供地的政策。

同时，为努力提高土地利用效率，2012 年 3 月和 9 月国土部分别下发文件，要求各地推进节约集约用地，严格执行各类土地使用标准，包括房地产用地宗地规模、容积率控制等各类土地使用标准，同时，在2月发布《关于做好2012年房地产用地管理和调控重点工作的通知》，再次强调停止别墅土地供应。

5. 财政政策

2012年，我国住房调控财政政策和2011年度的政策基本相仿，没有太大的变化。当前，重点主要集中在以下两个方面：第一，继续加强加大保障房建设的支持力度，2012年2月财政部在《关于切实做好2012年保障性安居工程财政资金安排等相关工作的通知》中，要求拓宽资金来源渠道，创新财政支持方式，引导社会资金投资保障性安居工程；落实税费优惠政策，努力降低保障性安居工程成本。第二，继续严格实施差别化的住房税收制度，加强交易环节和持有环节相关税收征管，抑制投机、投资性购房需求，同时，财政部提出稳步推进房产税改革试点，3月发改委在《关于2012年深化经济体制改革重点工作的意见》中也提出适时扩大房产税试点范围，7月财政部部长谢旭人在全国财政局长座谈会上表示，要严格实施差别化住房税收政策，加强交易环节和持有环节相关税后征管，抑制投机、投资性购房需求。8月国家税务局总局组织全国30多个省市税务人员学习房产税批量评估技术。9月国税总局政策法规司巡视员丛明表示，下一步我国房产税将扩大试点范围，并逐步建立房地产税制度，最终将会在全国实施。

四　黑龙江省房地产市场发展趋势与政策建议

抑制投资、投机性住房需求，遏制房价过快上涨，逐步稳定房价，促进房价合理回归，并且加大保障性住房的建设力度，这既是2012年房地产调控的大方向，也仍将是2013年房地产调控的主要目标。展望2013年，房地产市场调控仍将延续，持续限购，差别化信贷税收政策愈加深化，保障房建设力度仍将加大，保护支持合理住房需求，抑制投资、投机需求的调控思路将是总体方向。在总结过去十年房地产市场变化和房地产调控经验之后，新一届政府进一步认识到，房地产市场特别是房价平稳对宏观经济至关重要。从今年出台的政策来看，调控政策仍将趋紧，若房价继续上涨且涨幅超出政府容忍范围，仍有

出台更严厉措施的可能性。目前，在既有的调控政策之外，中央和地方政府还须进一步加大打击捂盘惜售的行为，同时抑制境外热钱进入房地产市场。另外，2013 年还将进一步细化已有的调控政策，并会同有关部门储备调控政策。

（一）房地产市场发展趋势

近年来，在国家以及黑龙江省政府一系列的宏观调控措施下，黑龙江省房地产市场发展调控已经初见成效，但房地产市场中的突出矛盾和问题仍然存在，并且在较长的时间里都难以解决，加之制约房地产市场稳健发展的体制性障碍还没有消除，因此要继续注重房地产市场发展，不断加强和改善宏观调控，确保其稳健发展。2013 年房地产调控将是一个必然，黑龙江省的房地产业将在黑龙江省省级政府结合地方发展特色而采取的宏观调控环境中继续发展。

1. 稳定增长下，保护合理自住需求

宏观政策上来看，住建部、发改委、央行等多个部门都支持首次购房需求。2011 年，住建部部长姜伟新就曾指出支持居民的合理购房需求，优先保证首次购房家庭的贷款需求。2012 年，央行、住建部、国家发改委等部门多次表示支持首套房，多个城市的首套房贷利率从去年下半年的基准利率下浮至85 折，针对首套房贷支持力度加大，政策松动迹象明显。黑龙江省在自主发展的基础上，积极响应国家宏观政策，确保支持首次购房需求，而且在存在其他城市出台微调政策时，仍积极贯彻执行了国家的宏观政策，并未出现过大的微调政策。加之 2012 年，我国货币政策宽松，房地产新增贷款稳步增长，进一步释放了住房的合理需求，同时，伴随着黑龙江省房地产市场的发展，新增住房贷款也稳步提升，政府在抑制投机、投资性需求的同时，也要保证自住房的合理需求得到支持。

2. 坚持调控方向，抑制投机投资等不合理需求

中央和相关部委强调房地产调控不放松，巩固调控成果。从 2012 年年初，中央政府就屡次强调要坚定不移地贯彻房地产市场调控政策，同时提出房地产调控的两个目标：一是促使房价合理回归不动摇，二是促进房地产市场长期、稳定、健康发展。与此同时，住建部、国土部、财政部等相关部委负责人也指出，要稳定房地产市场调控政策，坚决抑制投机、投资性需求，切实增加普通商品住房特别是中小套型住房供应，防止房价反弹，加强舆论引导，稳定市场预期，避免不实信息炒作误导。"十八大"过后，中央各部委密集发声强调保持调控从紧取向，中央经济工作会议、政治局会议中均明确指出，2013 年坚持房地产市场调控不放松。

同时，中央加强监管，督察组至各地督促检查。2012 年 7 月下旬至 8 月上旬，国务院派出 8 个督查组，对北京市、天津市、河北省等 16 个省（市）贯彻落实房地产市场调控政策措施情况进行了督促检查。督查结果显示，总体来看，房地产市场调控的各项政策措施落实情况较好，调控成效不断显现，投机投资性需求得到有效抑制。但个别地区在房价、限购、供地方面存在问题。督查组要求出现问题的地区立即进行整改，并强调各地不得以任何理由变相放松调控。

在 2012 年货币政策适度宽松的形势下，我国采取了"严格执行差别化信贷政策，严格限制多套房贷款"等严厉措施来抑制投资、投机性需求。黑龙江省结合本省房地产市场发展情况，积极响应中央对房地产市场从严调控政策，出台了相应政策，对黑龙江房地产市场产生了一定的影响，特别是对于房地产市场的投资、土地的开发、贷款等有着明显的影响，但黑龙江省经济仍处于一个发展阶段，因此房地产市场仍是以增长为主。展望 2013 年，黑龙江省的房地产政策仍将是从严从紧，伴随着黑龙江省经济的不断发展，在这种从严从紧的政策下，房地产市场已有较大的增长空间。

3. 继续推进土地管理制度改革，适时调整供地计划

宏观政策上，2012 年我国不断推进土地管理制度改革，加强土地市场监管。2012 年，国土资源部屡次强调，要执行好现有土地供应政策，均衡供地，稳定地价，防违规用地、防异常交易，处置闲置土地和打击囤地、炒地，稳定土地市场。同时，国土部继续加强与证监会、银监会的联动，从土地市场动态监测与监管系统中提取部分房地产土地闲置的情况，并抄送给银监会、证监会等部门，对于涉嫌土地闲置及炒地行为的房地产开发企业，银监会将在新开发项目贷款的发放上给予限制，证监会将在其上市、再融资和重大资产重组的审批上予以限制。11 月，温家宝主持召开国务院常务会议，讨论通过《中华人

民共和国土地管理法修正案（草案）》，对农民集体所有土地征收补偿制度作了修改。

针对中央大力控制土地的政策，省委省政府也出台了相应的政策，已经对2012年的房地产市场造成了影响。这种影响还将在原来政策的作用下持续下去，所以2013年的土地市场仍然是从严从紧的状态，黑龙江省房地产开发规模在一定程度上受到土地供应量的限制。

4. 供求关系偏紧，房价增长趋稳

根据对黑龙江省房地产市场发展现状的分析，黑龙江省的房地产市场上刚性需求空间很大，房价保持平稳增长，存在着一定的供不应求状况。土地的从紧政策会进一步减少房地产市场的供应量，2013年房地产市场供不应求的态势依然会持续下去。

供求关系决定了价格的发展趋势，房地产市场也不例外。从需求来看，随着经济的不断发展和人民生活水平的提高，购房量也逐渐增大。在宏观方面，我国2012年调控政策的基调是"抑制投资、投机性住房需求，遏制房价过快上涨，逐步稳定房价，促进房价合理回归，并且加大保障性住房的建设力度"，因此投资、投机性这种不合理需求会减少。现阶段，由于我国处于经济转型阶段，人民居住水平不高，而黑龙江省经济发展相对落后，当前房地产市场仍是以首次购房需求和改善型需求为主。因此，随着黑龙江省经济的快速发展、城市化进程的不断推进、居民人均可支配性收入的增加，2013年房地产市场的需求仍将会比较旺盛。

黑龙江省城镇结构有其特有的结构特点，大量的农垦产业和森林产业依托农场和林场这种特殊的建制形式，被列为城镇的一部分。这样一来，黑龙江省的城镇化水平大大高于其他省份。农垦和森林产业的收入稳定，造成了大量的有消费潜力的人群潜藏在农场和林场中，这部分人将成为未来城市购房的最大后备军，也是造成刚性需求的有购买力的人群。由于城市化进程的不断推进，这些人口逐渐向城市转移，这个过程中对住房的需求是刚性的，城市的商品房价格很难下降，呈现涨势是必然的。但是近年来城市化的进程一直都在继续，今后也是维持这个进程，所以涨速是平稳的。在城镇人口城市化的过程中，还伴有中小城市中心化的过程。在农村和城镇人口随着城市化的浪潮移入城市的过程中，中小城市的人口在向省会城市转移。造成了省会城市的商品房长期存在较高的刚性需求，但是由于城市的建设用地的稀缺性，可能会刺激房价上涨。

5. 区域发展、供应结构、物业类型出现分化

随着省会城市高铁、市内轨道交通和基础设施建设力度的加大，交通节点城市或者区域的经济活力增强，带动作用更为显著。城市不同区域将出现分化，中心城区房价依然较为坚挺，而供应量较大的新城区可能会出现下调；2012年保障性住房建设力度的加大，使得住房市场"双轨制"逐步形成，住宅供应结构分化趋势显著；调控的重点是在住宅市场，商业地产，比如办公楼和商业用房市场将是投资主导。首次置业的中小户型、中低价位产品受影响不大；大户型、高价房及多套住房拥有者将受到限购、限贷等政策的影响显著。同时，二手房交易会蓬勃发展，租房市场旺盛，租金上升。

（二）宏观调控政策建议

纵观全球，2012~2013年国际经济形势依旧不容乐观，我国国内仍可能出现经济下滑，以及房地产市场低迷的情况，因此，我国2013年住房市场调控政策应在坚持严格抑制投机、投资性需求政策的同时，进一步加强宏观政策的力度和效果，同时，也要加快住房调控政策制度化、长期化建设。

1. 明晰形势，促进房地产市场稳健发展

目前，房地产市场需求仍然旺盛，房地产市场备受关注。要明晰黑龙江省房地产发展形势，首先要从黑龙江省的经济发展实际情况出发，既要充分考虑国家住房宏观调控政策、国民经济发展、城市化进程等大环境的影响，同时也要结合黑龙江省宏观经济发展的特殊性以及房地产业运行态势的特点，全面而有针对性地分析黑龙江省房地产市场形势。黑龙江省正处于经济发展阶段，房地产市场的住房刚性需求大，并且，伴随着城市化进程的加快，大量城镇人口正向中心城市转移，这必定造成房地产市场在较长一段时间内保持着相对稳定的繁荣发展态势。

在经济发展阶段，由于房地产业是关联度高的带动产业，要发展经济必然要依靠房地产业的发展，带动其他行业的发展促进经济整体水平的提高。目

前，我国房地产产业宏观政策目标是不断促进房地产市场持续、健康、平稳发展，满足居民的基本住房需求。随着黑龙江省经济的不断发展，在今后很长一段时间内，住房刚性需求都很大，而这必然会加速房地产业发展。因此，黑龙江省的房地产市场总体态势上需求仍将旺盛，仍然会保持供不应求。黑龙江省的宏观调控的目标和手段，应保证市场供应，抑制投资、投机性住房需求，遏制房价过快上涨，逐步稳定房价，促进房价合理回归，防止供求关系过大波动，并且应加大保障性住房的建设力度。同时，促进房地产业的健康发展的正确方向应是减少行政直接干预，主要通过市场对房地产资源配置进行优化。

2. 加强土地调控，完善土地供应

在宏观土地调控政策的大背景下，黑龙江省 2013 年在土地方面首先应限期制定土地调控的目标，包括供地规模、供地结构、价格区间等，落实相应的调控责任；其次要继续坚持有保有压的土地政策，继续严格执行中小型商品房和保障性住房用地不低于住房建设用地供应总量的 70% 的规定，同时黑龙江省要对于普通商品房和保障房用地要努力保障和增加，对高档住房和别墅建设要严格审查，严厉禁止非法进行高档住房和别墅的建设；再次，加大土地规划调整的力度，努力确保保障房和普通商品房的土地供给，在此基础上保证住房用地的使用效率；又次，加强土地审批管理，对保障性住房和普通商品房，要进一步简化审批程序、加快审批速度，对于房价较高地区要加大审批和督查力度；最后，黑龙江省要继续完善土地出让制度，探索多种方式的土地出让机制，结合黑龙江省具体情况，积极探索集体建设用地入市的方式，从制度层面增加住房用地的供给。

考虑到黑龙江省是全国的粮食生产基地，为全国的大部分地区供应粮食，耕地量的保证成为不可动摇的基本政策，保证房地产市场建设用地的供应，地方政府应该提出切实可行的办法。由于相对于农村居民点用地，城市建设用地是更集约的用地。因此，黑龙江省应坚持集约利用城市用地以及最小化占用耕地以保护耕地、控制城市建设用地，同时也要注意控制的度，防止出现因过度限制正常的城市建设用地而增加城市化、工业化成本的现象。

对于房地产用地供应，黑龙江省应进一步完善土地相关的供应办法，加大管理力度。第一，应不断推行经营土地出让招投标制。当前，招标方式最符合市场经济规律，也最能体现公开、公平、公正的原则。在招标评标时应采用综合评标的方式，综合考虑多方面因素，改变以往的高价竞标获取方式。第二，应不断加强土地储备工作，积极掌握控制土地供应的主动权。第三，完善土地市场一级开发制度，规范土地市场。第四，在确保重点推广旧城区改造建设普通商品住宅用地供应的同时鼓励配建适量的经济适用住房。

总之，政府应根据各个地区的相关实际情况，在广泛征求各方面（如房地产开发商、购房人以及相关方面专家）意见的基础上，制定科学有效的土地供应计划，并及时向社会发布，确保公开透明，以促进房地产市场的健康平稳发展。

3. 加强住房保障建设，完善住房保障体系

黑龙江省经济整体水平不够发达，人民生活水平普遍不如东部发达地区的高，贫富差距悬殊，中低收入人群占社会总人口的绝大多数，解决中低收入家庭的住房问题是社会公平性的重要体现，这也是未来政府工作的重点。

房地产开发企业以营利为主导，把眼光都聚集在有购房能力的人群中，大量建设高档住宅，忽略了对住房有着迫切需求的中低收入人群，这造成了房地产市场供应体系中的结构性失衡。要解决这一结构性矛盾，要提高普通商品房的建设比重，适当控制高档商品房的建设。

同时，要逐步构建和完善保障性住房建设体系，解决中低收入阶层的住房问题。一方面，要继续加快保障房建设力度，通过法律、财政、税收、信贷、土地等各项优惠措施来促进保障房建设，同时，黑龙江省应积极探索多渠道的保障房建设资金来源，加快完善住房公积金使用制度，提高住房公积金使用效率，加大对地方政府建设保障房的监管力度。另一方面，要加快保障房后续管理制度建设，加快保障房信息公开机制建设，确保保障房的公开、公正、公平，加快保障房管理机制，确保保障房的有效利用。与此同时，结合黑龙江省自身的情况，政府同时应制定相应鼓励政策，保障最低收入人群包括农村进城务工人员的基本住房需求。主要是要加大廉租住房的建设力度和扩大廉租住房的供应范围。

4. 注重二手房市场建设，规范其健康发展

随着我国二手房市场的逐渐放开，进入市场的二手房数量不断增加，二手房交易规模也不断扩大。二手房交易相对复杂，涉及的相关政策较多，其市场体系也处于进一步发育与完善阶段，再加上二手房本身又具有不同于新开发房地产商品的许多特征，使二手房交易环节更多、程序更加复杂，风险也较大。同时，二手房市场作为房地产市场的重要组成部分，又有房地产市场的许多共性。二手房市场的交易，必须紧紧依托房地产整体市场，关注和掌握房地产市场的行情和大势，在准确把握房地产市场走势的情况下，充分运用二手房交易的方法和策略，才能有效驾驭二手房市场交易。

目前，黑龙江省二手房市场发展还不十分成熟，但是二手房的价格已处于一个很高的水平。现房市场的结构失衡，造成了二手房市场小户型房的需求紧俏，自然房价就会被推高。政府应注重二手房市场的发展，不断推进二手房市场建设，引导住房的梯度消费。

5. 完善住房行政调控，加强协调机制建设

近年来，中央政府不断加强对住房政策的调控，地方政府也纷纷响应，结合具体情况，制定了相应的调控策略。结合黑龙江省具体情况，目前，黑龙江省在政策上首先应继续响应中央政府的限购政策，对各种违法违规措施绕开限购政策的行为进行严惩，积极遏制投资、投机性购房。其次，要加强住房调控的预期管理，在住房市场调控中适当增加新闻宣传主管部门，负责房地产舆论的引导和监督，对房地产谣言的传播和炒作要严厉惩处。再次，要完善协调机制，完善住房调控目标，结合黑龙江省经济发展的具体情况，制度全面、适当、具体的调控目标，包括住房价格、供应量、住房信贷及增长、土地供应及价格、保障房建设目标等。最后，要加快行政调控的制度化、长期化建设，将限购令、问责制、部门间协调机制、预期管理等行政调控手段加以制度化、长期化，加强地方政府对中央调控政策的执行能力，以实现对住房市场的长期调控，避免行政政策变动对未来市场带来的冲击。

6. 规范房地产行业运作，加强市场监管

近年来，黑龙江省内屡次出现房地产企业不法行为，反应出了省内房地产企业素质不高，因此，房地产业急需治理整顿。

当前，经济市场体制仍存在弊端，加之房地产市场准入门槛较低、资质管理较弱、行政管理体制不健全，因此，当前在对房地产市场进行管理时，应转变对房地产业的行业管理思路，主要可以从以下几个方面入手：第一，加强房

地产开发企业资质管理，严格市场准入；第二，转变项目前期审批为全程服务、全程监管；第三，加强商品住房预售管理，规范交易行为；第四，加强商品住房竣工验收管理，确保商品住房质量；第五，加大市场整顿治理的力度，严格开展房地产市场专项整治工作，对于违规企业给予曝光和必要惩处；第六，是建立房地产诚信信息系统，对市场失信的房地产开发企业给予惩处，不断促进公平竞争和优胜劣汰，也要注重扩大信用系统的覆盖面和影响力，通过与商品房网上销售系统的融合，使其成为购房者购买决策的重要参考依据；第七，加强基础信息的收集和发布，为宏观调控和消费者提供决策依据。市场信息公开、透明、对称、准确，有利于提高宏观调控的效果，有利于投资者的正确决策。

7. 融资渠道多样化，资金结构合理化

目前，我国房地产业主要融资渠道有银行贷款、房地产信托、上市融资、债券融资等方式。宏观政策上看，2012 年，我国货币政策适度宽松，房地产新增贷款逐步提升。同年，央行的主要政策有：（1）2 月和 5 月两次下调存款准备金率 0.5 个百分点；（2）6 月降息，并调整金融机构贷款利率浮动区间的下限，调后为基准利率的 80%；（3）7 月再次降息，并再次调整金融机构贷款利率浮动区间的下限，调后为基准利率的 70%。2012 年的二、三季度，随着整体市场的回暖以及在降准、降息的信贷环境支持下，房地产新增贷款持续增长。宏观数据显示，随着货币政策的微调，房地产业的贷款稳增，2013 年房地产市场形势持续向好。

黑龙江省房地产业应结合自身发展情况，在多种融资渠道中对某一渠道有所侧重，同时也要不断拓宽融资渠道。结合目前黑龙江省房地产发展状况，建议考虑采取以下相关措施以保障房地产开发的资金来源、资金结构的优化和降低银行的金融风险和购房者的市场风险：（1）要积极推进资本市场的建设发展。目前，我国房地产企业融资渠道多样，应鼓励房地产开发企业通过多种渠道筹集开发资金，而不仅限于银行贷款。（2）要积极推进相关法律法规的制定和出台。（3）要不断推进房地产抵押贷款证券化的进程，有利于拓宽商业银行的融资渠道，可以降低商业银行的经营风险，提高房地产消费贷款的流动性和安全性，完善房地产投资者的投资渠道。

Development Report of Heilongjiang Province Real Estate Industry（2012 −2013）

Wu Yongxiang   Yang Xiaodong

Abstract：Under the guidance of maco-control policies，the whole real estate market of Heilongjiang province operated smoothly and showed a good momentum of development in 2012. This report reviews and analyzes the real estate investment, development and saling in Heilongjiang province in the year of 2012, the whole province and five important cities from 2008 to 2011, summarizes the features of real estate market investment, development and market in 2012, and evaluates the healthy status of market's operation from the four aspects of scale, speed, structure and price. And then analyzes the effects of macro-control policies' implementation. Finally, real estate development trend is forecasted in 2013 and some recommendations on real estate development are proposed.

Key Words：Real Estate Investment；Real Estate Development；Real Estate Sale

B.13
经济危机下的黑龙江省能源产业发展报告[*]

梁大鹏　邢新朋　张　钊[**]

摘　要：

　　黑龙江省是我国的主要能源生产基地之一，对保障全国的能源安全有着重要的作用。但是随着经济的发展和人口的增长，黑龙江省对能源的需求量不断增加，而能源开采力度和环境约束的加强，进一步加大了解决能源问题的压力，传统的能源产业发展模式已经面临着严峻的挑战。为了推动黑龙江省能源产业实现清洁、快速的发展，本文从能源效率、能源结构和生态环境三个方面分别分析了黑龙江省能源产业存在的问题以及未来要面临的能源短缺问题。在综合考虑能源、环境和经济协调发展的前提下，为黑龙江省能源产业的全新发展提出政策建议。

关键词：

　　能源产业　生态环境　经济危机

一　黑龙江省能源产业发展现状

　　黑龙江省拥有丰富的自然资源，自新中国成立以来一直是我国最为重要的煤炭、石油工业基地，石油储量处于全国第一位，煤炭、天然气、水利等能源资源丰富。1960年开始开发的大庆油田是中国地质储量和年开采量最大的油田。黑龙江省煤炭资源丰富，且可开采煤炭种类也非常丰富，达到了12种。在全省78个主要市县中，60%的市县都探明有煤炭储量，已经进行煤炭开发

---

　*　鸣谢：黑龙江省发展与改革委员会、中国人民银行哈尔滨市分行、黑龙江省龙煤集团在调研过程中给予的大力支持！

　**　梁大鹏，博士，教授，哈尔滨工业大学管理学院；邢新朋，哈尔滨工业大学管理学院博士；张钊，哈尔滨工业大学管理学院博士。

的县市有 28 个，主要分布在黑龙江省东部。黑龙江省水利资源主要集中在松花江、黑龙江、乌苏里江和绥芬河 4 大水系周围，流域面积在 50km² 以上的河流 1918 条，湖泊有兴凯湖、镜泊湖和五大连池，水利资源非常丰富，可开发的资源蕴藏量居东北三省第一位。

如图 1 所示，黑龙江省一次能源生产总量在 2001～2004 年逐步上升，2005～2006 年是一次能源生产数量的峰值点，随后能源生产开始下降。同时一次能源的消费数量不断上升，且上升程度有逐渐加快的趋势，特别是在 2003～2004 年及 2009～2011 年，能源的消费数量发生了急剧的上升。黑龙江省能源生产与消费的差额在逐渐缩小，黑龙江省的能源净产出越来越少。黑龙江能源输出大省的地位在不断弱化。

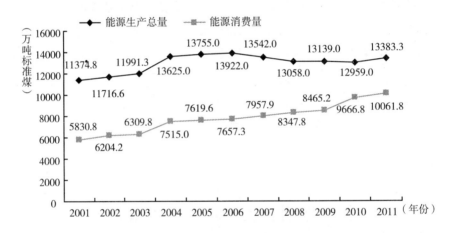

图 1 黑龙江省 2001～2011 年一次能源生产消费总量

资料来源：相关年份的《黑龙江统计年鉴》。

图 2 描述了黑龙江省 2001～2011 年能源生产结构的变化。可以看出煤炭和原油一直是黑龙江省最主要的两种能源产出。2001 年原煤生产量占黑龙江能源总量的 32.2%，随后比重在不断地增加。2005 年原煤占比突破 50% 达到 50.6%，2007 年原煤占比达到近十年的最高值 52.9%。随后有所下降。2010 年原煤占总能源比重为 51.1%，2011 年原煤占比为 52.4%。黑龙江是中国最重要的石油产地，石油产量一直位于中国各省首位。2001 年原油产量占黑龙江能源总产量的比重达到 64.8%，随后一直呈下降趋势，2011 年原油产量占

比为42.8%。天然气在黑龙江能源生产中所占的比重一直不大,在3%的位置浮动。2004年天然气占比最低,为2%,从2004年开始比重轻微上升,2011年达到3.1%。水电占据的比重一直非常的小,其数值十年来没有超过1%,最高值为2010年的0.6%。在2010年黑龙江能源生产出现了一个重要的变化,风电第一次出现并且占据1.1%的比重,超过了水电,处于能源消费结构中的第四位。风电在2011年有21%的增长,在能源生产中占比进一步扩大到1.7%。

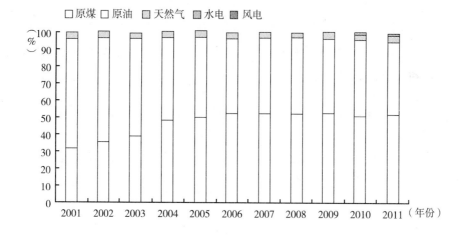

图2 黑龙江省能源生产结构

资料来源:相关年份的《黑龙江统计年鉴》。

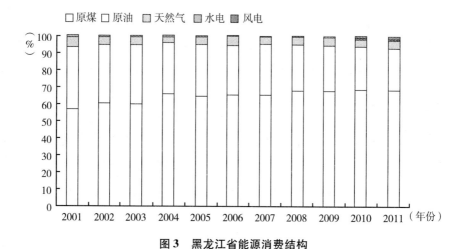

图3 黑龙江省能源消费结构

资料来源:相关年份的《黑龙江统计年鉴》。

黑龙江省 2001～2011 年的能源消费结构如图 3 所示。煤炭一直是黑龙江主要的消费能源而且有逐年上升的趋势。2001 年煤炭占能源消费总量的比重为 56%，随后不断上升，在 2008 年达到最高值 68.7%，2011 年煤炭比重为 68%。原油所占比重在 2001 年最高，为 38.1%，之后不断下降，到 2011 年为 25.6%。天然气占黑龙江省能源消费的比重一直在 4% 左右，最高是 2008 年的 4.3%，最低是 2004 年的 3.1%。

与全国总体水平相比较（见图 4），黑龙江省的消费结构中煤炭的比重低于全国平均水平 4.5 个百分点，原油比高于全国平均水平 6.2 个百分点。同时在黑龙江的水电、风电利用水平都要低于全国平均水平，且黑龙江省核能利用还处于空白阶段。

（一）煤炭的生产和消费

黑龙江省是中国重要的煤炭产地之一，2011 年的煤炭总产量为 9820.2 万吨，产量位于全国第 8 位。如图 5 所示，2001～2006 年黑龙江省的煤炭产量一直在上升，在 2006 年达到最高峰 10282 万吨，随后开始小幅下降，这种下降趋势一直持续到 2011 年。黑龙江省的煤炭消费量不断上升并且在 2008 年第一次超过了煤炭生产量，黑龙江在 2008 年由煤炭输出省份变成了煤炭输入省份，需要从其他省份购进煤炭来满足本省需求。

如表 1 所示，煤炭消费中工业仍然是各产业中煤炭消耗量最大的行业，而且工业中的煤炭消费数量在不断上升，2008 年为 2005～2009 年的峰值点，随后的 2009 年出现了下降，但这种趋势在 2010 年彻底扭转，工业的煤炭消费在 2010 年和 2011 年都出现了快速的增长。同时，在农、林、牧、渔、水利业中煤炭使用数量一直很小，但近几年增长较为迅速，2009 年的煤炭消费量已经达到 2004 年的 6 倍，随后 2010～2011 年这个数值又有 60% 的下滑。交通运输业的煤炭消耗在 2005 年出现爆发式的增长，随后在 2006 年达到高点。从煤炭使用途径来看，发电一直是黑龙江煤炭消费最主要的途径，终端消费的数量也在不断增长，2011 年同 2005 年相比，煤炭的终端消费数量增长了 73%。

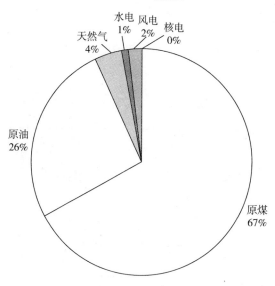

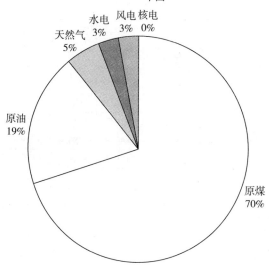

图4 2010年黑龙江省与全国总体能源消费结构对比

资料来源：《黑龙江统计年鉴》。

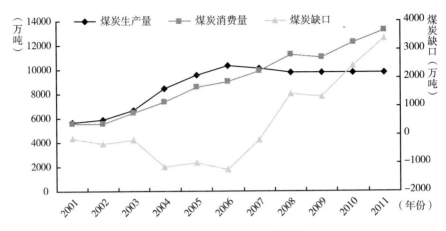

图5 黑龙江省煤炭生产和消费情况

资料来源：相关年份的《黑龙江统计年鉴》。

表1 黑龙江省2005～2011年煤炭消费情况

单位：万吨

	年 份	2005	2006	2007	2008	2009	2010	2011
按使用部门区分	农、林、牧、渔、水利业	11.7	33.9	56.5	40.9	65.5	25.7	54.1
	工业	8313.3	8660.4	9526.7	10896.2	10706.2	11831.5	12042.8
	建筑业	3.8	4.6	4.9	5	5	0	0
	交通运输、仓储和邮政业	113.6	145.6	125.8	121.3	115.4	78.8	376.6
	生活消费	117.4	180.5	159.1	105.6	120.4	263.2	398.7
按使用途径区分	终端消费	1958.9	2219.7	2518.7	2761.3	2639.8	2688.7	3390.9
	发电	3407.4	3588.1	3842.9	3986.4	3791.9	4117.4	4458
	供热	1016.9	1256.9	1100.2	1624.6	1456	1697.4	1859.6
	炼焦	774.7	752.6	1189.3	1169.7	1366.3	1538.8	1438.8
	制气	181.3	117.2	126.9	194.9	193.5	153.4	134

资料来源：相关年份的《黑龙江统计年鉴》。

（二）石油的生产和消费

黑龙江是中国原油生产第一大省，拥有探明储量及产量均居全国第一位的大庆油田。总体来看，从2001年开始黑龙江省的原油生产量不断下降，已经由 2001 年的 5161.13 万吨下降到 4006 万吨（见图 6）。在黑龙江原油输出比重中，省内石油冶炼比重较小。以 2011 年为例，该年黑龙江原油产量为 4006 万吨处于全国第一位，但同时省内的工业生产仅消耗了 2200.9 万吨。汽油产量为 462 万吨，仅居于全国第五位，同时期辽宁省的汽油产量为 1057.74 万吨，山东省为 1195.46 万吨，广东省为 635.7 万吨，陕西省产量 572.5 万吨。可以看出在石油冶炼方面黑龙江与其他先进省份还有很大的差距。黑龙江省的原油炼油效率一直保持在较高的水平，2004～2010 年的六年间，一直保持在98% 以上的炼油效率，在 2009 年的炼油效率更是达到 99.91% 的高值。

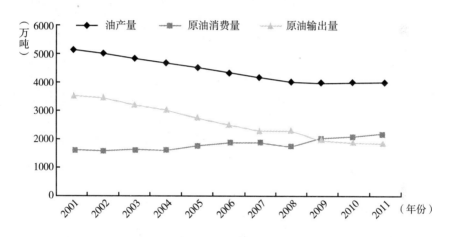

图 6 黑龙江省石油生产消费情况

资料来源：相关年份的《黑龙江统计年鉴》。

如表 2 所示，按照使用部门进行划分，黑龙江省的石油消费主要集中在工业和交通运输、仓储和邮政业两个产业中，工业用油在近五年总体上从 2006 年的 755 万吨消费量增加到了 2011 年的 985.5 万吨，2008～2009 年工业用油出现了 34.6% 的快速增长，在 2007 年出现了 14.7% 左右的下降。同时黑龙江省交通运输业原油消费数量总体上从 2006 年的 318.4 万吨下降到 2011 年的377.6 万吨，同时考虑到省内机动车保有数量在以每年 50 万辆的速度增加，说明黑龙江省的交通运输业能源使用效率整体上有所提高。从使用途径的角度，黑龙江省的供热用原油数量从 2006 年的 81.7 万吨，逐年下降到 2011 年的 64.7 万吨，原油供热的比重在不断降低。终端消费用原油的数量以每年

6%～7%的速度上涨，这反映出了随着黑龙江经济的不断发展，对原油能源的需求在不断增加。

表2　黑龙江省石油使用情况

	年　份	2006	2007	2008	2009	2010	2011
按使用部门区分	农、林、牧、渔、水利业	161.5	163.8	130.7	146.7	171	176
	工业	755.1	644.8	650.3	875.8	875.5	985.5
	建筑业	1.2	1.2	1.2	1.4	3.6	5.7
	交通运输、仓储和邮政业	318.4	282	230.6	286.9	302.2	377.6
	批发,零售业和住宿,餐饮	160.1	184.5	168.3	165.3	145.5	181.2
	生活消费	179.3	221.8	171.3	223.2	380.2	342.2
按使用途径区分	终端消费	1449.6	1542.8	1394.3	1581	1683.2	1850.6
	发电	6	5.5	5.4	5	7.7	10.8
	供热	81.7	77.6	74.5	73.4	70.7	64.7
	炼油损失	33	34.6	57.3	36.9	82.4	154.1

资料来源：相关年份的《黑龙江统计年鉴》。

（三）电力的生产和消费

黑龙江省的电力供应有火电、水电和风电三种形式，其中火电是主要形式。截至2011年11月底，黑龙江省发电装机容量2115.24万千瓦，其中火电装机容量为1777.79万千瓦；水电装机容量为95.6万千瓦；风电装机容量为241.85万千瓦。2011年1～11月份，全省发电量完成752.97亿千瓦时，同比增长6.28%，发电机组平均利用小时数为3681，较去年同期减少3小时。其中，水电完成发电量13.58亿千瓦时，同比下降29.44%，发电机组平均利用小时数为1521，较去年同期减少646小时；火电完成发电量700.73亿千瓦时，同比增长6.21%，发电机组平均利用小时数为4038，较去年增加92小时；风电完成发电量38.66亿千瓦时，同比增长30.95%，发电机组平均利用小时数为1756，较去年同期减少67小时。1～11月份，黑龙江省向省外净送出电量41.03亿千瓦时，同比减少4.25亿千瓦时。

如图7所示，黑龙江省2001～2011年总体上电力的生产和消费都呈增长趋势。电力生产量从2001年的438.37亿千瓦时增长到2011年的849.4

亿千瓦时，总体实现了94%的增长，电力消费量从2001年的468.13亿千瓦时上升到2010年的763亿千瓦时，10年来增长63%。在2001年黑龙江省的电力生产还不足以满足全省的电力消费，有29.76亿千瓦时的缺口。电力消费缺口在2004年达到了最大值140亿千瓦时。随后在2005年黑龙江省电力短缺的情况得到了彻底的缓解，这一黑龙江省电力产出多余电力消费27亿千瓦时，实现了从电力输入省份向电力输出省份的转变。这种情况一直延续至今。

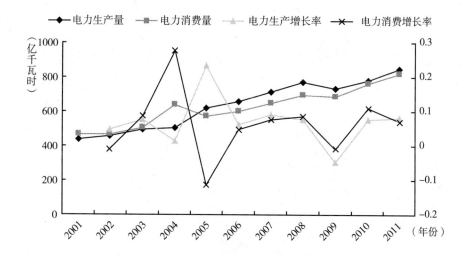

图7 黑龙江2001～2011年电力的生产和消费情况

资料来源：相关年份的《黑龙江统计年鉴》。

2010年黑龙江省能源消费结构如图8所示，城镇居民用电占全社会用电的11%，乡村居民用电占6%，行业用电占83%。行业消费是黑龙江省电力消费的主要形式。居民消费用电占全社会用电的17%，其中城镇居民用电占到11%，乡村居民用电占6%。城镇居民用电占居民用电总量的65%，乡村居民占到35%。2010年，黑龙江省城镇人口为2133.7万人，占总人口比例的55%，乡村人口占比45%。综合考虑，黑龙江省农村居民用电水平要低于城镇用电水平。黑龙江省行业用电结构中，重工业占比最大，比重达到了75%。而第三产业和第二产业的用电比重仅为12%和4%。

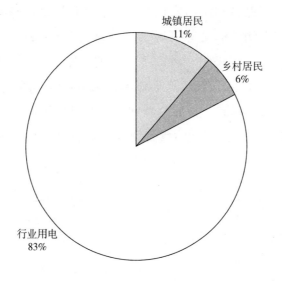

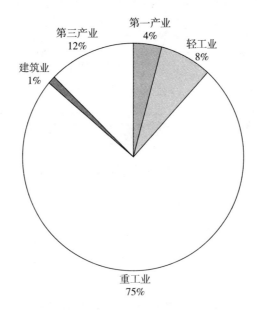

图8 2010 年黑龙江省电力消费结构

资料来源：《黑龙江统计年鉴（2011）》。

（四）清洁能源的生产和消费情况

清洁能源是不排放污染物的能源，它包括核能和"可再生能源"。可再生能源是指原材料可以再生的能源，如水能、风能、太阳能、生物能（沼气）、海潮能等。可再生能源不存在能源耗竭的可能，因此日益受到许多国家的重视，尤其是能源短缺的国家。黑龙江省主要的清洁能源为水能和风能两种形式。

1. 黑龙江省水力发电生产和消费情况

黑龙江省地处中国的最北方，地势主要由山地、台地、平原和水面构成。地势特点大致是西北部、北部和东南部高，东北部、西南部低。省内水系发达，河流纵横，黑龙江省有黑龙江、松花江、乌苏里江、绥芬河四大水系；兴凯湖、镜泊湖、连环湖和五大连池 4 个较大湖泊。

图 9 描述了黑龙江省 2001~2011 年的水电生产情况。总体上，黑龙江省的水电生产能力从 2001 年的 51.1 万吨标准煤增长到 2010 年的 87.3 万吨标准煤，有 70.8% 的增长，在 2011 年出现了 31% 的下降。但每年的水电的发展情况并不相同，在 2003 年、2006 年、2008 年和 2011 年都出现了不同程度的下降。2009 年为增长最快的一年，与 2008 年相比有 70.3% 的增长。黑龙江省的水力发电实现了全部并网，并且缓解了省内电力需求缺口，水力发电消费的整体状况与生产情况完全相同。

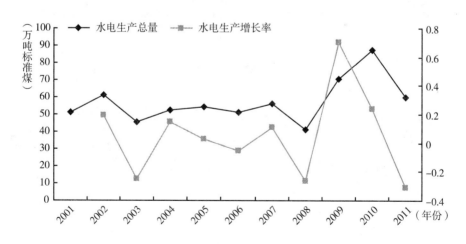

图 9　2001~2011 年黑龙江省水电生产情况

资料来源：相关年份的《黑龙江统计年鉴》。

黑龙江省水电开发的特点主要是：理论蕴藏量多，可开发容量大。黑龙江省的水电开发总量占到全国可开发容量的 16.1%，水能的可开发量处于全国的第 13 位。在东北电网覆盖的 4 省区，水能可开发容量黑龙江省为第 1 位，已开

发量为第 3 位。与辽宁省和吉林省相比,黑龙江省的水电开发相对落后,开发规模较低,水能利用现状不容乐观,但同时也说明黑龙江省有非常大的水电开发潜力。黑龙江省已经开发的水电站主要位于牡丹江、黑龙江和嫩江流域。

2. 黑龙江省风力发电生产和消费情况

2012 年黑龙江电网风电机组日发电量突破 2400 万千瓦时,黑龙江省积极倡导绿色能源,加大风电接入和吸纳力度,黑龙江电网风电装机容量迅猛发展,截至 2012 年 6 月 30 日,黑龙江电网风电装机总容量突破 300 万千瓦,达到 301.3 万千瓦,其中省调直调风电场装机容量 281.5 万千瓦,地调直调风电场装机容量 19.8 万千瓦。

在"十二五"期间,黑龙江省已经有 27 个风电项目得到核准,总体装机容量达到了 210 万千瓦。装机规模超过 10 万千瓦时的风电场有杜尔伯特蒙古族自治县拉弹泡风电场、黑河大黑山小黑山风电场、七台河佳兴风电场、大庆兴隆风电场、林甸东明园风电场、新北大庆风电场、宾县大泉子风电场、方正大秀岭子风电场、安达老虎岗风电场、大庆大同风电场和大庆红岗风电场。一系列风电项目投产后,在"十二五"之后黑龙江省的风电装机容量将有 70% 以上的增长。

二 黑龙江省能源产业发展的突出问题

经济危机带来的直接后果就是经济增长速度的放缓,根据 2012 年中央经济工作会议所作出的决定,2013 年中国 GDP 增速目标将设定为 7.5%。经济的减速势必对能源消费产生影响,这种影响体现在两个方面:一是能源消费和生产数量的减少;二是能源消费结构的改变。

(一)能源结构单一

从能源生产的角度来分析,黑龙江省是全国重要的石油、煤炭等能源生产基地,2011 年生产的原油、原煤和天然气分别占全国总量的 19.8%、2.8% 和 30%。黑龙江的一次能源消费结构中主要以煤炭和石油为主,随着原油产量的降低,以及黑龙江省可再生能源的开发强度的增加和能源结构的调整力度加大,煤炭的比重有所下降,但是截止到 2011 年,黑龙江省煤炭的比重仍然高达52.4%。原油的开采强度和开采难度的增加，使原油生产量有所下降，截至2011年黑龙江省原油的生产量为5323.0万吨标准煤，处于全国第一位，占到了黑龙江省能源生产总量的42.8%，仍是主要的能源之一。煤炭和石油的生产量占到了能源生产总量的95%以上，黑龙江省的能源生产结构比较单一。

以煤炭和石油等传统能源为主的单一能源消费结构会产生一系列问题。以煤炭消费量为主的能源消费结构会产生的以煤烟型污染为主的环境问题，同时产业结构单一，能源利用效率低，进一步加剧了环境压力。以石油为主的能源消费结构会带来新的能源危机，尽管黑龙江石油的储量居全国第一位，但是随着国内需求的增加、储量的减少再加之开采难度的增加，会越来越依赖国外市场，届时受到市场和政治因素的影响相对较大。虽然黑龙江省鸡西、鹤岗、双鸭山、七台河一带煤炭资源十分丰富，其煤炭储量占全省的70%，但是由于较高运输成本的影响，黑龙江省的北煤南运面临很大制约，再加上煤炭、原油等附加值低与优质能源的价差距大等因素的影响，而且煤炭、石油等化石能源在消费过程中会对环境产生比较严重的污染，因此黑龙江省的以煤炭、石油初级能源为主的能源结构并不能够适应未来的低碳发展需求，在未来十几年内其能源产业会受到来自能源需求增长和环境污染的双重压力。

此外，化石能源产业的发展一方面能够刺激加快经济的发展，同时也能成为制约城市发展的因素。在能源开发初期，资源的开发加快了资源型城市的发展，如大同、邯郸、大庆、金昌、攀枝花、克拉玛依等，煤炭、石油等资源的开发加快煤炭产业（包括原煤产业和非原煤产业）、石油产业等相关产业的发展。但反过来，如果一直依赖煤炭、原油、化石资源及相关产业促进经济发展，会造成服务业等行业的萎缩，过度开采造成资源趋于枯竭。但随着煤炭存量的减少，开采成本的增加，会使得依赖于煤炭的工业基地经济结构和传统产业受到严重挑战，生产成本直线上升，产品市场萎缩，工人大量失业，而其他附加值高的产业又缺少竞争优势，容易陷入到"矿竭城衰"或者"资源诅咒"的境地。

（二）能源利用效率低

1. 能源效率低

总体上看，黑龙江省能源消耗强度高于全国平均水平，国际上通常采用国

内生产总值（GDP）的能耗强度作为衡量能源效率的宏观指标。GDP能耗强度定义为单位国内生产总值所消耗的能源量。GDP能耗强度值越低，表示能源的利用效率越高。从全国平均水平来看，黑龙江的能耗强度高于全国的平均水平，2011年黑龙江省的能耗水平为1.04吨标准煤/万元，高于全国各省平均值0.737吨标准煤/万元，总体上黑龙江省的能耗强度还是处于较高的水平。各个地区中七台河的能耗强度最大，2011年达到1.80吨标准煤/万元，能源效率值最低；绥化地区能源强度最低，2011年为0.81吨标准煤/万元。

黑龙江省是全国最大的石油供应基地，2011年全省产油量为4006万吨，加工量为2200万吨，加工量仅占到54.9%。石油产品中原油比重过大，石油加工产品比重过低。黑龙江省丰富的资源优势没有形成地方经济优势，单纯靠自然资源输出的经济模式，损害了地方经济的现实利益和长远利益。也不利于关联产业的形成和统一集中的产品开发。

2. 人均能源消费水平低

能源是社会发展和经济增长最基本的影响因素，通常一个国家的人均能源消费量反映该国人民的生活质量。能源消费水平高的国家，生活质量和就业状况就好。例如2000年北美地区人均能源消费量7.82吨标准煤，而非洲部分地区仅为0.53吨标准煤，后者的生活环境恶劣，经济发展水平相对低下。

黑龙江省的人均一次能源消费量2002年为1.62吨标准煤/人，到2009年已经增长到2.21吨标准煤/人，总体上有了35%的增长，在2004年黑龙江省的人均能源消费水平增长处于10年来的最高值19%。图10描述了世界各主要国家及中国大陆和黑龙江省的能源水平。黑龙江的人均能源消费一直略高于中国的平均水平，2002年黑龙江人均一次能源消费量高于全国平均水平0.44吨标准煤/人，但随后这个差距在不断地缩小。到2011年，黑龙江人均一次能源消费为3.161吨标准煤/人，比全国平均水平高出0.013吨标准煤/人。同时美国2009年的人均能源消费量是9.86吨标准煤/人，其数值为黑龙江省的4倍多，德国和日本的人均能源消费分别为5.09吨标准煤/人和5.08吨标准煤/人，为黑龙江省的2.29倍。可以看出黑龙江省的人均能源消费水平与发达国家相比还有很大的差距。与主要发展中国家相比，黑龙江的人均能源消费水平已经高于巴西和印度。2009年巴西的人均能源消费为1.66吨标准煤/人，印度仅为 0.58 吨标准煤/人。总体上来看，发达国家的人均能源消耗一直呈下降趋势，与之相对的是发展中国家呈上升势头。

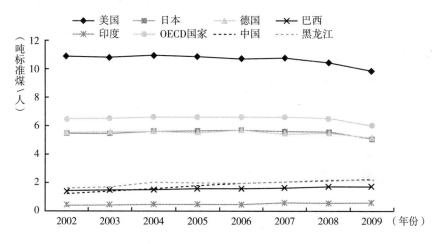

图 10　2002～2009 年世界主要国家人均能源消费情况

资料来源：相关年份的《中国统计年鉴》《黑龙江省能源统计年鉴》。

（三）生态环境问题日趋严重

1. 面临严重的环境问题

黑龙江是全国重要的石油、原煤等化石能源生产基地，原煤和石油的生产总量居全国前列，同时，黑龙江省能源消费主要以原煤、石油等化石能源为主，占到了一次能源的 95% 以上。此外，黑龙江省产业结构中工业特别是重工业所占比重较大，成为全省能源消费的主导产业。这些导致了大量化石能源的消费，同时产生的污染物对环境造成影响。据统计，我国与发达国家相比，每增加单位 GDP 的废水排放量要高出 4 倍，单位工业产值产生的固体废弃物要高出 10 倍以上，大气污染造成的经济损失占 GDP 的 3%～7%。根据"十二五"节能减排目标，到 2015 年全国单位生产总值能耗比 2010 年下降 16%；二氧化硫、氮氧化物排放总量分别要下降 8% 和 10%；非化石能源占一次能源消费比重要达到 11.4%。从黑龙江省的能源消费结构来看，煤炭的消费比重仍然达到了 60% 以上，原油的消费比重也超过了 20%，而天然气占 4.1%、水电占 0.5%，与"十二五"的目标仍有很大的差距。由此导致污染物排放居高难下，煤炭的燃烧过程产生的二氧化碳、二氧化硫、氮氧化物等有害气体和烟尘型粉尘污染，造成的烟尘型污染严重。近年来，黑龙江省积极调整工业产业结构，加快淘汰落后高耗能产业，呈现出能耗增速趋缓、消费结构逐步优化的良好局面，2006～2010年间，工业烟尘的排放强度由71.15吨/亿元降低到28.63吨/亿元，在5年时间里下降了59.76%；生活烟尘的排放强度虽然在2009年有小幅度反弹，但是整体上呈一个下降的趋势，2006～2010年间排放强度从15.45吨/亿元下降到12.03吨/亿元（见图11），如果仅从时间序列来分析，黑龙江省工业和生活烟尘排放强度在逐年递减。

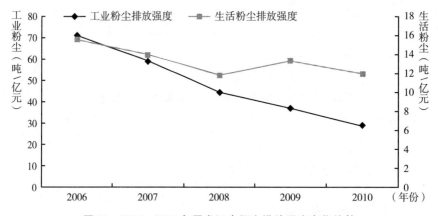

图11　2006～2010年黑龙江省烟尘排放强度变化趋势

资料来源：相关年份的《黑龙江统计年鉴》。

与全国其他省份进行横向比较，我们不难发现黑龙江省工业烟尘排放强度的排名是比较靠前的，而且在2006～2010年间呈上升趋势（见图12），从2006年的第6位上升至2010年的第3位，这说明黑龙江省在调整结构、提高能源效率上取得了一定的成绩，但控制排放强度的力度没有其他省份的力度大，造成了"绝对进步，相对退步"的局面。加之黑龙江省以煤炭、原油为主要能源结构和消费结构，从而进一步加大了与其他省份在环境上的差异。黑龙江省生活烟尘排放强度与工业烟尘排放强度有着相同的发展趋势，生活烟尘排放强度从第11位上升至第6位（见图12）。

造成这种现象的原因可能是能源结构中煤炭比重大，其他清洁能源比重低，加之黑龙江省处于寒带地区，持续长时间低温，供暖时间较长，进一步加

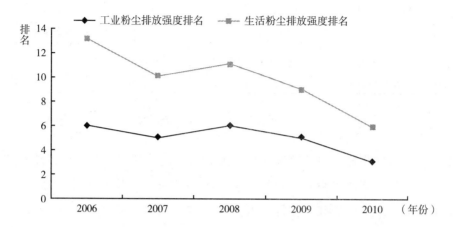

图12　2006～2010年黑龙江省烟尘排放强度排名变化趋势

资料来源：相关年份的《黑龙江统计年鉴》。

大了烟尘的排放量。从以上分析来看，煤炭化石能源给黑龙江省带来了严重的环境危机，如何解决能源带来的环境问题是黑龙江省面临的挑战之一。

2. 生态问题日趋严重

新中国成立后，黑龙江一直是能源输出大省，之前能源开发过程中一直存在"重生产不重保护"，"先开发后治理"等原则，致使由能源开发导致的生态环境问题比较严重。作为中国主要的煤炭，石油产地，生态环境问题在黑龙江省的各个能源产地表现尤为突出。

（1）煤矿区生态环境问题。黑龙江煤炭的生产总量居全国前列，煤矿区生态环境问题的产生是一个多环节、多因素的复杂过程；所谓多环节指环境问题形成于煤炭开采、加工、储运和燃烧使用的全过程（见图13）；所谓多因素指环境问题的形成与技术、资金、管理方式、政策导向和思想观念等多因子相关。

进行煤炭资源的开采建设，首先就要进行矿区基础设施建设，建设过程中会破坏植被且占用大量的土地，植被破坏同时还会发生水土流失和地表塌陷等次生灾害。以黑龙江省的四大煤城鸡西、鹤岗、双鸭山、七台河为例，四大煤城占地面积 26692.46km²，其中存在水土流失问题的面积达到 22688.59km²。煤炭采空所导致的地表塌陷面积总数超过 500km²，地表

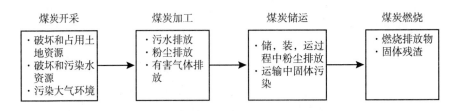

图13　煤炭开发过程中的生态问题

塌陷会严重影响地上建筑物的使用寿命，造成建筑裂缝、歪斜；公路扭曲、断裂等现象。同时煤炭开采过程中存在矸石占地、矿库占地等现象，这都加重了对土地资源的破坏。煤炭开采中需要进行疏干排水，这无疑会对矿区附近的水资源产生破坏。同时矿井排风和瓦斯抽放也会污染到矿区周围的大气环境。

煤炭加工中的生态环境问题主要体现在对原煤洗选过程中出现的煤泥水排放和煤尘排放。煤炭在储存、装运和运输中都会出现煤尘排放的现象，对于整个煤炭储存区和运输沿途地区都存在大气环境污染。同时中国的运输条件较落后，运输工具密封不足，煤炭运输中都存在少量煤炭泄露的情况，这无疑对运输道路及沿途地区产生固体污染。

（2）石油开采区的生态问题。黑龙江省的石油开采和化工业主要集中在大庆市，大庆油田是我国最大的油田生产基地。大庆油田经过了40余年的开采，产生了许多环境地质问题和次生地质灾害，严重影响到了周边地区的人民生活质量，同时也限制了大庆市非油田产业的发展。石油开采区主要的环境生态问题有：

土地荒漠化。油田开发需要进行基础设施建设，同时在原油开采过程中油田周边土地受到大型油田机器碾压，这些活动都破坏了原生植被。遇到降雨就会形成积洼，常年的积水使雨水和地下水中的盐碱得到积攒，导致土地的盐碱含量不断增加。据统计，大庆市的212万亩土地中，荒漠化土地已经占到48.6%，总量达到了103万亩。

草原退化。黑龙江的石油开采区周边有大量的草原资源，以大庆市为例，1982年普查大庆市草原数量为84万亩。草原资源可以作为天然牧场，也可以提供优质的牧草，是黑龙江省不可多得的优质生态资源。油田开发过程中修建道路，铺设管道，修建引排水设施、厂区、厂房这些都大量侵占了原有的草原资源。再加上土地荒漠化的加剧，进一步加速了草原退化的趋势。到 2002 年，草原退化已经达到 15.1 万亩，而且这种退化趋势还在延续。

湿地萎缩，湿地生物不断减少。石油开采区周边遍布河流及河漫滩沼泽湿地、湖泊及周边沼泽湿地、草甸沼泽湿地。这些湿地是宝贵的生态资源，同时也是很多动物的栖息地。油田开发中，大量湿地被开发建设，油化工业发展也导致污染排放物增加，钻井过程中也会排出油泥浆和废水。这些活动导致湿地面积萎缩，相关物种数量也不断减少。

地下水遭到破坏，水位下降，水源被污染。黑龙江省的主要油气开采区——大庆供水依靠地下水，经过 40 年的地下水开采，地下水位不断下降累计超过 16 米。同时也形成漏斗区，威胁到了当地的生态系统和居民生活。原油开采也使得含油污水渗透到地下水中，原生环境里的大量金属，如铁、锰、氟也进入地下水，这些都使水质恶化。

3. 新能源发展相对落后

与东部沿海发达省份相比，黑龙江省经济总量和增长速度都存在着一定差距，因此对于电力需求增长比较慢，从 2011 年用电量来看，黑龙江省用电量同比增长没有达到全国平均水平。再加之黑龙江省以火电为主，进一步减少了对风电、太阳能、水电的需求，这导致黑龙江省新能源的发展滞后。如果发电量和用电需求持续走低，会对黑龙江省新能源的发展产生不利影响。

黑龙江省新能源集中起步于 2004 年，截至 2012 年已经形成了水电、风电、生物质等清洁能源发电为主的多元发展格局。截止到 2011 年底，全国的水电、核电、风电等非火电类型发电装机容量比重达到 27.50%，而水电、风电、核电等非火电类型占总发电量的 17.4%，黑龙江省与全国平均水平存在较大差距。由于黑龙江省火力发电比重较大，电网规划、建设以及调度主要满足火力发电的需求，并没有满足水电、风电、太阳能等间歇发电的新能源发电对电网的要求，并行运行有一定困难，尤其是在冬季，风力增大，风电发电量的快速增长对于电网调度提出了更高的要求，这使得电网调度更加困难。在这

种情况下，风电的发展无疑对能源结构的优化提出了新的要求。这些年电网投资较大，虽然黑龙江省在"十一五"时期加快加大电网的改造，使电网有了较大的改善，但是并没有充分考虑新能源发展因素，电网建设和运行相对于新能源的发展需求仍显滞后。

三　经济危机下黑龙江能源产业面临的挑战

随着全球经济危机的到来，传统的能源产业发展模式已经面临着严峻的挑战。黑龙江省的能源产业必然要经历一个全新的发展模式。这就要求在综合考虑能源、环境和经济协调发展的前提下，制定能源产业的发展模式。

（一）能源缺口将会持续加大

随着经济的快速增长，能源的消耗量也随之加大，再加之黑龙江省能源消耗强度相对较大，进一步加大了对能源的需求。同时，随着能源开采强度的增加，能源的储量越来越少，开采难度越来越大，进一步加重了能源供给压力。作为黑龙江省主要的化石能源——煤炭已经出现了供给需求矛盾。从2001～2011年间煤炭生产量和消费量的统计数据来分析，2006年前黑龙江省煤炭的生产量和煤炭消费量之间的差额不断增大，并且在2006年达到了最大剩余量，但是从2007年之后煤炭的消耗量增长速度过快，生产量和消费量的差额急剧减少，截止到2011年底，煤炭的剩余量只有173万吨标准煤，省内开采的煤炭勉强可以满足省内煤炭的需求。然而随着经济的不断增长，开采难度的加大和煤炭储量的减少，黑龙江省会面临原煤短缺的问题。图14显示了黑龙江省能源生产量和消费量间的差距，整体上呈先增后降的趋势，能源需求和供给之间的矛盾会越来越严峻。

同样作为黑龙江省主要能源，石油也面临着同样的问题，供给量不断减少，而需求量不断增加，供给和需求间的差额不断缩小，在未来几年中也会面临着潜在的能源危机。根据对2000～2011年间煤炭生产量和消费量统计数据的分析，为了能够客观地解决黑龙江省能源需求和供给矛盾，本文对黑龙江省原煤供给需求，供给矛盾进行了情景分析，主要参数设定见表3。

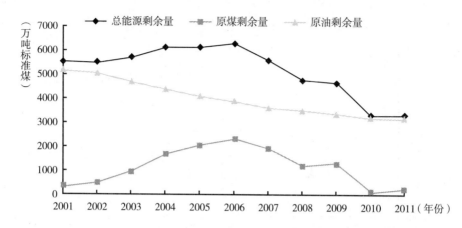

图 14　黑龙江省 2001～2011 年主要化石能源生产量和消费量差额

表 3　黑龙江省能源供给需求情景分析参数设定

单位：%

	2012 年		2013 年		2014 年		2015 年	
	1	2	1	2	1	2	1	2
基准情景 *	− 0.0190	0.0441	− 0.0250	0.0493	− 0.0310	0.0556	− 0.0370	0.0630
高耗能情景 **	− 0.0190	0.0463	− 0.0250	0.0517	− 0.0310	0.0584	− 0.0370	0.0662
低耗能情景 ***	− 0.0190	0.0419	− 0.0250	0.0468	− 0.0310	0.0528	− 0.0370	0.0599

注：（1）＊表示保持现有速度；＊＊原煤消费增长速度加快，高出基准情景 5%；＊＊＊原煤消费增长速度减慢，低于基准情景 5%。（2）1 表示原煤生产增长速度，2 表示原煤消费增长速度。

根据表 3 对不同情境的设定，在 2011 年原煤的生产量和消费量的基础上，我们可以测算出 2012～2015 年期间黑龙江省原煤供需矛盾。通过图 15 我们可以发现，从 2012 年原煤的生产量已经不能满足黑龙江省对原煤的需求。在 2012～2015 年，原煤生产量和消费量间的差额呈现迅速扩大的趋势，在基准情景下，到 2015 年底原煤存在 2149.69 万吨标准煤的缺口；如果在高耗能的情景下，到 2015 年底将存在 2234.59 万吨标准煤的缺口，因此未来几年乃至十几年如何满足能源需求是黑龙江省面临的一个重要挑战。

（二）结构调整降低能源密度的空间变小

能源产业是经济社会发展的动力，能源产业的合理有序发展关系到经济和社会的稳定协调发展，黑龙江省的能源产业发展和经济增长的协调关系需要进一

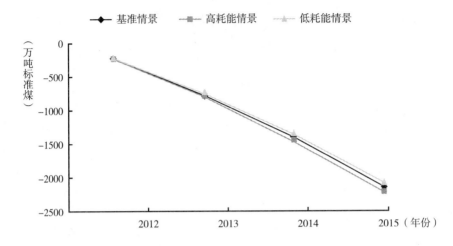

图15　黑龙江省 2012～2015 年煤炭生产和消费差额

资料来源：根据《黑龙江省能源统计年鉴》相关数据测算。

步提高，能源有效支撑经济增长的能力需要进一步提高。根据十八大提出的建设"生态文明"的目标，以及"十二五"时期的黑龙江省能源强度目标——相比 2010 年单位 GDP 下降 16%，二氧化碳排放强度下降 17%，黑龙江省的能源产业和经济发展之间的矛盾会进一步显现。黑龙江省能源的天然状况、能源产业结构、能源市场状况都是影响其能源、经济发展现状的关键因素。

经济危机的到来为经济发展模式提出了新的挑战，尤其是产业结构调整以及内需的提升对能源利用效率提出了更高的要求。单位生产总值能耗体现了能源使用效率的水平，2012 年黑龙江生产总值能耗为 1.156 吨标准煤/万元，处于全国第 18 位。本文对 2001～2012 年的该指标进行了分解分析[①]，具体分解模型如下：

$$I_{agg} = \sum_i S_{i,t} \cdot I_{i,t}$$

$$D_{tot} = \frac{I_t}{I_0} = D_{str} \cdot D_{eff}$$

$$D_{str} = \exp\left\{ \sum_i \frac{L(\omega_{i,t}, \omega_{i,0})}{\sum_i L(\omega_{i,t}, \omega_{i,0})} \ln\left(\frac{S_{i,t}}{S_{i,0}}\right) \right\}$$

[①]　本文采用 Divisia 指数分析的方法，采用黑龙江省 39 个工业产业的生产总值能耗、产业工业增加值、产业能源消耗量指标等进行分析的。

$$D_{eff} = \exp\left\{ \sum_i \frac{L(\omega_{i,t}, \omega_{i,0})}{\sum_i L(\omega_{i,t}, \omega_{i,0})} \ln\left(\frac{I_{i,t}}{I_{i,0}}\right) \right\}$$

其中：

$$L(x,y) = (y - x)\ln\left(\frac{y}{x}\right)$$

I_{agg}：整体能源密度

D_{tot}：整体能源密度的变化总量

D_{eff}：效率影响

D_{str}：结构影响

$S_{i,t}$：第 t 年 i 产业的生产份额

$I_{i,t}$：第 t 年 i 产业的能源密度

$\omega_{i,t}$：第 t 年 i 产业的能耗

通过分析可以看到，黑龙江省的生产总值能耗变化的主要推动因素来自于能源效率的提高，但是经济结构调整对能源消耗的影响经过一个提升过程之后已经趋缓。

从图 16 中可以看出，2006～2011 年黑龙江省能源密度的变化主要来自于能源效率的提高，而通过产业结构调整来降低能源密度的作用逐渐在减小。同时如果对能源密度的结构进行分解，能够得到如下结果：这说明黑龙江省面临的进一步降低能源密度的压力增大，结构效率正在面临挑战。因此，节能减排的关键在于高效率的节能技术和清洁能源的使用。

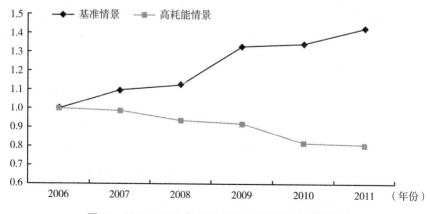

图 16　2006～2011 年间黑龙江省能源密度变化趋势

资料来源：《黑龙江省能源统计年鉴》。

（三）应对气候变化的压力增大

为了更好地描述经济危机下黑龙江能源产业的瓶颈和挑战，本文采用两阶段的 LMDI 分解分析方法对经济危机下的黑龙江省能源、环境和经济发展的状况进行分析①。分解分析的结果见图 17。

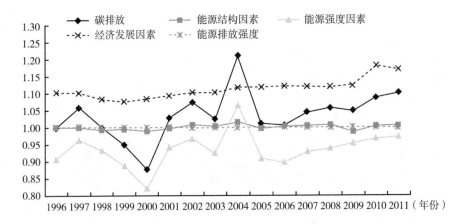

图 17　1996～2011 年间影响黑龙江省 CO_2 排放总量变化的主要因素

资料来源：《黑龙江省能源统计年鉴》。

1. 黑龙江省 1995 年以来 CO_2 排放总量增长的变化趋势。1995 年以来，黑龙江省 CO_2 排放总量的变化可分为三个阶段：1995～2000 年，排放总量和变化速度双双下降阶段；2000～2004 年，排放总量和变化速度双双上升阶段；2004～2011 年，排放总量继续上升，变化速度稳步下降阶段。

2. 影响黑龙江省 CO_2 排放总量变化的主要因素和未来减排路径。由于经济发展因素是导致黑龙江省 CO_2 排放总量增加的最主要原因，能源强度是促使黑龙江省 CO_2 排放总量降低的主要原因，能源结构和能源排放强度因素对黑龙江省 CO_2 排放总量变化的影响不显著。因此，在兼顾发展和减排的双重目标下，降低能源强度是未来黑龙江省减少 CO_2 排放总量的主要路径。

①　此处采用两阶段的 LMDI 分解分析方法。具体的模型为 Divisia 指数分解模型，对该模型的解释和使用方法可参考新加坡国立大学 Ang 教授的文章。

3. 未来降低黑龙江省 CO_2 排放总量的产业路径。未来黑龙江省减少 CO_2 排放总量的主要路径在于降低能源强度。能源强度的降低有赖于产业结构的优化和各产业能源强度的降低。从未来降低 CO_2 排放总量的产业路径上看，工业、交通运输、仓储和邮政业降低产业能源强度的潜力巨大，今后应通过调整和限制的方法，切实降低能源强度；农林牧渔业和其他产业由于能源强度低，消费产出比值小，应得到大力支持和发展。

4. 如上文所分析，能源活动是中国最主要的 CO_2 排放源，能源结构应是影响排放总量变化的重要因素之一，这在以往的研究中也得到了印证。但从本文的研究结果看，能源结构对黑龙江省 CO_2 排放总量变化的影响极小。这意味着在过去经济发展过程中，黑龙江省以原煤为主体的能源结构一直未能得到有力的改善（长期维持在 65% 左右，参见表 4）。未来大力发展和使用新能源，不断改进能源结构，将是黑龙江减少 CO_2 排放总量很具潜力的路径之一。

四 经济危机下黑龙江省能源产业发展的对策建议

1. 稳定能源生产，合理开发化石能源

第三部分的能源预测显示，未来黑龙江能源缺口将持续加大。以煤炭为主的化石能源在一段时间内仍将是支撑黑龙江省能源需求的最稳定来源。为了保证能源安全，满足日益增长的能源需求，稳定能源供需缺口，应该按照"集约、安全、高效、清洁"的原则，加强煤炭集约安全开发，促进油气开发和低成本稳产，提高天然气在终端能源消费中的比重，推进高效清洁燃煤发电，优先发展热电联产和集中供热。

2. 支持能源结构调整，建设新型清洁低碳能源基地

黑龙江省是国家石油主产区和重要能源基地，风能、水能、生物质能等可再生能源较为丰富。依托资源优势，实现资源合理配置，扩大新型能源比重，建设坚强智能电网，构筑安全、稳定、经济、清洁的能源体系是降低黑龙江省 CO_2 排放总量的重要途径。具体包括两个方面：一方面是发展推广太阳能热利用、水力风力发电、光伏发电、沼气技术等可再生资源的利用规模；另一方面是加快天然气的勘探开发和充分利用，回收油田伴生气，实施既有电网、主干网架结构的改造。

表4 黑龙江省1998～2011年的能源消费、GDP以及碳排放基础数据

消费量、碳排放：10^4 t

年份	消费总量	原煤 消费量	原煤 占比(%)	原油 消费量	原油 占比(%)	天然气 消费量	天然气 占比(%)	水电 消费量	水电 占比(%)	可比GDP/ 亿元	总排放	原煤	原油	天然气
1998	6702.1	4298.4	64.1	2062.2	30.8	287.9	4.3	53.6	0.8	728.6	4542.0	3211.7	1202.4	127.8
1999	6390.0	3967.1	62.1	2079.2	32.5	293.4	4.6	50.3	0.8	783.3	4306.7	2966.6	1209.7	130.4
2000	5663.1	3276.1	57.8	2097.2	37.0	243.7	4.3	46.1	0.9	847.3	3775.6	2447.1	1220.5	108.0
2001	5830.8	3294.1	56.5	2219.6	38.1	266.0	4.6	51.1	0.8	926.1	3875.9	2462.9	1294.0	119.0
2002	6204.2	3715.8	59.9	2180.0	35.1	247.4	4.0	61.0	1.0	1020.5	4156.9	2778.3	1268.5	110.1
2003	6309.8	3800.0	60.2	2230.0	35.3	234.1	3.7	45.7	0.8	1124.7	4240.7	2839.8	1297.4	103.5
2004	7515.0	4931.5	65.6	2294.3	30.5	236.7	3.1	52.5	0.8	1256.3	5124.0	3685.5	1335.1	103.3
2005	7619.6	4909.7	64.4	2340.6	30.7	315.2	4.2	54.1	0.7	1402.1	5173.0	3668.5	1362.6	141.9
2006	7657.3	4991.9	65.2	2297.3	30.0	317.1	4.1	51.0	0.7	1571.8	5209.8	3732.4	1338.1	139.2
2007	7957.9	5250.5	66.0	2340.5	29.4	328.5	4.1	38.4	0.5	1760.4	5434.1	3926.6	1362.8	144.7
2008	8347.8	5734.3	68.7	2234.2	26.8	337.8	4.0	41.5	0.5	1968.1	5738.7	4287.4	1303.2	148.1
2009	8465.2	5672.2	67.0	2357.9	27.9	364.4	4.3	70.7	0.8	2032.5	5775.9	4240.8	1375.4	159.8
2010	9666.8	6513.7	67.4	2533.1	26.2	399.0	4.1	87.3	0.9	2454.4	6523.5	4871.1	1477.5	174.9
2011	10061.8	6841.3	68.0	2574.6	25.6	412.0	4.1	60.2	0.6	2978.3	6796.7	5115.0	1501.1	180.6

表 5　1996～2011 年黑龙江省碳排放驱动因素分析

年份	LMDI 分解结果					碳排放		增长率分解							
	碳排放	能源结构因素	能源强度因素	经济发展因素	能源排放强度	增长率	趋势	能源结构因素		能源强度因素		经济发展因素		能源排放强度	
								增长率	贡献	增长率	贡献	增长率	贡献	增长率	贡献
1996	1.000	0.999	0.908	1.102	0.999	-0.000	→	-0.001	-	-0.092	-	0.102	+	-0.001	-
1997	1.059	0.999	0.962	1.100	1.001	0.059	↑	-0.001	-	-0.038	-	0.100	+	0.001	+
1998	1.000	0.991	0.933	1.082	0.999	0.000	→	-0.009	-	-0.067	-	0.082	+	-0.001	-
1999	0.948	0.995	0.887	1.075	1.000	-0.052	↓	-0.005	-	-0.113	-	0.075	+	0.000	/
2000	0.876	0.989	0.819	1.082	0.999	-0.124	↓	-0.011	-	-0.181	-	0.082	+	-0.001	-
2001	1.028	0.997	0.942	1.093	1.001	0.028	↑	-0.003	-	-0.058	-	0.093	+	0.001	+
2002	1.072	1.008	0.966	1.102	0.999	0.072	↑	0.008	+	-0.034	-	0.102	+	-0.001	-
2003	1.020	1.003	0.923	1.102	0.999	0.020	↑	0.003	+	-0.077	-	0.102	+	-0.001	-
2004	1.208	1.015	1.066	1.117	1.000	0.208	↑	0.015	+	0.066	+	0.117	+	-0.000	/
2005	1.010	0.996	0.909	1.116	1.001	0.010	↑	-0.004	-	-0.091	-	0.116	+	0.001	+
2006	1.007	1.002	0.896	1.121	1.000	0.007	↑	0.002	+	-0.104	-	0.121	+	-0.000	/
2007	1.043	1.004	0.928	1.120	1.000	0.043	↑	0.004	+	-0.072	-	0.120	+	0.000	+
2008	1.056	1.007	0.938	1.118	1.000	0.056	↑	0.007	+	-0.062	-	0.118	+	0.000	+
2009	1.047	0.987	0.954	1.123	1.000	0.069	↑	0.002	+	-0.035	-	0.125	+	0.001	+
2010	1.089	1.002	0.967	1.180	1.001	0.073	↑	0.001	+	-0.021	-	0.127	+	0.000	/
2011	1.102	1.005	0.973	1.169	1.000	0.057	↑	-0.002	-	-0.009	-	0.119	+	0.000	/
始末	1.336	1.003	0.377	3.528	1.000	是否显著		不显著		显著		显著		不显著	
年均	0.026	0.000	-0.048	0.194	-0.000										

注："↑"表示增加，"↓"表示减少，"→"表示稳定；"+"表示肯定；"-"表示该因素带来碳排放减少，"/"表示该因素对碳排放基本无影响。

资料来源：《黑龙江省能源统计年鉴》。

3. 抓住战略机遇淘汰传统能源落后产能，继续推进节能减排工作

2012年3月国务院公布《东北振兴"十二五"规划》，在规划中明确提出了进行机制体制改革的要求，破除制约东北发展的体制性矛盾，同时继续推进东北老工业基地的转型改造，推动东北地区的经济转型。在规划中也明确地提出了把加强生态建设作为主要任务之一。"十二五"期间是黑龙江能源产业的一个重大战略机遇期，借助国家政策在结构转型和生态建设上的大力支持，整合能源产业中落后产能集中的煤炭开采、炼焦和化工等行业，提高钢铁、水泥等行业中的能源使用效率将有效地促进黑龙江省的产业转型和结构调整，提高黑龙江省的单位GDP能耗水平，降低污染物排放量。

4. 支持产业结构调整，提升产业低碳化程度

产业结构调整的基本思路是调整和限制工业、交通运输、仓储和邮政业等产业，加快发展农林牧渔业和其他产业。具体包括：支持打造哈大齐（哈尔滨、大连、齐齐哈尔）国家级高新技术产业开发等高新技术产业集中区，力争在新材料、新能源、电子信息、生物技术及绿色产品深加工等高新技术产业领域实现重大突破；支持加快发展以旅游、服务外包、金融、现代物流为代表的现代服务业；支持配合黑龙江"上大压小"战略，引导淘汰工业、交通运输、仓储和邮政业中，尤其是工业中的钢铁、水泥、造纸等行业的落后产能，建立落后产能退出机制。

5. 支持降低能源强度，打造绿色低碳装备制造基地

能源强度的降低关键在于能源强度高的产业，即工业、交通运输、仓储和邮政业等产业。这些产业的能源强度主要取决于其生产装备的低碳程度。黑龙江是国家重要的发电设备生产制造基地，在高效火电、水电、核电、风电、生物质能、新能源汽车、智能电网等清洁能源装备和光伏、半导体照明、电池、石墨等新能源材料的制造研发等方面，具有一定的科技、产业和资源基础。金融政策要大力支持黑龙江省打造绿色低碳装备制造基地的发展战略，提升降低工业、交通运输、仓储和邮政业等高能源强度产业的生产装备低碳化程度，切实降低黑龙江省的整体能源强度。同时，金融政策支持黑龙江省打造绿色低碳装备制造基地也是其抢占低碳产业制高点，加快产业技术优势向经济优势转化的绝佳途径。

6. 制定未来中远期能源战略，规划黑龙江省能源低碳技术路线和布局

从第三部分的测算结果看，无论是节能减排的压力，还是能源需求缺口的压力，解决的途径必然要考虑技术水平的提高。为主动应对碳排放问题，黑龙江省应制定未来长远能源战略，战略周期的制定可借鉴欧盟出台的《战略能源技术计划》，规划未来 20 年及 50 年黑龙江省的能源战略路线，逐步实现能源体系的转型，最终达到清洁、低碳的目标。为达到这一目标，应将电力行业低碳技术发展提升到更加重要的地位，及早研究我国电力低碳技术路线，实现燃煤电站的近零排放，为应对气候变化做出积极的贡献。

7. 加强产学研合作，促进能源领域技术创新

目前减排技术的成本高、风险大的现状制约着技术的发展，因此政府的支持和政策环境是引导减排技术发展的重要因素。加强政策导向的力度，在技术研发中的基础性研究、应用研究、产品和工艺技术开发的各个阶段，充分利用企业、高校和科研单位的多种资源，促进创新能力的建设，完善技术研发体系。建立和完善有利于企业技术开发的区域创新系统，形成有效的激励机制，建立健全知识产权体系，有效引导企业的技术开发活动。同时建立风险分担机制，创新投资的经济收益低、技术开发的风险高、失败可能性非常大，因此企业从事减排技术开发，面对着众多不确定性，这也使得众多企业并不愿意创新而更倾向于技术引进。一定的分担机制，则会增强企业创新投入的主动性。对低碳发电项目，通过对自主创新产品的定向采购，提高设备国产化率。通过推进减排产业化创造市场空间，从市场的角度鼓励企业加大对自主研发的重视。通过明确的产业政策导向，为企业从事节能减排技术开发创造必要的市场空间。在坚持自主研发与引进消化相结合的方式的同时，加大对自主研发的持续投入，逐渐增强自主创新的能力，对核心技术进行扶持和保护，防止对技术引进的过度依赖。

参考文献

许红星：《我国能源利用现状与对策》，《中外能源》2010 年第 1 期。

牛晓耕、王海兰：《黑龙江省能源消费结构与碳排放关系的实证分析》，《财经问题研究》2011 年第 8 期。

程子君、李志强：《黑龙江省煤炭城市生态环境问题及防治对策》，《环境科学与管理》

2009 年第 7 期。

宋国利、鄂勇、陈文：《黑龙江主要生态环境问题及成因分析》，《东北林业大学学报》2005 年第 5 期。

崔磊：《大庆油田开采对生态环境的破坏及应采取措施》，《黑龙江环境通报》2006 年第 1 期。

徐良才、郭关海、公衍伟、王怀勋：《浅谈中国主要能源利用现状及未来能源发展趋势》，《能源技术与管理》2010 年第 3 期。

国家统计局：《中国统计年鉴 2011》，中国统计出版社，2011。

国家统计局：《中国统计年鉴 2010》，中国统计出版社，2010。

国家统计局：《中国统计年鉴 2009》，中国统计出版社，2009。

国家统计局：《中国统计年鉴 2008》，中国统计出版社，2008。

黑龙江省统计局：《黑龙江省能源统计年鉴 2011》，黑龙江省统计局，2011.

黑龙江省统计局、国家统计局黑龙江调查总队：《黑龙江省统计年鉴 2008》，中国统计出版社，2008。

黑龙江省统计局、国家统计局黑龙江调查总队：《黑龙江省统计年鉴 2009》，中国统计出版社，2009。

黑龙江省统计局、国家统计局黑龙江调查总队：《黑龙江省统计年鉴 2010》，中国统计出版社，2010。

黑龙江省统计局、国家统计局黑龙江调查总队：《黑龙江省统计年鉴 2011》，中国统计出版社，2011。

黑龙江人民政府：《黑龙江省新能源和可再生能源产业发展规划（2010~2020 年)》，http：//www. hlj. gov. cn/wjfg/system/2011/01/24/010138908. shtml。

王新来、曹汝东、王迟、石洪双：《基于 LMDI 分解模型的碳排放增长驱动因素研究》，中国人民银行 2010 年青年课题组暨青年论坛活动，2010。

Development Report of Heilongjiang Province Energy Industry under the Economic Crisis

Liang Dapeng Xing Xinpeng Zhang Zhao

Abstract： As China's major energy production base，Heilongjiang Province has an important position in the country's energy security. With economic development and population growth，energy demand in Heilongjiang Province is increasing constantly in recent years. Increased energy exploitation intensity and environmental constraints have put greater pressure on the province in energy problem solution and the traditional mode of development of the energy industry is faced with serious challenges. In order to promote fast development of clean energy in Heilongjiang Province, this paper analyses the energy industry in Heilongjiang from three aspects: energy efficiency, energy structure and ecological environment. Considering the premise of coordinated development of energy, environment and economy, this paper proposes policy recommendations to promote brand-new development of energy industry in Heilongjiang Province.

Key Words: Energy Industry; Ecological Environment; Economic Crisis

B.14
经济危机下的黑龙江省
对外贸易发展报告

姜明辉 张莹 姜薇 张夏伟*

摘 要：

经济危机后黑龙江省的对外贸易发展迎来了新的机遇与挑战。在此基础上，本文从黑龙江省的贸易规模、贸易结构和地理方向等方面分析黑龙江省经济危机以来的外贸发展情况，并通过市场占有率、贸易依存度等不同的指标和与其他省的比较分析其外贸竞争力。可以看出，黑龙江省在受到经济危机的影响后，外贸水平恢复速度较快，外贸竞争力不断增强。但在外贸发展中仍存在一些不足，如贸易结构有待完善、贸易层次较低、外贸企业弱小等。最后根据全球经济发展的趋势和国家对黑龙江省的要求，提出了后经济危机时期黑龙江省提升外贸水平、增强出口竞争力的合理建议。

关键词：

黑龙江 对外贸易 经济危机

一 经济危机后黑龙江省对外贸易的发展现状

近年来，在国家振兴东北老工业基地的号召下，黑龙江省在全面提升经济实力、构建可持续发展经贸关系上取得了突破性的进展。依据得天独厚的自然资源和特殊的地理优势，黑龙江省不断优化贸易结构，拓展贸易伙伴，使外贸整体

---

* 姜明辉，哈尔滨工业大学经济与管理学院教授，博士，博士生导师；张莹，哈尔滨工业大学经济与管理学院硕士研究生；姜薇，哈尔滨工业大学经济与管理学院国际经济与贸易专业本科生；张夏伟，哈尔滨工业大学经济与管理学院硕士研究生。

水平进一步提高。但2008年席卷全球的金融危机也给黑龙江的对外贸易带来了不小的冲击，其后一年内进出口总额急剧下降了137亿美元，其中边境贸易受冲击较为严重。在经历了2009年危机的低迷期之后，黑龙江的外贸情况逐渐好转，进出口总额不断创历史新高。在对外贸易结构上，黑龙江省积极促进产品深加工，扩大机电产品出口，提升出口产品档次，进口集中在资源型产品和高新技术产品上。此外，黑龙江省一直致力于同世界各国的经贸合作，建立了广泛的市场格局，与200多个国家有着各种商品的经贸往来，外贸实力不断增强。

（一）贸易规模

近五年来黑龙江省各年的进出口总额及出口总额、进口总额和进出口差额情况如表1所示。

表1 黑龙江省2008～2011年进出口总额

单位：亿美元

年份	进出口总额	出口总额	进口总额	进出口差额
2008	229.0	165.7	63.2	102.5
2009	162.2	100.8	61.4	39.3
2010	255.0	162.8	92.2	70.6
2011	385.1	176.7	208.4	-31.7
2012.01～2012.10	298.4	104.1	194.3	90.2

2008年，黑龙江省实现进出口总额229亿美元，出口总额165.7亿美元。2009年，受金融危机的影响，世界各国经济增长缓慢，国际市场需求萎缩，黑龙江省的外贸受到严重打击，全年进出口总额下降至162.2亿美元，在全国各省（区、市）排名中列第13位。但各级政府通过不懈努力并采取有效措施，扭转了下滑趋势，使全省外贸规模恢复高速增长的步伐。2010年，全省实现进出口总额创255.0亿美元的历史新高，2011年，全省再创历史新高，共实现进出口总值385.1亿美元，比上年增长51%，位居全国各省第12位。2012年1～10月，黑龙江省进出口总值达298.4亿美元，比2011年1～10月降低了9个百分点，下降幅度稍有减缓，少于全国平均进出口总值15.6个百分点，在同其他省的比较排名中也由2011年同期的名列前茅滑落到底端。

（二）贸易结构

面对经济危机对我国出口的打击，黑龙江省深刻认识到改善贸易结构的重要性。近年来，黑龙江省贸易结构有所调整。从整体上看，出口方面，服装、纺织、日用品等劳动密集型产品仍然占最大份额，但比重有所下降，农业依然是主要出口产业，此外，机电产业发展迅速，成为出口重点，但高新技术产业的出口比例仍没有提升。进口方面，黑龙江省以资源、能源等产业为主，高新技术产业的进口比例也较高。具体数据如表2和表3所示。

表2　2010～2011年黑龙江省主要产业出口额

单位：万美元

年份	农业	能源、化工产业	机电产业	高新技术产业	服装纺织、日用品产业
2010	69557	159685	475894	37272	1102900
2011	79861	203731	527760	27460	1037999

表3　2010～2011年黑龙江省主要产业进口额

单位：万美元

年份	农业	能源、化工产业	机电产业	高新技术产业
2010	125531	627638	131686	45334
2011	137608	1789473	112267	40632

具体从产品的进出口数据中可以看出，2008年黑龙江省出口的主要产品中机电产品增长率较高，新增76.7个百分点，实现了39.2亿美元的出口额；高新技术产品的出口有所下降，出口额仅为3亿美元。2009年，受金融危机影响，全省机电产品和高新技术产品出口额均大幅下降。而2010年贸易情况有所好转，全省机电产品、高新技术产品、钢材等产品出口同比增长均超50%。2011年，传统的大宗商品，如服装、箱包、纺织品等的出口明显有所下降。以服装及衣着附件为例，2011年出口额为283693万美元，比2010年下降了7.3%。从进口数据来看，呈显著增长的商品为原

油、成品油以及铁矿砂等资源类商品。此外，农业作为黑龙江省的传统支柱产业之一，农产品的出口也是呈逐年增加态势。由 2009 年的 6.2 亿美元到 2010 年的 6.9 亿美元再到 2011 年增至 7.9 亿美元，保持了相对稳定的增长幅度。

2012 年的前 8 个月，从出口产品种类看，由于外需萎缩、订单减少，纺织品出口一枝独秀，黑龙江省出口商品除纺织品（增长 31.1%）外全部下降。其中，机电产品出口 25.7 亿美元，下降 37.8%；高新技术产品出口 1.5 亿美元，下降 27.8%；服装及衣着附件、鞋类和箱包及类似容器分别下降 42.7%、12.3% 和 66.1%。而从进口产品种类看，资源类商品已成为黑龙江省进口主要商品且增速很快。其中原油占到进口的绝大部分比例，进口额达 111.1 亿美元，增长了 32%，肥料进口超过 4 亿美元，进口额翻了一倍多。具体情况如表 4 所示。

表4　2008～2011 年黑龙江省各地区进出口总额

单位：万美元

	进出口总额				出口总额			
	2008	2009	2010	2011	2008	2009	2010	2011
全　　省	2289860	1622107	2550382	3851290	1657389	1007614	1628176	1767264
省直企业	104683	53772	164633	925754	85587	25468	105518	273767
哈 尔 滨	358679	318803	422529	490877	188080	125242	199846	214362
齐齐哈尔	58173	67863	89271	102888	50965	49772	74425	57294
鸡　　西	47917	49901	70692	92349	45390	45982	69525	70009
鹤　　岗	4486	5376	8180	11172	3110	5108	6771	10929
双 鸭 山	89996	64260	99749	130690	87298	61409	91085	112837
大　　庆	81920	110250	154145	215896	52228	56807	97597	54546
伊　　春	22075	22180	30223	34785	11244	14608	19086	12192
佳 木 斯	218257	203152	305198	365151	192337	186237	283630	300988
七 台 河	3657	4418	6096	9268	3286	3970	5843	8914
牡 丹 江	1000234	524006	900393	1042256	657601	250796	402957	397862
黑　　河	290178	188736	285491	328338	272182	174683	261754	245066
绥　　化	7861	7345	10366	13151	6369	5953	6980	7276
大兴安岭	1743	2045	3415	88714	1712	1577	3157	1222

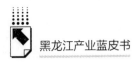

	进出口总额				出口总额			
	2008	2009	2010	2011	2008	2009	2010	2011
全　省	632471	614493	922207	2084026	1024917	393120	705969	-316761
省直企业	19097	28304	59115	651987	66490	-2836	46403	-378220
哈尔滨	170599	193561	222683	276515	17481	-68318	-22837	-62153
齐齐哈尔	7208	18091	14846	45594	43757	31681	59579	11700
鸡　西	2527	3919	1167	22340	42863	42063	68358	47669
鹤　岗	1376	268	1409	243	1734	4840	5362	10686
双鸭山	2698	2851	8664	17853	84599	58558	82421	94984
大　庆	29692	53443	56549	161350	22536	3364	41048	-106804
伊　春	10831	7571	11137	22594	413	7037	7949	-10402
佳木斯	25921	16915	21568	64164	166416	169323	262062	236824
七台河	371	448	253	354	2915	3522	5590	8560
牡丹江	342633	273210	497436	644393	314969	-22414	-94479	-246531
黑　河	17996	14053	23737	83272	254186	160630	238017	161794
绥　化	1492	1392	3386	5875	4877	4562	3594	1401
大兴安岭	31	468	258	87492	1681	1110	2899	-86270

从表4中可以看出，牡丹江是黑龙江省进出口的第一大口岸，在2008年就超过了100亿美元，占了全省进出口总额近一半的比重。而由于经济危机的影响，在2009年进出口额也不可避免地回落、下降了近50%的比重，占全省比重不到三成。2010年恢复到90亿美元，而在去年达到104亿美元超过2008年创下历史新高。2012年前三个季度，进出口额实现86.07亿美元，比2011年同期增长27个百分点，在全省外贸总值中占32%。作为省会的哈尔滨紧随其后，是黑龙江省进出口额排第二位的城市，较牡丹江而言哈尔滨进出口总额随经济的波动更为缓和，且进出口差额小。此外，佳木斯和黑河也因地处边界的便利条件成为黑龙江省的进出口大市。

（三）地理方向

近年来，黑龙江省对外贸易分地区的进出口情况及主要贸易伙伴如表5和表6所示。

表5　黑龙江省海关分地区进出口情况

单位：万美元

	进出口总额				出口总额			
	2008	2009	2010	2011	2008	2009	2010	2011
总　　额	2289860	1622107	2550382	3851290	1657389	1007614	1628176	1767264
亚　　洲	588152	504948	850879	826425	445910	399968	686385	604820
非　　洲	65304	115245	266305	206689	64448	54465	86044	73787
欧　　洲	1366147	739339	1005441	2252927	969975	432088	613373	710263
拉丁美洲	88160	83352	144086	135106	59432	34743	65508	81983
北 美 洲	159020	147669	249417	375482	96876	63480	151992	263603
大 洋 洲	23077	31554	34254	54660	20746	22870	24873	32809

表6　黑龙江省对主要贸易伙伴进出口情况

单位：万美元

	进出口总额				出口总额			
	2008	2009	2010	2011	2008	2009	2010	2011
日　　本	62091	60446	66828	68857	33800	31553	38982	44852
韩　　国	95695	52182	75135	85553	84488	41992	65623	77488
德　　国	73133	54220	62336	92547	37974	19834	37032	64971
俄罗斯	1106314	557715	747356	1898618	797057	326843	428475	434702
美　　国	143832	135702	224489	343045	86913	56246	133308	240213

　　由于处在特殊的地理位置，俄罗斯一直是黑龙江省对外贸易的最大伙伴。2008年黑龙江省主要的贸易伙伴中，与美国、韩国、德国的进出口总值分别增长84.5%、1.3倍和1.2倍。对俄贸易仍占主体，对俄进出口总值110.6亿美元，占全省的48.3%。而受到金融危机的影响，俄罗斯市场需求减少，2009年黑龙江省对俄贸易进出口总值仅有55.7亿美元，下降49.6%，占总值比重也下降到34%。2010年，黑龙江省对主要贸易伙伴进出口额有所增长，但对韩国、德国和俄罗斯的进出口总额仍未恢复到2008年的水平。其中对俄实现进出口总额74.7亿美元，比上年增长34.0%，低于全国对俄进出口增速9.1个百分点，对俄贸易占全省进出口总额的比重不足3成。

2011 年黑龙江省对主要贸易伙伴进出口恢复到危机前水平，增长显著。尤其是对俄罗斯和美国贸易增幅较大，进出口总额分别为 189.9 亿美元和 34.3 亿美元，分别增长 150% 和 52.8%。对俄贸易超过 2008 年的历史最高水平，对美贸易也达到新高。2012 年 1～8 月，黑龙江省对俄贸易继续保持增长，对美国和欧盟则有所下降。其中对俄实现进出口总值 141.4 亿美元，达到全省进出口总额的一半以上。而对欧盟和美国的贸易额则只有 13.7 亿美元和 13.6 亿美元，对外贸水平拉动作用较小。

日本和韩国也是黑龙江省的主要传统对外贸易伙伴，尤其是韩国由于地理优势成为与日、德两大经济体持平的黑龙江省贸易伙伴。经济危机后，日、韩、德交替为全省第三大贸易对象国。相较而言，日本与黑龙江的贸易额保持着较为稳步平缓的增长，保持在 6 亿美元以上而未曾达到 7 亿。在 2011 年，德国与黑龙江贸易额增长了近 50%，一跃成为黑龙江的第三大贸易伙伴国。

二 经济危机后黑龙江省外贸竞争力分析

（一）竞争力的指标选取

经济危机对黑龙江省进出口的增速和比例等很多方面都有较大影响，危机后黑龙江省一直在努力增强外贸实力。为了更好地衡量外贸竞争力，本报告综合考虑目前研究中普遍选取的外贸竞争力指标，据简明实用和多方面衡量的原则，考虑到数据的可获取性，采取标准化方法，结合黑龙江省的对外贸易发展现状，从总体规模和具体行业等方面入手，选择以下指标（见表 7）。其中进出口增长率和市场占有率指标的选取符合国际贸易竞争力研究的一般范式，而对外贸产品的衡量则是从对外贸易可持续发展的角度出发，反映其贸易结构的高度，以求尽量全面地从不同角度体现外贸竞争力，综合衡量外贸实力，并通过对指标计算结果的分析找出对外贸易中存在的比较优势和劣势。

表7 外贸竞争力指标

指标	说明及公式
进出口额、增长率	对外贸易进出口总额是衡量外贸规模的重要指标,而进出口增长率能够较为准确地反映出一国或地区的外贸发展速度和潜力。进出口,尤其是出口额的变化可以反映该地区竞争力的演变趋势。
	进出口增长率 =(当年进出口额 – 上一年进出口额)/上一年进出口额 ×100%
市场占有率	指该地区产品出口额占全国或全世界产品出口额的比重,用来反映该地区的市场总体占有程度和整体竞争实力。可以用国际市场占有率和全国市场占有率来衡量。
	国际市场占有率 =(某地区的出口额/世界出口总额)×100% 全国市场占有率 =(某地区的出口额/中国出口总额)×100%
对外贸易依存度 (出口依存度)	指一国或一个地区的对外贸易额在 GDP 中的比重,反映了一国或一个地区的对外贸易在其经济增长中的地位,同时也能够反映其市场开放程度。
	外贸依存度 = 某地区进出口总额/该地区生产总值(GDP) 出口依存度 = 某地区出口总额/该地区生产总值(GDP)
贸易分工指数 RCA	指某产品在一国出口中所占份额与该产品的世界出口份额之比,旨在反映该产品在贸易上的比较优势。由于其剔除了国家总量波动和世界总量波动的影响,所以能够较好地反映该产品的竞争力。一般地,若 RCA > 1,则该产品具有竞争优势,取值越大,优势越大;反之,若 RCA < 1,则产品处于劣势。
	$$RCA_{ia} = \frac{Xia/Xit}{Xwa/Xwt}$$ 针对本省情况,定义 X_{ia} 为黑龙江省在产品 a 上的出口额,X_{it} 为黑龙江省所有商品的总出口额,X_{wa} 代表全国在 a 产品的总出口额,X_{wt} 代表全国所有商品的总出口额。

(二)黑龙江省外贸竞争力指标测算

1. 进出口额、增长率

2007～2012 年 9 月份黑龙江省进出口额及增长情况如表 8 所示,从中我们不难看出,2008 年经济危机给黑龙江省的进出口带来了不小的冲击,尤其是 2009 年,增长率已变为负值,进出口额下跌至前三年以来最低,直至 2010 年才勉强追到 2008 年的水平,接下来的 2012 年出口额同比增长幅度不大,但进出口额增长明显,贸易逆差扩大,说明经济危机以来黑龙江省受世界市场萎靡的影响,出口势头减弱,外贸受到了一定程度的影响。

表 8　黑龙江省进出口额及增长率

单位：亿美元，%

年份	黑龙江省出口额	出口增长率	进出口总额	进出口增长率
2007	122.7	45.4	173.0	34.5
2008	165.7	35.0	229.0	32.4
2009	100.8	−39.1	162.2	−29.2
2010	162.8	61.5	255.0	38.7
2011	176.7	8.5	385.1	51.0
2012(1~9月)	94.3	−37.4	268.9	−8.6

2. 市场占有率

通过测算黑龙江省出口产品占全国和全世界出口额的比率，得到的数据如表 9 所示。

表 9　黑龙江省出口产品国际市场占有率

单位：亿美元，%

年份	黑龙江省出口总额	中国出口总额	黑龙江占中国出口比率	世界出口总额	黑龙江出口国际市场占有率
2007	122.7	12180.2	1.01	172816	0.071
2008	165.7	14285.5	1.16	161270	0.103
2009	100.8	12016.6	0.84	123180	0.082
2010	162.8	15779.3	1.03	150820	0.108
2011	176.7	18986.0	0.93	182557	0.097
2012(1~9月)	94.2	14953.9	0.63	—	—

由表 9 可见，2007~2012 年之间，黑龙江省占中国出口比率徘徊在全国 1% 的水平。2008 年经济危机席卷全国，黑龙江省在随后的一年里出口比率急剧下降，仅为 0.84%，说明黑龙江省同国内其他省份相比受影响更为严重，对外国市场依赖性更强。而从国际市场占有率来看，虽然所占比例有所波动，但呈现比率上升的整体趋势，出口情况逐渐好转。市场占有率的提高说明了国外市场对黑龙江省出口产品的高认可度，体现了黑龙江省不断稳步提升的外贸竞争力。

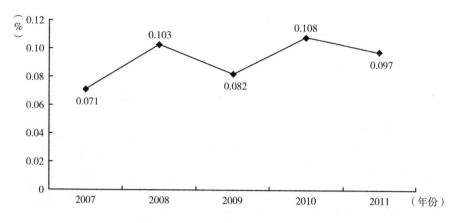

图1　黑龙江省对外贸易产品国际市场占有率变化趋势

3. 对外贸易依存度

表10为所计算的黑龙江省对外贸易依存度（出口依存度）。

从表10可以看出黑龙江省的外贸依存度较为可观，除2009年受经济危机影响，外贸依存度仅为13.4%以外，其他年份均保持稳定，2012年1~8月急剧增长达到27.3%。此外经济危机以来黑龙江省出现贸易逆差并逐年扩大，2011年已达到了1346亿人民币。从出口依存度上也可以看出自2009年起黑龙江省出口额下降比例较大，这说明黑龙江省的外向型特征经济增长格局受到了较为严重的冲击。但2012年情况明显好转，出口依存度达35.1%，出口竞争力有了大幅提升。

表10　黑龙江省对外贸易依存度

单位：亿人民币，%

年份	GDP	进出口总额	出口总额	外贸依存度	出口依存度
2007	7077	1315.5	933.0	18.6	13.2
2008	8310	1590.4	1150.8	19.1	13.8
2009	8288	1108.0	688.6	13.4	8.3
2010	10235	1725.2	1102.1	16.9	10.8
2011	12582	2487.3	1141.3	19.8	9.1
2012(1~9月)	5471.7	1494.4	512.5	27.3	9.4

4. 贸易分工指数

根据近年来黑龙江省以及全国出口产品构成情况，如表11所示。

表11 2007～2008全国及黑龙江省主要出口产品出口额

单位：亿美元

	全国主要商品出口总额					黑龙江省主要商品出口总额				
	2007	2008	2009	2010	2011	2007	2008	2009	2010	2011
机电产品	7011	8229	7131	9334	10855	22.16	39.17	29.4	47.59	52.78
高新技术产品	3478	4156	3769	4924	5487	—	—	2.430	3.727	2.746
服装及衣着附件	1150	1197	1070	1294	1532	53.15	50.72	17.66	30.60	28.37
纺织物及其制品	561	653	599	770	946	4.950	6.012	4.606	5.827	5.548
鞋类	253	296	280	356	417	11.05	9.292	8.424	13.29	10.20
家具及其零件	221	269	253	329	379	2.210	11.76	4.473	6.659	7.275
箱包	108	139	127	180	239	3.387	5.482	5.608	11.90	12.29
塑料制品	144	158	144	186	234	1.498	7.071	2.652	4.176	6.259
钢材	441	634	222	368	512	2.058	3.011	1.750	3.329	5.005
汽车零件	122	148	129	186	229	0.413	0.697	0.900	2.119	1.414
农产品	—	401	391	488	601	—	—	6.235	6.956	7.986
自动数据处理设备	1237	—	1223	1639	1762	0.605	0.428	0.241	0.798	0.798

根据近年来黑龙江省出口产品构成情况计算出的贸易分工指数（RCA）的历年数值，如表12所示。

表12 黑龙江省出口产品构成RCA

年份	机电产品	高新技术产品	服装及衣着附件	纺织织物及其制品	鞋类	家具及其零件	箱包	塑料制品	钢材	汽车零件	农产品	自动数据处理设备
2007	0.31	—	4.59	0.88	4.34	0.99	3.11	1.03	0.46	0.33	—	0.05
2008	0.41	—	3.65	0.79	2.70	3.77	3.39	3.85	0.41	0.41	—	—
2009	0.49	0.49	0.08	1.97	0.92	3.58	2.11	5.23	2.20	0.94	0.83	1.90
2010	0.49	0.49	0.07	2.29	0.733	3.62	1.96	6.40	2.17	0.88	1.10	1.38
2011	0.52	0.52	0.05	1.99	0.63	2.63	2.06	5.52	2.87	1.05	0.66	1.43

根据贸易分工指数的比较原则可以看出，近年来黑龙江省出口最具竞争力的产品是塑料制品，RCA数值高达6左右，说明黑龙江省塑料制品的出口优势非常明显，且优势基本保持不断扩大。紧随其后的是家具及其零件和箱包，

虽然指数稍有下降，但仍具有较明显的比较优势。而纺织物及其制品、钢材、自动数据处理设备及其零件的指数略大于1，说明其出口优势不强，但钢材的竞争力在近三年明显提高。其他产品如机电产品、高新技术产品等则在出口上明显处于劣势，竞争能力较弱，不利于可持续发展。值得注意的是，服装及衣着附件以及鞋类制品在近几年里数值大幅下降，表明两者的出口竞争力下降，由比较优势变为劣势，而钢材和自动数据处理设备及其零件则由比较劣势转为比较优势，发展形势较为良好。

从总体上来看，黑龙江省出口产品中具有明显比较优势的产品为工业制成品，如塑料制品等，远超出了农产品等初级产品的出口，说明近年来黑龙江省的外贸结构有所改善，已初步实现了从初级产品到工业制成品的转变。但此类工业制成品仍属于低附加值的劳动密集型产品，机电产品、汽车零件和高新技术产品等技术密集型产品的出口竞争力仍十分薄弱，因此黑龙江省亟需增强此类产品的出口竞争力，真正推动贸易结构由劳动密集型向资本、技术密集型转变，使贸易结构高级化。

（三）与同期的国内其他省区的比较

1. 增长率指标比较

2011年和2012年的1~8月份全国各省（市、区）的进出口额及其增长情况，具体见表13和表14。

表13　2011年全国各省（市、区）进出口总额对比表

单位：亿美元，%

排名	地区	总额	同比增长	排名	地区	总额	同比增长
	全国	36421.0	22.5	8	天津	1032.7	25.8
1	广东	9134.8	16.4	9	辽宁	959.6	18.9
2	江苏	5397.6	15.9	10	河北	536.0	27.4
3	上海	4374.4	18.6	11	四川	477.8	46.2
4	北京	3894.9	29.1	12	黑龙江	385.1	50.9
5	浙江	3094.0	22	13	湖北	335.2	29.1
6	山东	2359.9	24.8	14	河南	326.4	83.1
7	福建	1435.6	32	15	江西	315.6	46.06

续表

排名	地区	总额	同比增长	排名	地区	总额	同比增长
16	安徽	313.4	29.1	24	陕西	146.2	20.8
17	重庆	292.2	89.9	25	海南	130.2	20.4
18	广西	233.3	33.7	26	内蒙古	108.0	42.7
19	吉林	220.5	37.8	27	甘肃	87.6	16.4
20	新疆	217.0	26.6	28	贵州	48.8	55.2
21	湖南	190.0	29.6	29	西藏	22.9	16.6
22	云南	160.5	19.6	30	宁夏	13.6	62.53
23	山西	147.6	17.4	31	青海	9.2	17.1

表14　2012年1~8月全国各省（市、区）进出口总额对比表

单位：亿美元，%

排名	地区	总额	增长	排名	地区	总额	增长
	全国	24976.2	6.2	16	江西	232.8	24.9
1	广东	6261.0	5.3	17	湖北	208.1	-4.5
2	江苏	3532.1	0.0	18	广西	170.2	15.8
3	上海	2896.0	1.0	19	吉林	164.9	13.3
4	北京	2712.9	8.0	20	新疆	142.9	7.3
5	浙江	2041.8	0.8	21	湖南	128.6	4.2
6	山东	1573.0	2.9	22	云南	120.3	22.4
7	福建	971.1	10.4	23	山西	89.9	-5.8
8	天津	769.9	17.7	24	海南	89.9	8.3
9	辽宁	699.4	11.1	25	陕西	89.8	-6.0
10	四川	380.9	31.4	26	内蒙古	75.6	-3.0
11	重庆	352.7	132.9	27	甘肃	67.7	6.7
12	河北	337.9	-3.0	28	贵州	41.2	40.8
13	河南	287.7	64.3	29	西藏	19.5	183.1
14	安徽	257.5	26.5	30	宁夏	14.8	-4.9
15	黑龙江	239.9	-10.1	31	青海	6.2	-1.7

从表13中可以看出，2011年全国进出口总额达到36421.0亿美元，同比增长22.5%，东部沿海省区广东、江苏、上海、北京、浙江、山东、福建和天津的进出口额均超过千亿美元，远远高于其他省区，占到全国进出口总额的84.36%，西部省区甘肃、贵州、西藏、宁夏、青海的进出口额均低于百亿美元，只占全国进出口总额的0.5%左右，这与地理位置、经济发展

状况以及政策条件等都密切相关。2011 年黑龙江省的进出口总额增长较快，达到 385.1 亿美元，比上年增长 50.9%，比全国平均增长率高出了 28.4 个百分点，位居全国各省第 12 位，总体处于良好的上升态势。如表 14 所示，2012 年以来，全国对外贸易总体保持良好上升态势，进出口总额比上年同期增长 6.2%，大部分省区也保持稳步增长的速率，但河北、黑龙江、湖北、山西、陕西、内蒙古、宁夏和青海增长率为负值，尤其是黑龙江省，外贸形势比较严峻。1～8 月份，黑龙江省进出口总额为 239.9 亿美元，增长率为负值，比 2011 年 1～8 月降低了约 10 个百分点，下降比例仍然在扩大，少于全国平均进出口总值约 16 个百分点，在全国排名中已滑落到第 15 名。重庆，河北，河南，安徽同期进出口额已超过黑龙江省，后边的江西省也大有赶超之势。说明黑龙江省同国内其他省的外贸竞争力相比仍处在中等水平，竞争力有待进一步提高。

2. 依存度指标比较

依据进出口额和 GDP，通过单位的换算，计算出 2011 年全国各省市外贸依存度和出口依存度指标，如表 15 所示。

表 15   2011 年全国各省（市、区）外贸依存度对比表

单位：%

地　区	外贸依存度	出口依存度	地　区	外贸依存度	出口依存度
全　　国	49.74	25.93	河　南	7.82	4.61
北　京	154.82	23.45	湖　北	11.05	6.43
天　津	59.05	25.41	湖　南	6.22	3.25
河　北	14.12	7.53	广　东	110.88	64.57
山　西	8.47	3.12	广　西	12.87	6.86
内蒙古	5.37	2.11	海　南	32.66	6.51
辽　宁	27.91	14.83	重　庆	18.84	12.79
吉　林	13.48	3.05	四　川	14.66	8.92
黑龙江	19.78	9.07	贵　州	5.54	3.38
上　海	147.22	70.55	云　南	11.64	6.88
江　苏	70.96	41.11	西　藏	14.48	12.61
浙　江	61.83	43.24	陕　西	7.56	3.63

续表

地 区	外贸依存度	出口依存度	地 区	外贸依存度	出口依存度
安 徽	13.22	7.21	甘 肃	11.23	2.78
福 建	52.79	34.15	青 海	3.57	2.56
江 西	17.37	12.07	宁 夏	7.02	4.91
山 东	33.59	17.90	新 疆	22.30	16.44

改革开放以来，中国外贸依存度呈现不断增加的态势。1978 年中国外贸依存度只有 9.8%，此后持续上升，到 2005 年外贸依存度已经高达 63.9%，说明我国的经济发展对外贸的依赖程度很大。2006 年以来，中国外贸依存度总体呈现回落态势，由 2006 年的 67% 回落至 2011 年的 49.74%。其中，2011 年出口依存度为 25.93%，进口依存度为 24%，这说明未来经济将更多依靠内需拉动。但超过 50% 的外贸依存度仍然表明我国深度地参与国际竞争和国际分工，我国经济广泛而深入地融入全球经济发展。

从区域范围来看，我国东部各省的外贸依存度均位居前列，在很大程度上拉动了全国的高外贸依存度，而中部与西部的差距不是特别明显。由于自然条件、经济基础以及政策优势等影响因素，我国地区间外贸依存度明显不平衡，呈现出东高西低的特征。从具体各省、市、自治区 2011 年的外贸依存度和出口依存度数值来看，外贸依存度排名前三的省市为北京、上海和广东，外贸依存度分别高达 154.82%、147.22% 和 110.88%，远超其他各省。江苏、浙江、天津和福建的外贸依存度也高于全国水平，分别为 70.96%、61.83%、59.05% 和 52.79%，说明这些省市的对外开放程度较高，对外贸易对经济增长的贡献较大。从出口依存度来看，上海、广东、浙江和江苏遥遥领先，分别为 70.55%、64.57%、43.24% 和 41.11%，说明这些省市的出口在全省地位较高。而贵州、内蒙古、青海的外贸依存度则为全国最低，仅为 5.54%、5.37% 和 3.57%。相比之下黑龙江省的外贸依存度较为乐观，在 2011 年排名第 12 位，占全国中等偏上水平，外贸依存度为 19.78%，出口依存度为 9.07%。说明黑龙江省外贸数额较大，对经济增长起到一定的作用，但还存在很大的提升空间。

3. RCA 指标比较

然后统计出 2011 年具有代表性六个省区的部分重要产品出口额数据，如表 16 所示。

表 16　2011 年六个省（市、区）部分产品出口总额对比表

单位：亿美元

地区	机电产品	高新技术产品	农产品	服装及衣着附件	纺织原料及制品
全　国	10855.89	5487.88	601.1	1532.2	946.7
黑龙江	52.776	2.746	7.986	28.37	5.548
江　苏	2077.45	1294.4	28.123	230.949	177.75
浙　江	924.212	153.346	96.636	291.384	311.082
山　东	508.4	152	153.7	115.1	105.3
广　东	3597.19	1975.25	69.7	314.32	411.554
陕　西	41.65	19.4	—	0.82	2.47

根据 2011 年该六省区与全国的出口产品构成情况，计算出的 RCA 如表 17 所示。

表 17　部分省份出口产品构成 RCA

地区	机电产品	高新技术产品	农产品	服装及衣着附件	纺织原料及制品
黑龙江	0.52	0.05	1.43	1.99	0.63
江　苏	1.16	1.43	0.28	0.92	1.14
浙　江	0.75	0.25	1.41	1.67	2.89
山　东	0.71	0.42	3.86	1.13	1.68
广　东	1.18	1.28	0.41	0.73	1.55
陕　西	1.04	0.95	—	0.14	0.71

根据贸易分工指数的比较原则，在机电产品的出口领域，江苏、广东和陕西的 RCA 均略大于 1，虽具有比较优势，但优势并不显著；黑龙江省的 RCA 只达到了 0.52，说明黑龙江省在机电产品上的竞争力优势很弱，与江苏等省比较起来差距很大。在高新技术产品领域，江苏省和广东省的 RCA 均大于 1，且江苏省略高于广东省，说明两者在高新技术产品领域中的竞争力依旧很强；陕西省的 RCA 为 0.95，略小于 1，说明陕西省在该产品的竞争上虽有劣势，

但差距不大；浙江省和山东省的 RCA 均小于 0.5，劣势已经很明显；最值得注意的是，黑龙江省的 RCA 仅为 0.05，远远落后于其他省份，处于极大的劣势，在该领域的竞争力微乎其微。在农产品领域，山东省的 RCA 高达 3.86，遥遥领先于其他省份，比较优势特别明显，说明山东省第一产业根基雄厚，竞争力强；与此同时，黑龙江省和浙江省也具有一定的优势；但江苏省和广东省劣势比较严重，第一产业发展缓慢，不占主导。在服装及衣着附件领域，黑龙江省的 RCA 在六个省份中最高，达到了 1.99，说明黑龙江省在该领域具有强劲的竞争力，但近几年里数值大幅下跌，出口竞争力已然下降，比较优势难以维持；陕西省的 RCA 低至 0.14，在该领域处于比较劣势。在纺织原料及制品领域，浙江省 RCA 高达 2.89，处于绝对的比较优势；江苏、山东、广东等沿海省份也有较强的竞争力；反之，陕西和黑龙江省的 RCA 小于 1，劣势突出。

与其他省区相比，黑龙江省在农产品，初级产品领域的竞争力稍强，但在机电产品、汽车零件和高新技术产品等技术密集型产品的出口竞争力仍十分薄弱，因此黑龙江省要大力推动外贸结构的改善，保持优势，弥补劣势，实现从初级产品到工业制成品、高新技术产品质的转变，真正推动贸易结构由劳动密集型向资本、技术密集型转变，使贸易结构高级化。

三　黑龙江对外贸易的特点分析

黑龙江省地处与俄罗斯的交界处，地理位置和资源禀赋特殊，一直是全国重要的农牧业基地，长期以来以边境贸易和农产品贸易为其突出特点。近年来，随着俄罗斯经济复苏，黑龙江省进出口增长较快，一般贸易高速增长。此外，私营企业的大量产生和发展在很大程度上推动了黑龙江边境贸易，成为黑龙江省出口的主力军。

（一）一般贸易高速增长，边境小额贸易平稳增长

表 18 为黑龙江省 2007 年~2012 年 9 月一般贸易和边境小额贸易进出口情况。

表 18　黑龙江省一般贸易和边境小额贸易进出口

单位：万美元，%

年份	进出口总额	一般贸易进出口额	边境小额贸易进出口额	一般贸易增长率	边境小额贸易增长率
2007	1729858	990572	540529	51.1	16.2
2008	2289860	1494926	556681	50.9	3.0
2009	1622107	1024429	347572	−31.7	−37.6
2010	2550382	1780608	501833	73.7	44.3
2011	3851290	2958313	644626	66.0	28.5
2012(1~9月)	2688893	2054209	463575	−11.7	7.5

自 2007 年以来，除去受经济危机影响的 2009 年，黑龙江省一般贸易和边境小额贸易进出口额逐年递增，一般贸易的增长率更是达到了 50% 以上，呈现高速增长趋势，边境小额贸易增长率在 20% 上下浮动，呈现平稳增长的良好势态。2009 年虽然黑龙江省进出口额减少，但 2010 年的数据已然回到经济危机之前的水平，说明黑龙江省及时地做出了进出口政策调整，经受住了经济危机的考验，并继续良性发展。从 2012 年前 3 季度的数据来看，黑龙江省边境小额贸易进出口总值 46.4 亿美元，比 2011 年前 3 季度提高了 7.5 个百分点。其中，出口 27.6 亿美元，增长 12.8%；进口 18.8 亿美元，增长 0.5%。其项下贸易顺差 8.8 亿美元，2012 年前 3 季度黑龙江省通过边境贸易对俄罗斯的进出口总值为 46.3 亿美元，增长 7.5%，占边贸总额九成以上。与蒙古的边境贸易交易总额为 158.9 万美元，下降 52.3%。近年来，俄罗斯工业增速较快，有数据显示，上半年俄工业生产增长 3.2%，落后的机器设备不能满足俄现代工业的发展要求，而俄罗斯本土机电产品制造业并不发达，对外依存度较高。我国的机电产品发展的势头良好，刚好满足俄罗斯对机电产品进口的需求。在服装鞋帽等传统商品出口遇冷的情况下，机电产品出口的明显增幅，为拉动黑龙江省对俄出口增长做出了重要贡献。

（二）对主要贸易伙伴进出口增长快

黑龙江省 2007~2011 年的主要进出口贸易伙伴的进出口情况如表 19 所示。

由表 19 可知, 黑龙江省最大的贸易伙伴是俄罗斯和美国, 对这两国的进出口额由 2007 年的 100 亿美元左右大幅增长到 2011 年的 200 亿美元上下, 虽然在 2008 年经济危机时遭受了冲击, 在 2009 年和 2010 年对俄进出口大幅下降, 但整体仍呈震荡上升趋势, 尤其是 2011 年增长速度很快。对其他主要贸易伙伴的进出口额也呈波动上升趋势, 特别是几年来对安哥拉的进出口额显著增长, 成为拉动经济的一个新增长点。

表 19 黑龙江省对主要贸易伙伴进出口总额

单位：亿美元

年份	俄罗斯	美国	韩国	德国	印度	沙特阿拉伯	安哥拉
2007	107.28	7.80	4.16	3.36	6.15	1.19	0.31
2008	110.63	14.38	9.57	7.31	1.74	6.79	0.15
2009	55.77	13.57	5.22	5.42	2.99	3.33	4.43
2010	74.74	22.45	7.51	6.23	7.95	3.04	14.34
2011	189.86	34.30	8.56	9.25	10.57	8.57	7.03

(三) 私营企业成为出口主力, 国有企业拉动进口攀升

表 20 为 2007~2011 年黑龙江省进出口货物分企业性质年度总值表。

表 20 黑龙江省进出口货物分企业性质年度总值表

单位：万美元

年份	国有企业	外商投资企业	集体企业	私营企业	个体工商户	其他
2007	339507	114835	9072	1266087	214	143
2008	421767	139005	10312	1718615	159	2
2009	434325	78340	15523	1093336	575	7
2010	505146	111243	9763	1923670	519	42
2011	1602026	113510	14821	2120051	851	31

2007~2011 年黑龙江省国有企业、私营企业以及其他企业进出口额占全省进出口总额的比重见图 2。

从图 2 可以看出, 黑龙江省私营企业进出口额占全省进出口额的 70% 左右, 已然成为黑龙江省进出口主力。但在经济危机之后, 私营企业的比重有所

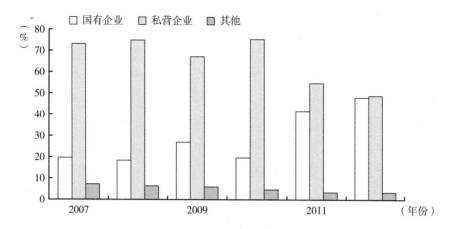

图2　国有企业、私营企业以及其他企业进出口额占全省进出口总额的比重

下降，尤其是近两年，已下降至50%左右，说明私营企业受经济危机打击较为严重。但在出口方面仍对全省有较大拉动，在2012年的前3个季度，黑龙江省私营企业出口额达到了759386万美元，占黑龙江省总出口额的80.5%，成为当之无愧的出口主力。与此同时，国有企业在经济危机中表现出了较强的抗风险能力和恢复能力，除2010年进出口比例较小外，一直保持着不断增长的势头，2011年以来，国有企业占全省进出口的比例继续增大。2012年前3季度，国有企业进口额达到了1151762万美元，占黑龙江省总进口额的66%，拉动了全省进口的攀升，这与黑龙江省颁布的自2003年起实施为期3年的新一轮国企改革制度密切相关。

（四）出口贸易竞争力不断增强

黑龙江省地处中国最北端，有着天然的边境贸易地理优势。多年来黑龙江省的幅员辽阔与丰富资源使其成为最大的农产品出口基地。随着经济危机的到来，黑龙江省的出口贸易不可避免地受到影响，但危机过后，黑龙江省积极转变出口贸易结构，减少大量出口初级产品和低附加值的加工产品，已完成由出口初级产品向工业制成品的成功转变，且正在逐步实现由出口劳动密集型产品向技术密集型产品的转变，使贸易结构趋于合理化和高度化。在保持机电产品、服装及衣着附件和农产品等传统优势产品出口的基础上，高新技术产品的

出口额也有较大的增长，2011 年出口额达到 2.476 亿美元，表明黑龙江省出口结构在不断优化中。此外，黑龙江省更多地进口木材、原油等资源性产品，从整体上促进了贸易结构的改善和提升。

在保持对俄出口的良好势头下，黑龙江省还积极在全世界范围内拓展市场，与 200 多个国家进行贸易往来，促进了外贸的稳定发展。此外，黑龙江省采取多种对外贸易方式，除所占比例最大的一般贸易以外，还有加工贸易、边境小额贸易以及易货贸易等多种形式。在对俄贸易中采取的方式主要有易货贸易，自由外汇贸易，边民互市贸易，跨国直销和旅游购销贸易等。在各地市的发展中，黑龙江省在保持牡丹江、哈尔滨等市出口的基础上，积极扶持其他地市的出口企业，使全省均衡发展，共同进步。由此可以看出，黑龙江省的出口贸易竞争力正在不断增强，出口情况逐渐好转。

四　黑龙江省对外贸易中存在的问题

近年来，黑龙江省在对外贸易的质和量上都有了突破性的进展，外贸整体实力不断提升，但很多产品的竞争力仍有待挖掘，外贸提升空间还很大。尤其是 2008 年经济危机的到来，在黑龙江省持续一年多遭受到出口打击后，更暴露出了黑龙江省在对外贸易上存在的问题，如贸易结构不完善、贸易层次较低、贸易伙伴集中、外贸主体弱小和缺少名牌创汇产品等，这些都制约着黑龙江省进一步和可持续发展对外贸易，影响黑龙江省的外贸实力和地位。

（一）贸易结构有待完善

黑龙江省在对外贸易结构上一直是以出口农产品、纺织品和日用消费品等劳动密集型产品为主，而进口则以资源型产品，如原油、木材等和高附加值产品为主。虽然结构有所调整，但黑龙江省初级产品出口仍占很大比重，贸易结构需要向更加合理化和高度化发展。黑龙江省出口主导产品排第一位的仍然是服装、鞋类，其出口额为 705695 万美元，占总出口额的 40%。近年来，机电产品出口所占比重有所上升，2011 年机电产品出口额占黑龙江省出口总额的 30%，相比 2008 年增长了 6%。但在全国范围内来看，机电产品的比重还远小于全国一般水平。进口方面，则以原油、机电产品和农产品为主。黑龙江省主要从俄罗斯进口资源类的商品，原油、木材等商品的进口对象较少，长此以往，必然会使黑龙江省过于依赖俄罗斯进口，这种进口商品过于集中的现象很有可能对黑龙江省造成不利影响。此外，从黑龙江省各地市的贸易总额来看，牡丹江的进出口总额达到全省的30%以上，排名第一位，而鹤岗、绥化、七台河等地的进出口比重还不到全省的1%，伊春、大兴安岭、鸡西等地的比重也甚少，说明黑龙江省各市的进出口比例严重不平衡。因此可以看出，黑龙江省在贸易结构上还有待于进一步完善，应继续由出口劳动密集型产品向技术密集型产品转变，同时要促进各地市外贸水平均衡发展。

（二）贸易层次较低

多年来黑龙江省以出口服装、鞋、蔬菜、肥料等低值大宗货物为主，汽车和机电产品比重有所上升，但仍以中低档为主，2011年黑龙江省高新技术产品出口额为27460万美元，仅占出口总额的1.6%，且比例没有逐年扩大。黑龙江省出口产品仍以劳动密集型产品为主，对于技术含量和附加值高的商品的出口仍然是少数，黑龙江省的贸易层次仍有待提高。以初级产品贸易为主不仅导致黑龙江省贸易利润空间有限，而且在世界贸易格局中处于加工链的底端，从长远角度来看不利于外贸发展。当前，随着人们的生活水平不断提高，消费者的偏好和品位也不断提升，对商品质量有较高的要求，而很多发达国家的商品技术含量较高，在世界贸易中具有优势，对黑龙江省出口造成了压力。黑龙江省以纺织品、衣服鞋帽、塑料制品、钢材和机电产品为主的出口商品结构，技术含量低，能耗高，会导致黑龙江的产品国际竞争力进一步下降，不利于长期的可持续发展。因此，提高贸易层次，提升贸易产品质量和出口产品的附加值，提高深加工产品和高新技术产品在外贸中的比重成为黑龙江省改进贸易格局的当务之急。

（三）主要贸易伙伴单一

近几年，黑龙江省一直致力于同世界各国的经贸合作，建立了广泛的市场格局，与200多个国家有着各种商品的经贸往来，外贸实力不断增强。从大的范围来看，黑龙江省有95%的对外贸易都是与欧洲、亚洲和北美洲进行的，尤其是欧洲，是黑龙江省最主要的贸易合作伙伴，贸易量占据了整个贸易的58%以上，其所占份额呈明显的上升趋势，且外贸增速是最快的。而与俄罗斯的贸易量始终排名第一，2011年对俄罗斯进出口总额达到1898618万美元，比对亚洲、非洲、拉丁美洲、北美洲、大洋洲的贸易总和还要多，占黑龙江省贸易总量的一半。由于地理位置的有利条件，俄罗斯始终是黑龙江省最大的贸易伙伴，其他主要贸易伙伴还集中在欧盟、日本和韩国。由此可见，黑龙江省的主要贸易伙伴仍然过于单一，出口市场分布过于集中，出口对俄罗斯和发达经济体的依赖程度比较大。这也是全球经济危机后，发达国家经济停滞，致使黑龙江省外贸尤其是出口受影响较大的主要原因。而随着美国，俄罗斯等国经济的逐渐恢复，黑龙江省的对外贸易才会有所增长。如此集中的市场会使黑龙江省受主要贸易伙伴经济波动的牵连较大，也容易引发贸易摩擦，因此在世界范围内建立广泛的贸易伙伴联系，使出口市场多元化、分散化是保持外贸持续平稳增长的重要前提。

（四）外贸企业普遍弱小

由于黑龙江省地理位置特殊，对外贸易的很大比例是由私营企业的边境小额贸易组成的，而具备大庆中石油国际事业有限公司、黑龙江联合石化及九三油脂等重点企业的规模和竞争力的外贸企业数量有限，外贸竞争力都十分薄弱。近年来黑龙江省在与俄罗斯的交易中有一半以上是由个体商贩实现的，还有相当一部分是由中小民营企业承担的，这些企业仅仅依靠黑龙江有利的地理优势存活，以出口纺织、农产品等劳动密集型产品为主。而由于规模小、缺乏国际经验等问题则会导致企业无法抵御外来风险，稳定性不强，容易在经济危机中受到较大影响。这些中小企业由于实力有限，经营水平不高，导致与外国的很多经贸合作都是中小项目，缺乏规模性对外贸易，使得外贸竞争能力有限。此外，黑龙江省弱小的外贸企业在发展中还会受到技术、资本积累上的局限性。大多数私营企业都只是简单地进行进出口，没有专门的部门来进行技术研发，使得企业产品的技术含量始终跟不上规模的扩大。2011年，黑龙江省私营企业出口额为145.2亿美元，增长了9.2%，但出口商品中，大部分为服装及衣着附件、鞋类和农副产品，机电产品和高新技术产品所占比例甚少。因此可以看出，黑龙江省的外贸经营主体弱小，且大多数企业的贸易层次较低，贸易竞争力较弱，利润有限，这都制约了黑龙江省在对外贸易上整体实力的提升，对黑龙江省进一步打开国际市场、提高国际地位起到的推动作用甚小。

（五）缺少名牌创汇产品

长期以来，黑龙江省出口的纺织品、服装和日常生活用品等大多是从国内其他地区运送过来的，对于这些行业的自主生产规模小、优势不突出。在黑龙江向俄罗斯出口的商品中，本地生产的商品仅占五分之一，其他大部分货物都是从南方等外省组织的。黑龙江当地的很多企业规模不大，技术研发水平低下，往往缺乏打造自我品牌、提高品牌知名度的意识，并不着意于自身产品质量的提高和品牌的大力宣传，导致这些产品在出口贸易中处于劣势，国外买家对这些产品的认知程度低。例如在哈巴罗夫斯克（伯力）等城市的街上有很多日本、韩国产品的宣传广告以及精品店和名品店等，但没有中国黑龙江省的。黑龙江省像"北大荒"这样在全国范围内都有影响力的名牌屈指可数，可见黑龙江省的名牌创汇产品较少。由于我国南方沿海地区的商品具有质量和价格上的优势，国外认可度较高，而黑龙江省的地理优势恰好可以针对这些商品进行出口，导致黑龙江省出口本地产品的积极性不强，而成为了其他省份向俄罗斯等地出口的通道。目前，黑龙江省出口产品的生产和加工基地仍然有待建设，自主创新精神亟需提高，除少数龙头企业具有较有影响力的品牌外，大多企业，尤其是中小民营企业还不能摆脱从外地组织货源的境地。长此以往，则会使黑龙江省缺乏自主名牌产品，出口形象和竞争力都会受到严重打击，不利于本地企业的长足发展。

五　黑龙江省对外贸易的发展对策

（一）优化进出口商品结构，扩大机电产品出口

现阶段黑龙江省在进出口商品结构上的调整已经颇有成效，但还需要继续

加大力度促进贸易结构合理化。在巩固传统进出口商品品种的基础上，应适度将贸易重点转向科技含量高的工业制成品。进口方面，还需不断扩大国内短缺的能源、资源类商品进口比例，如原油、木材、有色金属、特种钢材等。同时注重引进具有核心技术的先进设备，如高新技术产品、精密仪器等，以求通过对先进技术的学习和模仿带动本地企业的研发水平和生产效率，从而反过来促进本地企业的出口。出口方面，首先要继续保持黑龙江省在农产品、纺织、服装、家具等产品的出口优势，并不断提升这些劳动密集型产品的质量，注重深加工后再出口，以提高利润空间。与此同时，继续提高机电产品的出口比重，如汽车、农用器械、大型工程设备等，扩大机电产品的生产规模，提高黑龙江省机电产品的出口竞争优势，将机电产品打造成黑龙江省的出口主打产品。此外要增强高科技企业的研发能力，注重自主创新能力的培养，扩大高新技术产品的出口，提升黑龙江省的出口产品国际竞争力。目前俄罗斯对家电、住宅等消费品的需求正旺，黑龙江省应把握机会，顺势促进彩电、家具、灯具以及建筑装饰材料的出口。借助俄罗斯开发远东与外贝加尔地区的契机，打开黑龙江省建材和家电产品的市场。此外还要推进多边对外合作，不断提高服务贸易的比重。

（二）提高产品附加值，提升出口产品档次

多年来，黑龙江省的贸易层次较低，出口产品如农副产品、纺织品、家具及其零件等多为初级产品和劳动密集型产业，加工程度不高。工业制成品中平板玻璃、家用电器、医疗设备等产品的技术含量有限，产品附加值较低，同发达国家相比处于中低档次。在加工贸易中，黑龙江省也始终处于产业链的底端，利润空间很小。低附加值产品的出口不仅使黑龙江省获利有限，还不利于黑龙江省出口竞争力的提高。因此，黑龙江省应加大力度提高出口产品的科技含量，不断促进黑龙江省出口产品由劳动密集型向技术密集型转变，促进产品的深加工，将黑龙江省的加工贸易提升到国际分工的中上游。企业应树立自主创新意识，积极学习先进技术，设立技术研发部门，开发和培育具有自主知识产权的高新技术产品，培养自主品牌，使出口产品在技术和质量上具有优势。同时培育和延长其加工贸易的产业链，配套实施售后服务等环节。此外还要注重产品的更新换代，不断将自主品牌的优质新品投放到海外市场，使黑龙江省

产品始终紧跟世界潮流，抢占市场先机。政府方面要通过制定各种优惠政策鼓励企业进行技术创新和新产品的开发，提升出口产品的档次，同时还应积极引导具有先进技术的外商来黑龙江省投资，带动黑龙江省提高出口产品附加值，逐渐将黑龙江省出口产品由依靠价格优势向依靠技术优势转变。

（三）实施品牌发展战略，扩大本地产品出口

打造名牌产品会使产品在出口中占有很大优势，然而黑龙江省自有的知名品牌为数较少，且大多数出口产品都不是源自本地。因此黑龙江省有必要重点实施品牌发展战略，培育更多的本地品牌进入国际市场，提高本地产品的出口竞争力。首先是一些已有的全国知名品牌，如"北大荒""完达山""哈药"等需要进一步拓展国际市场，提高品牌知名度，还需重点扩大"哈飞汽车""光宇蓄电池"等地产名牌产品出口。其次是要结合本地特点和优势，有针对性地培育和扶持一批新的品牌，提升产品质量，注重产品的差异化和个性化，使黑龙江省众多产品走品牌化发展路线，丰富出口知名品牌。在农产品出口基地的建设上，黑龙江省对果菜、粮食、特色农产品、山特产品和畜产品进行了大力扶持，已树立了12个农产品种植示范区和15个养殖小区。对于服装纺织行业，黑龙江省鼓励有条件的服装纺织企业进行兼并重组，支持绥芬河、东宁、黑河、大庆、佳木斯、牡丹江、哈尔滨等地的老牌服装纺织企业优先发展，努力发挥集群效应优势。此外，还要建立面向出口的工业制成品加工基地。与此同时还要在国外市场上进行大力宣传，可以通过媒体进行广泛的传播，还可以通过直接在国外开设本地品牌的店铺来吸引消费者，也可以定期在国外举办大型展会来进行品牌的推广，使众多黑龙江品牌走向世界。

（四）加大外贸企业扶持力度，培育壮大外贸经营主体

为改变黑龙江省外贸经营主体零散、外贸企业规模不大的现状，黑龙江省应加大对外贸企业的扶持力度，促使众多个体商贩经营集中、中小民营企业不断壮大、贸易龙头企业带头发展。重点打造几家对外贸易额在五十亿美元以上的领头企业，培育近百家对外贸易额过亿美元的中坚企业，发展300家以上的规模出口加工企业。如加大对绥芬河市龙生经贸有限责任公司、黑河市大黑河

岛经贸有限公司等黑龙江省对俄贸易龙头企业的扶持力度，使其进一步扩大经营规模，增强企业实力，引领中小外贸企业不断发展。政府应加大对边贸企业的财政金融扶持力度，对发展前景好的边贸企业及项目进一步放宽贷款支持力度，逐步壮大经营主体。为快速实现企业规模化，政府可以在这一过程中充分发挥引导职能，制定相应的政策来鼓励企业强强联手、以大并小、小微企业联手合作，以迅速达到资源整合和规模经营的效果，改变外贸主体零散弱小的现状。鼓励外贸企业承接更大的项目，进行更深的合作。此外，针对黑龙江省对俄贸易的重点城市大力扶持本地龙头企业，尤其是要通过有效政策使其改变单纯的进出口业务，向实际生产加工企业发展，实现本地产销的结合，能更好地发挥外贸优势。对已经具有一定规模的企业可以鼓励其融资上市，进一步拉动区域经济增长。与此同时，政府应不忘营造宽松环境吸引外省对俄出口企业落户黑龙江，实现资源的优势互补，加大"南联"力度，以"南联"促"北开"，实现对俄经贸合作主体的不断壮大。

（五）扩大沿边开放，提高对俄合作水平

俄罗斯作为黑龙江省最大的贸易伙伴，已与黑龙江省有着深厚的经贸往来关系。但在贸易层次、贸易规模和合作领域上仍有相当大的提升空间。依据胡锦涛同志关于"要推动对俄经贸合作，使黑龙江真正成为我国沿边开放的重要桥头堡和枢纽站"的要求，针对目前形势，黑龙江省应继续扩大沿边开放，促进本省重点企业与俄罗斯大型项目的开展，提高对俄合作水平，积极促进二者经济协同发展。借助俄罗斯开发远东地区的重要契机促进黑龙江省在资源、房地产等方面的进出口。可以利用大中城市，如哈尔滨等已有的资源和条件重点发展专门对俄出口的机电产品、高新技术产品和农产品深加工等；在通往俄罗斯的铁路附近设立相应的工厂，将铁路利用为大的生产线，使不同市县对产品共同进行加工。危机过后俄罗斯经济逐渐复苏，大量需求电子信息产品，市场前景十分广阔。因此黑龙江省应该抓紧启动中俄信息产业园等大项目建设，实现大散件出口，在俄境内组装成整机，增强黑龙江省出口商品抵御风险的能力，促进中俄经贸合作向更高层次发展。在这一背景下建立对俄贸易产业园一定会促使黑龙江省的对俄经贸水平有跨越式的突破。此外，黑龙江省还需要有

计划地在俄罗斯境内组织名优商品展览会，并鼓励对俄贸易企业参加俄罗斯大型专业展览会。

参考文献

《黑龙江省国民经济和社会发展第十二个五年规划纲要》，2011 年 1 月 27 日《黑龙江日报》。

《2011 年黑龙江省国民经济和社会发展统计公报》。

黑龙江省统计局、国家统计局黑龙江调查总队：《黑龙江统计年鉴 2012》，中国统计出版社，2012。

黑龙江省统计局、国家统计局黑龙江调查总队：《黑龙江统计年鉴 2011》，中国统计出版社，2011。

黑龙江省统计局、国家统计局黑龙江调查总队：《黑龙江统计年鉴 2010》，中国统计出版社，2010。

李庆娟：《黑龙江省边境贸易发展的现状、问题及对策》，《商业经济》2012 年第 6 期。

桑蕾：《黑龙江省前八月宏观经济稳定增长》，2012 年 09 月 28 日《黑龙江日报》。

王树河：《新形势下黑龙江省对俄边境贸易企业发展对策》，《对外经贸》2012 年第 9 期。

洪欣：《黑龙江省对韩农产品贸易现状分析》，《对外经贸》2012 年第 5 期。

宋继华：《发展黑龙江省边境贸易的对策分析》，《中国外资》2011 年第 9 期。

高冲：《加工贸易对黑龙江省经济增长的影响》，《黑龙江金融》2011 年第 8 期。

宋继华：《发展黑龙江省边境贸易的对策分析》，《中国外资》2011 年第 9 期。

邱瑞：《黑龙江省对外贸易伙伴地区结构分析》，《商业研究》2008 年第 10 期。

邱运红、李昌宇、关思甲：《黑龙江省对俄贸易的现状、特征及促进对策》，《北方经贸》2010 年第 4 期。

Development Report of Heilongjiang Province Foreign Trade Industry under the Economic Crisis

Jiang Minghui   Zhang Ying   Jiang Wei   Zhang Xiawei

Abstract：After the economic crisis，the foreign trade development in Heilongjiang Province is facing with new opportunities and challenges. The

Province's foreign trade development after the economic crisis is analyzed from the trade scale, trade structure and trade directions. Foreign trade competitiveness is also analyzed through market share and foreign trade dependence as well as comparisons with other provinces. The results indicate that foreign trade in Heilongjiang Province enjoys a fast speed in its level and greater competitiveness after being influenced by the economic crisis. But there still exist some disadvantages in the development of foreign trade, such as incomplete trade structure, low trade levels and weak foreign trade companies. According to the requirement from the country and the tendency of global economic development, suggestions are presented to promote the trade level and competitiveness of Heilongjiang Province after the economic crisis.

Key Words: Heilongjiang; Foreign Trade; Economic Crisis

中国皮书网

发布皮书研创资讯，传播皮书精彩内容
引领皮书出版潮流，打造皮书服务平台

栏目设置：

☐ 资讯：皮书动态、皮书观点、皮书数据、皮书报道、皮书新书发布会、电子期刊
☐ 标准：皮书评价、皮书研究、皮书规范、皮书专家、编撰团队
☐ 服务：最新皮书、皮书书目、重点推荐、在线购书
☐ 链接：皮书数据库、皮书博客、皮书微博、出版社首页、在线书城
☐ 搜索：资讯、图书、研究动态
☐ 互动：皮书论坛

www.pishu.cn

中国皮书网依托皮书系列"权威、前沿、原创"的优质内容资源，通过文字、图片、音频、视频等多种元素，在皮书研创者、使用者之间搭建了一个成果展示、资源共享的互动平台。

自2005年12月正式上线以来，中国皮书网的IP访问量、PV浏览量与日俱增，受到海内外研究者、公务人员、商务人士以及专业读者的广泛关注。

2008年10月，中国皮书网获得"最具商业价值网站"称号。

2011年全国新闻出版网站年会上，中国皮书网被授予"2011最具商业价值网站"荣誉称号。

权威报告 热点资讯 海量资源

当代中国与世界发展的高端智库平台

皮书数据库 www.pishu.com.cn

皮书数据库是专业的人文社会科学综合学术资源总库，以大型连续性图书——皮书系列为基础，整合国内外相关资讯构建而成。包含七大子库，涵盖两百多个主题，囊括了近十几年间中国与世界经济社会发展报告，覆盖经济、社会、政治、文化、教育、国际问题等多个领域。

皮书数据库以篇章为基本单位，方便用户对皮书内容的阅读需求。用户可进行全文检索，也可对文献题目、内容提要、作者名称、作者单位、关键字等基本信息进行检索，还可对检索到的篇章再作二次筛选，进行在线阅读或下载阅读。智能多维度导航，可使用户根据自己熟知的分类标准进行分类导航筛选，使查找和检索更高效、便捷。

权威的研究报告，独特的调研数据，前沿的热点资讯，皮书数据库已发展成为国内最具影响力的关于中国与世界现实问题研究的成果库和资讯库。

皮书俱乐部会员服务指南

1. 谁能成为皮书俱乐部会员？

- 皮书作者自动成为皮书俱乐部会员；
- 购买皮书产品（纸质图书、电子书、皮书数据库充值卡）的个人用户。

2. 会员可享受的增值服务：

- 免费获赠该纸质图书的电子书；
- 免费获赠皮书数据库100元充值卡；
- 免费定期获赠皮书电子期刊；
- 优先参与各类皮书学术活动；
- 优先享受皮书产品的最新优惠。

卡号：7230109696330994
密码：

（本卡为 即刮，不购书刮卡，视为盗书）

3. 如何享受皮书俱乐部会员服务？

（1）如何免费获得整本电子书？

购买纸质图书后，将购书信息特别是书后附赠的卡号和密码通过邮件形式发送到pishu@188.com，我们将验证您的信息，通过验证并成功注册后即可获得该本皮书的电子书。

（2）如何获赠皮书数据库100元充值卡？

第1步：刮开附赠卡的密码涂层（左下）；

第2步：登录皮书数据库网站（www.pishu.com.cn），注册成为皮书数据库用户，注册时请提供您的真实信息，以便您获得皮书俱乐部会员服务；

第3步：注册成功后登录，点击进入"会员中心"；

第4步：点击"在线充值"，输入正确的卡号和密码即可使用。

皮书俱乐部会员可享受社会科学文献出版社其他相关免费增值服务

您有任何疑问，均可拨打服务电话：010-59367227 QQ:1924151860

欢迎登录社会科学文献出版社官网(www.ssap.com.cn)和中国皮书网（www.pishu.cn）了解更多信息

社会科学文献出版社　　　皮书系列

"皮书"起源于十七、十八世纪的英国，主要指官方或社会组织正式发表的重要文件或报告，多以"白皮书"命名。在中国，"皮书"这一概念被社会广泛接受，并被成功运作、发展成为一种全新的出版形态，则源于中国社会科学院社会科学文献出版社。

皮书是对中国与世界发展状况和热点问题进行年度监测，以专家和学术的视角，针对某一领域或区域现状与发展态势展开分析和预测，具备权威性、前沿性、原创性、实证性、时效性等特点的连续性公开出版物，由一系列权威研究报告组成。皮书系列是社会科学文献出版社编辑出版的蓝皮书、绿皮书、黄皮书等的统称。

皮书系列的作者以中国社会科学院、著名高校、地方社会科学院的研究人员为主，多为国内一流研究机构的权威专家学者，他们的看法和观点代表了学界对中国与世界的现实和未来最高水平的解读与分析。

自20世纪90年代末推出以经济蓝皮书为开端的皮书系列以来，至今已出版皮书近800部，内容涵盖经济、社会、政法、文化传媒、行业、地方发展、国际形势等领域。皮书系列已成为社会科学文献出版社的著名图书品牌和中国社会科学院的知名学术品牌。

皮书系列在数字出版和国际出版方面成就斐然。皮书数据库被评为"2008~2009年度数字出版知名品牌"；经济蓝皮书、社会蓝皮书等十几种皮书每年还由国外知名学术出版机构出版英文版、俄文版、韩文版和日文版，面向全球发行。

2011年，皮书系列正式列入"十二五"国家重点出版规划项目；2012年，部分重点皮书列入中国社会科学院承担的国家哲学社会科学创新工程项目；一年一度的皮书年会升格由中国社会科学院主办。

法 律 声 明